金融衍生品系列丛书

中国期货业协会 ◎ 编

DERIVATIVES

金融衍生品习题集

（第二版）

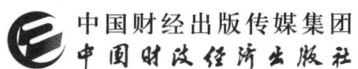
中国财经出版传媒集团
中国财政经济出版社

图书在版编目（CIP）数据

金融衍生品习题集 / 中国期货业协会编． ——2 版
．——北京：中国财政经济出版社，2020.3
　（金融衍生品系列丛书）
　ISBN 978 – 7 – 5095 – 9599 – 2

Ⅰ. ①金… Ⅱ. ①中… Ⅲ. ①金融衍生产品 – 习题集
Ⅳ. ①F830.9 – 44

中国版本图书馆 CIP 数据核字（2019）第 029201 号

责任编辑：贾延平　　　　责任校对：张　凡
封面设计：陈宇琰

中国财政经济出版社 出版
URL：http：//www.cfeph.cn
E – mail：cfeph @ cfeph.cn
（版权所有　翻印必究）
社址：北京市海淀区阜成路甲 28 号　邮政编码：100142
营销中心电话：010 – 88191537
北京时捷印刷有限公司印刷　各地新华书店经销
787 × 1092 毫米　16 开　26.5 印张　522 000 字
2020 年 4 月第 2 版　2020 年 4 月北京第 1 次印刷
定价：59.00 元
ISBN 978 – 7 – 5095 – 9599 – 2
（图书出现印装问题，本社负责调换）
本社质量投诉电话：010 – 88190744
打击盗版举报热线：010 – 88191661　　QQ：2242791300

《金融衍生品系列丛书》
编 委 会

编委会主任：王明伟

编委会委员：张晓轩　陈东升　吴亚军　王　颖　冉　丽　孙明福

主　　　编：王明伟

执行编委：董文旭　刘方媛

编撰人员：李　强　刘　宏　马　刚　阎　石　邵永同　郭剑光
　　　　　于凤芹　韩　锦　粟坤全　杨园东　周　博

序

20世纪70年代初期，随着布雷顿森林体系解体，汇率、利率等基础金融要素价格的波动加剧，企业与金融机构面临的风险骤然增加，金融市场脆弱性暴露更加明显。为了更充分、更平稳、更持续地发挥金融市场的功能，降低金融脆弱性累积带来的负面影响，外汇期货、国债期货以及股指期货等一系列金融风险管理工具应运而生。

40多年的发展实践表明，外汇期货、利率期货、股指期货等金融期货产品已经成为管理金融风险最基础、最高效的市场化工具，不仅对化解金融风险、避免市场脆弱性的积累具有重要意义，在全球金融定价体系的重构中也发挥了巨大作用，有效增强了金融服务实体经济的能力和效率。目前，金融衍生品的风险管理功能已得到全球主要经济体的广泛认可，已成为全球多层次资本市场体系中不可缺少的重要组成部分。据统计，2018年，在全球场内衍生品总成交量中，金融期货与期权成交量占比达到80%。其中，股票指数类、个股类、利率类、外汇类衍生品分别占33.67%、19.89%、13.12%、11.24%。

近年来，随着我国资本市场规模不断扩大，基础制度建设稳步推进，各项法律法规日益完善，我国的衍生品市场结合中国实际，借鉴国际成熟市场经验，也在逐步起步发展，并努力做好"一个扩面、两个加深"工作。"一个扩面"，就是扩大期货和衍生品对基础资产的覆盖面，加大产品供给，让资产定价和风险缓释的市场功能惠及更多行业、更广领域。2010年4月，我国坚定推出沪深300股指期货，标志着我国资本市场改革发展又迈出了全新的一大步，对完善资本市场体系具有重要而深远的意义。此后，上证50股指期货、中证500股指期货、5年期国债期货、10年期国债期货、2年期国债期货陆续上市，产品体系不断完善。"两个加深"，一是深化发展产品类型，每一类基础资产，既要有期货，又要有期权，满足不同的投资交易和风险管理需求。2019年12月23日，我国第一只股指期权品种——沪深300股指期权在中国金融期货交易所上市，这是资本市场供给侧结构性改革的崭新成果，是金融衍生品市场创新发展的全新尝试。二是深化投资者参与。既要培育和发展国内的产业和机构投资者，也要吸引境外投资者广泛参与我国期货市场。2020年2月14日，中国证监会与财政部、中国人民银行、中国银保监会联合发布公告，符合条件的试点商业银行和具备投资管理能力的保险机构，可按照依法合规、风险可控、商业可持续的原则，参与中国金融期货交易所国债期货交易。这不仅可以优化投资者结构，完善市场生态，还有利于通过交易者充分博弈完善价格形成机制，提升市场运行质量，促进市场稳定运行。

现阶段，我国衍生品市场运行秩序平稳、风控有效，服务现货市场的各项功能逐步发挥，积极作用日益显现。2019年，我国金融期货市场总成交量0.664亿手，累计成交金额69.62万亿元，同比分别增长144.12%和166.54%，成交量和成交额占我国期货市场比重分别为1.69%和24.06%。

人才是行业发展的核心要素。与金融期货的发展前景和市场需求相比，我国急需培养金融衍生品方面的专业人才，也需要普及金融衍生品方面的专业知识。目前，不仅普通投资者对外汇期货、金融期权、场外衍生品、结构化产品这些专业知识比较陌生，期货业内的从业人员也缺少系统和全面的知识储备。同时，金融衍生品是一把"双刃剑"，它能促进国民经济发展，但是如果运用不当，也会反受其害。纵观世界各国，金融衍生品市场的建设与发展都不是一帆风顺的。我国金融衍生品市场应始终将风险防范放在第一位，从全面深化资本市场改革大局出发，扎实做好市场监管和风险防范工作。要大力开展投资者教育和宣传普及工作，帮助实体企业、金融机构以及各类投资者加深对金融期货及衍生品规则和风险的认识，引导他们理性、有序参与和正确利用金融衍生品市场，逐步培育成熟的市场参与者队伍。

基于此，中国期货业协会推出《金融衍生品系列丛书》，一方面为期货从业人员提供了一套成体系的衍生品知识工具书，为我国金融衍生品市场尽一份微薄之力；另一方面帮助广大普通投资者了解金融衍生品的应用，使他们理性参与市场。希望这套丛书在金融衍生品的功能宣传和投资者教育方面发挥积极作用。

中国期货业协会
2020年3月

前　言

从全球发展历程来看，金融期货市场是市场经济发展到一定阶段的产物，是现代金融体系不可或缺的重要组成部分。从世界范围看，金融期货在整个期货市场占据重要位置。一般来讲，期货市场中90%都是金融期货，剩下的10%是商品期货。随着我国利率、汇率市场化改革的不断推进，股指期货、国债期货以及股指期货期权陆续推出，以金融期货为代表的金融衍生品市场在整个国民经济发展中的重要性日益凸显，为各类市场参与者提供了基础的风险管理工具，提升了现货市场运行效率和资源配置效率。

2013年，中国期货业协会组织编写了《金融衍生品系列丛书》，旨在普及金融衍生品方面的专业知识，为期货业内及相关领域从业人员提供专业的参考书，帮助中小投资者了解金融衍生品市场，树立风险意识，理性参与期货交易，同时为金融衍生品方面专业人才的培养做出了努力。作为期货市场上第一套全面介绍金融衍生品理论与实操的权威性书籍，《金融衍生品系列丛书》一经面世，便受到了业内的广泛好评。随着国内外金融衍生品市场的不断发展，金融期货期权品种不断丰富，金融法律法规环境发生变化，《金融衍生品系列丛书》的部分理论、实操案例、数据已比较陈旧，故中国期货业协会再次组织了丛书的修订工作，形成了新版丛书。概括起来，本套丛书的特点如下：

一是新版丛书体系更加完整。全套丛书以金融衍生品的产品大类为主线，分为七册，即《股指期货（第二版）》《国债期货（第二版）》《外汇期货（第二版）》《场外衍生品（第二版）》《金融期权（第二版）》《结构化产品（第二版）》和《金融衍生品习题集（第二版）》，基本上包括了当今国际金融衍生品市场的主要品种。为了帮助读者加深理解，学懂弄通，方便自己测试及检验，特更新了配套习题集。

二是通俗易懂，可读性强。新版丛书依然力图通俗易懂，在语言表达上力求清晰、准确、深入浅出，还辅以"小贴士""延伸阅读"等内容以增加信息量、可读性和阅读趣味性，更利于读者扩展金融衍生品相关内容的知识面。

三是案例丰富，操作性强。新版丛书的编写更强调案例与习题的重要性，要求对基本原理与公式都通过案例加以说明，一些应用公式的推导、使用方法，也要通过对习题讲解和运算来使读者深刻领悟。在实务操作层面，丛书重点讲清楚了各类投资者及相关企业如何利用这些衍生工具，将金融衍生品知识与金融机构或实体企业的投资与经营相结合。与风险管理相结合是新版丛书的一个突出特点。

本次修订工作得益于中国期货业协会"期货投资者教育专项基金"的设立。自2009年这一公益性基金运作以来，中国期货业协会在出版、拍摄制作投资者教育产品和组织投资者教育活动方面得到了该基金的大力支持，一大批投资者教育产品投放市场，获得了业内和广大投资者的高度评价。新版《金融衍生品系列丛书》的修订工作和出版发行同样是在该基金的资助下完成的。在此，我们特别感谢中国证监会有关部门对中国期货业协会投资者教育工作及本套丛书的指导和支持。

最后，衷心希望新版《金融衍生品系列丛书》能够为金融衍生品市场的参与者了解金融衍生品市场、树立风险意识、理性参与交易提供有益帮助，也祝愿中国金融衍生品市场充分发挥功能作用，更好地服务于实体经济。

《金融衍生品系列丛书》编委会

2020年3月

目 录

股指期货练习题 / 1

第一章　认识股指期货 / 1
参考答案及解析 / 3
第二章　股指期货交易规则 / 5
参考答案及解析 / 7
第三章　股指期货交易流程 / 8
参考答案及解析 / 12
第四章　股指期货投机交易 / 14
参考答案及解析 / 17
第五章　股指期货套期保值 / 19
参考答案及解析 / 21
第六章　股指期货套利交易 / 23
参考答案及解析 / 26
第七章　股指期货在资产组合管理中的应用 / 27
参考答案及解析 / 31
第八章　如何防范股指期货交易风险 / 32
参考答案及解析 / 34

股指期货综合试卷 / 35

参考答案及解析 / 44

国债期货练习题 / 46

第一章　利率与债券 / 46
参考答案及解析 / 50

第二章　国债与国债期货　/　53

第三章　我国国债期货合约解读　/　53

　　参考答案及解析　/　61

第四章　国债投机交易　/　65

　　参考答案及解析　/　68

第五章　国债期货的基差交易　/　70

　　参考答案及解析　/　75

第六章　国债期货的套期保值　/　77

　　参考答案及解析　/　81

第七章　国债期货在资产配置中的应用　/　83

第八章　机构投资者如何使用国债期货　/　83

　　参考答案及解析　/　87

第九章　国债期货交易的风险管理　/　90

　　参考答案及解析　/　92

第十章　国债期货与其他金融衍生品　/　93

　　参考答案及解析　/　99

国债期货综合试卷　/　104

　　参考答案及解析　/　115

外汇期货练习题　/　119

第一章　外汇基础　/　119

　　参考答案及解析　/　120

第二章　外汇期货及其交易特点　/　122

　　参考答案及解析　/　126

第三章　外汇及衍生品交易市场　/　128

　　参考答案及解析　/　129

第四章　汇率影响因素　/　130

　　参考答案及解析　/　132

第五章　外汇市场套期保值　/　137

　　参考答案及解析　/　141

第六章　外汇投机交易　/　144

　　参考答案及解析　/　147

第七章　外汇套利及套汇交易　/　148

参考答案及解析 / 153

　　第八章　外汇期货在资产组合管理中的应用 / 156

　　参考答案及解析 / 156

　　第九章　外汇及其衍生品在风险管理中的应用 / 157

　　参考答案及解析 / 164

　　第十章　企业利用外汇金融衍生品案例 / 168

　　参考答案及解析 / 170

外汇期货综合试卷 / 174

　　参考答案及解析 / 187

金融期权练习题 / 191

　　第一章　期权基础 / 191

　　参考答案及解析 / 192

　　第二章　金融期权市场及交易 / 193

　　参考答案及解析 / 195

　　第三章　期权合约和基本要素 / 197

　　参考答案及解析 / 200

　　第四章　期权价格及影响因素 / 202

　　参考答案及解析 / 205

　　第五章　期权交易的基本策略 / 208

　　参考答案及解析 / 219

　　第六章　期权的定价方法 / 227

　　参考答案及解析 / 229

　　第七章　风险参数：希腊字母 / 235

　　参考答案及解析 / 242

　　第八章　期权的波动率 / 247

　　参考答案及解析 / 252

　　第九章　金融期权的用途 / 255

　　参考答案及解析 / 262

　　第十章　期权风险类型及风险管理 / 266

　　参考答案及解析 / 268

金融期权综合试卷 / 269

    参考答案及解析 / 278

场外衍生品练习题 / 282

    第一章　场外衍生品概述 / 282

    参考答案及解析 / 284

    第二章　远期合约 / 285

    参考答案及解析 / 288

    第三章　互换 / 290

    参考答案及解析 / 295

    第四章　场外期权 / 298

    参考答案及解析 / 302

    第五章　信用衍生品 / 306

    参考答案及解析 / 311

    第六章　场外商品衍生品 / 315

    参考答案及解析 / 318

    第七章　场外衍生品的监管 / 320

    参考答案及解析 / 325

场外衍生品综合试卷 / 327

    参考答案及解析 / 337

结构化产品练习题 / 342

    第一章　概述 / 342

    参考答案及解析 / 345

    第二章　结构化产品中嵌入的奇异期权 / 347

    参考答案及解析 / 348

    第三章　结构化产品的定价与风险评估 / 350

    参考答案及解析 / 352

    第四章　股权类结构化产品 / 355

    参考答案及解析 / 358

    第五章　利率类结构化产品 / 361

    参考答案及解析 / 368

第六章　信用类结构化产品　/ 374
　　参考答案及解析　/ 380
　　第七章　汇率类结构化产品　/ 384
　　参考答案及解析　/ 387
　　第八章　商品类结构化产品　/ 388
　　参考答案及解析　/ 390

结构化产品综合试卷　/ 392

　　参考答案及解析　/ 405

后　记　/ 410

股指期货练习题

第一章 认识股指期货

一、单选题

1. IF1809 合约表示的是（　　）到期的股指期货合约。
   A. 2019 年 8 月 B. 2018 年 9 月 C. 8 月 9 日 D. 9 月 8 日
2. 我国开展股指期货交易的必要性不包括（　　）。
   A. 回避系统风险，保护长期投资者的利益
   B. 培育机构投资者，维护资本市场的稳定
   C. 发挥股市筹资功能，为国民经济服务
   D. 增加股市波动，促进证券市场交易量扩张
3. 最早产生的金融期货品种是（　　）。
   A. 利率期货 B. 股指期货 C. 国债期货 D. 外汇期货
4. 股指期货是 1982 年 2 月由（　　）率先推出。
   A. 芝加哥商业交易所   B. 芝加哥期货交易所
   C. 美国堪萨斯城期货交易所 D. 纽约商业交易所
5. 下列期货产品中不属于金融期货的是（　　）。
   A. 能源期货 B. 国债期货 C. 股票期货 D. 股指期货
6. 股指期货最基本的功能是（　　）。
   A. 提高市场流动性   B. 降低投资组合风险
   C. 所有权转移和节约成本   D. 规避风险和价格发现
7. 影响股指期货市场功能正常发挥的因素是（　　）。
   A. 虚假信息的传播   B. 投机交易产生的流动性
   C. 双向交易导致的高效率   D. 价格预测错误导致的较大亏损

8. 1982 年 2 月，美国堪萨斯期货交易所开发了（　　），使股票价格指数成为期货交易的对象。

A. 标准普尔 500 指数　　　　　　　B. 价值线综合指数期货合约

C. 道·琼斯综合平均指数　　　　　　D. E－miniS&P500

9. 股指期货结算采取（　　）。

A. 独立结算　　　　　　　　　　　B. 分级结算

C. 统一结算　　　　　　　　　　　D. 分别结算

10. 中金所结算会员不包括（　　）。

A. 全面结算会员　　　　　　　　　B. 交易会员

C. 特别结算会员　　　　　　　　　D. 交易结算会员

二、多选题

1. 2020 年 3 月 31 日，市场上存在的沪深 300 股指期货合约包括（　　）。

A. IF2003　　　B. IF2004　　　C. IF2005　　　D. IF2006

2. 关于 IB 业务，正确的说法是（　　）。

A. IB 业务搭建的是券商与期货公司间的业务介绍的合作关系，其中期货将占据对券商的业务主导权

B. 国信证券可以接受南华期货的委托从事 IB 业务

C. 在我国，目前的 IB 业务呈现"一对一"的格局

D. 在我国股指期货市场，IB 主要由期货公司担任

三、判断题

1. 股指期货是一种以股票价格指数作为标的物的金融期货合约。　　（　　）

2. 股指期货的杠杆效用有力地缩小了风险，放大了收益。　　　　　（　　）

3. 股指期货交易导致的亏损不仅限于初始投入的保证金。　　　　　（　　）

4. 股指期货的操作可以当天买卖，即 T＋0 交易方式。　　　　　　（　　）

5. 期货公司结算部工作内容有传递客户账单和公司内部管理信息、风险监控、办理客户查询与提款的审核、结算数据的档案管理等。　　　　　　　　　（　　）

6. 在期货公司的风险管理中市场风险是期货公司的首要风险。　　　（　　）

7. 为了防止股指期货的代理风险，投资者需要了解证券公司是否具有期货交易介绍商（IB）资格，了解 IB 公司与期货公司的各自业务范围，慎重选择期货公司作为代理商。　　　　　　　　　　　　　　　　　　　　　　　　　　　　（　　）

8. 客户可采取的风险防范措施有慎重选择经纪公司、规范自身行为、增强风险意识和心理承受力、制定正确的投资战略、将风险降低至可以承受的程度等。　（　　）

9. 股市风险可分为非系统性风险与系统性风险，利率风险不属于非系统性风险。
（　　）

四、综合题

1. 股指期货有哪些主要功能？
2. 股指期货与股票交易有哪些不同点？

参考答案及解析

一、单选题

1. B　　2. D　　3. D　　4. C　　5. A　　6. D　　7. A　　8. B　　9. B
10. B

二、多选题

1. BCD　　2. AC

三、判断题

1. 对　　2. 错　　3. 对　　4. 对　　5. 对　　6. 对　　7. 对　　8. 对
9. 对

四、综合题

1. **参考答案及解析：**

股指期货主要包含四个主要功能：

一是风险规避。股指期货主要用来规避市场的系统性风险。

二是价格发现功能。股指期货由于交易者众多，市场流动性好，能反映出投资者对股票市场未来走势的预期。

三是提供套利交易等新型投资工具。股指期货的上市丰富了国内市场的投资品种，增加了市场流动性，衍生出了许多新的投资策略。

四是指数化投资功能及股票资产组合管理。股指期货在股票指数化投资中具有很大的应用价值，可以用来构建合成指数投资策略。同时，利用股指期货可以方便地进行资产配置，资金占用更少，效率更高。

2. 参考答案及解析：

种类	股指期货	股票
区别	保证金交易，带杠杆	全额交易，无杠杆
	可做空	做空困难
	有到期期限	无到期期限
	交易制度不同，有强制减仓、强制平仓等制度，每日结算	无

第二章 股指期货交易规则

一、单选题

1. 股票指数期货中的最小变动价位应（　　）基础股票指数的实际最小变动价位。
   A. 小于　　　　B. 大于　　　　C. 等于　　　　D. 无关于

2. 下列对股指期货每日价格波动限制制度描述正确的是（　　）。
   A. 价格波动限制通常是与前一交易日的开盘价联系的
   B. 价格一旦达到规定的极限，将停止期货交易
   C. 每日价格波动的限制并非是所有交易所都采用
   D. 股票期货报价必须是每日价格波动限制的整数倍

3. 每日价格波动限制制度中，涨跌幅极限通常是与前一交易日的（　　）相联系。
   A. 开盘价　　　B. 收盘价　　　C. 最高价　　　D. 结算价

4. 大户报告制度通常与（　　）密切相关，可以配合使用。
   A. 每日无负债结算制度　　　　B. 会员资格审批制度
   C. 持仓限额制度　　　　　　　D. 涨跌停板制度

5. 下面对股指期货交易的持仓限额制度描述错误的是（　　）。
   A. 会员、机构投资者和个人投资者的限仓额度应分别确定
   B. 限仓头寸按净持仓计算，同一客户头寸统一计算
   C. 限仓制度可以防范股指期货交易的操纵行为
   D. 限仓是指交易所规定会员或客户可持有的合约头寸的最大数额

6. 关于投资者的交易编码，下面叙述不正确的是（　　）。
   A. 交易编码由会员号和客户号两部分组成
   B. 交易编码由12位数字构成，前4位为会员号，后8位为客户号
   C. 一个客户在交易所内只能有一个客户号，但可以在不同的会员处开户
   D. 一个客户的交易编码会员号、客户号均可随着在不同会员处开户而变化

7. 沪深300股指期货合约最后交易日是合约到期月份的（　　）。
   A. 第三个周五　　B. 第三个周四　　C. 最后一天　　D. 30号

8. 若沪深 300 股指期货某个合约的价格为 3000 点，期货公司收取 12% 的保证金，投资者开仓买卖 1 手沪深 300 股指期货至少需要（　　）万元保证金。
   A. 10.8　　　　B. 108　　　　C. 90　　　　D. 9

9. 沪深 300 股指期货同时挂牌（　　）个可供交易的合约。
   A. 2　　　　B. 4　　　　C. 6　　　　D. 12

10. 以下不属于中金所风险控制管理制度的是（　　）。
    A. 持仓限额制度　　　　　　　　B. 保证金制度
    C. 强行平仓制度　　　　　　　　D. 信息披露制度

11. 股指期货交割结算价为（　　）。
    A. 最后交易日标的指数最后 2 小时的算术平均价
    B. 最后交易日最后 1 小时成交价格按成交量的加权平均价
    C. 最后交易日标的指数最后 1 小时的算术平均价
    D. 最后交易日最后 1 小时的算术平均价

12. 沪深 300 股指期货当日结算价是指某一期货合约当日（　　）。
    A. 收盘价
    B. 成交价格按成交量的加权平均价
    C. 最后 1 小时成交价格按成交量的加权平均价
    D. 最后成交价

13. 关于国内股指期货合约，以下说法正确的是（　　）。
    A. 合约乘数均为每点 300 元
    B. 最小变动价位均为 0.02 个指数点
    C. 最后交易日均为合约到期月份的第二个周五
    D. 交割方式均为现金交割

14. 沪深 300 股指期货合约的价格为 4000 点，此时沪深 300 指数为 4050 点，则 1 手股指期货合约的价值为（　　）万元。
    A. 121.5　　　　B. 120　　　　C. 81　　　　D. 80

15. 假设期货账户资金为 200 万元，目前无任何持仓，如果计划以 4050 点买入沪深 300 股指期货 3 月合约，保证金率为 15%，且保证金占用不超过总资金量的 70%，则最多可以购买（　　）手股指期货合约。
    A. 7　　　　B. 8　　　　C. 11　　　　D. 12

16. 在中金所上市交易的上证 50 指数期货合约和中证 500 指数期货合约的合约乘数分别是（　　）和（　　）。
    A. 200；200　　　　　　　　B. 200；300
    C. 300；200　　　　　　　　D. 300；300

二、判断题

1. 只要期货头寸是盈利的，就不会被强行平仓或减仓。　　　　　　（　　）
2. 联通股份是目前股指期货的成分股。　　　　　　　　　　　　（　　）
3. 股指期货的指数通常与现货市场的指数点位不同。　　　　　　　（　　）
4. 沪深 300 股指期货合约的乘数为 300 元/点。　　　　　　　　　（　　）
5. 按照中金所交易规则的有关规定，中金所收取的股指期货合约最低保证金为 12%。因此，投资者在进行交易时，只需交纳 12% 的保证金。　　　（　　）
6. 股指期货合约最后交易日就是该合约到期月份的最后一个交易日（遇法定假期顺延）。
7. 客户单个合约单边持仓为 50 手，是强行平仓的条件之一。　　　（　　）
8. 套期保值额度自获批之日起 1 年内有效，有效期内可以重复使用。（　　）
9. 中证指数公司对于沪深 300 指数成分股调整生效时间仅为每年 1 月的第一个交易日。　　　　　　　　　　　　　　　　　　　　　　　　（　　）
10. 正常情况下沪深 300 股指期货价格涨跌停板幅度为上一交易日结算价的 15%。
　　　　　　　　　　　　　　　　　　　　　　　　　　　　　　（　　）

参考答案及解析

一、单选题

1. B　　2. C　　3. D　　4. C　　5. A　　6. D　　7. A　　8. A　　9. B
10. D　　11. A　　12. C　　13. D　　14. B　　15. A　　16. C

二、判断题

1. 错　　2. 对　　3. 对　　4. 对　　5. 错　　6. 错　　7. 错　　8. 错　　9. 错
10. 错

第三章 股指期货交易流程

一、单选题

1. 根据投资者适当性制度规定，自然人投资者申请开立股指期货交易编码时，保证金账户可用资金余额不得低于人民币（　　）万元。
   A. 10　　　　B. 20　　　　C. 50　　　　D. 100

2. 投资者应当充分理解并遵循（　　）的原则，承担股指期货交易的履约责任。
   A. 共享收益　　　　　　　　B. 期货公司风险自担
   C. 担风险　　　　　　　　　D. 买卖自负

3. 投资者保证金账户可用资金余额，应以（　　）作为计算依据。
   A. 交易所对结算会员收取的保证金标准
   B. 交易所对交易会员收取的保证金标准
   C. 交易所对期货公司收取的保证金标准
   D. 期货公司对客户收取的保证金标准

4. 自然人投资者申请开户时，如其用仿真交易经历申请开户，那么其股指期货仿真交易经历应当至少达到的标准是（　　）。
   A. 10 个交易日，20 笔以上的股指期货仿真交易经历
   B. 20 个交易日，10 笔以上的股指期货仿真交易经历
   C. 5 个交易日，10 笔以上的股指期货仿真交易经历
   D. 10 个交易日，10 笔以上的股指期货仿真交易经历

5. 下列人员不得成为期货公司客户从事股指期货交易的是（　　）。
   A. 保险公司员工　　　　　　B. 证券公司员工
   C. 期货公司员工　　　　　　D. 银行员工

6. 关于股指期货的交易流程，以下说法正确的是（　　）。
   A. 开户—下单—竞价—结算—交割
   B. 开户—下单—竞价—清算和交收
   C. 开户—下单—竞价—成交回报
   D. 开户—交割—下单—竞价—结算

7. 沪深 300 股指期货合约的交易指令主要有（   ）。

A. 限价指令、止损指令、取消指令

B. 市价指令、限价指令、止损指令

C. 限价指令、取消指令

D. 市价指令、限价指令

8. 沪深 300 股指期货投资者不可采用的下单方式是（   ）。

A. 书面 　　　　　　　　　　　　B. 电话

C. 互联网 　　　　　　　　　　　D. 全权委托期货公司

9. 某一投资者持有 1 手股指期货多单，如果想了结此头寸，应进行的操作是（   ）。

A. 买入开仓 1 手 　　　　　　　　B. 卖出开仓 1 手

C. 买入平仓 1 手 　　　　　　　　D. 卖出平仓 1 手

10. 沪深 300 股指期货开盘价是指某一期货合约开市前（   ）内经集合竞价产生的成交价格。

A. 2 分钟 　　　　　　　　　　　B. 5 分钟

C. 10 分钟 　　　　　　　　　　 D. 15 分钟

11. 关于市价指令，正确的说法是（   ）。

A. 市价指令可以和任何指令成交

B. 集合竞价接受市价指令和限价指令

C. 市价指令不能成交的部分继续挂单

D. 市价指令和限价指令的成交价格等于限价指令的限定价格

12. 沪深 300 股指期货的交割方式是（   ）。

A. 到期日现金交割 　　　　　　　B. 交割对应 ETF 基金份额

C. 到期日交割指数 　　　　　　　D. 到期日交割一篮子股票

13. 某投资者以 3500 点开仓买入 1 手沪深 300 股指期货合约，当天该合约的结算价为 3600 点，收盘价为 3500 点，则该投资者的交易结果是：浮动盈亏为（   ）（不含手续费）。

A. 赚 3 万元 　　　　　　　　　　B. 赚 10.5 万元

C. 亏 3 万元 　　　　　　　　　　D. 0

14. 客户账户的可用资金为负数时，正确的处理方法是（   ）。

A. 减仓至可用资金为正数

B. 在规定时间内追加保证金至可用资金为正数

C. 以上两者均可选择

D. 撤户

15. 某投资者账户持有 8 手 IF1903 空头头寸，2 手 IH1904 多头头寸，4 手 IC1906 空头头寸，下一交易日 IF1903、IH1904 收盘价均下跌 10 点，结算价均上涨 5 点，IC1906 合约收盘价下跌 16 点，结算价下跌 2 点，结算后，当日盈亏为（　　）元。
A. －7 400　　　　B. 7 400　　　　C. 1 900　　　　D. －1 900

二、多选题

1. 根据 2017 年 6 月 28 日修订的《金融期货投资者适当性制度实施办法》，期货公司为自然人投资者申请开立中金所交易编码的必备条件包括（　　）等条款。
A. 申请开户时前连续 5 个交易日的保证金账户可用资金余额不低于人民币 50 万元
B. 申请开户时保证金账户可用资金余额不低于人民币 50 万元
C. 不存在严重不良诚信记录
D. 必须通过金融期货基础知识的相关测试

2. 股指期货投资者适当性制度要求自然人投资者应全面评估自身的（　　），审慎决定是否参与股指期货交易。
A. 经济实力　　　　　　　　　　B. 风险控制能力
C. 生理及心理承受能力　　　　　D. 产品认知能力

3. 建立股指期货投资者适当性制度的意义在于（　　）。
A. 能够有效避免投资者盲目入市
B. 有利于培育成熟的投资者队伍
C. 为股指期货市场健康发展提供重要保障
D. 有利于更多的投资者参与股指期货交易

4. 投资者在选择期货公司时，应对期货公司的（　　）方面进行评价。
A. 是否具有中国证监会许可的期货经纪业务资格
B. 商业信誉
C. 硬件和软件
D. 服务水平及收费标准

5. 根据监管部门和交易所的有关规定，期货公司可以（　　）。
A. 根据投资者指令买卖股指期货合约、办理结算和交割手续
B. 对投资者账户进行管理，控制投资者交易风险
C. 为投资者提供股指期货市场信息，进行交易咨询
D. 代理客户直接参与股指期货交易

6. 下列说法正确的有（　　）。
A. 持有的股指期货合约可以在该合约到期前平仓，也可以选择到期交割

B. 股指期货交割日为最后交易日后的第三个交易日

C. 股指期货最小变动价位为 0.02 个指数点

D. 股指期货采用现金交割

7. 客户下达股指期货交易指令的方式有（　　）。

A. 书面　　　　　　　　　　B. 电话

C. 互联网　　　　　　　　　D. 微信

8. 股指期货投资者可能遇到的风险有（　　）。

A. 法律风险　　　　　　　　B. 市场风险

C. 操作风险　　　　　　　　D. 现金流风险

三、判断题

1. 证券公司从事 IB 业务应当审查客户的开户资料和身份的真实性。　　（　　）

2. 股指期货投资者适当性制度中，市场开发人员可以兼任开户知识测试人员。

（　　）

3. 投资者参与股指期货的"商品期货交易经历"要求是指客户须具备最近三年具有 10 笔以上商品期货交易经历。　　（　　）

4. 股指期货市场投资者适当性制度的制定充分考虑了股指期货的产品特性和风险特征，体现了将适当的产品销售给适当投资者的理念。　　（　　）

5. 在适当性综合评估操作中，投资者可提供近三个月内出具的个人信用报告作为诚信状况证明。　　（　　）

6. 股指期货交易流程一般包括开户、下单、结算和交割四个环节。　　（　　）

7. 期货公司为客户开设期货账户的基本程序包括客户缴纳保证金。　　（　　）

8. 法人客户开股指期货账户，只需提供营业执照和税务登记证，不需要提供组织机构代码证。　　（　　）

9. 法人客户开户必须要求预留与办理出入金和期货交易账单签返署名相一致的法人签章、公章或财务印章。　　（　　）

10. 股指期货集合竞价撮合时间不能下单、撤单。　　（　　）

11. 股指期货集合竞价期间可以接受市价指令申报。　　（　　）

12. 市价指令能以最快时间和最优价格成交。　　（　　）

13. 限价指令每次最大下单数量为 300 手。　　（　　）

14. 限价指令是指必须按照限定价格成交的指令。　　（　　）

15. 股指期货持仓量是指期货交易者所持有的未平仓合约的单边数量。　　（　　）

16. 某投资者在 A 期货公司持有的某股指期货合约空头头寸达到持仓限额后，其可以通过 B 期货公司继续卖出开仓该期货合约。　　（　　）

四、综合题

1. 为何要设立股指期货适当性制度？自然投资者与法人投资者的适当性条款有何不同？

2. 某投资者当天开仓 10 手沪深 300 股指期货合约多头，开仓价格为 3000 点，最新买方出价 3005.2 点，卖方出价 3004.8 点，那么市场最新成交价格为多少？根据最新价格，该投资者的浮动收益为多少？若当天合约的结算价为 3010 点，收盘价为 3005 点，则投资者当日盈亏为多少？

参考答案及解析

一、单选题

1. C   2. D   3. D   4. A   5. C   6. A   7. D   8. D   9. D
10. B   11. D   12. A   13. A   14. C   15. A

二、多选题

1. ACD   2. ABCD   3. ABC   4. ABCD   5. ABC   6. AD   7. ABC
8. ABCD

三、判断题

1. 对   2. 错   3. 对   4. 对   5. 错   6. 对   7. 错   8. 错   9. 对
10. 对   11. 错   12. 错   13. 错   14. 错   15. 对   16. 错

四、综合题

1. **参考答案及解析：**

股指期货投资者的适当性制度的制定充分考虑了股指期货的产品特征和风险特征，与股票、债券相比，股指期货具有专业性强、杠杆高的特点，不适合一般投资者参与。为了保护普通投资者特别是中小投资者的合法权益，避免投资者盲目入市，使投资者更好地理解股指期货的市场风险，从源头保护投资者的合法权益。

中金所规定投资者适当性标准分为自然人和法人投资者标准。

	自然人	法人
区别	保证金账户不低于 50 万元人民币	净资产不低于 100 万元人民币,保证金账户不低于 50 万元人民币
	通过股指期货相关测试	具有相应决策机制和操作流程,相关人员具备股指期货基础知识,通过相关测试
	累计 10 个交易日、20 笔以上股指期货仿真交易记录或三年内 10 笔以上商品期货交易记录	与自然人相同
	不存在严重不良诚信记录;不存在法律、行政法规、规章和交易所禁止或者限制从事股指期货交易的情形	与自然人相同

2. **参考答案及解析:**

由于买方价格高于卖方价格,以卖方价格成交,成交价格为 3004.8 点。

浮动盈亏 = (3004.8 − 3000) × 10 × 300 = 14 400 元

当日盈亏以结算价核算,盈亏 = (3010 − 3000) × 10 × 300 = 30 000 元

第四章 股指期货投机交易

一、单选题

1. 投资者预测股指将上涨，于是买入某一月份的股指期货合约，一旦股指上涨后再卖出先前买入的股指期货合约从中获取差价。这种交易方法被称为（   ）。
   A. 套期保值   B. 跨期套利   C. 期现套利   D. 投机交易

2. 开盘价是指某一期货合约开市前（   ）分钟内经集合竞价产生的成交价格。
   A. 1   B. 5   C. 2   D. 10

3. 限价指令连续竞价交易时，交易所计算机按照（   ）原则撮合成交。
   A. 价格优先、时间优先
   B. 时间优先、价格优先
   C. 最大成交量
   D. 大单优先、时间优先

4. 关于市价指令，下面叙述不正确的是（   ）。
   A. 市价指令是指不限定价格的买卖申报指令，市价指令尽可能以市场最优价格成交
   B. 不参与开盘集合竞价
   C. 市价指令只能和限价指令撮合成交
   D. 没有风险

5. 撮合成交价等于买入价（bp）、卖出价（sp）和前一成交价（cp）三者中（   ）的一个价格。
   A. 最高   B. 最低   C. 居中   D. 随机

6. 当日合约最后一小时无成交的，（   ）成交价格按成交量的加权平均价作为当日结算价。
   A. 以前一小时
   B. 以上日结算价
   C. 以当日开盘价
   D. 以当日

7. 某投资者买入 10 手 9 月份的沪深 300 股指期货合约，期货价格是 2200 点。当沪深 300 股指期货合约价格上涨至 2500 点时，投资者将期货合约卖出平仓，则该投资者的交易结果是（   ）。
   A. 盈利 90 万元   B. 盈利 9 万元
   C. 盈利 60 万元   D. 亏损 90 万元

8. 按现行规定，沪深 300 股指期货的最小波动价位为（   ）点。
   A. 0.1　　　　B. 0.2　　　　C. 0.25　　　　D. 1
9. 限价指令每次最大下单数量为（   ）手。
   A. 100　　　　B. 50　　　　C. 200　　　　D. 300
10. 如果投资者预测股票指数后市将上涨而买进股指期货合约，这种操作属于（   ）。
    A. 正向套利　　　B. 反向套利　　　C. 多头投机　　　D. 空头投机
11. 以下说法正确的是（   ）。
    A. 股指期货本身没有具体的实物资产相对应
    B. 股指期货的价格受期货市场合约供求关系的影响不大
    C. 现货股票市场的走向间接影响股指期货的价格
    D. 投资者的心理因素一般不会影响股指期货的价格
12. 股指期货价格总是以自己标的物的现货价格为基础，因此（   ）。
    A. 在股指期货价格高于股票现货价格的正向市场上，股指期货价格可能会与股票现货价格完全脱节
    B. 在股指期货价格高于股票现货价格的正向市场上，股指期货价格最终会下降到股票现货价格的水平上
    C. 在股指期货价格高于股票现货价格的正向市场上，股指期货价格与股票现货价格升幅完全一致
    D. 在股指期货价格高于股票现货价格的正向市场上，股指期货价格与股票现货价格降幅完全一致
13. 影响股指期货价格与股票现货价格时间差的内在原因是（   ）。
    A. 小盘股的存在造成现货指数的"老化"
    B. 现货市场交易的高成本
    C. 期货市场交易的高杠杆率
    D. 期货价格变动本身具有的超前性
14. "市场永远是对的"是（   ）对待市场的态度。
    A. 基本分析流派　　　　　　B. 技术分析流派
    C. 心理分析流派　　　　　　D. 学术分析流派
15. 基本面分析的理论基础建立在下列（   ）前提条件之上。
    A. 市场的行为包含一切信息，价格沿趋势移动，历史会重复
    B. 博弈论
    C. 经济学、金融学、财务管理学及投资学等
    D. 金融资产的真实价值等于预期现金流的现值

16. 分析股指期货价格趋势应考虑的因素不包括（　　）。
A. 新合约上市　　　　　　　　B. 宏观经济运行状况
C. 利率与通货膨胀率　　　　　D. 投资者市场情绪

17. 一般情况下，以下（　　）情况对沪深300股指期货价格走势有利好作用。
A. 实体经济增速不断下滑
B. 央行对于货币政策态度变得谨慎，市场利率变高
C. 市场预期印花税要调高
D. 国资委推动金融国企改革大浪潮

二、多选题

1. 关于投机，以下正确的说法有（　　）。
A. 中长线投机者通常将合约持有一周甚至几周，待价格对其有利时才将合约平仓
B. 短线交易者一般进行日内的交易，持仓不过夜
C. 逐小利者的技巧是利用价格的微小变动进行交易来获取微利
D. 短线交易者，又被称为"抢帽子者"，一天之内可以来回做很多次买进卖出交易

2. 假设上证50指数期货合约在3000.0点处遇到阻力回落，根据黄金分割线原理可以判断，期价下跌途中可能会在（　　）点获得支撑。
A. 2487　　　　B. 1854　　　　C. 2018　　　　D. 1146

三、判断题

1. 一般情况下，宏观经济运行情况和股指期货走势成反比。（　　）
2. 一般情况下，市场利率水平与股指期货走势成反比。（　　）
3. 根据股市的大趋势，股指期货投机可分为牛市投机和熊市投机。（　　）
4. 一些非经济因素可以暂时改变期货价格的中长期走势。（　　）
5. 市场的趋势方向有：上升方向、下降方向和无趋势方向。（　　）
6. 移动平均线在股市进入盘整阶段时将失去作用。（　　）
7. 技术分析的要素有：价、量、势。（　　）
8. 政府往往不能容忍任何程度的通货膨胀存在，以保持经济实实在在地增长。（　　）
9. 中央银行一旦动用法定存款准备金，则说明其他货币政策工具失效或效用不够。（　　）
10. 通常在双底、头肩底突破颈线后，都有一个回抽过程，恰好给投资者提供了一次验证是真突破还是假突破的机会。如果回抽时成交量明显放大，跌势越来越快，

并在颈下方止跌,即可以确认它向上突破的有效性,此时买入显得胸有成竹,价位也较合适。同时,一旦出现意外,股价重新跌破颈线,在颈线下方止跌后再次下探,投资者因而被迫止损离场时,损失也相对较小。( )

四、综合题

1. 某投资者预期股票指数将出现大涨,因此考虑使用股指期货进行投资交易,预备100万元保证金,开仓4手沪深300股指期货,合计占用保证金54%,开仓均价为3000点,1个月以后股指期货价格增长至3300点。根据题目回答下列问题:

(1) 该投资者当前持仓盈亏为多少?

(2) 该笔交易与直接购买沪深300指数基金相比,超额收益约为多少?

(3) 当前持仓保证金为多少?

2. 某基金经理持有1亿元股票组合,预期未来3个月市场将出现较大风险,希望使用股指期货进行风险规避。其组合贝塔为1.1,当前沪深300股指期货价格为3000点,贝塔为1.05。回答以下问题:

(1) 该基金经理风险敞口为多少?应如何规避组合风险?

(2) 若要对组合进行完套保,应交易的股指期货数量为多少?

参考答案及解析

一、单选题

1. D 2. B 3. A 4. D 5. C 6. A 7. A 8. B 9. A
10. C 11. A 12. B 13. D 14. B 15. C 16. A 17. D

二、多选题

1. ABC 2. BD

三、判断题

1. 错 2. 对 3. 错 4. 错 5. 对 6. 对 7. 错 8. 错 9. 错
10. 对

四、综合题

1. **参考答案及解析：**

（1）当前持仓盈亏 =（3300 – 3000）× 4 × 300 = 360 000（元）

（2）直接购买指数基金盈亏 = 100万 ×（3 300/3 000 – 1）= 10（万元）

该笔期货交易盈亏 = 12（万元）

超额收益 = 36万 – 10万 = 26（万元）

（3）保证金比率根据开仓4手合约占用54%的保证金计算，每手保证金为13.5万元，合约市值为3000 × 300 = 90（万元），保证金比率为15%。

当前持仓保证金 = 3300 × 300 × 0.15 × 4 = 59.4（万元）

2. **参考答案及解析：**

（1）股票组合全部受市场风险影响，风险敞口为1亿元，应通过卖空股指期货对冲组合风险。

（2）应卖出手数 = 1亿 × 1.1 /（3000 × 300 × 1.05）= 116.4（手）

四舍五入后应做空116手股指期货。

第五章　股指期货套期保值

一、单选题

1. 利用股票指数期货，可以回避的风险是（　　）。
   A. 系统性风险　　　　　　　　B. 非系统性风险
   C. 生产性风险　　　　　　　　D. 非生产性风险

2. 股指期货市场的避险功能之所以能够实现，其原因不包括（　　）。
   A. 众多实物金融商品持有者面临不同风险，可通过金融期货交易控制市场总体风险
   B. 金融商品的期货价格与现货价格一般是同方向变动关系
   C. 金融期货采取现金结算交割方式
   D. 众多投机者通过频繁、迅速地买卖对冲，可转移实物金融商品持有者的价格风险

3. 投资者持股数量过大，如在现货市场抛售股票会引起股价大幅下跌而产生巨大损失，但又担心股票价格下跌的风险，可以（　　）达到套期保值的目的。
   A. 通过卖出与手中持有的股票相关性较弱的股指期货
   B. 通过买入与手中持有的股票相关性较弱的股指期货
   C. 通过卖出与手中持有的股票相关性较强的股指期货
   D. 通过买入与手中持有的股票相关性较强的股指期货

4. 与商品期货不同的是，股指现货市场和股指期货市场的时间越接近，交易者避险和对冲需求（　　）。
   A. 越强　　　　　　　　　　　B. 越弱
   C. 不变　　　　　　　　　　　D. 不确定

5. 某证券投资基金利用沪深300股指期货交易来规避股市投资的风险。在9月21日其手中的股票组合现值为2.65亿元，由于预计后市看跌，该基金卖出了368张12月沪深300股指期货合约。9月21日时沪深300指数为2400点，同时12月到期的沪深300股指期货合约价格为2420点。12月10日，现指下跌220点，期指下跌240点，该基金的股票组合市值下跌了10%，此时该基金的损益状况为（　　）。
   A. 盈亏相抵，不赔不赚　　　　B. 盈利0.04亿元

C. 亏损 0.4 万元　　　　　　　　　D. 盈利 0.4 万元

6. 交割月份较近的合约价格高于交割月份较远的合约价格，是由于（　　）。

A. 近期股票现货供给充分

B. 远期股票现货供给充分

C. 持有股票现货有持有成本

D. 持有股票期货没有持有成本

7. 下面对股指期货的反向市场描述错误的是（　　）。

A. 股票现货价格高于股指期货价格

B. 持有现货没有持有成本支出

C. 随着时间推进，到交割月时期货价格和现货价格会逐渐趋于一致

D. 产生反向市场结构的原因

8. 同时购买多种风险不同的股票，不能有效地规避整个股市下跌所带来的（　　）。

A. 价格风险　　　　　　　　　　　B. 结构性风险

C. 非系统性风险　　　　　　　　　D. 系统性风险

9. 某股票组合价值 1 000 万元，β 值为 1.17，沪深 300 股指期货合约报价 3900 点。若进行卖出套期保值，应当建仓（　　）手期货合约。

A. 10　　　　　B. 20　　　　　C. 30　　　　　D. 40

二、多选题

1. 股指期货套期保值是规避股票市场系统性风险的有效工具，但套期保值过程本身也有（　　）风险。

A. 基差　　　　　　　　　　　　　B. 流动性

C. 展期　　　　　　　　　　　　　D. 现货价格

2. 以下关于股指期货套期保值说法正确的有（　　）。

A. 股指期货套期保值不存在保证金风险

B. 空头套期保值只有在市场上涨时存在保证金风险

C. 套期保值是使用基差风险替代现货价格变动风险

D. 套期保值主要规避组合的系统性风险

三、判断题

1. 无论价格涨跌，套期保值总能实现用现货市场的盈利部分或全部冲抵期货市场的亏损。（　　）

2. 套期保值是用较大的基差风险替代较大的现货价格波动风险。（　　）

3. 生产经营者通过套期保值规避风险，但套期保值并不是把风险消灭，而是将其转移给了期货市场的风险承担者，即其他套期保值者。（　　）

4. 套期保值是在期货市场上买进或卖出与现货数量相等且交易方向相同的期货合约，以期在未来某个时间通过卖出或买进期货合约而补偿因现货市场价格不利变动所带来的损失。（　　）

5. 机构投资者通过套期保值规避风险，是因为套期保值可以转移或消灭风险。（　　）

6. 期货投机者是期货市场风险的承担者。（　　）

7. 经营者规避价格风险的需求，使套期保值行为的存在有一定的合理性。（　　）

8. 如果只有套期保值者参与期货交易，那么只有在买进套期保值交易者和卖出套期保值交易者的数量完全相符时，交易才能成立，风险才能转移。（　　）

9. 多头套期保值者和空头套期保值者之间的不平衡是经常的，而投机者的加入能抵消这种不平衡，促使套期保值交易的实现。（　　）

10. 不仅实物商品可以进行套期保值操作，一些金融商品，如货币也可以通过套期保值规避风险。（　　）

四、综合题

1. 股指期货的期现套利存在正向及反向套利，各自交易策略是怎样的？为何期现价格在到期时会出现收敛？

2. 某投资者发现当前沪深300指数的点位为3000点，而1个月后的沪深300股指期货价格为3030点，该投资者认为股指期货价格明显被高估，若使用期现套利策略，如何进行交易？

参考答案及解析

一、单选题

1. A　　2. C　　3. C　　4. A　　5. C　　6. B　　7. B　　8. D　　9. A

二、多选题

1. ABC　　2. BCD

三、判断题

1. 错　2. 错　3. 错　4. 错　5. 错　6. 对　7. 对　8. 对　9. 对
10. 对

四、综合题

1. **参考答案及解析：**

期现套利中正向套利是指股指期货合约价格高于现货指数价格，可以通过买入现货指数卖出股指期货的方式进行套利。

期现套利中反向套利是指股指期货合约价格低于现货指数价格，可以通过卖空现货指数做多股指期货的方式进行套利。

收敛的原因是由于股指期货采用现金交割方式，到期期货结算价格需要与指数接近。若产生较大偏差，则可以通过期现套利的方式进行获利，因而期货到期时会与现货价格呈现逐渐收敛的特征。

2. **参考答案及解析：**

该投资者应买入股指的现货指数，可以购买指数基金或者直接购买股票复制指数，同时通过卖空同等市值的沪深 300 股指期货来对冲组合风险。考虑到相关的对冲成本，若相关费用低于 30 点指数，则可以进行该交易。

第六章 股指期货套利交易

一、单选题

1. 股指期货价格总是以基础指数的现货价格为基础，不可能出现与股票现货价格完全脱节的情况，这是因为（　　）。
  A. 期货市场和现货市场均存在大量的投机活动
  B. 期货市场套期保值活动的存在
  C. 期货市场与现货市场之间存在大量的套利活动
  D. 期货市场和现货市场都存在大量买空卖空活动

2. 对无套利区间描述错误的是（　　）。
  A. 无套利区间是考虑到交易成本存在时的区间
  B. 在无套利区间中套利交易无法获得利润，反而会有亏损
  C. 正向套利理论价格上移的价位被称为无套利区间的下界
  D. 只有当实际期货价格高于上界时，正向套利才能进行

3. 影响无套利区间幅宽的主要因素包括（　　）。
  A. 股票指数
  B. 持有期
  C. 市场冲击成本和交易费用
  D. 交易规模

4. 买进交割期较近的期货合约，同时卖出交割期较远的期货合约，这种操作被称为（　　）。
  A. 买入套期保值　　　　　　　　B. 卖出套期保值
  C. 正向套利　　　　　　　　　　D. 反向套利

5. 如果股指期货价格与股票现货价格的价差大于持有成本，套利者就会（　　）。
  A. 卖出股指期货合约，同时卖出现货股票
  B. 买入股指期货合约，同时买入现货股票
  C. 买入股指期货合约，同时借入现货股票卖出并在期货合约到期时交割以偿还所借入的股票
  D. 卖出股指期货合约，同时买入现货股票并在期货合约到期时用于交割

6. 从事套利交易活动考虑的首要问题是（　　）。

　A. 确定交易规模

　B. 确定相应的期货合约数量

　C. 股票组合的模拟误差

　D. 期货合约的无套利区间

7. 如果临近合约到期，股指期货价格与股票现货价格出现超过交易成本的价差时，交易者会通过（　　），使股指期货价格与股票现货价格渐趋一致。

　A. 投机交易　　　　　　　　　　B. 套期保值交易

　C. 套利交易　　　　　　　　　　D. 价差交易

8. 日经 225 指数期货交易同时在日本、新加坡和美国进行，交易者可利用两个相同合约之间的价格差进行（　　）。

　A. 跨月套利　　　　　　　　　　B. 跨市场套利

　C. 跨品种套利　　　　　　　　　D. 投机

9. 2月25日，5月份沪深300股指期货合约价格为3750点，7月份沪深300股指期货合约价格为3720点，某投资者根据当时形势分析后认为，两份合约之间的价差有扩大的可能。那么该投资者应该采取（　　）措施。

　A. 买入5月份合约，同时卖出7月份合约

　B. 买入5月份合约，同时买入7月份合约

　C. 卖出5月份合约，同时买入7月份合约

　D. 卖出5月份合约，同时卖出等份大豆合约

10. 关于无套利区间，以下（　　）的说法是错误的。

　A. 在无套利区间内，套利将导致亏损

　B. 只有当期货价格高于无套利区间上界时，正向套利才能进行

　C. 只有当期货价格低于无套利区间上界时，正向套利才能进行

　D. 只有当期货价格低于无套利区间下界时，反向套利才能进行

11. 假设沪深300股指期货4月合约价格为4063点，6月合约价格为4055点，投资者判断未来远期合约与近期合约价差将由贴水转为升水，建仓10对跨期套利组合。若一个月后4月合约价格为4100点，6月合约价格为4150点，则该套利交易（　　）。

　A. 亏损17.4万元　　　　　　　　B. 亏损11.6万元

　C. 盈利11.6万元　　　　　　　　D. 盈利17.4万元

12. 假设8月22日股票市场上现货沪深300指数点位1224.1点，A股市场的分红股息率在2.6%左右，融资（贷款）年利率 r＝6%，期货合约双边手续费为0.2个指数点，市场冲击成本为0.2个指数点，股票交易双边手续费以及市场冲击成本为1%，市场投资人要求的回报率与市场融资利差为1%，那么10月22日到期交割的股指期货

10月合约的无套利区间为（　　）。

A．[1216.36，1245.72] B．[1216.56，1245.52]

C．[1216.16，1245.92] D．[1216.76，1246.12]

13．下列对无套利区间幅宽影响最大的因素是（　　）。

A．股票指数 B．持有期

C．市场冲击成本和交易费用 D．交易规模

14．目前，交易者可以利用上证50指数期货和沪深300股指期货之间的高相关性进行价差策略，请问该策略属于（　　）。

A．跨品种价差策略 B．跨市场价差策略

C．投机策略 D．期现套利策略

二、多选题

1．股指期货指数化投资策略中的期现互转套利策略，是利用期货相对于股票组合出现一定程度的价差而进行的期现相互转换。执行该策略成败的关键是（　　）。

A．准确计算股指期货价格被低估的水平

B．精确测算每次转换交易的手续费成本

C．充分考虑股票T+1制度的束缚

D．防止大量买卖股票组合可能产生的冲击成本

2．股指期货跨期套利的方式通常有（　　）。

A．买入近月合约的同时卖出等量远月合约

B．卖出近月合约的同时买入等量远月合约

C．买入近月合约和远月合约的同时卖出等量的中间月份合约

D．卖出近月合约和远月合约的同时买入等量的中间月份合约

3．在股指期货期现正向套利中，可以选择（　　）作为其中的一边头寸。

A．买入标的指数ETF基金

B．买入标的指数的一篮子成分股

C．买入股指期货

D．卖出股指期货

4．上证50股指期货与新加坡富时中国A50股指期货之间的套利存在的风险有（　　）。

A．汇率风险

B．资金跨境调拨风险

C．市场政策风险

D．指数成分股不同导致的涨跌幅差异风险

5. 当股票指数被高估，某个交割月份的该股指期货合约被低估时，投资者买入该股指期货合约，同时融券卖出股票指数一篮子成分股建立套利头寸。当现货和期货价差趋于正常时，再反向操作平仓获利，这种策略被称为（　　）策略。

  A. 正向套利　　　　　　　　　B. 反向套利

  C. 期现套利　　　　　　　　　D. 跨品种套利

6. 影响股指期货无套利区间宽度的主要因素有（　　）。

  A. 股票指数价格　　　　　　　B. 合约存续期

  C. 市场冲击成本　　　　　　　D. 交易费用

三、判断题

1. 在计算无套利区间时，与持有期长度有关的是借贷利率差成本。（　　）
2. 假设已知股指期货理论价格为 1400 点，交易成本为 15 点，则无套利区间为 (1385，1415)。（　　）
3. 和投机交易相比，期货交易中的套利交易具有高风险、高利润、高成本的特点。（　　）
4. 股指期货的跨品种套利，要求两个指数相关性越高越好。（　　）
5. 跨期套利之所以存在的原因是不同交割月份期货合约的价格之间的关系经常会不合理，而在价差由不合理向合理恢复的过程中，隐含着可能的投机利润，所以吸引了众多的投机者来从事这项活动。（　　）

参考答案及解析

一、单选题

1. C 2. C 3. C 4. C 5. D 6. D 7. C 8. B 9. A

10. D 11. D 12. A 13. C 14. A

二、多选题

1. ABCD 2. AB 3. ABD 4. ABCD 5. BC 6. CD

三、判断题

1. 对 2. 对 3. 错 4. 对 5. 对

第七章　股指期货在资产组合管理中的应用

一、单选题

1. 机构投资者能够使用股指期货实现各类资产组合管理策略的基础在于股指期货具备两个非常重要的特性：一是股指期货能够灵活地改变投资组合的 β 值；二是股指期货具备（　　）功能。
   A. 套期保值　　　　　　　　　B. 套利
   C. 投机　　　　　　　　　　　D. 资产配置

2. 股指期货的资产配置通常可分为（　　）。
   A. 战略性资产配置　　　　　　B. 战术性资产配置
   C. 市场条件约束下的资产配置　D. 以上都是

3. β 大于 1 的证券，意味着其风险大于市场投资组合的风险，收益也相对较高，被称为（　　）。
   A. 进攻型证券　　　　　　　　B. 防守型证券
   C. 中立型证券　　　　　　　　D. 小盘股

4. 在熊市阶段，投资者一般倾向于持有（　　），尽量降低投资风险。
   A. 进攻型证券　　　　　　　　B. 防守型证券
   C. 中立型证券　　　　　　　　D. 小盘股

5. 指数化投资策略分为（　　）。
   A. 期货加固定收益债券增值策略　　B. 期货现货互转套利策略
   C. 权益证券市场中立策略和避险策略　D. 以上都是

6. 投资组合的总体收益可以分为两个部分：（　　）。
   A. 阿尔法收益和贝塔收益　　　B. 阿尔法收益和伽马收益
   C. 贝塔收益和伽马收益　　　　D. 大盘股收益和小盘股收益

7. 投资者可以通过（　　）期货、期权等衍生品，将投资组合的市场收益和超额收益分离出来。
   A. 买入　　　　　　　　　　　B. 卖出
   C. 投机　　　　　　　　　　　D. 套期保值

8. 某基金 96% 的资金配置于沪深 300 指数成分股。该基金经理预计未来大盘股表现一般，而创业板股票市场涨幅较大，计划抽出 20% 左右的资金投资创业板市场股票，并通过中证 500 股指期货对冲创业板股票组合的系统性风险，以获得超额收益。该基金经理可采取（　　）策略以达到投资创业板的目的而又不影响原有的股票配置。

  A. 股票组合 β 值调整

  B. 市场条件约束下的资产配置

  C. 可转移阿尔法

  D. 资产证券化

  9. 如果基金经理将流入基金的所持股票组合分红资金先买入与新流入资金金额等值的股指期货合约，再将剩余资金买入短期国债，待流入的资金积累到一定程度后再投资于股票组合，同时将期货头寸平仓。这种操作策略被称为（　　）策略。

  A. 现金证券化

  B. 可转移阿尔法

  C. 市场条件约束下的资产配置

  D. 跨品种套利

  10. 某股票基金规模 100 亿元，原本计划将 95 亿元的资金配置于沪深 300 指数成分股，另保留 5 亿元现金。为尽量缩小股票组合对指数的跟踪误差，基金经理计划用 95 亿元资金买入长期国债，并将其部分抵押作为保证金买入合约价值 100 亿元的沪深 300 股指期货合约（假设股指期货保证金为 15%），余下 5 亿元买入流动性较强的短期国债或银行票据。该策略是指数化投资中的（　　）。

  A. 期货加固定收益债券增值策略

  B. 期现互转套利策略

  C. 避险策略

  D. 权益证券市场中立策略

  11. 阿尔法策略的主要风险在于（　　）。

  A. 选股策略

  B. 对股票指数基差走势的判断

  C. 对股指期货走势的判断

  D. 股指期货的交易成本

  12. 某基金经理管理投资组合的市值达到 10 亿元，且已知该组合对沪深 300 指数相关系数为 0.8，该组合和沪深 300 指数的波动率分别为 15% 和 10%。该基金经理预期市场会出现大幅回调，决定在沪深 300 股指期货合约处于 4000 点时将投资组合的 Beta 值调整为负值，则至少应卖出（　　）手股指期货合约。

  A. 991   B. 1 001   C. 1 111   D. 1 211

13. 机构投资者往往利用股指期货来模拟指数，配置较少部分资金作为股指期货保证金，剩余现金全部投入固定收益产品，以寻求较高的回报。这种投资组合首先保证了能够较好地追踪指数，当能够寻找到价格被低估的固定收益品种时，还可以获取超额收益。该策略是（　　）策略。

   A. 期货加固定收益债券增值　　B. 期货现货互转套利

   C. 现金证券化　　D. 权益证券市场中立

14. 关于资产配置，错误的说法是（　　）。

   A. 资产配置通常可分为战略性资产配置、战术性资产配置与市场条件约束下的资产配置

   B. 不同策略的资产配置在时间跨度上往往不同

   C. 战术性资产配置是在战略性资产配置的基础上根据市场的短期变化，对具体的资产比例进行微调

   D. 股指期货适用于股票组合的战略性资产配置与战术性资产配置，不太适用于市场条件约束下的资产配置

15. 由于未来某一时点将发生较大规模的资金流入或流出，为避免流入或流出的资金对资产组合结构产生较大冲击，投资者选择使用股指期货等工具，以达到最大限度地减少冲击成本的目的。该策略是（　　）策略。

   A. 指数化投资　　B. 阿尔法

   C. 资产配置　　D. 现金证券化

二、多选题

1. 股票型基金运用股指期货现金证券化策略的主要优点在于（　　）。

   A. 股票建仓的时滞更少

   B. 股票建仓的成本更低

   C. 股票建仓的选择时机更多

   D. 对基金业绩有增强作用

2. 指数化投资策略中的避险策略，其使用的关键条件是（　　）。

   A. 股指期货出现一定程度的溢价

   B. 股票组合出现一定程度的溢价

   C. 获取超额收益

   D. 准确测算收益是否能够覆盖交易成本

3. 阿尔法策略成败的影响因素包括（　　）。

   A. 股票组合的超额收益大小

   B. 交易成本的高低

C. 股指期货的入场时机
D. 股指期货相对现货指数的升贴水幅度

三、判断题

1. 指数化投资主要是通过投资于既定市场里代表性较强、流动性较高的股票指数成分股，来获取与目标指数走势一致的收益率。（　　）

2. 战略资产配置衍生性策略只需在期货市场上通过买卖股指期货来实现，无须在股票市场上进行股票的交易。（　　）

3. 一般情况下，模拟指数选用的成分股越少，节约的交易成本就越多，带来的模拟误差也就越小。（　　）

4. 股指期货能在不改变选股决定的同时改变投资组合的 β 值，从而实现选股与选时的分离。（　　）

5. 市场风险是指因暴露于市场风险因子而形成的投资风险，它是一种系统性风险。承担市场风险获得的补偿被称为阿尔法。（　　）

6. 与投机交易不同，投资者在运用阿尔法策略时无须判断市场未来的运行趋势。（　　）

7. 股指期货在指数化投资中的运用，极大地降低了传统投资模式所面临的交易成本及指数跟踪误差。（　　）

8. 指数化投资是一种主动型的投资策略，即建立一个跟踪基准指数业绩的投资组合，获取与基准指数相一致的收益率和走势。（　　）

9. 在股指期货诞生前，唯一可以实行指数化投资的途径是通过按该指数中权重比例购买该指数中的所有股票，或者购买数量较少的一篮子股票来近似模拟市场指数。（　　）

10. 来自市场的收益比较容易获得（例如采用跟踪市场大盘指数的投资方式即可获得），但是要获取超越市场收益的 Alpha 部分则不是件容易的事情。（　　）

11. 利用股指期货可转移阿尔法策略，可以对股票市场 β 收益和 α 收益重新进行自由组合以提高资金的使用效益和投资收益率，但这样做也改变了原有股票组合的资产配置金额。（　　）

四、综合题

1. 合成指数基金与合成增强指数基金的区别是什么？期现价差如何影响该策略？
2. 阿尔法策略的实现原理是什么？什么是可转移的阿尔法策略？若某国内知名基金经理看好港股市场，但因为没有港股市场投资经验，所以采用了可转移的阿尔法策略，他应如何操作？

参考答案及解析

一、单选题

1. D　　2. D　　3. A　　4. B　　5. D　　6. A　　7. B　　8. C　　9. A
10. A　　11. A　　12. B　　13. A　　14. D　　15. D

二、多选题

1. ABCD　　2. AD　　3. ABD

三、判断题

1. 对　2. 错　3. 错　4. 对　5. 错　6. 错　7. 对　8. 错　9. 对　10. 对　11. 错

四、综合题

1. **参考答案及解析：**

合成指数基金主要通过现金加上股指期货的方式实现指数的复制，其目的主要为追踪指数走势。而合成指数增强基金则对现金管理更为积极，通常使用现金购买收益更高的债券类产品，从而从收益上超越指数。期现价差对于合成指数策略影响较大，当股指期货呈现升水结构时，由于换月成本较高，期现价差在未来的收敛会使得股指期货跑输指数，无法达到指数追踪的目的。而当期现结构呈现贴水的状态时，由于每月换月会带来持仓成本的下降，未来的期现价差的收敛会自然形成额外的收益，从而使得合成指数基金更容易跑赢指数。

2. **参考答案及解析：**

要执行阿尔法策略的原因是由于投资者看好个股的投资，而希望规避掉指数的相关波动，认为其所持有的股票组合可以跑赢相关指数。因而通过买入股票组合，同时使用做空股指期货规避掉系统性风险即贝塔风险，从而使得组合仅剩余阿尔法收益。

可转移的阿尔法策略则是在阿尔法策略的基础概念上衍生出来的，一般而言是对某市场有信心但自身投资能力不足，希望通过另一市场的投资实现超额收益。

该基金经理看好港股市场，但对于港股无投资经验，所以他可以通过做多港股指数期货方式投资港股市场。由于期货投资仅占用少量保证金，剩余资金可以依旧放在国内市场，通过做多国内市场股票，并通过国内指数期货对冲相关风险，从而获得国内市场的阿尔法收益。二者策略结合形成组合收益 = 港股指数收益（贝塔收益）+ 国内股票阿尔法收益。

第八章　如何防范股指期货交易风险

一、单选题

1. 下列属于股指期货特有风险的是（　　）。
   A. 市场风险　　　　　　　　B. 基差风险
   C. 流动性风险　　　　　　　D. 操作风险

2. 交易所对股指期货的风险管理制度不包括（　　）。
   A. 会员资格审批制度　　　　B. 每日无负债结算制度
   C. 涨跌停板制度　　　　　　D. 公开竞价制度

3. 对交易者来说，要防范市场流动性风险可选择（　　）。
   A. 流动性好，市场深度、广度都小的期货品种
   B. 流动性差，市场深度、广度都小的期货品种
   C. 流动性好，市场深度、广度都大的期货品种
   D. 流动性差，市场深度、广度都大的期货品种

4. 在进行股指期货交易时，普通投资者不需花费太多精力考虑的风险是（　　）。
   A. 市场风险　　　　　　　　B. 流动性风险
   C. 结算风险　　　　　　　　D. 法律风险

5. 每日结算后，当投资者账户（　　）时，期货公司结算部会在该投资者的交易系统和期货保证金查询中心同时发送的交易结算单中，同步发出"追加保证金通知书"。
   A. 可用资金小于0　　　　　　B. 可用资金小于100%
   C. 可用资金小于10%　　　　　D. 只要出现亏损

6. 下列对策中，（　　）不能防范市场操纵风险。
   A. 缩小每日价格波动限制幅度
   B. 制定更严格的限仓制度
   C. 要求涉险会员报告交易情况、资金来源和交易意向
   D. 加收额外的风险保证金

7. 由于保证金交易具有杠杆性，当出现不利行情时，股价指数微小的变动就可能会使投资者权益遭受较大损失；价格波动剧烈的时候甚至会因为资金不足而被强行平

仓，使本金损失殆尽，这种风险被称为（　　）。

A. 现金流风险　　　　　　　　　B. 市场风险

C. 操作风险　　　　　　　　　　D. 法律风险

8. 以下（　　）不属于中金所风险控制制度。

A. 价格限制制度　　　　　　　　B. 套期保值制度

C. 强制减仓制度　　　　　　　　D. 大户持仓报告制度

9. 出现（　　）情况时，期货公司不得实行强行平仓。

A. 持仓量超出限仓规定

B. 因违规受到交易所处罚

C. 根据交易所紧急措施应予以强行平仓

D. 当投资者账户风险度低于期货公司规定标准，且投资者已采取了追加保证金或减持头寸等措施

10. 中国金融期货交易所强制减仓的执行条件是（　　）。

A. 合约当日达到停板且与合约停板日前一交易日同方向涨跌幅度累计大于16%

B. 收市后系统中存在以停板价位申报的未成交的客户持仓

C. 客户持仓净亏损大于等于当日结算价的10%

D. 以上都必须具备

11. 当市场出现连续两个交易日的同方向涨（跌）停板、单边市等特别重大的风险时，中金所为迅速、有效化解市场风险，防止会员大量违约而采取的紧急措施是（　　）。

A. 强制平仓　　　　　　　　　　B. 强制减仓

C. 大户持仓报告　　　　　　　　D. 持仓限额

二、判断题

1. 传统上，流动性风险可分为资产流动性风险和筹资流动性风险。相比较而言，资产流动性风险的评估可能受清算价格的影响，而筹资流动性风险则与资金资源和潜在的资金需求有关。（　　）

2. 自然人投资者单个合约单边持仓实行绝对数额限仓，持仓限额为200手。（　　）

3. 某一合约单边总持仓量超过10万手时，结算会员的该合约单边持仓不得超过总量的25%。（　　）

4. 期货投入的资金通常限制在账面全部总资金的30%以内，即交易者的资金最多有1/3可以用于股指期货开仓，剩下的资金作为预备金。（　　）

5. 在任何单个市场上的最大亏损总额最好限制在总资本的5%以内。（　　）

6. 交易所对交易者规定了最大持仓限额，其目的是防止市场发生恐慌和投机狂热，防止操纵市场行为。（   ）

7. 爆仓，是指在某些特殊条件下，投资者保证金账户中的客户权益为负值的情形。（   ）

8. 强制减仓是当市场出现连续两个及两个以上交易日的同方向涨停（跌）等特别重大的风险时，中金所为迅速、有效化解市场风险，防止会员大量违约而采取的措施。（   ）

9. 在进行股指期货交易时，亏损不多时，应考虑止损，亏损太多时，止不止损无所谓，交给期货公司处理算了。（   ）

10. 当投资者进行股指期货交易与期货公司发生纠纷时，只能自认倒霉，再换一家期货公司。（   ）

参考答案及解析

一、单选题

1. B   2. D   3. C   4. C   5. A   6. A   7. B   8. B   9. D
10. D   11. B

二、判断题

1. 对   2. 错   3. 对   4. 对   5. 对   6. 对   7. 对   8. 对   9. 错
10. 错

股指期货综合试卷

一、单选题

1. 下列对股指期货每日价格波动限制制度描述正确的是（   ）。
   A. 价格波动限制通常是与前一交易日的开盘价联系的
   B. 价格一旦达到规定的极限，将停止期货交易
   C. 每日价格波动的限制并非是所有交易所都采用
   D. 股票期货报价必须是每日价格波动限制的整数倍

2. 每日价格波动限制制度中，涨跌幅极限通常是与前一交易日的（   ）相联系的。
   A. 开盘价   B. 收盘价
   C. 最高价   D. 结算价

3. 大户报告制度通常与（   ）密切相关，可以配合使用。
   A. 每日无负债结算制度   B. 会员资格审批制度
   C. 持仓限额制度   D. 涨跌停板制度

4. 下面对股指期货交易的持仓限额制度描述错误的是（   ）。
   A. 会员、机构投资者和个人投资者的限仓额度应分别确定
   B. 限仓头寸按净持仓计算，同一客户头寸统一计算
   C. 限仓制度可以防范股指期货交易的操纵行为
   D. 限仓是指交易所规定会员或客户可持有的合约头寸的最大数额

5. 沪深 300 股指期货合约最后交易日是合约到期月份的（   ）。
   A. 第三个周五   B. 第三个周四
   C. 最后一天   D. 30 号

6. 若沪深 300 股指期货某个合约的价格为 3000 点，期货公司收取 12% 的保证金，投资者开仓买卖 1 手至少需要（   ）万元保证金。
   A. 10.8   B. 108
   C. 90   D. 9

7. 根据投资者适当性制度规定，自然人投资者申请开立股指期货交易编码时，保证金账户可用资金余额不得低于人民币（ ）万元。

   A. 10   B. 20

   C. 50   D. 100

8. 投资者应当充分理解并遵循（ ）的原则，承担股指期货交易的履约责任。

   A. 共享收益   B. 期货公司风险自担

   C. 担风险   D. 买卖自负

9. 限价指令连续竞价交易时，交易所计算机按照（ ）原则撮合成交。

   A. 价格优先、时间优先   B. 时间优先、价格优先

   C. 最大成交量   D. 大单优先、时间优先

10. 关于市价指令，下面叙述不正确的是（ ）。

    A. 市价指令是指不限定价格的买卖申报指令，市价指令尽可能以市场最优价格成交

    B. 不参与开盘集合竞价

    C. 市价指令只能和限价指令撮合成交

    D. 没有风险

11. 撮合成交价等于买入价（bp）、卖出价（sp）和前一成交价（cp）三者中（ ）的一个价格。

    A. 最高   B. 最低

    C. 居中   D. 随机

12. 当日合约最后一小时无成交的，（ ）成交价格按成交量的加权平均价作为当日结算价。

    A. 以前一小时   B. 以上日结算价

    C. 以当日开盘价   D. 以当日

13. 某投资者买入10手9月份的沪深300股指期货合约，期货价格是2200点。当沪深300股指期货合约价格上涨至2500点时，投资者将期货合约卖出平仓，则该投资者的交易结果是（ ）。

    A. 盈利90万元   B. 盈利9万元

    C. 盈利60万元   D. 亏损90万元

14. 某基金规模100亿元，原本计划将95亿元的资金配置于沪深300指数成分股，另保留5亿元现金。为尽量缩小股票组合对指数的跟踪误差，基金经理计划用95亿元资金买入长期国债，并将其部分抵押作为保证金买入合约价值100亿元的沪深300股指期货合约（假设股指期货保证金为15%），余下5亿元买入流动性较强的短期国债或银行票据。该策略是指数化投资中的（ ）。

A. 期货加固定收益债券增值策略

B. 期现互转套利策略

C. 避险策略

D. 权益证券市场中立策略

15. 某投资者账户持有 8 手 IF1903 空头头寸，2 手 IH1904 多头头寸，4 手 IC1906 空头头寸，下一交易日 IF1903、IH1904 收盘价均下跌 10 点，结算价均上涨 5 点，IC1906 合约收盘价下跌 16 点，结算价下跌 2 点，结算后，当日盈亏为（　　）元。

A. −7 400　　　　　　　　　　B. 7 400

C. 1 900　　　　　　　　　　D. −1 900

16. 某股票组合价值 1 000 万元，β 值为 1.17，沪深 300 股指期货合约报价 3900 点。若进行卖出套期保值，应当建仓（　　）手期货合约。

A. 10　　　　　　　　　　B. 20

C. 30　　　　　　　　　　D. 40

17. 已知两种股票的 β 系数分别为 0.75 和 1.10。某投资者对这两种股票投资的比例分别为 40% 和 60%，则该证券组合的 β 系数为（　　）。

A. 0.96　　　　　　　　　　B. 1.85

C. 0.025　　　　　　　　　　D. 0.096

18. 投资者经常需要根据市场环境的变化及投资预期，对股票组合的 β 值进行调整，以增加收益和控制风险。当预期股市上涨时，要（　　）组合的 β 值扩大收益；当预期股市将下跌时，要（　　）组合的 β 值降低风险。

A. 调高；调低　　　　　　　　B. 调低；调高

C. 调高；调高　　　　　　　　D. 调低；调低

19. 某投资者期货账户可用保证金 500 万元，某日以 4250 点价格开仓买进 IF1803 合约 40 手。同一天，该客户以 4300 点卖出平仓 20 手 IF1803，当日结算价 4239 点。假设交易保证金率为 15%，手续费为单边 100 元/手，则以下说法正确的是（　　）。

A. 当日平仓获利 30.6 万元

B. 当日保证金占用 233.4 万元

C. 当日账户权益 522.8 万元

D. 可用资金余额为 141.89 万元

20. 假设一只无红利支付的股票价格为 18 元/股，无风险连续利率为 8%，该股票 4 个月后到期的远期价格为（　　）元/股。

A. 18.37　　　　　　　　　　B. 18.49

C. 19.13　　　　　　　　　　D. 19.51

21. 假设某投资者第一天买入股指期货 IC1806 合约 10 手，开仓价格为 5900 点，

37

当日结算价格为 5920 点。次日，该投资者持有的仓位不变，期货合约结算价为 5850 点，则收市后当日盯市盈亏是（　　）万元。

A. -14　　　　　　　　　　　　B. -10

C. -21　　　　　　　　　　　　D. -15

22. 假设期货账户资金为 200 万元，目前无任何持仓，如果计划以 4050 点买入沪深 300 股指期货 3 月合约，保证金率为 15%，且保证金占用不超过总资金量的 70%，则最多可以购买（　　）手股指期货合约。

A. 7　　　　　　　　　　　　　B. 8

C. 11　　　　　　　　　　　　 D. 12

23. IH1802 合约于 2018 年 2 月 22 日到期交割，2 月 14 日（交割日的前一交易日）其收盘价为 2868.6 点，结算价为 2869.2 点，则 2 月 22 日其涨停板价格为（　　）点。

A. 3443.0　　　　　　　　　　 B. 3299.6

C. 3156.2　　　　　　　　　　 D. 3012.6

24. 目前，交易者可以利用上证 50 指数期货和沪深 300 股指期货之间的高相关性进行价差策略，请问该策略属于（　　）。

A. 跨品种价差策略　　　　　　 B. 跨市场价差策略

C. 投机策略　　　　　　　　　 D. 期现套利策略

25. 假设上证 50 指数为 3000 点，市场利率为 3%，指数股息率为 1%，则 6 个月到期的上证 50 指数期货合约的理论价格为（　　）点。

A. 3000　　　　　　　　　　　 B. 3030

C. 3045　　　　　　　　　　　 D. 3120

26. 采购经理人指数（PMI）与股指期货价格变化具有一定相关性。通常，在其他因素不变的条件下，PMI 持续上涨，股指期货价格（　　）概率大。

A. 上涨　　　　　　　　　　　 B. 下跌

C. 盘整　　　　　　　　　　　 D. 无规律波动

27. 一般情况下，以下（　　）情况对沪深 300 股指期货的价格走势有利好作用。

A. 实体经济增速不断下滑

B. 央行对于货币政策态度变得谨慎，市场利率变高

C. 市场预期印花税要调高

D. 国资委推动金融国企改革大浪潮

28. 一般来说，沪深 300 指数成分股（　　）上证 50 指数成分股，中证 500 指数成分股（　　）沪深 300 指数成分股。

A. 包含；不包含　　　　　　　 B. 包含；包含

C. 不包含；包含 D. 不包含；不包含

29. 投资者可以通过（　　）期货等衍生品，将投资组合的市场收益和超额收益分离出来。

   A. 买入 B. 卖出
   C. 投机 D. 套期保值

30. 当市场出现连续两个交易日的同方向涨（跌）停板、单边市等特别重大的风险时，中金所为迅速、有效化解市场风险，防止会员出现大量违约而采取的紧急措施是（　　）。

   A. 强制平仓 B. 强制减仓
   C. 大户持仓报告 D. 持仓限额

31. 若上证50指数期货合约IH1705的价格是2344.8点，期货公司收取的保证金是15%，则投资者至少需要（　　）万元的保证金方可开仓1手。

   A. 9.56 B. 10.56
   C. 11.56 D. 12.56

32. 上证50指数期货的最小变动价位是（　　）。

   A. 0.1个指数点 B. 0.2个指数点
   C. 万分之零点一 D. 万分之零点二

33. 股指期货交易保证金比例越高，则参与股指期货交易的（　　）。

   A. 收益越高 B. 收益越低
   C. 杠杆越大 D. 杠杆越小

34. 下列股票指数期货的乘数为200的是（　　）。

   A. 沪深300股指期货 B. 中证500股指期货
   C. 上证50股指期货 D. 上证100股指期货

35. 中证500股指期货合约的交易代码是（　　）。

   A. IF B. ETF
   C. CF D. IC

36. 可以根据市场情况对投资者适当性标准进行调整的机构是（　　）。

   A. 中国期货业协会 B. 中国金融期货交易所
   C. 中国期货保证金监控中心 D. 期货公司

37. 某投资者以5100点开仓买入1手沪深300股指期货合约，当天该合约收盘于5150点，结算价为5200点，交易结算后该投资者的交易结果为（　　）元。（不考虑交易费用）

   A. 盯市盈利15 000 B. 盯市盈利30 000
   C. 盯市亏损15 000 D. 盯市亏损30 000

38. 如果临近合约到期，股指期货价格与股票现货价格出现超过交易成本的价差时，交易者会通过（   ），使股指期货价格与股票现货价格渐趋一致。

A. 投机交易　　　　　　　　　　B. 套期保值交易

C. 套利交易　　　　　　　　　　D. 价差交易

39. 下面对股指期货的反向市场描述错误的是（   ）。

A. 股票现货价格高于股指期货价格

B. 持有现货没有持有成本支出

C. 随着时间推进，到交割月时期货价格和现货价格会逐渐趋于一致

D. 产生反向市场结构的原因

40. 同时购买多种风险不同的股票，不能有效地规避整个股市下跌所带来的（   ）。

A. 价格风险　　　　　　　　　　B. 结构性风险

C. 非系统性风险　　　　　　　　D. 系统性风险

二、多选题

1. 股指期货指数化投资策略中的期现互转套利策略，是利用期货相对于股票组合出现一定程度的价差而进行的期现相互转换。执行该策略成败的关键是（   ）。

A. 准确计算股指期货价格被低估的水平

B. 精确测算每次转换交易的手续费成本

C. 充分考虑股票 T＋1 制度的束缚

D. 防止大量买卖股票组合可能产生的冲击成本

2. 股指期货跨期套利的方式通常有（   ）。

A. 买入近月合约的同时卖出等量远月合约

B. 卖出近月合约的同时买入等量远月合约

C. 同时买入近月合约和远月合约

D. 同时卖出近月合约和远月合约

3. 关于股指期货，以下（   ）说法是正确的。

A. 当日结算价是合约最后一小时成交价格按照成交量的加权平均价，保留至小数点后一位

B. 当日结算价是标的指数最后两小时的算数平均价，保留至小数点后两位

C. 交割结算价是最后交易日标的指数最后两小时算数平均价，计算结果保留至小数点后两位

D. 交割结算价是最后交易日标的指数最后两小时加权平均价，计算结果保留至小数点后一位

4. 在股指期货期现正向套利中，可以选择（　　）作为其中的一边头寸。

A. 买入标的指数 ETF 基金

B. 买入标的指数的一篮子成分股

C. 买入股指期货

D. 卖出股指期货

5. 股票型基金运用股指期货现金证券化策略的主要优点在于（　　）。

A. 股票建仓的时滞更少

B. 股票建仓的成本更低

C. 股票建仓的选择时机更多

D. 对基金业绩有增强作用

6. 指数化投资策略中的避险策略，其使用的关键条件有（　　）。

A. 股指期货出现一定程度的溢价

B. 股票组合出现一定程度的溢价

C. 获取超额收益

D. 准确测算收益是否能够覆盖交易成本

7. 上证 50 股指期货与新加坡富时中国 A50 股指期货之间的套利存在的风险有（　　）。

A. 汇率风险

B. 资金跨境调拨风险

C. 市场政策风险

D. 指数成分股不同导致的涨跌幅差异风险

8. 当股票指数被高估，某个交割月份的该股指期货合约被低估时，投资者买入该股指期货合约，同时融券卖出股票指数一篮子成分股建立套利头寸；当现货和期货价差趋于正常时，再反向操作平仓获利，这种策略被称为（　　）策略。

A. 正向套利　　　　　　　　B. 反向套利

C. 期现套利　　　　　　　　D. 跨品种套利

9. 沪深 300 指数采用指数修正法进行修正，指数需要修正的情况包括（　　）。

A. 凡有样本股除息（分红派息），在其除息日当天进行指数修正

B. 凡有样本股送股或配股，在样本股的除权基准日前修正指数

C. 当样本股股本变动累计达到 5% 以上时，对其进行临时调整，在样本股的股本变动日前修正指数

D. 当指数样本股定期调整或临时调整生效时，在调整生效日后修正指数

10. 股指期货套期保值是规避股票市场系统性风险的有效工具，但套期保值过程本身也有（　　）风险。

A. 基差　　　　　　　　　　　B. 流动性

C. 展期　　　　　　　　　　　D. 现货价格

11. 股指期货投机交易过程中需要考虑的因素包括（　　）。

A. 市场流动性　　　　　　　　B. 宏观经济运行状况

C. 利率与通货膨胀率　　　　　D. 投资者市场情绪

12. 根据监管部门和交易所的有关规定，期货公司可以（　　）。

A. 根据投资者指令买卖股指期货合约、办理结算和交割手续

B. 对投资者账户进行管理，控制投资者交易风险

C. 为投资者提供股指期货市场信息，进行交易咨询

D. 代理客户直接参与股指期货交易

13. 某投资者第一天参与中国金融期货交易所（CFFEX）股指期货交易，当日收盘后其持有 5 手 IF1709 多头合约，当日可能发生的交易情况有（　　）。

A. 买开 5 手　　　　　　　　　B. 卖平 1 手，买开 5 手

C. 买开 15 手，买平 10 手　　　D. 买开 10 手，卖平 5 手

14. 关于资产配置，以下说法正确的有（　　）。

A. 资产配置通常可分为战略性资产配置、战术性资产配置与市场条件约束下的资产配置

B. 不同策略的资产配置在时间跨度上往往不同

C. 战术性资产配置是在战略性资产配置的基础上根据市场的短期变化，对具体的资产比例进行微调

D. 股指期货适用于股票组合的战略性资产配置与战术性资产配置，不太适用于市场条件约束下的资产配置

15. 关于 IB 业务，以下说法正确的有（　　）。

A. IB 业务搭建的是券商与期货公司间的介绍业务合作关系，其中期货将占据对券商的业务主导权

B. 国信证券可以接受南华期货的委托从事 IB 业务

C. 在我国，目前的 IB 业务呈现"一对一"的格局

D. 在我国股指期货市场，IB 主要由期货公司担任

16. 关于股指期货套期保值的比例，以下说法正确的有（　　）。

A. 严格意义上讲，在任一时刻，套期保值比例都是瞬时有效的

B. 随着时间的改变调整套期保值比例被称为动态套期保值

C. 套期保值比例的目标是使期货和现货的价格变动互相抵消

D. 采用最优套期保值比例实施静态套期保值，可以实现完美对冲

17. 某基金公司持有大量上证 50 指数成分股股票，因担心未来股价大幅下跌，可

选择（ ）。

　　A．将所持上证 50 成分股在一级市场上申购 50ETF 份额，在二级市场上卖出

　　B．做空上证 50 股指期货合约

　　C．买入 50ETF 看跌期权

　　D．卖出 50ETF 看涨期权

18．股指期货套利交易包括（ ）。

　　A．期现套利　　　　　　　　　　B．跨期套利

　　C．跨市场套利　　　　　　　　　D．跨品种套利

19．关于沪深 300 股指期货，以下说法正确的有（ ）。

　　A．投资者持有某股指期货合约，可以在该合约到期前平仓，也可以选择持有至到期进行交割

　　B．交割日为最后交易日后的第三个交易日

　　C．最小变动价位为 0.02 个指数点

　　D．采用现金交割

20．运用股指期货进行套期保值时可能存在的风险有（ ）。

　　A．基差风险　　　　　　　　　　B．套保比率变化风险

　　C．股票涨跌风险　　　　　　　　D．保证金管理风险

三、综合题

1．某基金经理持有 5 亿元股票组合，预期未来 3 个月市场将出现较大风险，希望使用股指期货进行风险规避。其组合贝塔为 1.05，当前沪深 300 股指期货价格为 3000 点，贝塔为 1.1。回答以下问题：该基金经理面临的风险敞口为多少？应如何规避组合风险？

2．沪深 300 指数当前为 3000 点，无风险利率为 3%，年股息收益率为 5%，当前 3 个月以后交割的沪深 300 股指期货价格为 2992 点，则该期货合约的理论价格为多少？若股指期货期现套利交易的成本为 900 元，则是否存在套利交易机会，应如何操作？

3．某基金经理采用 60/40 投资策略进行组合管理，即股债配置比例为 6∶4，该基金经理使用股指期货构建 60% 的权益投资敞口，该交易行为属于战略性资产配置还是战术性资产配置？在选择是否使用合成指数基金进行资产配置时应考虑的风险点主要有哪些？

4．当前沪深 300 指数为 3000 点，3 个月后的沪深 300 股指期货价格为 3030 点，某基金经理认为期货价格被高估了，并以期现套利方式进行交易，买入沪深 300ETF 基金，并卖空 10 手股指期货进行了完全套保，1 个月后沪深 300 指数涨至 3100 点，期

货价格涨至 3120 点，基金经理进行平仓，不考虑交易成本该基金经理的收益为多少？若指数出现持续上涨，需要注意的额外风险有哪些？

5. 某股票基金规模为 50 亿元，当前股票仓位为 80%，股票组合贝塔为 1.2，基金经理预期未来指数将出现下跌，希望将整体仓位控制在 40%，但基金合同约定股票持仓不得低于 60%，因此希望通过股指期货规避市场风险。备选的投资标的有沪深 300 股指期货和中证 500 股指期货，贝塔分别为 0.95 和 1.1，当期价格分别为 3000 点及 5000 点。如果基金经理认为未来市场风格偏重于大盘股投资，则应该使用哪个股指期货进行对冲？应对冲的手数为多少？

参考答案及解析

一、单选题

1. C	2. D	3. C	4. A	5. A	6. A	7. C	8. D	9. A
10. D	11. C	12. A	13. A	14. A	15. A	16. A	17. A	18. A
19. C	20. B	21. A	22. A	23. A	24. A	25. B	26. A	27. D
28. A	29. B	30. B	31. B	32. B	33. D	34. B	35. D	36. B
37. B	38. C	39. B	40. D					

二、多选题

1. ABCD	2. AB	3. AC	4. ABD	5. ABCD	6. AD
7. ABCD	8. BC	9. BC	10. ABC	11. ABCD	12. ABC
13. AD	14. ABC	15. AC	16. ABC	17. ABCD	18. ABCD
19. AD	20. ABD				

三、综合题

1. **参考答案及解析：**

（1）股票组合全部受市场风险影响，风险敞口为 5 亿元，应通过卖空股指期货对冲组合风险。

（2）应卖出手数 = 5 亿 × 1.05/（3000 × 300 × 1.1）= 530.3（手）

四舍五入后应做空 530 手股指期货。

2. **参考答案及解析：**

根据股指期货定价公式，理论价格 = 3000 × [1 + (3% − 5%) × 3/12] = 2985（点）

由于期现套利成本为900元，约为3个指数点（沪深300合约乘数为300），当前市场价格为2992点，高于理论价格加套利交易成本，因此可以通过卖出期货、买入现货方式进行套利。

3. **参考答案及解析：**

该策略属于战略性资产配置。区分战略性和战术性资产配置交易主要在于其交易目的是为了长期资产配置还是追逐短期的市场趋势，与使用的投资工具无关。是否使用合成指数基金需要注意合成指数基金的构建成本，由于期货存在升贴水，当市场处于正向市场时，换月的时候会提高持仓成本，合成指数基金的持有成本可能高于普通指数基金，此时一般不会采用合成指数基金的投资策略。而当市场处于反向市场，股指期货存在贴水，持续换月会降低持仓成本，所以合成指数基金通常会有额外的收益，产生一定的增强效果，适宜采用该策略。

4. **参考答案及解析：**

由于该基金经理进行了完全套保，可以通过前后期现价差计算套利交易收益，套利前期现价差 = 3030 − 3000 = 30（点），套利结束时价差 = 3120 − 3100 = 20（点），交易获利 = (30 − 20) × 10 × 300 = 30 000（元）。

若市场出现持续上涨，则需要注意股指期货的保证金风险，由于在期货头寸上是空头，在上行过程中需要持续补充保证金，由此出现被迫平仓问题。若现金资产不足，则需要对现货资产进行平仓以补充保证金，而此时期现价差可能并未出现回归，所以此时的套利交易收益可能不达预期。

5. **参考答案及解析：**

该基金经理需要做空股指期货进行风险对冲，根据指数编制规则，沪深300指数由沪深两市规模大、经营状况良好、流动性好的公司的300只股票组成，相对市值风格偏大盘，而中证500指数样本空间内股票是由全部A股中剔除沪深300指数成分股及总市值排名前300名的股票后，总市值排名靠前的500只股票组成，相对市值风格偏小盘。由于预期市场风格偏重于大盘股，中小盘股票的表现会相对偏弱，因此应使用中证500股指期货进行对冲。

应对冲手数 = (80% − 40%) × 5 000 000 000 × 1.2/(200 × 5 000 × 1.1)
= 2 181.8（手）

四舍五入后约为2 182手，即应建立2 182手中证500指数空单。

国债期货练习题

第一章 利率与债券

一、单选题

1. 若 2 年期即期利率为 3.25%，3 年期即期利率为 3.485%，2 年后的 1 年期远期利率应为（　　）。

   A. 3.51%　　　　　B. 3.37%

   C. 3.96%　　　　　D. 3.72%

2. 2019 年 1 月 3 日的 3×5 远期利率指的是（　　）的利率。

   A. 2019 年 4 月 3 日至 2019 年 6 月 3 日

   B. 2019 年 1 月 3 日至 2019 年 4 月 3 日

   C. 2019 年 4 月 3 日至 2019 年 9 月 3 日

   D. 2019 年 1 月 3 日至 2019 年 9 月 3 日

3. 3 个月的无风险利率是 5.25%，12 个月的无风险利率是 5.75%，3 个月之后执行的为期 9 个月的远期利率是（　　）。

   A. 5.25%　　　B. 5.91%　　　C. 5.75%　　　D. 5.84%

4. 债券的久期与（　　）成正相关。

   A. 票面利率　　　B. 到期时间

   C. 付息频率　　　D. 到期收益率

5. 对于除票息外，其他都一致的两个固定利率附息债券，票息高的债券受到收益率变化的影响，相对票息低的债券（　　）。

   A. 更大　　　　B. 更小　　　　C. 一样　　　　D. 无法判断

6. 面值为 100 元的债券报价为 103.00 元，应计利息为 1.37 元，该债券全价为（　　）元。

A. 100.00　　　　B. 104.37

C. 103.00　　　　D. 101.63

7. 债券的久期是 5，收益率上升 1 个基点，债券的价格将变化的百分比为（　　）。

A. 0.05%　　　B. 5%　　　C. -0.05%　　　D. -5%

8. 一只面值为 100 元的债券，债券价格为 107 元，久期为 5，凸度为 30。若利率上升 100 个基点，该债券价格将变为（　　）元。

A. 101.81　　　　B. 101.49

C. 112.19　　　　D. 107

9. 120021 国债收益率为 3.5%，如果预计在债券存续期间的通货膨胀率为 3%，那么这个债券的投资者在债券到期时实际购买力（　　）。

A. 上升　　　B. 下降　　　C. 无法确定　　　D. 不变

10. 如果一个债券自起息日起已经过了 45 天，每半年付息一次，起息日到付息日共 182 天，票面利率为 3%，应计利息是（　　）。

A. 0.3709%　　　B. 3.709%　　　C. 3.75%　　　D. 1.5%

二、多选题

1. 以下关于债券价格与交易的说法，正确的有（　　）。

A. 债券价格与收益率成负相关

B. 债券价格与收益率成正相关

C. 交易所债券交易一般按照净价报价

D. 交易所债券交易一般按照全价报价

2. 以下（　　）因素发生变化，会影响债券的久期。

A. 收益率　　　　　　　　B. 到期时间

C. 票面利率　　　　　　　D. 债券名称

3. 某附息国债，以下（　　）要素构成了国债的基本要素。

A. 票面价值 100　　　　　B. 到期期限 2017 年 12 月 10 日

C. 票面利率 3.5%　　　　 D. 净价 99.6

4. 按照同一票面利率折现计算出的转换因子，其假设前提有（　　）。

A. 在交割日时市场收益率曲线呈水平状态

B. 到期收益率与期货合约的名义息票利率相同

C. 在交割日时市场收益率曲线向上倾斜

D. 到期收益率高于期货合约的名义息票利率

5. 债券收益率曲线的作用是（　　）。

A. 交易　　　　　　　　　　B. 定价与核算损益
C. 风险控制　　　　　　　　D. 用于利率互换的结算

三、判断题

1. 零息债券的到期收益率等于相同期限的市场即期利率。（　　）
2. 根据流动性偏好假说，长期债券的收益率相对短期的高，其部分原因是长期债券的投资者牺牲了更多的流动性，因此需要更高的收益率作为补偿。（　　）
3. 若债券的应计利息为3元，净价为100元，则其全价应为97元。（　　）
4. 银行间债券市场采用集中撮合竞价制度。（　　）
5. 互换期权的多头在执行期权时有权进入一个利率互换。（　　）
6. 考虑到凸性因素，收益率下降引起的债券价格变化高于收益率上升引起的债券价格变化。（　　）
7. 货币时间价值是指货币随着时间的推移而发生的增值，也被称为资金时间价值。（　　）
8. 到期收益率是指债券票面所标明的利率或购买债券时所获得的折价收益与债券当前价格的比率。它是某一给定时点上无息证券的到期收益率。（　　）
9. 远期利率协议是一种针对债券的远期合约。（　　）
10. 英国保险公司受监管要求，需要购买大量长期国债，造成30年期国债收益率比10年期低，这可以由市场分割理论解释。（　　）
11. 麦考利久期是债券在未来产生现金流的时间的加权平均，其权重是各期现金值在债券价格中所占的比重。（　　）
12. 基点价值是指应计收益率每变化一个基点时引起的债券价格的绝对变动额，也就是变化1个百分点时债券价格的变动值。基点价值是价格变化的绝对值。（　　）

四、计算题

1. 假设今日新发行一个债券，面值100元，还剩5年到期，每年付息一次，票面利率4%，预计到期收益率3.5%，那么这个债券的价值是多少？

2. 假设今日新发行一个债券，面值100元，还剩5年到期，每年付息一次，债券发行时将票面利率确定为3%，但市场认为参照其期限、信用状况等因素，其收益率应该为3.5%，假如发行了面值1亿元的债券，那么能募集多少资金呢？

3. 有一只2007年1月25日发行、2013年1月25日到期的债券，其票面利率为3.65%，每年付息一次，有一基金于2012年10月25日购买了该债券，当天进行交易和结算，请问该债券在百元报价下的应计利息是多少？

债券信息简要

债券交易日	2012 年 10 月 15 日
息票支付日	2013 年 1 月 25 日
息票率	3.65%
付息频率	1 年 1 次

4. 若中金所国债期货合约 TF1603 的最便宜可交割券（CTD）价格为 101 元，修正久期为 6.8，转换因子为 1.005，该国债期货合约的基点价值约为多少元？

5. 如果一只债券的净价是 99.8021，应计利息是 2.6328，那么购买 1 亿元面值的该债券需要付多少款？

五、综合题

1. 小李是某基金的债券基金经理，小明是他下属的投资研究人员，他们共同讨论利率的期限结构、近期流动性偏紧、收益率曲线等问题。小李和小明在会议上发表了如下的意见：小李认为按照预期假说，近期国债收益率中端，3 年以上、7 年以下的收益率的上升预示着市场预期未来短期借贷利率会上升；小明根据市场分割理论做出补充，认为目前市场资金紧张，导致短端的收益率上升是资金成本升高致使短期债券的购买资金减少了。

（1）关于利率期限结构有哪些解释？

（2）关于小李和小明的观点，下列说法正确的是（　　）。

A. 小李正确，小明不正确

B. 小李不正确，小明正确

C. 两个都正确

D. 两个都错误

（3）流动性溢价理论认为收益率应该不高于预期理论所推断的同期限收益率，该说法对吗？

2. 最近两年，在光伏行业中，有些债券出现兑付危机，产生了一定的信用风险。某信托投资经理要求其助理小张分析一下近期市场的信用风险，以及应该采取的风险控制措施。小张在经过初步分析后，给出了一份报告，包括如下观点：信用风险是债券的兑付风险，即债券不能兑付本金的风险。目前市场上几乎没有出现实际违约的情况，大多数债券都按时兑付，信用风险很低，所以高收益债券的收益率并非来自于信用风险溢价，因为信用风险尚未发生。对冲信用风险的方式包括卖出 CRM、卖出债券。

（1）小张关于信用风险的观点（　　）。

A. 正确

B. 不正确

C. 无法确定

(2) 小张关于信用风险的观点:大多数债券信用风险都很低,你认同吗?

(3) 关于小张对冲信用风险的方式,下列说法正确的是（   ）。

A. CRM 使用正确,债券买卖不正确

B. CRM 使用不正确,债券买卖正确

C. 都正确

D. 都不正确

参考答案及解析

一、单选题

1. C   2. A   3. B   4. B   5. B   6. B   7. C   8. A
9. A   10. A

二、多选题

1. AC   2. ABC   3. ABC   4. AB   5. ABC

三、判断题

1. 对   2. 对   3. 错   4. 错   5. 对   6. 对   7. 对
8. 错   9. 错   10. 对   11. 对   12. 错

四、计算题

1. 参考答案及解析：

债券价格应当使用现金流贴现的公式来计算,其中每次付息的利息 = 100 × 4% = 4（元）。计算公式可以列为：$\frac{4}{1+3.5\%} + \frac{4}{(1+3.5\%)^2} + \frac{4}{(1+3.5\%)^3} + \frac{4}{(1+3.5\%)^4} + \frac{100+4}{(1+3.5\%)^5} = 102.2575$（元）。

2. 参考答案及解析：

这道题我们可以简化一下,将其认为是票面利率3%,5年后到期的债券,收益率为3.5%。首先，我们计算百元报价的全价：$\frac{3}{1.035}+\frac{3}{1.035^2}+\frac{3}{1.035^3}+\frac{3}{1.035^4}+\frac{103}{1.035^5}$
=97.7425（元），即每100元面值的债券的价值为97.7425元，目前需要发行面值1亿元的债券，因此能募集100 000 000÷（100×97.7425）= 10 230.96（万元）。

3. **参考答案及解析：**

首先计算上次票息支付日到交易日的天数：由于债券一年一付息，上次支付日可以推测为2012年1月25日，天数为264天。从2012年1月25日到2013年1月25日之间一年的天数为366天，所以得到的利息应当为100×3.65%÷366×264 = 2.6328（元）。

4. **参考答案及解析：**

$$\text{国债期货合约基点价值} = \frac{100\text{万元} \times (\text{CTD价格} \div 100) \times (\text{CTD久期} \div 100)}{\text{CTD转换因子}}$$

$$= \frac{100\text{万元} \times (101 \div 100) \times (6.8\% \div 100)}{1.005}$$

$$\approx 683.4\text{（元）}$$

5. **参考答案及解析：**

债券交易按照净价交易、全价结算的方式，付款的数量按照全价来计算，因此，我们首先计算全价 = 净价 + 应计利息 = 99.8021 + 2.6328 = 102.4349，需要付款 = 100 000 000÷100×102.4349 = 102 434 900（元）。

五、综合题

1. **参考答案及解析：**

（1）预期假说，长期利率与短期利率之间的关系取决于现期短期利率与未来预期短期利率之间的关系。

市场分割理论，长期借贷活动决定了长期债券利率，而短期交易决定了独立于长期债券的短期利率。

流动性偏好假说，远期利率除了包括预期信息之外，还包括风险因素，它可能是对流动性的补偿。

（2）答案：C

解析：小李的观点对预期假设进行了解释；小明从短期债券市场的供需出发，解释了资金短缺导致需求降低，因此短端的收益率上升。

（3）答案：错

解析：两种理论是用来解释收益率曲线形状的，并不能比较收益率高低。

2. **参考答案及解析：**

（1）答案：B

解析：信用风险，是指发行债券的借款人不能按时支付债券利息或偿还本金，而给债券投资者带来损失的风险。

（2）**解析**：在所有债券之中，国债由于有政府信用作担保，几乎没有违约风险，除中央政府以外的地方政府和公司发行的债券则或多或少地有违约风险。对于一些财务状况不好的主体所发行的债券，其违约的可能性是不可忽视的。从过去的违约比较少来判断未来信用风险比较低是存在一定问题的。

（3）**答案**：B

解析：卖出债券可以降低信用风险，买入 CRM 可以降低信用风险，所以 CRM 操作错误。

第二章 国债与国债期货
第三章 我国国债期货合约解读

一、单选题

1. 我国债券现券持有量最大的机构是（　　）。
   A. 保险　　　　B. 证券公司　　　C. 银行　　　　D. 基金

2. 国债期货到期时，实际交割国债现券的券种由（　　）确定。
   A. 多方　　　　B. 空方　　　　　C. 双方商定　　D. 以上都可以

3. 第一个国债期货合约是在（　　）上市的（　　）合约。
   A. CME；91天期美国国库券期货
   B. CBOT；31天期美国国库券期货
   C. EUREX；91天期英国国库券期货
   D. EUREX；31天期德国国库券期货

4. 银行、保险等大型机构通常采取（　　）投资模式。
   A. 套保　　　　B. 套利　　　　　C. 投机　　　　D. 投资

5. 大部分投资者可以通过成为（　　）客户的方式参与交易国债期货，由它代为进行清算、交割等，规模较大的银行则有可能申请成为中金所会员，以特殊的"自营会员"方式参与国债期货交易，自行进行国债期货的清算、交割。
   A. 证券公司　　B. 期货公司　　　C. 银行　　　　D. 基金

6. 目前，我国债券市场最主要的两个交易场所是：银行间市场和交易所市场。下列说法正确的是（　　）。
   A. 银行间市场占债券成交量的绝大部分
   B. 交易所市场占债券成交量的绝大部分
   C. 两市场差不多
   D. 无法判断

7. 根据中国金融期货交易所5年期国债期货合约，虚拟标准券利率为3%，那么对于票面利率大于3%的债券，其转换因子（　　），票面利率小于3%的债券，转换因子（　　）。
   A. 大于1；小于1　　　　　　　　B. 小于1；大于1
   C. 等于1；等于1　　　　　　　　D. 小于1；小于1

8. 最便宜可交割债券可能发生变动，使得空头可以灵活选择更便宜的实际交割券种。这种权利相当于一个（　　），它是对（　　）有利的。

　　A. 期权；多方　　B. 期权；空方　　C. 期货；多方　　D. 期货；空方

9. 国债期货由于空方可以灵活选择更便宜的实际交割券种，存在 CTD 转化期权，空头相当于期权的（　　）方，多头相当于期权的（　　）方。

　　A. 买；卖　　B. 卖；买　　C. 买；买　　D. 卖；卖

10. 判断最便宜可交割券的经验法则主要包含两条。法则一：如果收益率比国债期货虚拟券票面利率高，那么（　　）久期债券会成为 CTD；如果收益率比国债期货虚拟券票面利率低，那么（　　）久期债券会成为 CTD。

　　A. 长；短　　B. 短；长　　C. 长；长　　D. 短；短

11. 假设某国国债期货合约的虚拟标准券利率是 6%，但目前市场上相近期限国债的利率通常在 2% 左右。若该国国债期货合约的可交割券范围为 15～25 年，那么按照经验法则，此时最便宜的可交割券应该为久期最（　　）的接近（　　）年债券。

　　A. 长；25　　B. 短；15　　C. 长；15　　D. 短；5

12. 同时满足中金所国债期货 T1903 和 T1906 合约交割要求的可交割券，若对于 T1903 合约，该可交割券的转换因子为 1.1000，则对于 T1906 合约，该可交割券的转换因子（　　）。

　　A. 等于 1.1000　　　　　　　　B. 大于 1.1000
　　C. 小于 1.1000，但大于 1　　　D. 小于 1

13. 2019 年，央行"宽信用"政策逐渐落地，地方债供给增加，推动国债收益率（　　），国债期货价格随之（　　）。

　　A. 上行；下跌　　B. 上行；上涨　　C. 下行；上涨　　D. 下行；下跌

14. 根据经验法则，当可交割券收益率高于国债期货合约名义票面利率时，（　　）更可能是最便宜可交割券（CTD）。

　　A. 久期较长的券　　　　　　B. 久期较短的券
　　C. 票面利率高的券　　　　　D. 票面利率低的券

15. 某债券投资者做空 1 手 TF1712 合约，价格为 98.935 元。同时在距离国债期货交割日前 35 天购入 1 只可交割国债，净价为 96.68 元，此时应计利息 0.62 元，对应 TF1712 合约的转换因子为 0.9854，交割日该债券的应计利息为 1.25 元，交割日前无付息，投资者在交割日用该国债进行交割。该投资者此项操作的隐含回购利率是（　　）。（一年计息 365 天）

　　A. 1.92%　　B. -4.68%　　C. 15.43%　　D. 8.74%

16. 2017 年底，债券市场投资者做陡国债收益率曲线热情高涨，投资者适宜选择的国债期货套利策略是（　　）。

A. 买入 5 年期国债期货，卖出 10 年期国债期货

B. 卖出 5 年期国债期货，买入 10 年期国债期货

C. 买入国债期货，卖出股指期货

D. 卖出国债期货，买入股指期货

17. 中金所 5 年期国债期货价格为 96.110 元，其可交割国债净价为 101.2800 元，转换因子 1.0500，其基差为（　　）元。

A. 0.3645　　　　B. 5.1700　　　　C. 10.1500　　　　D. 0.3471

18. 根据经验法则，若中期国债到期收益率高于 3%，下列中金所 5 年期国债期货可交割国债中，最可能成为最便宜可交割国债的是（　　）。

A. 转换因子为 1.05、久期为 4.2 的国债

B. 转换因子为 1.09、久期为 4.5 的国债

C. 转换因子为 1.06、久期为 4.8 的国债

D. 转换因子为 1.08、久期为 5.1 的国债

19. 国债期货合约的发票价格等于（　　）。

A. 期货结算价格 × 转换因子

B. 期货结算价格 × 转换因子 + 买券利息

C. 期货结算价格 × 转换因子 + 应计利息

D. 期货结算价格 × 转换因子 + 应计利息 - 买券利息

20. 假设 2015 年 6 月 9 日的 7 天质押式回购利率报价 2.045%，最便宜可交割券 150005.IB 净价报价 100.6965 元，其要素如下表：

债券代码	到期日	每年付息次数	票面利率	转换因子
150005.IB	2025 年 4 月 9 日	1	3.64%	1.0529

那么下列选项最接近国债期货 T1509 的理论价格的是（　　）元。（不考虑交割期权）

A. 90.730　　　　B. 92.875　　　　C. 95.490　　　　D. 97.325

21. 若某国债期货合约的发票价格为 103.490 元，对应的现券价格（全价）为 100.697 元，交易日距离交割日刚好 3 个月，且在此期间无付息，则该可交割国债的隐含回购利率（IRR）是（　　）。

A. 7.654%　　　B. 8.32%　　　C. 11.09%　　　D. -3.61%

22. 某可交割国债的票面利率为 3%，上次付息时间为 2014 年 12 月 1 日，当前应计利息为 1.5 元，对应 2015 年 6 月到期的 TF1506 合约，其转换因子为（　　）。

A. 0.985　　　　B. 1　　　　C. 1.015　　　　D. 1.03

23. 某日，国债期货合约的发票价格为 102 元，其对应可交割国债全价为 101 元，距离交割日为 3 个月，期间无利息支付，则该可交割国债的隐含回购利率（IRR）为

（　　）。

  A. 3.96%　　　 B. 3.92%　　　 C. 0.99%　　　 D. 0.98%

24. 根据持有成本模型，在现货价格不变的情况下，以下关于国债期货理论价格的说法，正确的是（　　）。

  A. 资金成本越低，国债期货价格越高

  B. 持有收益越低，国债期货价格越高

  C. 持有收益对国债期货理论价格没有影响

  D. 国债期货远月合约的理论价格通常高于近月合约

25. 中金所上市的国债期货品种中，按利率风险敏感度从大到小的排序为（　　）。

  A. 2年期国债期货、5年期国债期货、10年期国债期货

  B. 10年期国债期货、5年期国债期货、2年期国债期货

  C. 2年期国债期货、10年期国债期货、5年期国债期货

  D. 5年期国债期货、2年期国债期货、10年期国债期货

26. 下列对中金所国债期货合约可交割券的转换因子的描述，正确的是（　　）。

  A. 当票面利率高于国债期货名义票面利率时，转换因子大于1

  B. 当票面利率高于国债期货名义票面利率时，转换因子小于1

  C. 对同一只债券，当票面利率高于国债期货名义票面利率时，合约月份越远，转换因子越大

  D. 当利率发生较大波动，可交割券对应期货合约的转换因子将发生变动

27. 英国国债期货采用的交割方式是（　　）。

  A. 现金交割　　　 B. 实物交割

  C. 现金交割和实物交割　　 D. 滚动交割和集中交割

28. 中金所国债期货合约的当日结算价为合约（　　）成交价格按照成交量的加权平均价。

  A. 最后15分钟　　B. 最后半小时　　C. 最后一小时　　D. 全天

29. 中金所5年期国债期货TF1812合约的可交割国债为发行期限不高于（　　）年、合约到期月份首日剩余期限为4~5.25年的记账式附息国债。

  A. 7　　　 B. 10　　　 C. 15　　　 D. 20

30. 中金所5年期国债期货与10年期国债期货的最小变动价位和每日价格波动最大限制分别为（　　）。

  A. 0.002、1%和0.002、1.2%　　 B. 0.005、1%和0.005、1.2%

  C. 0.002、1.2%和0.002、2%　　 D. 0.005、1.2%和0.005、2%

二、多选题

1. 2015年6月24日，在中金所交易的10年期国债期货合约有（   ）。
   A. T1606   B. T1509   C. T1512   D. T1603

2. 国债期货产品的功能包括（   ）。
   A. 提高央行货币政策的传导效率   B. 提升关键期限国债的价格发现效率
   C. 促进收益率曲线的进一步完善   D. 为商业银行提供利率风险管理工具

3. 中金所国债期货交割日包括（   ）。
   A. 交券日   B. 配对缴款日
   C. 收券日   D. 买方、卖方交割申报日

4. 关于我国2年期国债期货合约，以下说法正确的有（   ）。
   A. 报价方式为百元净价报价
   B. 最后交易日为合约到期月份的第二个星期五
   C. 最后交割日为最后交易日后的第三个交易日
   D. 交割方式为现金交割

5. 关于国债期货最便宜可交割券（CTD）的确定方法，以下描述正确的有（   ）。
   A. 隐含回购利率（IRR）最小的为最便宜可交割券
   B. 隐含回购利率（IRR）最大的为最便宜可交割券
   C. 债券收益率低于期货合约名义票面利率，低久期券最可能成为CTD券
   D. 债券收益率高于期货合约名义票面利率，高久期券最可能成为CTD券

6. 若收益率曲线（   ），可能会出现5年期国债期货和10年期国债期货间的套利交易机会。
   A. 向上变为平坦   B. 向上变为陡峭
   C. 向上平行移动   D. 向下平行移动

7. 对于国债期货交割制度，以下描述正确的有（   ）。
   A. 卖方未能在规定期限内如数交付可交割国债，可以采取差额补偿的方式了结未平仓合约
   B. 应计利息为该可交割国债上一付息日至交券日的利息
   C. 交割货款 = 交割数量 ×（交割结算价 × 转换因子 + 应计利息）×（合约面值/100元）
   D. 国债期货交易合约在最后交易日之前的交割结算价为卖方交割申报当日的结算价

8. 某投资者观察到当日国债期货价格出现较大幅度下行，其可能原因有（   ）。

A. 当日公布的进出口数据表现超预期　　B. PPI 数据低于预期

C. PMI 数据高于预期　　　　　　　　　D. CPI 数据高于预期

9. 在中长期国债期货交易中，期货价格的影响因素有（　　）。

　　A. 交割国债品种的选择权　　　　　　B. 可交割券存量变化

　　C. 交割时机的选择权　　　　　　　　D. 可交割券的新增发行

10. 以下对国债期货行情走势利好的有（　　）。

　　A. 上个月的 CPI 同比增长 1.2%，低于市场预期

　　B. 上个月官方制造业 PMI 为 50.2，低于市场预期

　　C. 周二央行在公开市场上收回了 2 000 亿元资金，收紧流动性

　　D. 上个月规模以上工业增加值同比增长 6.1%，高于预期

11. 以下（　　）可能产生 5 年期国债期货和 10 年期国债期货的套利交易机会。

　　A. 利率曲线平行移动　　　　　　　　B. 利率曲线斜率变大

　　C. 利率曲线斜率变小　　　　　　　　D. 信用价差扩大

12. 判断国债期货价格的走势，需要考虑的因素有（　　）。

　　A. 产业政策　　　　　　　　　　　　B. 股指期货的走势

　　C. 资金面因素　　　　　　　　　　　D. 宏观经济走势

13. 若中金所临近交割的 10 年期国债期货的所有可交割券收益率均小于 3%，现在有甲、乙、丙、丁 4 只可交割券，久期分别为 8.66、8.78、9.16、9.26。上述 4 只券中（　　）两只债券较为便宜。

　　A. 债券甲　　　　B. 债券乙　　　　C. 债券丙　　　　D. 债券丁

14. 若收益率曲线向上倾斜，当其向下平移时，投资者可选择的套利策略有（　　）。

　　A. 买入 10 年期国债期货，卖出 5 年期国债期货

　　B. 买入 5 年期国债期货，卖出 3 年期国债期货

　　C. 卖出 10 年期国债期货，买入 5 年期国债期货

　　D. 卖出 5 年期国债期货，买入 3 年期国债期货

15. 关于国债期货的转换因子，说法正确的有（　　）。

　　A. 转换因子实质上是面值 1 元的可交割国债在其剩余期限内的所有现金流按国债期货合约标的票面利率折现的现值

　　B. 每个可交割券的转换因子是唯一的

　　C. 转换因子在合约存续期间数值逐渐变大

　　D. 转换因子在合约存续期间数值逐渐变小

16. 构成附息国债的基本要素有（　　）。

　　A. 票面价值　　　B. 应计利息　　　C. 票面利率　　　D. 净价

17. 对中金所5年期国债期货产品的描述，正确的有（   ）。

A. 报价方式为百元净价报价

B. 交割方式为现金交割

C. 最后交易日为合约到期月份的第二个星期五

D. 最低交易保证金为合约价值的2%

18. 根据中国金融期货交易所国债期货交割细则，客户持仓进入交割环节，下列描述正确的是（   ）。

A. 交割在随后三个交易日完成

B. 第一个交割日为申报交割信息和交券日

C. 第二个交割日为配对缴款日

D. 第三个交割日为收券日

19. 按照中金所国债期货合约交易细则，合约采用的交易方式有（   ）。

A. 双边竞价　　　B. 集合竞价　　　C. 连续竞价　　　D. 多边竞价

20. 以下（   ）可以作为利率期货交易标的。

A. 存单　　　　　B. 资金拆借利率　C. 国债　　　　　D. 公司债券

21. 以下关于中金所国债期货合约，说法正确的有（   ）。

A. 2年期国债期货、10年期国债期货的票面利率均为3%

B. 2年期国债期货、5年期国债期货的最小变动价位均为0.005

C. 2年期国债期货的可交割国债的范围是合约到期月份首日剩余期限为1.5～2.25年，且发行期限不高于5年的记账式附息国债

D. 2年期国债期货合约的最低交易保证金为0.25%

22. 对于中金所10年期国债期货，根据寻找CTD券的经验法则，下列说法正确的有（   ）。

A. 到期收益率在3%之下，久期最小的国债是CTD券

B. 到期收益率在3%之上，久期最小的国债是CTD券

C. 相同久期的国债中，收益率最低的国债是CTD券

D. 相同久期的国债中，收益率最高的国债是CTD券

三、计算题

1. 假设某投资者可以按照隔夜Shibor在市场上进行融资，当前隔夜Shibor为2.5%。融资获得的资金投资于期限为5年、收益率为3%的国债，那么他的持有期损益是多少？这样的投资是无风险收益吗？

2. 假设国债期货合约在某天收盘前一小时内的成交情况为：100.00元500手，100.10元1 000手，100.20元1 500手。除了这3个价位外没有其他成交，那么当天

该国债期货合约的结算价应为多少?

3. 国债期货合约 TF1303 的价格 98.172 元。某只债券的转换因子是 1.0234,该债券的价格是 104.1243 元(全价),应计利息 0.3523。那么,该债券相对于国债期货 TF1303 的基差是多少?

四、综合题

1. 假设某国债期货合约的价格是 97.318 元,其可交割债券的详细信息如下表所示:

债券代码	价格	转换因子	基差
100002	99.81152	1.0267	−10.487
130003	99.75281	1.0255	−4.680
120016	98.80496	1.0144	8.558
120010	98.27286	1.0078	19.578
080025	97.36364	0.9947	56.142

假如期货空方今天就面临交割的问题,那么哪只债券用来交割最为便宜呢?

2. 我们可以通过净基差或内部收益率来判断最便宜可交割券。假设某国债期货合约的可交割债券如下表所示:

债券代码	价格	转换因子	基差	IRR	BNOC
100002	99.81152	1.0267	−17.023	19.8476%	−17.308
130003	99.75281	1.0255	−11.125	14.4139%	−11.368
120016	98.80496	1.0144	2.902	1.4095%	2.705
120010	98.27286	1.0078	14.474	−9.2297%	14.308
080025	97.36364	0.9947	53.031	−45.6739%	52.919

通过隐含回购率 IRR 和净基差 BNOC,请问最便宜可交割券 CTD 是哪一只?

3. 11 附息国债 21 的票面利率是 3.65%,它是 2011 年 10 月发行的 7 年期国债,到期日是 2018 年 10 月 13 日。其距离 2012 年 3 月 14 日交割日约 6 年半,符合可交割国债条件。我们假设当前日期为 2011 年 11 月 16 日,11 附息国债 21 的报价为 100.5975 元,TF1203 国债期货报价为 97.03 元。由于该债券年付一次利息,最近的一次附息日(该例中为起息日)是 2011 年 10 月 13 日:

(1)其应计利息是多少?

(2)11 附息国债 21 的报价为 100.5975,该报价为净价,那么其此时的全价为多少?

(3)假设中金所公布其转换因子为 1.0381,此时市场短期无风险融资利率 r = 0.035。那么根据国债期货定价公式,如果该券为最便宜可交割债券,不考虑国债期货隐含的期权价值，TF1203 的理论价格应为多少？

（4）若市场是有效的，期货价格应向理论价格收敛，那么在题干假设的条件下，是否存在套利机会，如何进行该套利？

4. 假设某国债期货合约对应 1 手合约数量的 CTD 券的 DV01 是 534.75 元，该 CTD 券的转换因子为 1.0352。

（1）该国债期货的 DV01 是多少？

（2）若利率下降 5BP，该国债期货合约多头的盈利是多少？

5. 某投资者在国债期货合约 TF1212 上进行投机交易，假设 TF1212 在某日收盘前一小时成交了 3 笔交易，成交价分别为 100 元、101 元、102 元，成交量分别为 10 手、20 手、30 手。

（1）当日的结算价应为多少？

（2）假设该投资者以 100 元的价格开了 5 手多头持仓，则经过结算，其当日的结算准备金变化（损益）为多少？

参考答案及解析

一、单选题

1. C	2. B	3. A	4. A	5. B	6. A	7. A	8. B
9. A	10. A	11. B	12. C	13. A	14. A	15. C	16. A
17. A	18. D	19. C	20. C	21. C	22. B	23. A	24. B
25. B	26. A	27. B	28. C	29. A	30. D		

二、多选题

1. BCD	2. ABCD	3. ABC	4. ABC	5. BCD	6. ABCD	7. ACD
8. ACD	9. ABCD	10. AB	11. BC	12. CD	13. AB	14. AB
15. AB	16. AC	17. AC	18. ABCD	19. BC	20. ABC	21. BC
22. AD						

三、计算题

1. 参考答案及解析：

该投资者的投资收益是 3%，融资成本是 2.5%，那么其持有期收益就为 3% − 2.5%

=0.5%。这样做是有风险的,3%的长期利率是锁定的,但2.5的隔夜利率是每天变化的,如果隔夜利率上升超过3%,则持有期损益为负。在极端情况下,如果流动性枯竭,无法融入资金,可能会面临违约风险。

2. **参考答案及解析:**

目前国债期货合约的结算价是取当日收盘前最后一小时的加权平均价,因此该国债期货当日的结算价为(100×500 + 100.1×1 000 + 100.2×1 500)/3 000 = 100.13(元)。设置这样的计算方法是为了减少部分投资者试图对结算价操纵的情形。

3. **参考答案及解析:**

我们可以按照基差的计算公式来测算,具体过程是:

P = 104.1243 − 0.3523;F = 98.172;C = 1.0234;B = P − F × C = 104.1243 − 0.3523 − 98.172 × 1.0234 = 3.3028。

所以基差是3.3028。

四、综合题

1. **参考答案及解析:**

我们可以通过基差来判断可交割债券相对便宜或贵的程度。基差最小的债券最便宜,如本例所示,若使用国债100002这个券交割,可以获得10.487bps的收益,选择国债120016用于交割会导致8.558bps的亏损。

当然,我们也可以从另一个通俗的角度来理解,例如100002这个券的转换因子为1.0267,可以理解成其可转换成1.0267份国债期货,所以每份国债期货的交割成本为98.81152/1.0267 = 96.2419(这个成本代表以该债券为交割券时,用该债券价格推导出的理论期货价格);而国债080025虽然债券价格较低,但是算上转换因子之后,成本却达到97.36364/0.9947 = 97.8824。因此,国债100002的交割成本比较低,适合用于交割,在这5个券中,属于最便宜可交割券。

2. **参考答案及解析:**

我们可以通过隐含回购率来判断CTD,隐含回购率越高,意味着持有债券并用于交割的回报就越高,收益率高的话,则相对的价格就低,因此,隐含回购率越高,这个债券就相对便宜,它也就是最便宜可交割券CTD。

我们也可以通过净基差来判断CTD。基差显示出期货和现货价格的相对关系,但是受到债券付息和资金成本的影响,基差不能精准地衡量基差交易的损益,而净基差扣除了持有期的损益(包含债券利息和资金成本)。从基差的角度来看,一个债券的基差越低,就是越便宜,净基差扣除了持有期损益后,衡量损益上要比基差更好,因此一个净基差更低的债券意味着这个债券价格相对低。一个可交割券如果净基差最低,那么它相对其他券就相对便宜,那么它就是最便宜可交割券CTD。

在本题中，100002 的净基差最小，内部收益率最大，因此它应该是 CTD。

3. **参考答案及解析：**

此题涉及债券现券以及国债期货相关的一些计算公式。

应计利息的产生是因为债券通常按照净价报价，交易日时，距离上次付息到交易日期间产生的利息尚未支付，其价值即为应计利息。11 月 16 日到上次付息日 10 月 13 日共有 34 天，根据应计利息的计算公式，计算如下：

$$AI_{11.11.16} = \frac{T_{11.11.16 - 11.10.13}}{365} \times 3.65 = \frac{34}{365} \times 3.65 = 0.34（元）$$

可以得知此时 11 付息国债 21 的应计利息为 0.34 元。

债券的全价等于其净价加上应计利息：100.5975 + 0.34 = 100.9375（元）。

国债期货的定价公式是 $TF = \frac{(S_0 + AI_0 - I_{(0,t)})(1 + rt) - AI_t}{CF}$，

其中：

S_0 是最便宜可交割券在 0 时刻的净价；

AI_0 是 0 时刻应计利息；

$I_{(0,t)}$ 是 0 到 t 时刻付出的利息的现值；

AI_t 是 t 时刻应计利息；

F 是转换因子；

r 是对应（0，t）的无风险利率；

t 是国债期货交割时间。

$$AI_{12.03.14 - 11.10.13} = \frac{119}{366} \times 3.65 = 1.1867$$

代入题干给出的数据，计算如下：

$$F_{11.11.16} = \frac{(P_{11.11.16} + AI_{11.11.16 - 11.10.13})\left(1 + r \times \frac{T_{12.03.14 - 11.11.16}}{TS}\right) - AI_{12.03.14 - 11.10.13}}{CF}$$

$$= \frac{(100.5975 + 0.34) + \left(1 + 0.035 \times \frac{119}{365}\right) - 1.1867}{1.0381}$$

$$= 97.06（元）$$

根据国债期货的理论定价公式可知，TF1203 的理论价格应为 97.06 元。

根据上一问计算的结果，TF1203 的理论价格为 97.06 元，而实际市场上 TF1203 的价格为 97.03 元，相对理论价格偏低 0.03 元。因此我们可以买入期货，卖出现货。

4. **参考答案及解析：**

（1）国债期货的 DV01 等于 CTD 券的 DV01 除以其转换因子，其公式如下：

$$DV01_{TF} = \frac{\Delta TF}{\Delta yield} = \frac{\Delta \frac{CTD}{CF}}{\Delta yield} = \frac{\Delta CTD}{\Delta yield} \frac{1}{CF} = \frac{DV01_{CTD}}{CF}$$

代入题干给出的数据，该国债期货的 DV01 = 534.75/1.0352 = 516.567（元）。

（2）若利率下降，国债期货合约的多头将获得盈利，其数值等于利率变动的水平乘以其基点价值 DV01，下降 5BP 即为 5 × 516.567 = 2 582.835（元）。

5. **参考答案及解析：**

（1）通常交易日的结算价为当日最后一小时成交价的加权平均价，以题干数据计算，当日的结算价应为（100 × 10 + 101 × 20 + 102 × 30）/ 60 = 101.33（元）。

（2）当日结算价 101.33 元高于其多头开仓价位 100 元，该投资者通过多头投机获取了利润，我们可以计算得到该投资者当日的结算准备金变化为：(101.33 − 100) × 5 × 1 000 000/100 = 66 500（元）。

第四章　国债投机交易

一、单选题

1. 某一机构卖出国债期货 20 手，初始总投入资金 200 万元，卖出成本 97.702 元，1 天后，期货结算价格下跌至 97.638 元，此时该机构的盈亏是（　　）元。

   A. 1 280　　B. 12 800　　C. -1 280　　D. -12 800

2. 国债期货投机者买入 5 手国债期货，买入成本为 98.88 元，后因国债期货价格大幅下跌，在 98.124 元止损并全部抛出，投机者的累计盈亏是（　　）元。

   A. 378 000　　B. 25 000　　C. 10 000　　D. -37 800

3. 国债期货投机者卖空 10 手国债期货，卖出成本为 99.00 元，在国债期货价格下跌至 98.90 元时追加 5 手空头，后当国债期货价格下跌到 98.15 元时全部买入平仓，投机者的累计盈亏是（　　）元。

   A. -123 000　　B. 100 000　　C. 132 000　　D. 122 500

4. 3 月 9 日，某投资者认为未来的市场利率将走低，于是以 99.100 元的价格买入 60 手 TS 合约。几天后，该合约价格涨到 99.600 元，投资者以此价格平仓。若不计交易费用，该投资者盈亏状况为（　　）万元。

   A. 30　　B. -30　　C. 60　　D. -60

5. 如果投资者预期未来融资利率下行，考虑到持有收益的变化，合理的国债期货跨期套利策略是（　　）。

   A. 做空近月合约，做空远月合约
   B. 做多近月合约，做多远月合约
   C. 做空近月合约，做多远月合约
   D. 做多近月合约，做空远月合约

6. 如果预期未来我国 GDP 将加速上行，不考虑其他因素，则应当在国债期货上（　　）。

   A. 做多　　　　　　　　　B. 做空
   C. 不持头寸　　　　　　　D. 买远月合约，卖近月合约

7. 金字塔管理是指（　　）。

   A. 在头寸出现盈利时，可以考虑加仓，但是加仓量应该逐步减少

B. 在头寸出现亏损时，可以考虑加仓，但是加仓量应该逐步减少

C. 在头寸出现盈利时，可以考虑加仓，但是加仓量应该逐步增加

D. 在头寸出现亏损时，可以考虑加仓，但是加仓量应该逐步增加

8. 2017年3月15日，投资者买入开仓10手国债期货T1706合约，价格为95.550元，当日国债期货收盘价为95.670元，结算价为95.630元。若不考虑交易成本，该投资者当日盈亏状况为（　　）元。

A. 盈利8 000　　　　　　　B. 亏损8 000

C. 盈利12 000　　　　　　 D. 亏损12 000

9. 2019年3月，投资者预期近期央行将会降息，届时收益率曲线将出现平行下移，则下述投资策略中，可以使其获得最大收益的策略为（　　）。

A. 买入10手T1606　　　　B. 买入10手TF1606

C. 卖出10手T1606　　　　D. 卖出10手TF1606

10. 某交易者以98.320元的价格买入开仓10手TF1706合约，当价格达到98.420元时加仓买入10手，在收盘前以98.520元的价格全部平仓。若不考虑交易成本，该投资者的盈亏为（　　）元。

A. 盈利30 000　　　　　　B. 亏损30 000

C. 盈利15 000　　　　　　D. 亏损15 000

11. 投资者做空中金所5年期国债期货20手，开仓价格为97.705元；若期货结算价格下跌至97.640元，其持仓盈亏为（　　）元。（不计交易成本）

A. 1 300　　　B. 13 000　　　C. -1 300　　　D. -13 000

二、多选题

1. 国债期货投机交易需要考虑以下（　　）因素。

A. CDP　　　B. 通货膨胀　　　C. 当前收益率　　　D. 技术面

2. 国债期货的交易者因市场大幅波动无法补充保证金导致被平仓，随后市场价格又恢复到原有水平，整个过程体现了（　　）。

A. 流动性风险　B. 市场风险　　　C. 代理风险　　　D. 现金流风险

3. 以下情形中，适宜利用国债期货卖出套期保值的有（　　）。

A. 计划买入债券，担心利率下降

B. 持有债券，担心利率上升

C. 融资融券的借方，担心利率上升

D. 资金的贷方，担心利率下降

4. 2017年3月，投资者预期央行将采取适度从紧的货币政策，其合理的投资策略有（　　）。

A. 买入 10 手 T1706　　　　　　B. 买入 10 手 TF1706
C. 卖出 10 手 T1706　　　　　　D. 卖出 10 手 TF1706

5. 3月10日，某套利者在中金所以96元买入10手近月国债期货合约，同时卖出10手远月国债期货合约。到4月15日平仓时，价差为1元。若该笔交易的盈利为50 000元，则建仓时远月国债期货合约的价格可能为（　　）元。（不计交易成本）

A. 95.5　　　B. 96　　　C. 97.5　　　D. 98

6. 投资者某日以96.830元买入1手TF1806合约，以93.300元卖出1手T1806合约，一段时间后，将上述头寸平仓，当这两个合约价差为（　　）元时，该投资者将获利。

A. 3.4　　　B. 3.5　　　C. 3.6　　　D. 3.7

7. 某套利投资者以98元卖出10手远月国债期货合约，同时以96元买入10手近月国债期货合约，当合约价差为（　　）元时，该投资者将获利。（不计交易成本）

A. 1　　　B. 1.5　　　C. 2　　　D. 2.5

三、判断题

1. 投资者预期市场利率下降，所以适宜选择多头策略，买入国债期货合约，期待价格上涨获利。（　　）
2. 资金面较为紧张一般会导致股市疲软，股市的资金可能流向债市，因此对于债券市场，当然也包括国债期货市场，是利多的。（　　）
3. 人民币的升值对债券市场是利好。（　　）
4. 代理风险主要是指投资者在参与国债期货交易时，由于选择期货中介机构不当而给投资者带来损失的风险。（　　）
5. 买卖价差越窄，流动性风险越大。（　　）
6. 国债期货交易中遇到监管条例的变化是交易中面临的市场风险。（　　）

四、计算题

1. 国债期货投资者购买了20手国债期货多头，成本价为98.30元，交易费0.001%，3天后卖出10手国债期货，价格为98.35元，5天后卖出10手国债期货，价格为98.39元。投资者累计获得多少收益？

2. 某投机者预测债券价格将要上涨，假定现券A与国债期货相关性为1，假设现券A净价为100元，转换因子为1，期货的价格为100元，假设投资者买入100万元的债券，后来债券净价价格上涨至103.22元，应计利息增加0.42元，该投资者盈利多少？如果投资者以30倍杠杆买入国债期货，假设基差为0，那么收入是多少？

3. 投机者预测到国债收益率上行，做空国债期货15手，成本价格97.32元，随后CTD

券的价格下跌了 0.11 元，转换因子为 1.1，国债期货的价格下跌到 97.23 元。投资者盈利多少？基差的变化导致投资者的盈亏是多少？

五、综合题

在大多数期货品种中，技术分析是一种主要方式，有较多的国内个人客户和机构会使用技术分析来分析市场，判断买入卖出机会。国债市场主要通过基本面分析判断市场行情。在国际上，利率衍生品使用技术分析相对较少。对此，交易员小张提出，国债期货使用技术分析有一定优势，买卖方向明确，同时也存在缺点，技术分析不灵活。交易总监老李更看好基本分析，他认为基本分析的前提是价格受到政治、经济、心理等诸多因素的影响而频繁变动，很难与价值完全一致，但总是围绕价值上下波动，只要能发掘价值，就能从价格偏离价值的过程中获得收益。

（1）小张关于国债期货技术分析优劣势描述中，下列说法正确的是（　　）。

A. 优势正确，劣势错误　　　　　B. 优势错误，劣势正确

C. 都正确　　　　　　　　　　　D. 都错误

（2）老李关于基本分析的观点是否正确？

参考答案及解析

一、单选题

1. B　2. A　3. D　4. C　5. D　6. B　7. A　8. A　9. A　10. A　11. B

二、多选题

1. ABCD　2. BD　3. BC　4. CD　5. AC　6. CD　7. AB

三、判断题

1. 对　2. 错　3. 对　4. 对　5. 错　6. 错

四、计算题

1. 参考答案及解析：

购入的成本为 98.30 × 20 × 10 000 = 19 660 000（元）

交易费用 1 966 000×0.001% = 196.6（元）

3 天后卖出的收入为 98.35×10×10 000 = 9 835 000（元）

交易费用 9 835 000×0.001% = 98.35（元）

5 天后卖出的收入为 98.39×10×10 000 = 9 839 000（元）

交易费用 9 839 000×0.001% = 98.39（元）

累计收入为 9 839 000 + 9 835 000 − 19 660 000 − 196.6 − 98.35 − 98.39 = 13 606.66（元）

2. **参考答案及解析：**

购买现券的盈利为(103.22 + 0.42 − 100)×1 000 000/100 = 36 400（元）

因为假设 0 基差和转换因子为 1，所以国债期货的价格 = 债券价格。

购买期货的盈利为 30×(103.22 − 100)×1 000 000/100 = 966 000（元）

后者是前者的 26.54 倍。为什么不是 30 倍呢？因为持有债券会获得利息收入，持有期货则无法获得利息收入。因此，实际的利润差距小于杠杆倍数。

3. **参考答案及解析：**

转换因子为 1.1，如果现货价格下跌 0.11 元，那么期货价格应该下跌 0.11/1.1 = 0.1 元。实际国债期货的价格下跌 0.09 元，从基差的角度来说，国债期货此时基差变大，导致投资者的获利因为基差变大而缩小。

投资者盈利为(97.32 − 97.23)×10 000×15 = 13 500（元）

基差的影响是 0.01 元，所以造成损益影响是 −0.01×15×10 000 = −1 500（元）

五、综合题

参考答案及解析

（1）**参考答案：A**

解析：技术分析的优势在于：（1）可操作性；（2）灵活性；（3）适用于任何时间长度；（4）明确买卖的方向。缺点有以下几点：（1）买卖信号有时滞性；（2）存在技术陷阱；（3）不同指标对同一段行情的操作建议可能互相矛盾。因此，需要选择 A。

（2）**参考答案：对**

解析：基本分析是一种价值投资，认为价格围绕价值波动。

第五章　国债期货的基差交易

一、单选题

1. 国债基差交易中,临近交割时,国债期货头寸持有数量与国债现货的数量比例需要调整为（　　）。（注：CF 为可交割国债转换因子）

　　A. CF:1

　　B. 1:CF

　　C. 1:1

　　D. 买入基差交易为 CF:1,卖出基差交易为 1:CF

2. 买入国债基差的交易策略的具体操作为（　　）。

　　A. 买入国债现货,同时卖出国债期货

　　B. 卖空国债现货,同时买入国债期货

　　C. 买入 5 年期国债期货,同时卖出 10 年期国债期货

　　D. 买入 10 年期国债期货,同时卖出 5 年期国债期货

3. 如果某国债现货的转换因子是 1.0267,则进行基差交易时,以下期货和现货数量最合适的是（　　）。

　　A. 期货 51 手,现货 50 手　　　　B. 期货 50 手,现货 51 手

　　C. 期货 26 手,现货 25 手　　　　D. 期货 41 手,现货 40 手

4. 假设某国债现货的转换因子是 1.03,进行基差交易的时候,期货和现货实际的数量比例为 1.02:1。这种情况下,基差交易的损益与理论上的损益相比,差异是（　　）。

　　A. 实际绩效会比理论绩效要好

　　B. 实际绩效会比理论绩效要差

　　C. 可能好于理论绩效,也可能比理论绩效差

　　D. 实际绩效与理论绩效一样

5. 进行基差多头交易,交易时间从 T1 时刻到 T2 时刻,在不考虑持有收益的情况下,期货现货的损益分别是（　　）。

　　A. 期货（F1－F2）,现货（B2－B1）

　　B. 期货（F1－F2）×CF,现货（B2－B1）

C. 期货（F1－F2），现货（B2－B1）×CF

D. 期货（F2－F1）×CF，现货（B2－B1）

6. 基差多头交易进入交割，需要对期货头寸进行调整，在（   ）的情况下，调整越早越好。

  A. 国债价格处于上涨趋势，且转换因子大于1

  B. 国债价格处于下跌趋势，且转换因子大于1

  C. 国债价格处于上涨趋势，且转换因子小于1

  D. 任何时刻，都应当越早调整越好

7. 假设当前市场收益率是3.5%，我们使用CTD券进行基差多头交易，则其损益曲线类似（   ）形状。

  A. 看涨期权多头   B. 看涨期权空头

  C. 看跌期权多头   D. 看跌期权空头

8. 进行基差多头交易，期初时基差是0.5，交割时刻的基差是0.1，持有收益是0.3，则最后进入交割的损益与最后时刻平仓的损益分别是（   ）。

  A. 交割损益0.2，平仓损益0.1

  B. 交割损益－0.2，平仓损益0.1

  C. 交割损益－0.2，平仓损益－0.1

  D. 交割损益0.2，平仓损益－0.1

9. 假设目前某个10年期国债期货合约有3只可交割券Ⅰ、Ⅱ、Ⅲ，其对应的久期分别为7.5、8、8.5，而当前该期货合约所对应的CTD券为Ⅱ券，那么投资者如果此时进行买入基差交易，类似于买入标的为国债收益率的（   ）。

  A. 看涨期权   B. 看跌期权   C. 跨式期权   D. 蝶式期权

10. 假设当前的市场收益率水平为3.4%，使用当前时刻的CTD券进行基差多头交易。在下列（   ）情况下进行平仓操作，可以获得最大的收益。

  A. 收益率变为3.8%   B. 收益率变为2.4%

  C. 收益率变为2.8%   D. 收益率变为4.6%

11. 如果我们使用久期较小的国债现货进行基差空头交易，当（   ）时，会发生亏损。

  A. 收益率上涨   B. 收益率下跌

  C. 收益率不变   D. 收益率没有任何变化

12. 在距离交割日还有20天的时候，某国债净基差为－1元，进行基差无风险套利交易。到了距离交割还有10天时，净基差变为－0.2元，进行提前平仓。下列说法正确的是（   ）。

  A. 提前平仓的收益大于进入交割的收益，日均收益也更高

B. 提前平仓的收益小于进入交割的收益，但提高了日均收益

C. 提前平仓的收益大于进入交割的收益，但降低了日均收益

D. 提前平仓的收益小于进入交割的收益，日均收益也更低

13. 2018年3月2日（星期五，短期内无节假日），某投资者于上海证券交易所做了一笔3天期债券质押式融资回购交易（GC003），那么在计算其融资利息时，实际的计息天数为（　　）天。

A. 1　　　　B. 2　　　　C. 3　　　　D. 4

14. 若国债期货价格为96.000元，某可交割券的转换因子为1.01，债券全价为101元，应计利息为0.5元，持有收益为2.5元，则其净基差为（　　）元。

A. 1.04　　　B. 2.04　　　C. 4.04　　　D. 7.04

二、多选题

1. 基差交易与国债期现套利交易的区别有（　　）。

A. 两种交易中，期现的头寸方向不同

B. 两种交易中，期现数量比例不同

C. 两种交易中，损益曲线不同

D. 两种交易中，现货的品种不同

2. 和做多基差相比，做空基差有以下（　　）困难。

A. 现货上没有非常好的做空工具

B. 现货上做空操作的规模难以做大

C. 期货买入交割得到的现货，不一定是交易中做空的现货

D. 转换因子在使用时存在舍入情况，因此期现数量不一定与转换因子完全匹配

3. 关于基差交易损益曲线的形态，下列说法正确的是（　　）。

A. 久期较小的国债，当价格下跌时会盈利，因此基差交易损益曲线类似于看跌期权

B. 久期较小的国债，当收益率上涨时会盈利，因此基差交易的损益曲线类似于看涨期权

C. 久期较大的国债，当价格上涨时会盈利，基差交易的损益曲线类似于看涨期权

D. 久期较大的国债，当收益率下跌时会盈利，基差交易的损益曲线类似于看跌期权

4. 基差交易中的隐含期权与实际期权的区别体现在（　　）。

A. 权利金的计算　　　　　　B. 执行价格的设置

C. 损益曲线的形状　　　　　D. 行权方式

5. 关于国债基差交易策略的描述，正确的有（　　）。

A. 做多基差交易是指买入国债现货的同时卖出相当于转换因子数量的国债期货

B. 做多基差交易是指卖出国债现货的同时买入相当于转换因子数量的国债期货

C. 做空基差交易是指卖出国债现货的同时买入相当于转换因子数量的国债期货

D. 做空基差交易是指买入国债现货的同时卖出相当于转换因子数量的国债期货

6. 使用 CTD 券进行基差空头交易是基于对市场（　　）情况的判断。

A. 进行交易时收益率大于3%，交易者认为未来收益率不会有大变化

B. 进行交易时收益率大于3%，交易者认为未来收益率会继续上升

C. 进行交易时收益率小于3%，交易者认为未来收益率会大幅上升

D. 进行交易时收益率小于3%，交易者认为未来收益率不会有大变化

7. 在不考虑交易成本的情况下，下列（　　）情况存在无风险套利机会。

A. 基差 = 0.5，持有收益 = 0.8　　B. 基差 = -0.5，持有收益 = 0.8

C. 基差 = 0.5，持有收益 = -0.8　D. 基差 = -0.5，持有收益 = -0.8

8. 当基差交易的资金不足时，可以采用的替代办法有（　　）。

A. 将转换因子进行近似处理　　　B. 将期货现货比例按1:1操作

C. 现货方面结合正回购操作　　　D. 使用较便宜的现货进行替代

9. 国债期货空头通常会选择（　　）的可交割国债进行交割。

A. 净基差最小　　　　　　　　　B. 净基差最大

C. 隐含回购利率最高　　　　　　D. 隐含回购利率最低

10. 基差多头交易进入交割时，对期货头寸进行调整的适用情形有（　　）。

A. 国债价格处于上涨趋势，且转换因子大于1

B. 国债价格处于下跌趋势，且转换因子大于1

C. 国债价格处于上涨趋势，且转换因子小于1

D. 国债价格处于下跌趋势，且转换因子小于1

三、判断题

1. 国债期货中隐含交割期权的存在会影响跨品种套利交易的有效性。　（　　）

2. 做多国债基差交易的盈亏特征类似于看涨期权多头。　　　　　　　（　　）

3. 交割期权的存在使得国债期货的均衡价格低于最便宜可交割券的远期价格。
（　　）

4. 基差多头交易进行交割时，需要对期货现货数量进行调整，为了保证交易效果，这种调整越晚越好。　　　　　　　　　　　　　　　　　　　　（　　）

5. 基差交易中的隐含期权，并不是真正的期权。　　　　　　　　　　（　　）

6. 基差交易进入交割环节，相当于基差变为0。　　　　　　　　　　（　　）

7. 如果交易者认为未来国债的收益率水平不会有较大的变化，则应当进行基差多

头交易。( )

8. 进行基差多头交易，当基差扩大时，需要进入交割环节，才能获利。( )

9. 基差空头交易进入交割环节，应当使用可交割券进行做空操作。( )

10. 在不考虑交易成本的情况下，当净基差为负时，基差多头交易一定能盈利。( )

四、计算题

1. 某国债现货的转换因子是 0.97，使用该国债进行基差交易。

（1）最少需要的期货和现货数量分别是多少？

（2）如果基差交易最后进入交割环节，则期货现货数量需要如何调整？

2. 假设某国债现货的票息为 4%，转换因子是 1.03。交易者在 2018 年 12 月 28 日进行基差多头交易，此时国债现货净价为 101.12 元，期货价格是 95.37 元。2019 年 3 月 8 日时，现货净价为 103.35 元，期货价格是 96.27 元。

（1）假设融资成本是 2%，如果在 3 月 8 日进行平仓，则在不考虑交易成本的情况下，交易损益是多少？

（2）如果 2019 年 3 月 8 日是最后交易日，交易者进行卖出交割，在不考虑交易成本的情况下，交易损益是多少？

五、综合题

1. 某金融机构操作国债期货进行基差交易。他们发现某国债现货的票息是 4%，转换因子是 1.03。交易者在 2018 年 12 月 28 日进行基差空头交易，此时国债现货净价为 101.12 元，期货价格是 95.37。2019 年 3 月 8 日，现货净价为 103.35 元，期货价格是 96.27 元。

（1）假设融资成本是 2%，如果该机构选择在 3 月 8 日进行平仓，则在不考虑交易成本的情况下，交易损益是多少？

（2）如果 3 月 8 日是最后交易日，该机构进行买入交割，假设交割卖方使用的交割券价格是 101.59 元，转换因子是 1.05，在不考虑交易成本的情况下，交易损益是多少？

2. 假设当前时刻某国债的价格是 98.5 元，转换因子是 0.97，国债期货价格是 101.2 元。国债现货的票息是 4%，市场的融资成本是 2%。当前时刻距离期货到期日还有整整半年时间，则：

（1）该国债是否存在无风险套利机会？

（2）如果到了距离期货到期日还有 3 个月的时候，现货价格变为 104.8 元，期货价格变为 107.8 元，交易者进行平仓操作，则基差交易的损益如何？

3. 某国债的净价是 103.2 元，全价是 104.2 元，转换因子是 1.05，期货的价格是 98.8

元，使用该券进行基差多头交易。假设在现货方面，使用正回购的方法进行杠杆操作，放大倍数是5倍，期货的保证金比例为2%，则进行基差交易最少需要多大的资金量？

参考答案及解析

一、单选题

1. C　　2. A　　3. D　　4. C　　5. B　　6. A　　7. A　　8. C

9. C　　10. B　　11. A　　12. A　　13. A　　14. A

二、多选题

1. BC　　2. ABC　　3. AC　　4. ABCD　　5. AC　　6. ABD

7. AB　　8. ABC　　9. AC　　10. AD

三、判断题

1. 对　　2. 对　　3. 对　　4. 对　　5. 对　　6. 对　　7. 错

8. 错　　9. 错　　10. 对

四、计算题

1. 参考答案及解析：

（1）$32 \div 33 = 0.9697 \approx 0.97$，最少需要使用32手期货和33手现货进行操作。

（2）如果最后进入交割，需要期货和现货的数量相同，因此需要增加1手期货，或者平掉1手现货。

2. 参考答案及解析：

（1）参考答案：1.6866元

解析：Basis1 = $101.12 - 95.37 \times 1.03 = 2.8889$（元）

Basis2 = $103.35 - 96.27 \times 1.03 = 4.1919$（元）

Carry = $(4\% - 2\%) \times 100 \times 70/365 = 0.3836$（元）

交易损益 = $4.1919 - 2.8889 + 0.3836 = 1.6866$（元）

（2）参考答案：−2.5053元

解析：Basis1 = 2.8889（元）

由于最后进入交割，Basis2 = 0（元）

Carry = 0.3836（元）

交易损益 = 0 − 2.8889 + 0.3836 = − 2.5053（元）

五、综合题

1. 参考答案及解析：

（1）参考答案：−1.6866 元

解析：Basis1 = 101.12 − 95.37 × 1.03 = 2.8889（元）

Basis2 = 103.35 − 96.27 × 1.03 = 4.1919（元）

Carry = (4% − 2%) × 100 × 70/365 = 0.3836（元）

交易损益 = 2.8889 − 4.1919 − 0.3836 = − 1.6866（元）

（2）参考答案：−1.1801 元

解析：Basis1 = 2.8889（元）

Basis2 = 4.1919（元）

Basis2（CTD）= 101.59 − 96.27 × 1.05 = 0.5065（元）

Carry = 0.3836（元）

交易损益 = 2.8889 − 4.1919 + 0.5065 − 0.3836 = − 1.1801（元）

2. 参考答案及解析：

（1）基差 = 98.5 − 101.2 × 0.97 = 0.336（元）

持有收益 = (4% − 2%) × 100 × 0.5 = 1（元）

净基差 = 0.336 − 1 = − 0.664（元）

净基差小于 0，存在无风险套利机会。

（2）在距离到期日还有 3 个月时，基差 = 104.8 − 107.8 × 0.97 = 0.234（元）

持有收益 = (4% − 2%) × 100 × 0.25 = 0.5（元）

净基差 = 0.234 − 0.5 = − 0.266（元）

净损益 = − 0.266 − (− 0.664) = 0.398（元）

3. 参考答案及解析：

参考答案：4 582 960 元

解析：国债现货转换因子是 1.05，因此期货现货最少的数量分别是 21 手和 20 手。期货的总市值是 98.8 × 10 000 × 21 = 20 748 000（元）。按 2% 保证金计算，需要资金 20 748 000 × 2% = 414 960（元）。

现货方面，进行正回购操作的时候，需要使用全价，则现货总市值是 104.2 × 10 000 × 20 = 20 840 000（元），放大倍数是 5 倍，因此实际所需资金是 20 840 000 ÷ 5 = 4 168 000（元）。

需要的总资金是 414 960 + 4 168 000 = 4 582 960（元）。

第六章 国债期货的套期保值

一、单选题

1. 使用久期中性法计算套保比例正确的是（　　）。

   A. 套保比例 $= \dfrac{D(B) \times B}{D(CTD) \times F}$
   B. 套保比例 $= \dfrac{D(B) \times F}{D(CTD) \times B}$

   C. 套保比例 $= \dfrac{D(CTD) \times B}{D(B) \times F}$
   D. 套保比例 $= \dfrac{D(CTD) \times F}{D(B) \times B}$

2. 使用基点价值计算套保比例正确的是（　　）。

   A. 套保比例 $= \dfrac{DV01(B)}{DV01(CTD)}$

   B. 套保比例 $= \dfrac{DV01(B) \times CF(CTD)}{DV01(CTD)}$

   C. 套保比例 $= \dfrac{DV01(B)}{DV01(CTD) \times CF(CTD)}$

   D. 套保比例 $= DV01(CTD) \times CF(CTD)$

3. 某国债做市机构持有市值为 20 亿元的国债组合作为底仓,该国债组合的久期为 9.6。为对冲价格波动风险,决定使用中金所 10 年期国债期货进行完全对冲。10 年期国债期货合约价格为 97.550 元,对应的 CTD 券转换因子为 1.0204,CTD 券修正久期为 8.0。该机构应该（　　）。

   A. 卖出 2 041 手 10 年期国债期货合约
   B. 卖出 2 411 手 10 年期国债期货合约
   C. 卖出 2 460 手 10 年期国债期货合约
   C. 卖出 2 510 手 10 年期国债期货合约

4. 投资者持有的国债组合市场价值为 10 亿元,组合的久期为 8.75。如果使用 10 年期国债期货进行套期保值,期货价格为 98.385 元,其对应的最便宜可交割券久期为 9.2,转换因子为 0.9675,则投资者为了进行套期保值,应做空（　　）手 10 年期国债期货合约。

   A. 920　　　　B. 935　　　　C. 967　　　　D. 999

5. 若债券组合市场价值为 1 200 万元,修正久期 8.5;CTD 债券价格为 99.5 元,修正久期为 5.5，转换因子为 1.07。利用修正久期法计算投资组合套期保值所需国债期货合约的数量约为（   ）手。

　　A. 12　　　　B. 11　　　　C. 19　　　　D. 20

6. 在下列（   ）情况下，套保比例会发生较大的变化。

　　A. 当前的市场收益率是 3.2%，未来市场收益率继续上升
　　B. 当前的市场收益率是 3.2%，未来市场收益率大幅下降
　　C. 当前的市场收益率是 2.8%，未来市场收益率大幅下降
　　D. 当前的市场收益率是 2.8%，未来市场收益率维持不变

7. 如果进行动态套保后，损益曲线是（   ）形状。

　　A. 看涨期权　　B. 看跌期权　　C. 跨式期权　　D. 水平直线

8. 投资者持有市场价值为 2 亿元的国债组合，修正久期为 5.0。中金所国债期货合约价格为 98.500 元，对应的最便宜可交割国债的修正久期为 4.6。投资者对其国债组合进行套期保值，应该卖出约（   ）手国债期货合约。

　　A. 187　　　　B. 203　　　　C. 221　　　　D. 217

9. 5 年期国债期货价格为 96.875 元，现需价值为 1.5 亿元、久期为 4.8 的国债现货进行套期保值，应卖空的国债期货手数为（   ）手。（国债期货 CTD 久期 4，转换因子为 1.024）。

　　A. 186　　　　B. 182　　　　C. 190　　　　D. 193

二、多选题

1. 下列关于套保比例表述正确的有（   ）。

　　A. 套保比例会随着收益率的变化而变化
　　B. 套保比例会随着时间的变化而变化
　　C. 套保比例有多种计算方式
　　D. 套保比例的作用是期货现货的价格变动互相抵消

2. 利用国债期货为投资者持有债券组合进行套期保值时，为达到最佳的套期保值效果，需要对套期保值比率进行动态调整，常见的情形有（   ）。

　　A. 当 CTD 国债发生变动时
　　B. 当期货合约临近交割需要展期时
　　C. 被保值债券组合久期发生变化时
　　D. 当收益率曲线平行移动，但未引起 CTD 发生变动时

3. 和使用基点价值计算套保比例的方法相比，久期中性法的不足有（   ）。

　　A. 没有考虑国债的凸性影响　　B. 久期的计算不准确
　　C. 期货价格使用的是净价　　　D. 计算公式太复杂

4. 使用国债期货对国债套期保值，下列表示正确的有（　　）。

A. 应该经常根据市场变化调整套保比例

B. 久期法计算套保比例没有考虑国债收益率曲线凸度变化

C. 久期法计算套保比例时考虑了国债收益率曲线凸度变化

D. 基点价值法计算套保比例时应考虑转换因子的影响

5. 当收益率变动比较大的时候，提高套保比例的准确度的方法有（　　）。

A. 使用实际价格来计算国债的基点价值

B. 使用收益率变动多个基点时的基点价值来计算套保比例

C. 结合国债的凸性来计算套保比例

D. 当 CTD 发生改变时，使用不同的 CTD 基点价值来分段计算

6. 假设投资者持有国债现货价值为 8 亿元，修正久期为 8.5，如果其看空后市，计划将久期调整至 8。若 5 年期国债期货的久期为 4.8，10 年期国债期货的久期为 7.3，投资者可以采取的操作有（　　）。

A. 做空 83 手 5 年期国债期货

B. 做空 55 手 10 年期国债期货

C. 做空 10 手 10 年期国债期货和做空 48 手 5 年期国债期货

D. 做空 10 手 5 年期国债期货和做空 68 手 10 年期国债期货

三、判断题

1. 在计算国债期货套保比例时，基点价值法比修正久期法的精确度更高。（　　）

2. 进行套期保值后，期货和现货的损益会完全抵销。（　　）

3. 如果不调整套保比例，则套保的损益曲线也是一条类似于期权损益的曲线。

（　　）

4. 如果采用动态套保的方式，其损益是近似于一条接近 0 的水平直线。（　　）

5. 进行套期保值时，使用不调整套保比例的套保方式容易出现亏损。（　　）

6. 相比于空头套保，多头套保更应当使用动态套保的方式。（　　）

7. 使用动态套保的方式后，套保损益为 0，因此套期保值可以完全规避各种风险。

（　　）

8. 在计算国债期货套保比例时，常用 CTD 的久期替代期货合约的久期。（　　）

四、计算题

1. 如果国债现货的久期是 4.5，净价是 103 元，应计利息是 2 元，CTD 券的久期是 5.5，期货净价是 97 元，则套保比例是多少？

2. 如果某国债现货的 DV01 是 0.0545，CTD 券的 DV01 是 0.0437，CTD 券的转换

因子是 1.03，则套保比例是多少？

3. 假设当前时刻的市场收益率水平是 3.6%，某投资者持有一只国债现货，希望对其进行套期保值。经过测算，不同收益率下的现货价格与 CTD 券的价格如下表所示，CTD 券的转换因子是 1.0266。如果使用实际价值法计算基点价值，则套保比例是多少？

收益率	目标现货（元）	CTD 券（元）
3.4%	104.9367	100.1854
3.6%	103.9361	98.9550
3.8%	102.9466	97.7419

五、综合题

1. 某交易者手中持有一只国债现货。假设当前时刻的市场收益率水平是 3.1%，因为接近期货的票息，所以 CTD 容易发生改变。我们将市场收益率在 3% 以上时的 CTD 叫作原 CTD 券，市场收益率在 3% 以下时的 CTD 叫作新 CTD 券。经过计算，不同收益率下的国债现货、CTD 券的价格和转换因子如下表所示。如果使用实际价值法计算基点价值，分别计算收益率水平上涨和下跌时的套保比例。

收益率	目标现货（元）	原 CTD 券（元）	新 CTD 券（元）
3.3%	105.4412	100.8073	98.5565
3.1%	106.4587	102.0643	99.3107
2.9%	107.4877	103.3393	100.0723
转换因子		1.0266	0.9970

2. 假设当前时刻的市场收益率水平是 3.4%，某交易者手中持有一只国债现货。在不同的市场收益率下，该国债现货和期货的价格如下表所示：

收益率	现货（元）	期货（元）
3.2%	108.20	99.25
3.4%	107.24	98.52
3.6%	106.30	97.78
3.8%	105.37	97.06
4.0%	104.45	96.32

忽略时间因素的影响。假设市场收益率水平的变动是：3.4%→3.8%→3.6%。

为了实现最佳的套保效果，市场收益率每变动 20 个基点，交易者调整一次套保比例。使用实际价值法计算基点价值，累计套保损益是多少？

3. 投资者持有面值为 10 000 万元的债券 TB，利用中金所 5 年期国债期货合约 TF 对冲利率风险。国债期货对应的最便宜可交割国债 CTD 的转换因子为 1.0294，债券 TB 和 CTD 的相关信息如下表所示：

项目	TB（元）	CTD（元）
债券净价	99.3926	101.7685
债券全价	101.1582	102.1571
基点价值	0.0596	0.0611

根据基点价值法，投资者完全对冲利率风险所需 TF 合约数量是多少手？（结果取整数，四舍五入）

参考答案及解析

一、单选题

1. A   2. B   3. C   4. C   5. D   6. B   7. D   8. C   9. A

二、多选题

1. ABCD   2. ABC   3. AC   4. ABD   5. ABCD   6. AB

三、判断题

1. 对   2. 错   3. 对   4. 对   5. 对   6. 错   7. 对

8. 对

四、计算题

1. 参考答案及解析：

答案：0.8857

解析：套保比例 = [4.5 × (103 + 2)] / (5.5 × 97) = 0.8857

2. 参考答案及解析：

答案：1.2846

解析：套保比例 = 0.0545 × 1.03 / 0.0437 = 1.2846

3. 参考答案：

答案：0.8361

解析：DV20(B) = (104.9367 − 102.9466) / 2 = 0.9951

DV20(CTD) = (100.1854 − 97.7419) / 2 = 1.2218

DV20(F) = 1.2218 / 1.0266 = 1.1901

套保比例 = 0.9951 / 1.1901 = 0.8361

五、综合题

1. **参考答案及解析：**

答案：收益率上涨时套保比例是 0.8310，收益率下跌时套保比例时 1.3470。

解析：当前的收益率水平是 3.1%，当收益率上涨时，CTD 不会发生变化，因此使用原 CTD 计算套保比例：

DV20(B) = 106.4587 − 105.4412 = 1.0175（元）

DV20(CTD) = 102.0643 − 100.8073 = 1.2570（元）

DV20(F) = 1.2570/1.0266 = 1.2244

套保比例 = 1.0175/1.2244 = 0.8310

当收益率下跌时，CTD 发生变化，因此使用新 CTD 计算套保比例：

DV20(B) = 107.4877 − 106.4587 = 1.0290（元）

DV20(CTD) = 100.0723 − 99.3107 = 0.7616（元）

DV20(F) = 0.7616/0.9970 = 0.7639

套保比例 = 1.0290/0.7639 = 1.3470

2. **参考答案及解析：**

答案：0.0263 元

解析：收益率每变动 20 个基点，调整一次套保比例。根据收益率水平的变动情况，可以分为 3 个阶段：3.4%→3.6%，3.6%→3.8%，3.8%→3.6%。

市场收益率在 3.4%、3.6% 和 3.8% 的套保比例分别是：

K(3.4%) = (108.20 − 106.30) ÷ (99.25 − 97.78) = 1.2925

K(3.6%) = (107.24 − 105.37) ÷ (98.52 − 97.06) = 1.2808

K(3.8%) = (106.30 − 104.45) ÷ (97.78 − 96.32) = 1.2671

当收益率变动时，各个阶段的损益分别是：

3.4%→3.6%：(106.30 − 107.24) + (98.52 − 97.78) × 1.2925 = 0.0164（元）

3.6%→3.8%：(105.37 − 106.30) + (97.78 − 97.06) × 1.2808 = − 0.0078（元）

3.8%→3.6%：(106.30 − 105.37) + (97.06 − 97.78) × 1.2671 = 0.0177（元）

则总损益是：0.0164 − 0.0078 + 0.0177 = 0.0263（元）

3. **参考答案及解析：**

答案：100 手。

解析：国债期货套期保值合约数量

$$= \frac{债券组合基点价值}{期货合约基点价值} = \frac{债券组合基点价值}{100\,万元 \times (CTD\,基点价值 \div 100) \div 转换因子}$$

$$= \frac{10\,000 \times (0.0596 \div 100)}{100 \times (0.0611 \div 100) \div 1.0294} = 100\,（手）$$

第七章 国债期货在资产配置中的应用
第八章 机构投资者如何使用国债期货

一、单选题

1. 如果一个机构卖出国债期货来降低久期，收益率大幅下行，导致CTD变化，此时期货的凸性对整体组合盈利的影响是（　　）。
   A. 增加期货的亏损　　　　　　B. 减少期货的亏损
   C. 无影响　　　　　　　　　　D. 无法确定

2. 如果一个组合的久期是5，组合价值1亿元，现在投资经理买入20手国债期货，价值1 950万元，国债期货久期6.5。问该组合目前久期为（　　）。
   A. 6.3　　　B. 6.2375　　　C. 6.2675　　　D. 6.185

3. 接上题，如果不用国债期货，投资经理抛售100万元债券久期为5、买入100万元久期为6.5的债券，组合久期是（　　）。
   A. 7　　　B. 5　　　C. 6.185　　　D. 5.015

4. 投资者当前持有面值为100元的公司债10万张，该债券当前报价为101.3元，全价为102.5元。若该债券的质押率为0.8，那么投资者的最大融资额为（　　）万元。
   A. 800　　　B. 810.4　　　C. 820　　　D. 815.2

5. A基金公司管理的某只债券型基金投资于国债，所投资国债均为T1906的可交割券，当前投资组合市值为50亿元，组合修正久期为8.5。由于遇到投资者大额赎回，投资经理决定出售投资组合中部分债券以应对赎回，所出售部分债券市值为30亿元，组合修正久期为8.9。由于担心短期内出售债券量较大，会增加冲击成本，其决定使用T1906合约来对冲价格波动风险。T1906合约当前价格为98.050元，对应CTD券修正久期为8.6。那么该基金经理应该卖出（　　）手T1906合约。
   A. 3 024　　　B. 3 166　　　C. 5 040　　　D. 5 277

6. 若基金经理选用中金所5年期国债期货将组合基点价值下调了30 000元（对应百万元面值CTD券DV01为485元，转换因子为1.03），需要（　　）国债期货合约。
   A. 卖出58手　　B. 买入58手　　C. 卖出60手　　D. 买入60手

二、多选题

1. 某基金经理希望调低资产组合久期，但不能卖出组合中的某只国债时，可以使用的替代方式有（   ）。

   A. 卖出该国债远期合约　　　　B. 卖出国债期货合约

   C. 买入国债期货看涨期权　　　D. 卖出组合中的其他国债

2. 使用国债期货对资产配置进行调整的优点是（   ）。

   A. 杠杆高　　B. 违约风险小　　C. 流动性低　　D. 交易成本高

3. 某基金经理持有债券组合久期为 3。现在拟将投资组合久期调整为 5，则可使用的操作方法是（   ）。

   A. 买入久期为 5 的国债　　　　B. 买入久期为 7 的国债

   C. 买入 5 年期国债期货　　　　D. 买入 10 年期国债期货

4. 预期市场将爆发信用风险，违约事件将增多，可行的交易策略有（   ）。

   A. 买入高等级信用债，卖出低等级信用债

   B. 买入 10 年期国债期货，卖出 5 年期国债期货

   C. 卖出信用债，买入国债

   D. 买入 CDS

5. 关于国债期货在资产组合管理中的应用，以下说法正确的是（   ）。

   A. 买入国债期货将提高资产组合的久期

   B. 卖出国债期货将提高资产组合的久期

   C. 卖出国债期货将降低资产组合的久期

   D. 买入国债期货将降低资产组合的久期

6. 某基金经理持有债券组合价值为 1.2 亿元，久期为 6。现在拟将债券组合额度提高到 2 亿元，久期调整为 7，则可使用的操作方法是（   ）。

   A. 卖出 1.2 亿元的债券资产，买入平均久期为 7 的 2 亿元国债

   B. 买入 1.2 亿元久期为 6 的债券，卖出平均久期为 7 的 2 亿元国债

   C. 买入 8 000 万元久期为 8.5 的债券

   D. 卖出 8 000 万元久期为 8.5 的债券

7. 某投资组合拥有 1 亿元股票和 1 亿元债券资产，该基金经理希望保持核心资产组合不变，并预期未来利率水平将会提高，以下操作不合理的有（   ）。

   A. 卖出债券现货　　　　　　　B. 买入债券现货

   C. 买入国债期货　　　　　　　D. 卖出国债期货

三、判断题

1. 国债期货在资产配置中可以调整债券组合的久期。　　　　　　　　（　　）

2. 如果要增加一个组合的久期，可以买入国债期货。（   ）

3. 国债期货可以用于久期调整，不能用于指数化投资。（   ）

4. 国债期货进行完全套保就是将久期或 DV01 调整为 0 附近。（   ）

5. 如果看好债券后市，可以通过做多国债期货提高组合久期以获得更高收益。
（   ）

6. 使用国债期货和股指期货可以进行股票/债券的快速切换，但是交易费用较高。
（   ）

7. 机构投资者运用期货进行套期保值，首先要确定的是套期保值比率，其次是风险敞口。（   ）

8. 机构投资者使用国债期货进行风险管理时，当期货部位出现大幅亏损时，必须进行止损。（   ）

9. 在资产组合管理中，常用国债期货调整组合的久期，但一般认为对资产组合的净市值没有影响。（   ）

10. 买入国债期货的同时卖出股指期货，其操作理由是基于短期资金面紧张。
（   ）

11. 使用国债期货进行资产配置时，与直接持有国债现货相比，可以节省资金。
（   ）

12. 国债承销机构可以通过做空国债期货对冲承销期间的国债价格波动风险。
（   ）

四、计算题

1. 假设有 1 亿元票面的国债现货，其久期是 5.3，计划调整为 4.3。如果期货的价格是 105.3 元，久期是 4.7，需要多少手期货合约？

2. 假设有 1 亿元票面的国债现货，其基点价值是 45 000 元，计划调整为 70 000 元。如果期货的百元基点价值是 0.05，则需要多少手期货合约？

3. 9 月 30 日，5 年期国债期货 TF1312 合约价格为 94.462 元，其 CTD 券为 7 月 17 日发行的 7 年期付息国债 130015，其转换因子为 1.0270，修正久期为 6.1053。

（1）假设某商业银行拥有市值 1.2 亿元的国债组合，修正久期为 5.8，若预期未来一段时间利率上升，则应卖出 TF1312 多少手进行对冲？

（2）假如该银行看好国债后市，计划将国债组合的修正久期由原来的 5.8 上调到 7.8，则应该如何交易国债期货 TF1312 合约？

4. 机构持有债券组合市值为 12 000 万元，修正久期为 3。为降低利率风险，该机构准备在不减持债券的前提下，利用中金所 5 年期国债期货将组合久期调整为 2。若中金所 5 年期国债期货合约对应的最便宜可交割债券（CTD）价格为 99.50 元，修正久期为 4.5，转换因子为 1.007。该机构在期货合约上的具体操作应为？

五、综合题

1. 一个债券组合基金经理有 5 000 万欧元的德国债券，其票面利率为 3.75%，到期日为 2019 年 5 月，并且该债券正好是 2010 年 6 月的德国 10 年期国债期货的最便宜可交割债券。该券转换因子为 0.852328，基点价值是 0.07919832。基金经理希望把这笔投资转换成相似久期和到期期限的瑞士政府债券。基金经理可以选择把所有德国国债卖出并购买相似久期和到期期限的瑞士政府债券，或者建立一个德国债券期货空头和一个瑞士政府债券期货多头来叠加已经存在的组合。2010 年 6 月到期的瑞士政府债券期货对应的最便宜可交割债券票面利率为 3%，到期日为 2019 年 1 月的瑞士国债，其中德国债券期货基点价值为 0.09292，瑞士国债期货基点价值为 0.1107，欧元兑瑞士法郎汇率为 1.20。如何在不改变原来德国国债头寸的基础上转换投资目标？（德国国债期货的面值是 10 万欧元，瑞士国债期货的面值是 10 万瑞士法郎）

2. 一个基金经理有 1 亿欧元的欧元债券组合，即德国国债，目前她希望把 10% 的德国国债转换成意大利国债——她觉得意大利国债的收益率和德国国债的收益率利差目前处于最大的时期，她预期利差会收窄，因此希望购买部分意大利国债来博取这部分超额收益。目前债券组合的久期是 7.5，其中德国债券期货基点价值为 0.09292，意大利国债期货的基点价值为 0.09449。如何在不改变原有头寸的基础上来赚取上述情景的收益？

3. 一个基金经理有 5 000 万欧元的德国国债，对未来债券市场看好，经理希望增加头寸暴露，所以决定把久期从 4.3 增加到 7.9。经理面临两个选择：一是可以把手头的债券抛售并换成久期更长的债券；二是采用叠加策略，利用债券期货增加久期。假设债券期货的基点价值是 92.92。

请问：该基金经理应如何采用叠加策略来完成投资目标？

4. 某银行有一个 10 亿元的资产组合，其中投资国债 1.2 亿元，久期为 6，现在拟将投资国债的额度提高到 2 亿元，久期为 7。

（1）在现券市场中应选择以下（　　）操作。

A. 卖出 1.2 亿元久期为 6 的国债，买入平均久期为 7 的 2 亿元国债

B. 买入 1.2 亿元久期为 6 的国债，卖出平均久期为 7 的 2 亿元国债

C. 买入 8 000 万元久期为 8.5 的国债

D. 卖出 8 000 万元久期为 8.5 的国债

（2）如果不改变现券组合，如何使用国债期货取得相同的风险敞口（假设国债期货久期为 5.5，价格为 99 元）？列出计算过程。

参考答案及解析

一、单选题

1. B   2. C   3. D   4. A   5. B   6. C

二、多选题

1. ABD   2. AB   3. BCD   4. ACD   5. AC   6. AC   7. ABC

三、判断题

1. 对   2. 对   3. 错   4. 对   5. 对   6. 错   7. 错

8. 错   9. 对   10. 错   11. 对   12. 对

四、计算题

1. **参考答案及解析：**

答案： 做空 20 手。

解析： 期货数量为 $(4.3-5.3)\times 100\,000\,000 \div (4.7\times 105.3\times 10\,000)=-20.2$（手），即需要做空 20 手期货合约。

2. **参考答案及解析：**

答案： 做多 50 手。

解析： 期货数量为 $(70\,000-45\,000)\div(0.05\times 10\,000)=50$（手），即需要做多 50 手期货合约。

3. **参考答案及解析：**

（1）**答案：** 121 手。

解析： 对冲手数 $=\dfrac{\text{国债现券市值}\times\text{国债现券修正久期}}{\text{国债期货合约市值}\times\text{CTD 券修正久期}}$

$=\dfrac{120\,000\,000\times 5.8}{94.462\times 10\,000\times 6.1053}=120.68\approx 121$（手）

（2）**答案：** 做多 42 手。

解析： 期货合约数量 $=\dfrac{\text{国债现券市值}\times\text{国债现券修正久期调整幅度}}{\text{国债期货合约市值}\times\text{CTD 券修正久期}}$

$$= \frac{120\,000\,000 \times (7.8 - 5.8)}{94.462 \times 10\,000 \times 6.1053} = 41.61 \approx 42 \text{（手）}$$

4. 参考答案及解析：

答案： 卖出 27 手。

解析： 期初债券组合久期 = 3

$$\text{调整后债券组合久期} = \frac{\text{债券现}\times\text{债券现}+\text{国债期}\times\text{期货}}{\text{调整后组合总市值}}$$

$$= \frac{\text{期初债券}\times\text{期初债券}+\text{期货头}\times\text{期货合}\times\text{期货}}{\text{期初债券组合市值}} = 2$$

期初债券组合市值 × 期初债券组合久期 = 12 000 × 3

国债期货合约市值 = 100 万元 ×（CTD 价格 ÷ CTD 转换因子 ÷ 100）
　　　　　　　　 = 100 ×（99.5 ÷ 1.007 ÷ 100）

期货合约久期 = CTD 久期 = 4.5

期货头寸数量 $= \dfrac{2 \times 12\,000 - 3 \times 12\,000}{100 \times (99.5 \div 1.007 \div 100) \times 4.5} = -26.99 \approx -27$（手），即卖出 27 手。

五、综合题

1. 参考答案及解析：

首先，计算对冲票面利率为 3.75%，到期日为 2019 年 1 月的德国政府债券的德国债券期货的数量：因为该券是期货的 CTD，所以我们可以用基点价值算出需要的国债期货手数 5 000 万 × 0.07919832/（10 万 × 0.09292）= 426 张德国债券期货。

其次，计算基点价值比率（德国债券期货相对瑞士国债期货）。

德国债券期货基点价值等于 0.09292 或者 9.292 点（92.92 欧元），瑞士国债期货基点价值等于 0.1107 或者 11.07 点（110.7 瑞士法郎），并且欧元兑瑞士法郎汇率为 1.20。由此可以计算出套保比例为 0.09292/0.1107 × 1.20 = 1.0073。

最后，基于基点价值计算出的套保比例，基金经理可以计算出需要购买多少手瑞士国债期货，即 426 × 1.0073 = 429 手，同时卖出 426 手德国国债期货。

因此，基金经理采用这个叠加交易可以合成瑞士国债的头寸，而不需要抛售德国国债。

2. 参考答案及解析：

第一步，计算为了降低 10% 的德国国债所需要卖出 Eurex 德国 10 年期国债期货的数量：久期 × 投资额 × 0.0001/（10 年期德国国债期货的基点价值）= 7.5 × 10 000 000 × 0.0001/92.92 = 80.71，需要卖出 81 手德国 10 年期国债期货。

第二步,计算需要买入多少手意大利国债期货。意大利国债期货的DV01为94.49,所以套保比例=92.92/94.49=0.98338。

第三步,需要买入的意大利国债期货手数为=81×0.98338=79.65≈80手,所以要买入80手意大利国债期货。

3. **参考答案及解析:**

第一步,计算债券组合的基点价值:

当前组合的基点价值=组合的修正久期×组合价值×0.0001

=4.3×50 000 000×0.0001=21 500(欧元)

第二步,计算目标组合的基点价值:

当前组合的基点价值=7.9×50 000 000×0.0001=39 500(欧元)

最后,计算达到目标基点价值所需的国债期货数量:

调整久期需要的国债期货手数

=(目标基点价值-当前基点价值)/债券期货的基点价值

=(39 500-21 500)/92.92=193.71≈194(手)

所以需要买入194手国债期货。

4. **参考答案及解析:**

答案:(1)AC

解析:在现券市场中操作可以进行全部卖出、买入的操作,也可以进行久期调整的策略。A体现了全部卖出买入的操作,交易量较大,成本高,市场冲击大,容易暴露交易意图。B交易方向错误。C只需交易8 000万元国债,其组合的加权平均久期可以达到7,即(80 000 000×8.5+120 000 000×6)/200 000 000=7。D选项方向错误。

答案:(2)125手多头国债期货。

解析:按照调整组合久期的公式,我们可以计算:(200 000 000×7-12 0000 000×6)/99×10 000×5.5=124.89(手),即需要买入125手国债期货。

第九章　国债期货交易的风险管理

一、单选题

1. 中国金融期货交易所调整合约交易保证金标准的，在当日结算时对该合约的（　　）按照调整后的交易保证金标准进行结算。
   A. 买方持仓　B. 卖方持仓　C. 单边持仓　D. 所有持仓

2. 以下不属于国债期货交易风险的是（　　）。
   A. 研判利率行情失误　　　　B. 下单下错方向
   C. 国债期货保证金不足　　　D. 国债期货进入交割

3. 长期资本管理公司主要投资于债券市场，它是通过（　　）获取高额收益的。
   A. 债券市场波动大　　　　　B. 频繁交易
   C. 投资于国债期货市场　　　D. 放大财务杠杆

4. 中国金融期货交易所规定，同一客户在不同会员处开仓交易，其（　　）该客户的持仓限额。
   A. 买入持仓不得超出　　　　B. 卖出持仓可以超出
   C. 持仓合计不得超出　　　　D. 持仓合计可以超出

5. 以下关于"327 事件"说法正确的是（　　）。
   A. "327 事件"的空方主力为万国证券，多方主力为中经开
   B. "327 事件"是由于国债现券被逼空，导致空头方被逼平仓
   C. "327 事件"发生在 1995 年 3 月 27 日
   D. "327 事件"发生后，国债期货立即被停止

二、多选题

1. 长期资本公司失败的原因有（　　）。
   A. 只投资于债券市场　　　　B. 俄罗斯国债违约
   C. 进入不熟悉的股指期权市场　D. 国债期货套利失败

2. 中金所风控措施有（　　）。
   A. 最低保证金　　　　　　　B. 涨跌停板
   C. 熔断制度　　　　　　　　D. 持仓限额

3. 期货公司的风险控制包括（　　）。

A. 追加保证金　　　　　　　　B. 结算部门每日结算

C. 保证金不足时帮助平仓　　　D. 对客户设置持仓限额

4. 节假日前，国债期货投资者需要注意的问题有（　　）。

A. 交易所是否调整最低保证金比例

B. 节假日中，行情是否会大幅变动，导致节假日后开盘大幅亏损

C. 节假日中，行情是否会大幅波动，导致节假日后开盘保证金不足

D. 节假日中，保证金是否被挪用

5. 关于导致美国橘子郡倒闭的"逆向浮动利率证券"的下列说法中正确的有（　　）。

A. 橘子郡财长管理的资金池的杠杆完全是由"逆向浮动利率证券"制造的

B. 美联储连续多次的降息导致"逆向浮动利率证券"大幅贬值，最终造成资金链断裂

C. 对于风险承受能力较低的资金池，应当将资产组合久期控制在比较低的水平

D. 在风险控制方面，最常用的方法是资产负债久期匹配

6. "327事件"中多空双方对赌的核心焦点是（　　）。

A. 新发行国库券规模大小　　　B. 标的券发行票面利率

C. 保值贴补率　　　　　　　　D. 是否贴息

7. "327事件"产生的原因有（　　）。

A. 交易所没有能实时对市场交易头寸和保证金进行结算的系统

B. 交易所无法察觉和阻止盘中透支行为

C. 多空双方均恶意透支和超仓

D. 多空双方皆有操纵市场的行为

8. 当前金融市场环境及合约设计较"327事件"时发生的根本变化有（　　）。

A. 国债发行和交易利率实现市场化，"327事件"时利率市场化未开始

B. 国债定期滚动发行，现货存量超7万亿元，"327事件"时仅有1 000亿元

C. 中金所的期货交易系统具有有效的前端控制机制（如持仓限额、可用资金）

D. 保证金监控中心实时监控保证金

三、判断题

1. 在"327事件"时期，国债期货价格波动剧烈，因此从国债交易的本身特性出发，国债期货的价格波动幅度大于股指期货。　　　　　　　　　　　　　　（　　）

2. 进入不熟悉的领域，如股指期货和股指期权等领域，是导致长期资本破产的最重要原因。　　　　　　　　　　　　　　　　　　　　　　　　　　　（　　）

3. 中金所设定的最低交易保证金是期货风险控制的最后一道防线。（ ）

4. 与"327事件"时期相比，现在的交易所有了涨跌停板制度，中金所在出现涨跌停板的时候就会调整交易保证金。（ ）

5. 交易所风险控制措施包括强制平仓制度和限仓制度。（ ）

6. 会员或者客户持仓达到中金所规定的报告标准或者交易所要求报告的，应当于交易所规定的时间内向交易所报告。（ ）

7. 强制减仓是指中金所将上一日以涨跌停板价格申报的未成交平仓报单，以当日涨跌停板价格与该合约净持仓盈利客户按照持仓比例自动撮合成交。（ ）

8. 中金所可以根据市场情况，对不同的上市品种、合约，对部分或者全部会员、客户，制定日内开仓交易量。（ ）

参考答案及解析

一、单选题

1. D　　2. D　　3. D　　4. C　　5. A

二、多选题

1. BC　　2. ABD　　3. ABC　　4. ABC　　5. BCD　　6. ACD
7. ABCD　　8. ABCD

三、判断题

1. 错　　2. 错　　3. 错　　4. 错　　5. 对　　6. 对　　7. 错　　8. 对

第十章　国债期货与其他金融衍生品

一、单选题

1. 目前国内标准利率互换产品在（　　）交易。
   A. 中金所　　　　　　　　B. 中国银行间债券市场
   C. 上海证券交易所　　　　D. 深圳证券交易所

2. 国债期权交易方式相对于国债期货交易方式而言（　　）。
   A. 风险相同　　　　　　　B. 风险较大
   C. 风险较小　　　　　　　D. 风险无法比较

3. 期货合约标的期限在（　　）的各种利率期货，即以货币市场的各类债务凭证为标的的利率期货均属短期利率期货。
   A. 半年以内　　　　　　　B. 一年以内
   C. 两年以内　　　　　　　D. 三年以内

4. 常用的信用风险缓释工具不包括（　　）。
   A. 信用违约互换　　　　　B. 总收益互换
   C. 信用价差期权　　　　　D. 远期利率协议

二、多选题

1. 以下关于远期利率协议（FRA）的描述，正确的有（　　）。
   A. FRA 的买方为名义借款人，可以规避市场利率上升的风险
   B. FRA 的卖方为名义贷款人，可以规避市场利率上升的风险
   C. FRA 的买卖双方均存在信用风险
   D. FRA 在交割前不发生现金流

2. 在银行间市场，目前可交易的标准互换品种有（　　）。
   A. 挂钩 10 年期国债收益率的利率互换
   B. 挂钩 10 年期国开债收益率的利率互换
   C. 挂钩 3 年期 AAA 中短期票据与 3 年期国开债收益率基差的利率互换
   D. 挂钩 5 年期 AAA 中短期票据与 3 年期国开债收益率基差的利率互换

3. 利率互换协议的基本特征有（　　）。

A. 互换对象为不同种类的利率，如固息对浮息、浮息对浮息

B. 互换双方的本金币种相同，金额相同

C. 名义本金不产生交割，仅作为计息基础

D. 互换协议的双方是唯一对应的交易对手

4. 以下关于利率互换的发展历程的说法正确的有（　　）。

A. 2006年1月，中国人民银行发布了《中国人民银行关于开展人民币利率互换交易试点有关事宜的通知》

B. 国家开发银行与光大银行进行了第一笔利率互换交易

C. 2007年12月，中信证券、中金公司及中银三家券商得到中国证监会开展利率互换业务的无异议函，具备开展此项业务的资格

D. 2010年7月，中国保监会公布了《关于保险机构开展利率互换业务的通知》，允许达到有关风险管理能力标准的保险公司开展利率互换业务

三、判断题

1. 国泰国债ETF与国债期货合约的标的指数相同，均为上证5年期国债指数。（　　）

2. 根据中国证监会对基金类别的分类标准，基金资产90%以上投资于债券的为债券基金。（　　）

3. 买入多头国债看涨期权与买入多头国债看跌期权和买入国债期货的组合是等价的。（　　）

4. CDS买方向卖方契约期限内支付一定的信用保护费用，卖方则承诺当合约中所指参考资产发生规定的信用事件时，向买方赔付参考资产所遭受的损失。（　　）

5. CDS理论价值实际上就是参考资产发生违约的概率。（　　）

四、综合题

1. 某基金经理持有价值10 000 000欧元（名义价值）的欧元5年期债券期货的最便宜交割债券。他希望利用期权对该头寸进行对冲以规避价格变动风险。当前欧元5年期债券期货交易价格为115.05欧元。他希望在期权到期时将期货价格维持在114.00欧元的价格水平。如果有可能将对冲成本降低到接近于零，基金经理也愿意放弃部分获利机会。

请设计一个对冲交易，使得期权到期时将期货价格维持在114.00欧元的价格水平，而对冲交易成本又尽量接近于零。

可利用下表的期权品种完成以下期权到期时的盈亏表，并说明最大损益。

头寸	价格（欧元）
2019年9月到期、执行价格为114.00欧元的5年期债券期货看涨期权	1.26
2019年9月到期、执行价格为114.00欧元的5年期债券期货看跌期权	0.22
2019年9月到期、执行价格为115.00欧元的5年期债券期货看涨期权	0.61
2019年9月到期、执行价格为115.00欧元的5年期债券期货看跌期权	0.55
2019年9月到期、执行价格为116.00欧元的5年期债券期货看涨期权	0.21
2019年9月到期、执行价格为116.00欧元的5年期债券期货看跌期权	1.17

期权到期时欧元5年期债券期货的价格（欧元）	相应期货现货市场头寸（欧元）	期权头寸1（欧元）	期权头寸2（欧元）	总头寸（欧元）	总头寸价值（欧元）
117.00					
116.50					
116.00					
115.50					
115.00					
114.50					
114.00					
113.50					
113.00					

2. 某基金经理预期5年期债券期货收益率将下跌。她希望从对该时段预测的价格上涨中获益，同时减少所面临的风险。因此，她决定建立一个多头看涨期权。市场状况如下表所示：

头寸	价格（欧元）
2019年9月到期的欧元5年期债券期货	112.84
2019年9月到期、执行价格为113.00欧元的5年期债券期货看涨期权	0.21
2019年9月到期、执行价格为113.00欧元的5年期债券期货看跌期权	0.34

请完成下列合成和多头看涨期权的盈亏表，检查哪个方案在最后交易日时能提供更好的盈亏结果。请说明价格优势。

期权到期时欧元 5 年期债券期货的价格（欧元）	期货（欧元）	期权（欧元）	多头合成看涨期权（欧元）	多头看涨期权（欧元）
115.00				
114.50				
114.00				
113.50				
113.00				
112.50				
112.00				
111.50				
111.00				

3. 某基金经理预测欧元 5 年期债券期货价格会停滞或略有下跌，她能够承担与空头期权头寸相对应的重大风险。因此，该基金经理决定卖出欧元 5 年期债券期货的看涨期权。市场状况如下表所示：

头寸	价格（欧元）
2019 年 9 月到期的欧元 5 年期债券期货	115.08
2019 年 9 月到期、执行价格为 115.00 欧元的 5 年期债券期货看涨期权	0.56
2019 年 9 月到期、执行价格为 115.00 欧元的 5 年期债券期货看跌期权	0.53

请完成下列合成和"真正"空头看涨期权的盈亏表，检查哪个方案在最后交易日时能提供更好的盈亏结果。请说明价格优势。

期权到期时欧元 5 年期债券期货的价格（欧元）	期货（欧元）	期权（欧元）	空头合成看涨期权（欧元）	空头看涨期权（欧元）
117.00				
116.50				
116.00				
115.50				
115.00				
114.50				
114.00				
113.50				
113.00				

4. 某基金经理预测收益率曲线的中间将会上扬，该基金经理希望通过建立有限风

险的头寸从预测的该段价格下跌中获益。因此,该基金经理决定建立一个欧元5年期债券期货的多头看跌期权。市场状况如下表所示:

头寸	价格(欧元)
2019年9月到期的欧元5年期债券期货	116.08
2019年9月到期、执行价格为116.00欧元的5年期债券期货看涨期权	0.84
2019年9月到期、执行价格为116.00欧元的5年期债券期货看跌期权	0.78

请完成下列合成和多头看跌期权的盈亏表,检查哪个方案在最后交易日时能提供更好的盈亏结果。请说明价格优势。

期权到期时欧元5年期债券期货的价格(欧元)	期货(欧元)	期权(欧元)	多头合成看跌期权(欧元)	多头看跌期权(欧元)
118.00				
117.50				
117.00				
116.50				
116.00				
115.50				
115.00				
114.50				
114.00				

5. 某基金经理预测欧元5年期债券期货的价格会停滞或略微上扬,并愿意承担与空头期权头寸相关的重大风险。因此,决定卖出欧元5年期债券期货的看跌期权。市场状况如下表所示:

头寸	价格(欧元)
2019年9月到期的欧元5年期债券期货	112.49
2019年9月到期、执行价格为112.50欧元的5年期债券期货看涨期权	0.26
2019年9月到期、执行价格为112.50欧元的5年期债券期货看跌期权	0.24

请完成下列合成和空头看跌期权的盈亏表,检查哪个方案在最后交易日时能提供更好的盈亏结果。请说明价格优势。

期权到期时欧元5年期债券期货的价格（欧元）	期货（欧元）	期权（欧元）	空头合成看跌期权（欧元）	空头看跌期权（欧元）
115.00				
114.50				
114.00				
113.50				
113.00				
112.50				
112.00				
111.50				
111.00				

6. 小明是紧盯欧元5年期债券期货期权价格的套利者。他发现2019年9月到期、执行价格为113.00欧元的合约的看跌期权和相应的看涨期权相比被高估了价格。因此，欧元5年期债券合成期货与实际期货合约相比具有价格优势。

请说明小明设计的基于现存价格不平衡的套利交易策略。

市场状况如下表所示：

头寸	价格（欧元）
2019年9月到期的欧元5年期债券期货	112.78
2019年9月到期、执行价格为113.00欧元的5年期债券期货看涨期权	0.14
2019年9月到期、执行价格为113.00欧元的5年期债券期货看跌期权	0.39

请完成下列合成和欧元5年期债券期货的盈亏表，说明基于交易策略的每份合约的盈利（以欧元计）。

期权到期时欧元5年期债券期货的价格（欧元）	期权头寸1（欧元）	期权头寸2（欧元）	合成期货（欧元）	期货（欧元）	逆向转换（欧元）
115.00					
114.50					
114.00					
113.50					
113.00					
112.50					
112.00					
111.50					
111.00					

7. 2019 年 6 月中旬，小王注意到 2019 年 9 月到期、执行价为 116.50 欧元的 5 年期债券期货的看涨期权和相应的看跌期权相比被高估了价格。因此，实际的欧元 5 年期债券期货要比合成期货合约价格低。

请说明小王根据现存的价格不平衡现象如何设计套利策略。

市场状况如下表所示：

头寸	价格（欧元）
2019 年 9 月到期的欧元 5 年期债券期货	115.12
2019 年 9 月到期、执行价格为 116.50 欧元的 5 年期债券期货看涨期权	0.20
2019 年 9 月到期、执行价格为 116.50 欧元的 5 年期债券期货看跌期权	1.49

请完成下列合成和欧元 5 年期债券期货的盈亏表，说明基于交易策略的每份合约的盈利（以欧元计）。

期权到期时欧元 5 年期债券期货的价格（欧元）	期权头寸 1（欧元）	期权头寸 2（欧元）	合成期货（欧元）	"真正"期货（欧元）	转换交易（欧元）
118.00					
117.50					
117.00					
116.50					
116.00					
115.50					
115.00					
114.50					
114.00					
113.50					
113.00					

参考答案及解析

一、单选题

1. B 2. C 3. B 4. D

二、多选题

1. ACD   2. ABC   3. ABCD   4. ABCD

三、判断题

1. 对   2. 错   3. 对   4. 对   5. 错

四、综合题

1. 参考答案及解析：

该基金经理需要买入 100 份 2019 年 9 月到期、执行价格为 114.00 欧元的 5 年期债券期货的看跌期权，同时卖出 100 份执行价格为 116.00 欧元的同一产品的看涨期权。每一价差的交易价格为 0.01 欧元，或者对总交易量来说为 1 000 欧元。

期权到期时的盈亏情况如下表所示：

期权到期时欧元 5 年期债券期货的价格（欧元）	相应期货现货市场头寸（欧元）	执行价格为 114.00 欧元的多头看跌期权（欧元）	执行价格为 116.00 欧元的空头看涨期权（欧元）	总头寸（欧元）	总头寸价值（欧元）
117.00	+1.95	−0.22	−0.79	+0.94	+94 000
116.50	+1.45	−0.22	−0.29	+0.94	+94 000
116.00	+0.95	−0.22	+0.21	+0.94	+94 000
115.50	+0.45	−0.22	+0.21	+0.44	+44 000
115.00	−0.05	−0.22	+0.21	−0.06	−6 000
114.50	−0.55	−0.22	+0.21	−0.56	−56 000
114.00	−1.05	−0.22	+0.21	−1.06	−106 000
113.50	−1.55	+0.28	+0.21	−1.06	−106 000
113.00	−2.05	+0.78	+0.21	−1.06	−106 000

如果期货价格上涨，那么这一交易的最大利润是 94 000 欧元。如果期货价格高出空头看涨期权的执行价格（116.00 欧元），那么交易将盈利。如果期货价格下降到低于多头看跌期权的执行价格（114.00 欧元），那么交易将亏损，最高亏损额为 1 060 00 欧元。

2. 参考答案及解析:

期权到期时欧元5年期债券期货的价格(欧元)	多头期货(欧元)	执行价格为113.00欧元的多头看跌期权(欧元)	执行价格为113.00欧元的多头合成看涨期权(欧元)	执行价格为113.00欧元的多头看涨期权(欧元)
115.00	+2.16	-0.34	+1.82	+1.79
114.50	+1.66	-0.34	+1.32	+1.29
114.00	+1.16	-0.34	+0.82	+0.79
113.50	+0.66	-0.34	+0.32	+0.29
113.00	+0.16	-0.34	-0.18	-0.21
112.50	-0.34	+0.16	-0.18	-0.21
112.00	-0.84	+0.66	-0.18	-0.21
111.50	-1.34	+1.16	-0.18	-0.21
111.00	-1.84	+1.66	-0.18	-0.21

期权到期时,多头合成看涨期权与多头看涨期权相比有0.03点(30欧元)的优势。

3. 参考答案及解析:

期权到期时欧元5年期债券期货的价格(欧元)	空头期货(欧元)	执行价格为115.00欧元的空头看跌期权(欧元)	执行价格为115.00欧元的空头合成看涨期权(欧元)	执行价格为115.00欧元的空头看涨期权(欧元)
117.00	-1.92	+0.53	-1.39	-1.44
116.50	-1.42	+0.53	-0.89	-0.94
116.00	-0.92	+0.53	-0.39	-0.44
115.50	-0.42	+0.53	+0.11	+0.06
115.00	+0.08	+0.53	+0.61	+0.56
114.50	+0.58	+0.03	+0.61	+0.56
114.00	+1.08	-0.47	+0.61	+0.56
113.50	+1.58	-0.97	+0.61	+0.56
113.00	+2.08	-1.47	+0.61	+0.56

期权到期时,空头合成看涨期权和空头看涨期权相比有0.05点(50欧元)的优势。

4. 参考答案及解析：

期权到期时欧元 5 年期债券期货的价格（欧元）	空头期货（欧元）	执行价格为 116.00 欧元的空头看涨期权（欧元）	执行价格为 116.00 欧元的多头合成看跌期权（欧元）	执行价格为 116.00 欧元的多头看跌期权（欧元）
118.00	－1.92	＋1.16	－0.76	－0.78
117.50	－1.42	＋0.66	－0.76	－0.78
117.00	－0.92	＋0.16	－0.76	－0.78
116.50	－0.42	－0.34	－0.76	－0.78
116.00	＋0.08	－0.84	－0.76	－0.78
115.50	＋0.58	－0.84	－0.26	－0.28
115.00	＋1.08	－0.84	＋0.24	＋0.22
114.50	＋1.58	－0.84	＋0.74	＋0.72
114.00	＋2.08	－0.84	＋1.24	＋1.22

期权到期时，多头合成看跌期权和多头看跌期权相比有 0.02 点（20 欧元）的优势。

5. 参考答案及解析：

期权到期时欧元 5 年期债券期货的价格（欧元）	多头期货（欧元）	执行价格为 112.50 欧元的空头看涨期权（欧元）	执行价格为 112.50 欧元的空头合成看跌期权（欧元）	执行价格为 112.50 欧元的"真正"空头看跌期权（欧元）
115.00	＋2.51	－2.24	＋0.27	＋0.24
114.50	＋2.01	－1.74	＋0.27	＋0.24
114.00	＋1.51	－1.24	＋0.27	＋0.24
113.50	＋1.01	－0.74	＋0.27	＋0.24
113.00	＋0.51	－0.24	＋0.27	＋0.24
112.50	＋0.01	＋0.26	＋0.27	＋0.24
112.00	－0.49	＋0.26	－0.23	－0.26
111.50	－0.99	＋0.26	－0.73	－0.76
111.00	－1.49	＋0.26	－1.23	－1.26

期权到期时，空头合成看跌期权和空头看跌期权相比有 0.03 点（30 欧元）的优势。

6. 参考答案及解析：

通过购买 2019 年 9 月到期的合成期货期权建立逆向转换，即卖出执行价格为 113.00 欧元的看跌期权，买入执行价格为 113.00 欧元的看涨期权，同时卖出 2019 年

9月到期的欧元5年期债券期货合约。

期权到期时欧元5年期债券期货的价格（欧元）	执行价格为113.00欧元的多头看涨期权（欧元）	执行价格为113.00欧元的空头看跌期权（欧元）	多头合成期货（欧元）	空头期货（欧元）	逆向转换（欧元）
115.00	+1.86	+0.39	+2.25	+2.22	+0.03
114.50	+1.36	+0.39	+1.75	+1.72	+0.03
114.00	+0.86	+0.39	+1.25	+1.22	+0.03
113.50	+0.36	+0.39	+0.75	+0.72	+0.03
113.00	-0.14	+0.39	+0.25	+0.22	+0.03
112.50	-0.14	-0.11	-0.25	-0.28	+0.03
112.00	-0.14	-0.61	-0.75	-0.78	+0.03
111.50	-0.14	-1.11	-1.25	-1.28	+0.03
111.00	-0.14	-1.61	-1.75	-1.78	+0.03

每一逆向转换带来的每一合约的盈利为0.03点（30欧元）。

7. **参考答案及解析：**

通过卖出2019年9月到期的合成期货，包括买入执行价格为116.50欧元的看跌期权和卖出执行价格为116.50欧元的看涨期权，同时买入2019年9月到期的欧元5年期债券期货合约。

期权到期时欧元5年期债券期货的价格（欧元）	执行价格为116.50欧元的多头看跌期权（欧元）	执行价格为116.50欧元的空头看涨期权（欧元）	空头合成期货（欧元）	多头期货（欧元）	转换交易（欧元）
118.00	-1.49	-1.30	-2.79	+2.88	+0.09
117.50	-1.49	-0.80	-2.29	+2.38	+0.09
117.00	-1.49	-0.30	-1.79	+1.88	+0.09
116.50	-1.49	+0.20	-1.29	+1.38	+0.09
116.00	-0.99	+0.20	-0.79	+0.88	+0.09
115.50	-0.49	+0.20	-0.29	+0.38	+0.09
115.00	+0.01	+0.20	+0.21	-0.12	+0.09
114.50	+0.51	+0.20	+0.71	-0.62	+0.09
114.00	+1.01	+0.20	+1.21	-1.12	+0.09
113.50	+1.51	+0.20	+1.71	-1.62	+0.09
113.00	+2.01	+0.20	+2.21	-2.12	+0.09

每一转换交易带来的每一合约的盈利为0.09点（90欧元）。

国债期货综合试卷

一、单选题

1. 考虑某个面值为100元，票息率为5%的5年期债券，该债券年收益率为6%，债券每半年付息一次，利率连续复利，则该债券价格和麦考利久期为（　　）。

   A. 102.5 和 2.4261　　　　　　B. 100 和 3.9815
   C. 95.3580 和 4.4704　　　　　D. 92.2587 和 5.1342

2. 上题中所描述的债券的修正久期和货币久期分别为（　　）。

   A. 3.3567 和 378.87　　　　　 B. 4.3402 和 413.87
   C. 4.2174 和 460.21　　　　　 D. 3.3567 和 402.16

3. 利率期限结构向下倾斜，变量：a 为 5 年期零息利率，b 为 5 年期带息债券收益率，c 为从第 4.75 年到第 5 年的远期利率，这三个变量的大小顺序为（　　）。

   A. b＞a＞c　　　　　　　　　B. c＞b＞a
   C. a＞c＞b　　　　　　　　　D. c＞a＞b

4. 目前市场上零息国债的到期收益率如下表所示：

期限	到期收益率
1 年	5.55%
2 年	5.78%
3 年	6.24%
4 年	6.54%

第三年和第四年的远期利率分别是（　　）。

   A. 6.24% 和 6.54%　　　　　　B. 7.17% 和 7.45%
   C. 8.02% 和 8.93%　　　　　　D. 无法计算

5. 债券 A 价格为 96 元，票息为 2.5%；债券 B 价格为 111 元，票息为 8%。两个债券的剩余年限均为三年，且均为每年支付一次。更有投资价值的债券是（　　）。

   A. 债券 A　　　　　　　　　　B. 债券 B
   C. 两者投资价值相等　　　　　D. 说不清

6. 某基金经理持有 1 亿元面值的债券 A，现在希望用合约价值为 100 万元的国债期货完全对冲其利率风险。债券 A、CTD 券和国债期货的信息如下表所示：

	净价（元）	全价（元）	转换因子	久期
债券 A	100.5213	101.4220	1.1013	4.67
CTD 券	103.6754	104.2830	0.9834	5.65
国债期货	106.3400			5.65

使用久期中性法计算的套保比例为（　　）。

A. 77.2　　　B. 78.8　　　C. 80.4　　　D. 82.2

7. 对于上题描述信息，使用基点价值法计算的套保比例为（　　），（　　）计算的套保比例更准确。

A. 75.2；基点价值法　　　B. 77.5；久期中性法

C. 79.1；基点价值法　　　D. 81.0；久期中性法

8. 某息票率为 5.25% 的债券收益率为 4.85%，该债券价格应（　　）票面价值。

A. 大于　　　B. 等于　　　C. 小于　　　D. 不相关

9. 目前即期利率曲线正常，如果预期短期利率下跌幅度超过长期利率，导致收益曲线变陡，应该（　　）。

A. 买入短期国债，卖出长期国债

B. 卖出短期国债，买入长期国债

C. 进行收取浮动利率、支付固定利率的利率互换

D. 进行收取固定利率、支付浮动利率的利率互换

10. 2019 年 3 月 5 日（星期二，短期内无节假日），某机构投资者于上海证券交易所做了一笔 1 天期债券质押式回购融资交易（GC001），融资金额为 800 万元，年化融资利率为 3.25%，那么该投资者于次日进行购回交易时需为此笔交易支付利息（　　）元。

A. 710.38　　　B. 712.33　　　C. 714.28　　　D. 866.67

11. 假设某国债的净价是 103.1 元，全价 104.1 元，转换因子是 1.05，期货的价格是 98.9 元。使用该券进行基差多头交易。假设在现货方面，使用正回购的方法进行杠杆操作，放大倍数是 5 倍；期货的保证金比例是 2%。请问进行标准的基差交易需要的最少资金量为（　　）。

A. 4 579 380 元　　　B. 4 582 960 元

C. 4 725 800 元　　　D. 4 767 800 元

12. 基差交易时，期货、现货的数量比例是 CF∶1，进入交割前，需要将数量比例调整至（　　）。

A. 1∶1　　　B. 1∶CF　　　C. 0　　　D. 2∶1

13. 开展国债期货交易至少可以给商业银行带来（　　）好处。

   A. 可以通过国债期货套期保值功能规避所有风险

   B. 保证金制度提高了商业银行资金使用效率

   C. 国债期货可以方便机构投资者调整组合凸性

   D. 以上答案都对

14. 目前国内 CTD 券收益率是 3.3%，用其进行基差多头交易，其损益曲线类似的形状是（　　）。

   A. 做多看涨期权　　　　　　B. 做空看涨期权

   C. 做多看跌期权　　　　　　D. 做空看跌期权

15. 面值为 100 元、每年付息一次的息票率为 6% 的 4 年期债券，到期收益率为 7% 时，价格为 96.61 元。若到期收益率降到 6%，该债券价格将（　　）。

   A. 上涨 1%　　　　　　　　B. 上涨到 100 元

   D. 下跌到 90 元　　　　　　D. 下跌 1%

16. 对某国债进行卖出套期保值，套保比例是 1.0338。开始套保时，国债现货净价是 104 元，期货是 96 元。套保结束时，国债现货净价是 101 元，期货是 93 元。现货的持有收益是 1 元，则套保总损益是（　　）元。

   A. 0.9019　　　B. 1　　　C. 1.0338　　　D. 1.1014

17. 下列关于任意 4~7 年国债的隐含回购利率叙述正确的是（　　）。

   A. 无论在交割前有无票息现金流，隐含回购利率计算方法不变，且隐含回购利率只可能为正

   B. 无论在交割前有无票息现金流，隐含回购利率计算方法不变，且隐含回购利率可能为负

   C. 交割前如有票息现金流产生，隐含回购利率计算方法有所改变，且隐含回购利率只能为正

   D. 交割前如有票息现金流产生，隐含回购利率计算方法有所改变，且隐含回购利率可能为负

18. 目前即期利率曲线正常，如果预期曲线将变陡，应进行如下（　　）操作。

   A. 买入短期国债，卖出长期国债

   B. 卖出短期国债，买入长期国债

   C. 进行收取浮动利率、支付固定利率的利率互换

   D. 进行收取固定利率、支付浮动利率的利率互换

19. 投资者持有价值 3 亿元的债券 TB，利用中金所国债期货 TF 合约对冲利率风险。TF 合约的最便宜可交割国债 CTD 的转换因子为 1.0326 债券 TB 和 CTD 的相关信息如下表所示，则对 3 亿元 TB 对冲风险所需的 TF 期货合约（　　）手。

项目	TB	CTD
债券净价（元）	99.3842	101.6423
债券全价（元）	101.1464	102.1256
修正久期	5.9268	5.9416

A. 102　　　B. 301　　　C. 306　　　D. 308

20. 依据经验，当一只债券进入可交割券库内时，其流动性会显著增强，价格显示出溢价，请根据以上观点判断下列操作最为合理的是（　　）。

　　A. 卖出当前最便宜可交割券，买入即将进入可交割券库的债券
　　B. 在该债券进入可交割库前，买入该债券，同时卖出国债期货
　　C. 在该债券进入可交割库前，买入该债券
　　D. 在该债券退出可交割库前，卖出该债券

21. 根据下表关于 CTD 券和国债期货的信息，计算期货理论价格最接近于（　　）。

债券价格	101.2 元
票面利率	5%
付息频率	每年 1 次
转换因子	1.0375
债券到期日	2017 年 11 月 25 日
国债期货和国债的结算日	2013 年 9 月 13 日
该期货剩余有效期	81 天
短期融资利率	3.3%

A. 94.38　　　B. 97.21　　　C. 106.76　　　D. 107.76

22. 关于国债 ETF 叙述正确的是（　　）。

　　A. 标的物为上证 5 年期国债指数（净价）；T+0 交易
　　B. 标的物为上证 5 年期国债指数（全价）；T+0 交易
　　C. 标的物为上证 5 年期国债指数（净价）；T+1 交易
　　D. 标的物为上证 5 年期国债指数（全价）；T+1 交易

23. 使用基差交易时，当观测到基差高于设定的无套利区间时，应采用的操作是（　　）。

　　A. 买入现货，卖出期货　　　　B. 卖出现货，买入期货
　　C. 卖出现货　　　　　　　　　D. 卖出期货

24. 某债券初始价格为 96 元，如果收益率上涨或下跌 50 个基点，那么债券价格分别为 94 元和 98.5 元。该债券的有效久期为（　　）。

　　A. 17　　　B. 25　　　C. 8.5　　　D. 4.7

25. 假设当前的市场收益率水平为 3.3%，使用 CTD 券进行基差多头交易。在下列（　　）情况下，平仓可以获得最大收益。

A. 收益率变为 3.7%　　　　　　B. 收益率变为 2.3%

C. 收益率变为 2.8%　　　　　　D. 收益率变为 4.3%

26. 某债券组合包含 1 只面值为 5 万元，久期是 5.5 的债券。债券组合经理决定以 98 元的市场价格将其卖出，换成另外一只久期为 7 的债券，则购买价值（　　）元的该债券，才能使组合的基点价值保持不变。

A. 50 000　　B. 38 500　　C. 52 500　　D. 34 800

27. 某票面利率为 8% 的债券价格为 90.8 元，到期收益率为 9%，久期为 9.42，凸性是 68.33，则到期收益率上升 100 个基点时价格为（　　）元。

A. 81.63　　B. 82.25　　C. 82.55　　D. 99.97

28. 某债券经理计划使其管理的 10 亿元的债券组合久期从 6.54 增加至 7.68。国债期货价值 945 000 元，修正久期为 8.22，债券组合 β 为 1.06。为使久期达到目标值，需要买入或卖出（　　）期货合约。

A. 买入 147 张　　　　　　B. 卖出 147 张

C. 买入 155 张　　　　　　D. 卖出 155 张

29. 以下说法错误的是（　　）。

A. Euro – Bund 是短期德国国债期货

B. Euro – BTP 是意大利长期国债期货

C. Euro – Bobl 是中期德国国债期货

D. Euro – Buxl 是超长期德国国债期货合约

30. 以下为可交割债券列表，CTD 券的代码和理由分别为（　　）。

债券代码	价格（元）	转换因子	基差（元）	隐含回购率	净基差（元）
80025	97.36364	0.9947	53.031	-45.67%	52.919
120010	98.27286	1.0078	14.474	-9.23%	14.308
120016	98.80496	1.0144	2.902	1.41%	2.705
130003	99.75281	1.0255	-11.125	14.41%	-11.368
100002	99.81152	1.0267	-17.023	19.85%	-17.308

A. 080025 和价格最低　　　　　　B. 100002 和价格最高

C. 080025 和净基差最高　　　　　D. 100002 和隐含回购率最高

31. 关于利率期货和远期利率协议，下列说法错误的是（　　）。

A. 远期利率协议属于场外交易，交易金额和交割日期都不受限制，灵活简便；利率期货属于交易所内交易、标准化契约交易

B. 远期利率协议双方均存在信用风险；利率期货信用风险极小

C. 两者的共同点是每日发生现金流

D. 远期利率协议适用于一切可兑换货币；利率期货只适用于交易所规定的货币

32. 某保险公司刚刚卖出面值为1亿元的国债，债券票面利率为4%，每年付息1次，剩余到期时间为5年。假设利率期限结构是平的，1年支付复利1次的年利率均为3.5%。还有1个月到期的中期国债期货的CTD券剩余期限6年、1年支付1次3.8%票息，转换因子为1.2203。目前该保险公司没有债券，但打算明天从市场上买回。规避隔夜风险的方法是（　　）。

  A. 买入70份国债期货 B. 卖出70份国债期货

  C. 买入104份国债期货 D. 卖出104份国债期货

33. 某政策性银行预计将在1个月后发行面值为1亿元、期限为5年、1年支付1次利息的平价债券。如果今天发行，利率将是3.5%。6月到期的中期国债期货的CTD券剩余期限6年、1年支付1次3.8%票息，转换因子为1.2203。应该按（　　）操作。

  A. 买入69份国债期货 B. 卖出69份国债期货

  C. 买入102份国债期货 D. 卖出102份国债期货

34. 基差交易和一般套利交易的区别不包括（　　）。

A. 理论上，一般的套利交易最大的盈利和亏损都是无限的。进行基差多头交易，亏损有限，收益无限，进行基差空头交易，盈利有限，亏损无限

B. 一般的套利交易，在任何时刻进行交易，两种资产的数量比例都是固定的。在不同时刻进行基差交易，或者同一时刻使用不同的期货进行基差交易，期现的数量比例是不同的

C. 一般的套利交易，两种资产的数量比例是1:1，而基差交易时，期货和现货的数量比例是CF:1

D. 国债期货和现货的数量比例是1:1，无法进行基差交易

35. 做空基差的风险不包括（　　）。

A. 目前国债现货无法做空

B. 如果进入交割环节，期货多头交割得到的券不一定是现货上做空的券

C. 基差空头相当于持有期权的空头，当基差扩大时面临很大的亏损风险

D. 很难找到合适的对手方进行大规模逆回购交易

36. A债券市值6 000万元，久期为8.5；B债券市值4 000万元，久期为4。A和B债券组合的久期为（　　）。

  A. 8.5 B. 4 C. 6.25 D. 6.7

37. 某债券组合价值为1亿元，久期为5。若投资经理买入国债期货合约20手，价值1 950万元，国债期货久期6.5，则该组合的久期变为（　　）。

  A. 6.3 B. 6.2375 C. 6.2675 D. 6.185

38. 债券 A 价格为 105 元，到期收益率为 5%；债券 B 价格为 100 元，到期收益率为 3%。关于债券 A 和债券 B 投资价值的合理判断是（　　）。

   A. 债券 A 较高　　　　　　　B. 债券 B 较高
   C. 两者投资价值相等　　　　　D. 不能确定

39. 下列选项中，（　　）是分析含有期权的债券对利率敏感度的最佳指标。

   A. 修正久期　　　　　　　　B. 有效久期
   C. 凸性　　　　　　　　　　D. 麦考利久期

40. 某公司 7% 半年付息的 10 年期可转债市价为 98.25 元，票面价值 1 000 元，该公司股价 55.75 元，每股红利 1.55 元，转换比例为 15，该公司可转债的市场转换价格最接近（　　）。

   A. 7 元　　　B. 98 元　　　C. 57 元　　　D. 66 元

二、多选题

1. 以下关于麦考利久期的说法正确的有（　　）。

   A. 麦考利久期可视为付息期限的加权平均，权重为每次现金流现值占债券价格的比重
   B. 久期一定是时间的加权
   C. 久期的单位一定是年
   D. 麦考利久期的单位是年

2. 某固定收益经理目前管理一个大型养老基金。该基金的资产和负债的现值分别为 90 亿元和 100 亿元。基金经理估算资产和负债的久期分别为 8.154 和 6.925。流动性最好的国债期货合约的合约价值为 1 012 220，久期为 2.147。在预期收益率向上平移 1 个基点和预期收益率向下平移 1 个基点的情况下，该经理管理利率风险应按以下（　　）操作。

   A. 预期收益率向上平移 1 个基点时，卖出 1 900 份期货合约
   B. 预期收益率向上平移 1 个基点时，不进行套保
   C. 预期收益率向下平移 1 个基点时，买入 1 900 份期货合约
   D. 预期收益率向下平移 1 个基点时，不进行套保

3. 被利用并导致"327 国债风波"的合约设计方面的因素包括（　　）。

   A. 国债现货存量只有 1 000 亿元
   B. 票面利率 = 票息 + 保值补贴率 + 贴息形成的浮动利率
   C. 没有涨跌幅
   D. 单一券种交割，后改为多券种混合交收

4. 某债券基金持有 1 亿元的债券组合，债券组合的久期是 4.5，此时国债期货合

约 CTD 券的久期是 5.0。经过分析，认为未来市场收益率水平会下降，如果基金公司希望将债券组合的久期调整为 5.5，可以（　　）。

  A. 买入国债期货   B. 买入久期为 8 的债券

  C. 买入 CTD 券   D. 从债券组合中卖出部分久期较小的债券

5. 债券Ⅰ和债券Ⅱ的收益率相等、久期均为 5，债券Ⅰ的票面利率为 3%，债券Ⅱ票面利率为 4%。若考虑凸度影响，两只债券收益率下降 100 个基点，那么（　　）。

  A. 两只债券价格都上涨

  B. 两只债券价格都下跌

  C. 债券Ⅰ的价格波动幅度高于债券Ⅱ

  D. 债券Ⅱ的价格波动幅度高于债券Ⅰ

6. 以下不属于凸性性质的是（　　）。

  A. 凸性随久期的增加而降低

  B. 没有隐含期权的债券，凸性始终小于 0

  C. 含有隐含期权的债券，凸性始终大于 0

  D. 票面利率越大，凸性越大

7. 一般，随着到期日的临近（　　）。

  A. 折价债券价格将上涨   B. 折价债券价格将下跌

  C. 溢价债券价格将上涨   D. 溢价债券价格将下跌

8. 各国中央银行通常采用的操作目标主要有（　　）。

  A. 短期利率   B. 商业银行的存款准备金

  C. 基础货币   D. 长期利率

9. 单因子利率曲线模型用在交易应用中的缺点有（　　）。

  A. 不能描述利率曲线的斜率风险

  B. 不能描述利率曲线的曲率风险

  C. 不能描述利率曲线的平行移动风险

  D. 不能描述利率曲线的结构转换风险

10. 给出即期利率曲线，可以得到的利率曲线有（　　）。

  A. 远期利率曲线   B. 互换利率曲线

  C. 贴现利率曲线   D. 收益率曲线

11. 下列关于国债基差的期权性表述正确的是（　　）。

  A. 高久期国债的基差是一个关于到期收益率看涨期权（Call）的买入者

  B. 高久期国债的基差是一个关于到期收益率看跌期权（Put）的买入者

  C. 中久期国债的基差是一个关于到期收益率跨式期权（Straddle）的买入者

D. 中久期国债的基差是一个关于到期收益率跨式期权（Straddle）的卖出者

12. 虚拟券票面利率为 3% 的国债期货，下列符合寻找 CTD 经验法则的有（   ）。

    A. 若交割券收益率小于 3%，则久期最小的国债为 CTD

    B. 若交割券收益率大于 3%，则久期最大的国债为 CTD

    C. 久期相同的国债，收益率最低者为 CTD

    D. 久期相同的国债，收益率最高者为 CTD

13. 除去标的指数成分国债和备选成分国债，国债 ETF 还可以投资（   ）。

    A. 逆回购   B. 短融   C. 房地产信托   D. 国债期货

14. 麦考利久期和修正久期不宜应用的情况有（   ）。

    A. 有嵌入期权的资产   B. 受信用风险影响的资产

    C. 收益率发生大的变动   D. 衡量债券的利率风险

15. 以下说法正确的有（   ）。

    A. 因为有凸性，无隐含期权的债券在收益率下降时价格的上涨要大于在收益率上升时价格的下跌

    B. 可提前召回的债券（Callable bonds）凸性为负

    C. 用久期估算无隐含期权的债券价格变化，当收益率下降时低估了价格

    D. 用久期估算无隐含期权的债券价格变化，当收益率上升时高估了价格

16. 利率期限结构方面的理论包括（   ）。

    A. 预期假说   B. 市场分割理论

    C. 有效市场假说   D. 流动性偏好假说

17. 下列选项属于债券定价原理的是（   ）。

    A. 随着债券到期时间的临近，债券价格的波动幅度减少，并且是以递减的速度减少；反之，到期时间越长，债券价格波动幅度增加，并且是以递增的速度增加

    B. 债券的收益率不变，即债券的息票率与收益率之间的差额固定不变时，债券的到期时间与债券价格的波动幅度成正比关系

    C. 对于期限既定的债券，由收益率下降导致的债券价格上升的幅度大于同等幅度的收益率上升导致的债券价格下降的幅度

    D. 对于给定的收益率变动幅度，债券的息票率与债券价格的波动幅度成反比关系，息票率越高，债券价格的波动幅度越小

18. 可交割国债需满足的条件为（   ）。

    A. 符合转托管相关规定，到期或付息日距离交割日大于 10 个工作日

    B. 储蓄式国债

    C. 记账式国债

D. 可以在银行间市场、交易所市场和柜台市场的债券托管机构托管

19. 基差交易存在的风险包括（　　）。

A. 在进行做空基差交易的时候，会面临比做多基差更多的风险

B. 资金成本的波动风险

C. 期货价格不连续，往往会出现"看得到，但交易不到"的现象

D. 期现数量调整风险

20. 关于期限结构和收益率曲线的说法正确的有（　　）。

A. 收益率曲线可以作为市场参考价用于衡量市场上债券的报价是否合理

B. 收益率曲线代表整个市场对于期限结构的观点，更为公允地衡量债券的价值

C. 收益率曲线可以用于帮助计算 VaR 等风险指标，计算损益，帮助控制风险

D. 中债收益率曲线的定位是公允收益率曲线，用户对象主要是机构投资者的中后台人员，是风险计量和会计核算的依据

三、综合题

1. 某投资经理目前管理市值 1 亿元的资产组合，修正久期为 3.23。

（1）市场上有 5 年期国债期货，净价为 103.7810 元，基点价值为 462.86 元。如果该投资经理想通过该 5 年期国债期货对冲资产组合的利率风险，需要如何操作？

（2）该投资经理目前管理的资产组合的凸性为 24.18。市场上有 2 年期和 5 年期国债。2 年期国债的修正久期为 1.45，凸性为 17.32。5 年期国债的修正久期为 4.65，凸性为 36.62。如果该投资经理想通过 2 年期和 5 年期国债对冲资产组合的利率风险，需要如何操作？

2. 3 月 10 日，5 年期国债期货 TF1706 当日收盘价为 98.115 元，对应 3 只可交割券信息如下表所示：

债券种类	净价（元）	转换因子	当日应计利息（元）	交割日应计利息（元）	修正久期
140024.IB	102.7500	1.0279	1.3989.4	2.3214	4.1590
170001.IB	98.7782	0.9948	0.449753	1.1677	4.4323
160021.IB	97.1000	0.9775	0.923260	1.5191	4.2533

（1）假如 3 只现券在 TF1706 到期交割期间均无付息，TF1706 距交割日还剩 91 天，则隐含回购率最小的是哪个债券？

（2）CTD 券是什么？

（3）TF1706 的修正久期是多少？

（4）当投资者判断当前的利率水平可能上升时，其可进行何种合理的操作？

3. 某基金持有 1 个国债组合，组合中各债券的信息如下表所示：

债券组合	净价（元）	全价（元）	修正久期	转换因子
券 A	101.7505	103.1489	4.6752	1.1013
券 B	100.7872	101.2420	4.4333	0.9988
券 C	98.1010	100.0111	3.9531	0.9734

当日，中金所10年期国债期货合约 T1703 价格为 95.675 元，其 CTD 券的修正久期为 3.2840，全价为 98.8130 元，转换因子为 1.0214。

（1）计算国债期货 T1703 的 DV01 值。

（2）如果该国债组合中，券 A 有 200 张（面值 2 亿元）、券 B 有 250 张（面值 2.5 亿元）、券 C 有 150 张（面值 1.5 亿元），则对该国债组合进行套期保值时，需要卖出多少张国债期货 T1703 合约？

4. 假设当前时点为 2012 年 12 月 28 日，市场上只有两只可交割券，国债 100005 和国债 100002，期货 TF1303 的到期日是 2013 年 3 月 8 日。两只国债的情况分别是：国债 100005 的到期日为 2017 年 3 月 11 日，票息 2.92%，每年付息 1 次，对期货的转换因子是 0.9970；国债 100002 的到期日是 2020 年 2 月 4 日，票息 3.43%，每年付息 2 次，期货转换因子是 1.0266。假设融资成本为 2%。

假设两只国债的到期收益率都是 3.2%，则国债 100005 的价格是 98.9076 元，国债 100002 的价格是 101.4483 元。显然，市场收益率水平大于 3%，因此国债 100002 是当前的 CTD。假设基差是 0.5 元，我们可以得到期货的价格是（101.4483 − 0.5）/ 1.0266 = 98.331（元）。

两只国债和期货的价格如下图所示。需要注意的是，图中的国债现货价格是经过 CF 调整后的价格。

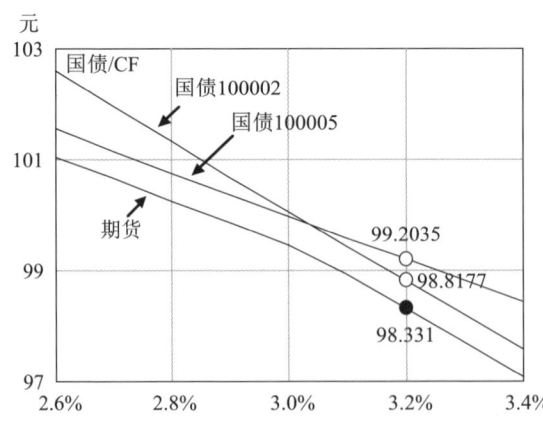

假设经过分析，我们认为未来市场收益率会下降，在此判断的基础上，我们使用国债 100002 进行基差多头交易。请计算下面几种情况基差交易的损益是多少。

（1）假设收益率始终维持在 3.2% 的水平，交易者持有基差多头到 3 月 8 日，基

差变为 -0.2 元。交易者选择进入交割，则基差变为 0 元。

（2）收益率如预期下降，到 2013 年 2 月 1 日，市场收益率为 2.8%，CTD 变成国债 100005。国债 100002 的价格是 103.9837 元，国债 100005 的价格是 100.4560 元。假设基差收敛至 0.3 元，则期货价格是 100.456 元。

（3）假设到 2013 年 2 月 1 日，市场收益率如预期下降，但两个国债的收益率下降幅度不相等，国债 100002 的收益率下降了 35 个基点，100005 的收益率下降了 40 个基点。那么国债 100002 的价格是 103.6609 元，100005 的价格是 100.4560 元。此时的 CTD 是国债 100005，如果基差收敛至 0.3 元，则期货价格是 100.456 元。

（4）市场收益率如预期下降，基差扩大，但交易者因为种种原因，没有及时平仓，持有基差多头到最后交易日，并最终进入交割。

5. 某资产组合构成如下：2 亿元久期为 7 的国债，1.5 亿元久期为 5 的国债，5 000 万元现金。当前国债期货最便宜可交割券为 09 付息国债 16，久期为 6.5 年，当前期货价格为 98.8 元。

（1）请计算该组合的久期。

（2）若在上述组合基础上同时持有 100 张 5 年期国债期货空头，计算调整后的久期。

（3）若原组合中还包含 1 亿元股票组合，β 值为 1.2，沪深 300 股指期货的 β 值为 1，合约价值为 22.5 万元，现希望使用衍生品工具将 5 000 万元股票组合转为债券类资产，请设计合适的交易策略。

参考答案及解析

一、单选题

1. C	2. B	3. A	4. B	5. C	6. B	7. C	8. A
9. A	10. B	11. A	12. A	13. B	14. A	15. B	16. D
17. D	18. A	19. C	20. B	21. B	22. B	23. B	24. D
25. B	26. B	27. C	28. C	29. A	30. D	31. C	32. C
33. D	34. D	35. A	36. D	37. C	38. D	39. B	40. D

二、多选题

| 1. AD | 2. AD | 3. BCD | 4. ABD | 5. AD | 6. ABC |
| 7. AD | 8. ABC | 9. BCD | 10. ABCD | 11. AC | 12. ABD |

13. ABD 14. ABC 15. AC 16. ABD 17. BCD 18. AC
19. ABD 20. ABCD

三、综合题

1. 参考答案及解析：

(1) 5 年期国债期货的修正久期 = 10 000 × 基点价值/净价 ×（合约价值/面值）

= 10 000 × 462.86/[103.7810 ×（1 000 000/100）]

= 4.46

卖出的国债期货 = 资产组合久期 × 资产组合价值/国债期货久期 × 国债期货价值

= 3.23 × 100 000 000/(4.46 × 1 037 810)

= 69.78

所以，该投资经理需要卖出 70 份 5 年期国债期货合约来对冲利率风险。

(2) 假设需要买入 x 份 2 年期国债，买入 y 份 5 年期国债。为了满足久期和凸性为 0，可以列下方程组：

$$\begin{cases} 1\,000\,000 \times 1.45x + 1\,000\,000 \times 4.65y + 100\,000\,000 \times 3.23 = 0 \\ 1\,000\,000 \times 17.32x + 1\,000\,000 \times 36.62y + 100\,000\,000 \times 24.18 = 0 \end{cases}$$

解得 x = 21.29，y = -76.10，所以，该投资经理需要买入 21 份 2 年期国债，卖出 76 份 5 年期国债，来对冲利率风险。

2. 参考答案及解析：

(1) 隐含回购率最小的是 140024.IB。

无付息的隐含回购率计算公式：$IRR = \dfrac{F_t \times CF + AI_T - (P_t + AI_t)}{P_t + AI_t} \times \dfrac{365}{T-t}$

$IRR_{140024.IB} = \dfrac{98.115 \times 1.0279 + 2.3214 - (102.75 + 1.3989)}{102.75 + 1.3989} \times \dfrac{365}{91}$

= -0.03755

$IRR_{170001.IB} = \dfrac{98.115 \times 0.9948 + 1.1677 - (98.7782 + 0.4498)}{98.7782 + 0.4498} \times \dfrac{365}{91}$

= -0.01841

$IRR_{160021.IB} = \dfrac{98.115 \times 0.9775 + 1.5191 - (97.1000 + 0.9233)}{97.1000 + 0.9233} \times \dfrac{365}{91}$

= -0.02442

由计算结果可知，隐含回购率最小的是 140024.IB。

(2) CTD 券是 170001.IB 券。由（1）中隐含回购率 IRR 的计算结果发现，170001.IB 券的 IRR 最大，因此，CTD 券为 170001.IB 券。

(3) TF1706 的修正久期为 4.4323。国债期货到期交割时，预期收到的交割券是

CTD券，因而国债期货合约的修正久期可以用CTD券的修正久期替代，从表中查到CTD券170001.IB的修正久期是4.4323。

（4）投资于短期债券品种，缩短债券组合的久期。当投资者判断当前的利率水平可能上升时，意味着债券价格有下跌的风险，债券组合的久期越短，对投资者越有利，因此可考虑投资于短期债券品种，缩短债券组合的久期。

3. **参考答案及解析：**

（1）国债期货T1703的DV01值为0.03177。由于在交割日，卖方会尽可能地交付CTD券，此时国债期货的DV01近似等于CTD券的DV01除以转换因子，债券DV01≈债券修正久期×债券价格/10 000。因此：

$DV01_{CTD} = 3.2840 \times 98.813/10\,000 = 0.03245$（元）

$DV01_{T1703} = 0.03245/1.0214 = 0.03177$（元）

（2）需要卖出853张国债期货T1703合约。

先计算各债券套保比率，用修正久期法计算套保比率为：

$$券 A 套保比率 = \frac{4.6752 \times 103.1489}{3.2840 \times 95.675} = 1.5348$$

$$券 B 套保比率 = \frac{4.4333 \times 101.2420}{3.2840 \times 95.675} = 1.4285$$

$$券 C 套保比率 = \frac{3.9531 \times 100.0111}{3.2840 \times 95.675} = 1.2583$$

由各债券的套保比率可以得到各债券的套保手数为：

$$券 A 套保手数 = \frac{2\,亿元}{100\,万元} \times 1.5348 = 306.96（手）$$

$$券 B 套保手数 = \frac{2.5\,亿元}{100\,万元} \times 1.4285 = 357.125（手）$$

$$券 C 套保手数 = \frac{1.5\,亿元}{100\,万元} \times 1.2583 = 188.745（手）$$

因此，总的套保手数为306.96 + 357.125 + 188.745 = 852.83 ≈ 853（手）

4. **参考答案及解析：**

（1）持有国债100002得到的持有收益为：$(3.43\% - 2\%) \times 100 \times (70/365) = 0.2742$（元）。基差交易的损益为：$0.2742 - 0.5 = -0.2258$（元）。

（2）国债100002的基差变为：$101.2871 - 100.456 \times 1.0266 = -1.8410$（元）。现货的持有收益为：$(3.43\% - 2\%) \times 100 \times (35/365) = 0.1371$（元）。交易者选择平仓，则基差交易的损益为：$-1.8410 - 0.5 + 0.1371 = -2.2039$（元）。

（3）国债100002的基差变为：$100.9729 - 100.456 \times 1.0266 = -2.1552$（元）。现货的持有收益是0.1371元。交易者选择平仓，则基差交易的损益为：$-2.1552 - 0.5 + 0.1371 = -2.5181$（元）。

（4）不论最后交割时实际基差多大，都相当于按基差变为 0 元计算。这种情况下，基差交易的损益和情况（1）一样，亏损 0.2258 元。

5. **参考答案及解析：**

（1）初始组合 MD $= \dfrac{\text{国债 MD} \times \text{国债 MV} + \text{现金 MD} \times \text{现金}}{\text{组合 MV} = \text{国债 MV} + \text{现金 MV}}$

$= \dfrac{2\text{亿} \times 7 + 1.5\text{亿} \times 5 + 0.5\text{亿} \times 0}{4\text{亿}} = 5.375$

（2）调整组合 MD $= \dfrac{\dfrac{\text{国债}}{\text{MD}} \times \dfrac{\text{国债}}{\text{MV}} + \dfrac{\text{现金}}{\text{MD}} \times \text{现金} + \dfrac{\text{期货头寸}}{\text{MD}} \times \dfrac{\text{期货头寸对}}{\text{应组合价值}}}{\text{组合 MV} = \text{国债 MV} + \text{现金 MV}}$

$= \dfrac{2\text{亿} \times 7 + 1.5\text{亿} \times 5 + 0.5\text{亿} \times 0 - 6.5 \times 100 \times 0.00988\text{亿}}{4\text{亿}}$

$= 3.7695$

（3）可以通过卖出股指期货，买入国债期货策略迅速构建所需投资组合

卖出股指期货数量 $= \dfrac{1.2 \times 5\,000\text{万}}{1 \times 22.5\text{万}} \approx 267$（手）

买入国债期货数量 $= \dfrac{5.375 \times 5\,000\text{万}}{6.5 \times 98.8\text{万}} \approx 42$（手）

外汇期货练习题

第一章 外汇基础

一、单选题

1. 假设间接报价法下,欧元/美元的报价是 1.3626,那么 1 美元可以兑换(   )欧元。
   A. 1.3626   B. 0.7339
   C. 1   D. 0.8264
2. 假设直接报价法下,美元/日元的报价是 92.60,那么 1 日元可以兑换(   )美元。
   A. 92.60   B. 0.0108
   C. 1   D. 46.30

二、多选题

1. 下面可以算作外汇资产的有(   )。
   A. 外币现钞   B. 外币支付凭证或者支付工具
   C. 外币有价证券   D. 特别提款权
2. 按照兑换的自由程度,外汇可以分为(   )。
   A. 自由兑换外汇   B. 有限自由兑换外汇
   C. 记账外汇   D. 双边兑换外汇
3. 下面属于商品货币的有(   )。
   A. 美元   B. 加元   C. 澳元   D. 欧元
4. 下面属于避险货币的有(   )。
   A. 美元   B. 欧元   C. 法国克朗   D. 瑞士法郎

5. 按照惯例，在国际外汇市场上采用直接标价法的货币有（　　）。

A. 日元　　　　B. 欧元　　　　C. 加元　　　　D. 英镑

6. 按照惯例，在国际外汇市场上采用间接标价法的货币有（　　）。

A. 日元　　　　B. 欧元　　　　C. 加元　　　　D. 英镑

7. 直接参与外汇交易的主体包括（　　）。

A. 外汇银行　　　　　　　　B. 中央银行

C. 外汇投机者　　　　　　　D. 外汇套利者

三、判断题

1. 澳元既是商品货币，又是美系货币。　　　　　　　　　　　　　（　　）

2. 中间汇率是指商业银行买入汇率和卖出汇率的算术平均值。　　（　　）

四、计算题

1. 芝加哥商业交易所交易的瑞士法郎期货三月合约交易最新价是 1.0597，某投资者在以该价格进 2 手多单，请问该投资者对瑞士法郎的判断是升值还是贬值？当瑞士法郎期货三月合约交易的最新价上升到 1.0600，该投资者的盈亏是多少？

2. 某投资者在市场上购买了价值为 100 000 美元的 3 个月到期的英镑看涨期权，行权价是 1.5000 美元兑换 1 英镑，支付的权利金是 1 000 美元。到期时的市场汇率是 1.4990 美元兑换 1 英镑，该投资者该笔交易的损益是多少？

参考答案及解析

一、单选题

1. B　　2. B

二、多选题

1. ABCD　　2. ABC　　3. BC　　4. AD　　5. AC　　6. BD

7. ABCD

三、判断题

1. 对　　2. 对

四、计算题

1. **参考答案及解析：**

和外汇现货市场的报价不同，在芝加哥商业交易所上市的外汇期货合约都是以一单位外币能够兑换多少美元来报价的。对于现货市场以间接报价法报价的货币来说，外汇期货和外汇现货的报价方式相同；而对于直接报价法报价的货币，外汇期货的报价与现货报价类似于倒数关系。投资者进瑞士法郎期货多单，意味着该投资者认为将来需要更多的美元来兑换一单位瑞士法郎，即瑞士法郎相对美元升值。在芝加哥商业交易所上市的外汇期货合约均以相应外币为交割单位，合约价值在100 000美元左右。其中，瑞士法郎期货合约以100 000瑞士法郎为1手，该投资者的盈利为按最新价计算的合约价值减去进入时的合约价值，即$2 \times (100\,000 \times 1.0600 - 100\,000 \times 1.0597) = 60$（美元）。

2. **参考答案及解析：**

外汇期权的购买者需要支付权利金，同时享有在到期时是否按照行权价执行期权的权利。如题所述，该投资者在购买期权时支付了1 000美元权利金，到期时的市场汇率低于行权价，对于看涨期权来说，该投资将放弃行权，因此该笔交易的总损失即为1 000美元的权利金。

第二章 外汇期货及其交易特点

一、单选题

1. 联系期货价格和现货价格的纽带是（   ）。
   A. 结算　　　　B. 交割　　　　C. 竞价　　　　D. 下单
2. 世界上出现的第一个金融期货是（   ）。
   A. 股指期货　　B. 外汇期货　　C. 股票期货　　D. 利率期货
3. 保证金比例越小，合约的杠杆作用（   ）。
   A. 越大　　　　　　　　　　　B. 越小
   C. 不变　　　　　　　　　　　D. 根据不同合约变化
4. 假设当前某期货的价格为 50 元。交易者进行开仓买入交易并持有到期。在期货到期交割时，期货价格为 60 元，那么交割时交易者需要付出的金额为（   ）。
   A. 60 元　　　B. 55 元　　　C. 50 元　　　D. 10 元
5. 下列非决定期货理论价格的因素是（   ）。
   A. 利率　　　　　　　　　　　B. 现货价格
   C. 合约期限　　　　　　　　　D. 期望收益率
6. 期货价格与现货价格将在（   ）收敛。
   A. 每日结算时　　　　　　　　B. 波动较大时
   C. 波动较小时　　　　　　　　D. 合约到期时
7. 假设现在黄大豆的价格是 1 000 元/吨，年利率为 5%，在支付连续复利的假设下，3 个月后到期的黄大豆期货理论价格应为（   ）元/吨。
   A. 1 011　　　B. 1 012.58　　C. 1 012.50　　D. 1 012.27
8. 假设当前欧元/美元期货的价格是 1.3600（即 1.3600 美元 = 1 欧元），合约大小为 125 000 欧元，最小变动价位是 0.0001 点。那么当期货合约价格每跳动 0.0001 点时，合约价值变动（   ）。
   A. 13.6 美元　　B. 13.6 欧元　　C. 12.5 美元　　D. 12.5 欧元
9. 假设当前的保证金比率为 5%，那么合约价值每变动 10%，投资者的盈亏将变动（   ）。
   A. 5%　　　　B. 10%　　　　C. 200%　　　D. 0.05%

10. 假设当前欧元/美元期货的价格是 1.3502（即 1.3502 美元 = 1 欧元），合约大小为 125 000 欧元，某交易者买入了 10 张欧元期货合约。10 天后，欧元/美元期货的价格变为 1.3602，交易者卖出 10 张合约对冲平仓。那么交易者获利的结果为（　　）。

  A. 盈利 12 500 美元   B. 盈利 13 500 欧元

  C. 亏损 12 500 美元   D. 亏损 13 500 欧元

11. 假设当前日元/美元期货价格是 0.010753（即 0.010753 美元 = 1 日元），合约大小为 12 500 000 日元，一个交易者卖出了 5 张日元/美元期货合约。10 天后，期货的价格变为 0.010796，交易者买入 5 张合约对冲平仓。那么交易者的交易结果为（　　）。

  A. 盈利 2 687.5 美元   B. 亏损 2 687.5 美元

  C. 盈利 2 687.5 日元   D. 亏损 2 687.5 日元

12. 假设当前欧元/美元期货的价格是 1.3502（即 1.3502 美元 = 1 欧元），合约大小为 125 000 欧元，每张合约需要缴纳的初始保证金为 2 475 美元。某交易者计划卖出 10 张合约，那么交易者需要缴纳的初始保证金为（　　）。

  A. 24 750 美元   B. 33 418 美元

  C. 18 330 美元   D. 卖方不需要缴纳保证金

13. 在上题中，假设需要缴纳的初始保证金比例为 2%。交易者计划买入 1 张期货，那么需要缴纳的初始保证金为（　　）。

  A. 1 350.2 美元   B. 3 375.5 美元

  C. 2 500 美元   D. 1 250 美元

14. 假设当前欧元/美元期货的价格是 1.3502（即 1.3502 美元 = 1 欧元），合约大小为 125 000 欧元，每张合约需要缴纳的初始保证金为 2 475 美元，维持保证金为 2 250 美元。某交易者买入 1 张欧元/美元期货合约并存入初始保证金 2 475 美元，当期货的结算价下降到（　　）时，交易者需要追加保证金。

  A. 1.3302   B. 1.2275   C. 1.3484   D. 1.2002

15. 假设当前英镑兑美元的汇率是 1.5200（即 1 英镑 = 1.5200 美元），英国 1 年期利率为 4%，美国 1 年期利率为 3%，那么在支付连续复利的前提下，英镑兑美元 1 年后的理论远期汇率应为（　　）。

  A. 1.5300   B. 1.5425   C. 1.5353   D. 1.5200

二、多选题

1. 期货和远期的主要不同有（　　）。

  A. 交易场所不同   B. 保证金制度不同

  C. 到期日不同   D. 结算时间不同

2. 期货的特性包括（　　）。

　A. 标准化合约　　　　　　　　B. 保证金制度

　C. 双向交易　　　　　　　　　D. 当日无负债制度

3. 属于期货合约的标的物标准化条款的有（　　）。

　A. 交割地点　　　　　　　　　B. 交易单位与合约价值

　C. 报价单位　　　　　　　　　D. 交易时间

4. 外汇现货市场的特点有（　　）。

　A. 成交量大　　　　　　　　　B. 流动性强

　C. 交易品种丰富　　　　　　　D. 交易时间长

5. 外汇现货的交易主要分为（　　）。

　A. 实盘交易　　B. 虚盘交易　　C. 日内交易　　D. 隔夜交易

6. 外汇市场上的交割制度主要分为（　　）。

　A. 实物交割　　B. 现金交割　　C. 混合交割　　D. 仓单交割

7. 外汇期货交易与外汇现货保证金交易的区别有（　　）。

　A. 外汇现货保证金交易的交易市场是无形的和不固定的

　B. 外汇现货保证金交易没有固定的合约

　C. 外汇现货保证金交易的币种更丰富，任何国际上可兑换的货币都能成为交易品种

　D. 外汇现货保证金交易的交易时间是不间断的

8. 决定外汇合约理论价格的因素有（　　）。

　A. 现货价格　　　　　　　　　B. 货币所属国利率

　C. 合约到期时间　　　　　　　D. 合约大小

三、判断题

1. 期货合约是买卖双方私下拟定的未来交易合约，双方可以就合约价格、合约标的物的数量、合约期限、交割时间和交割方式等一系列细节进行沟通和商讨。（　　）

2. 在期货交易中，交易所的主要收入来源是期货合约的买卖价差。（　　）

3. 期货交易的结算由交易所的期货结算机构负责。（　　）

4. 保证金比例越小，由于价格波动引起的盈亏就越小，交易者的风险也就越小。（　　）

5. 一旦保证金低于维持保证金标准，交易者的期货合约将被强制平仓。（　　）

6. 如果交易者的保证金低于维持保证金标准，交易者应当追加保证金到维持保证金标准。（　　）

7. 市场上大部分交易者会选择对冲了结而不是交割来平仓。（　　）

8. 当日无负债结算制度是指交易者当日必须平仓。（　　）
9. 期货合约接近到期时，价格的波动会变小。（　　）
10. 外汇保证金交易和外汇期货交易都实行固定合约的方式。（　　）
11. 外汇保证金交易和外汇期货交易都在交易所场内进行。（　　）
12. 以标的物所有权转移方式进行的交割被称为实物交割；按结算价进行现金差价结算的交割方式被称为现金交割。（　　）
13. 期货的理论价格只与现货的预期收益率相关，与无风险利率无关。（　　）
14. 即使没有外汇现货，也能在外汇现货中进行卖空交易。（　　）
15. 在合约到期之前，期货价格和现货价格总是不相等的。（　　）
16. 外汇期货理论价格并不一定等于外汇期货价格。（　　）
17. 长期来看，外汇期货价格总是围绕现货价格浮动。（　　）

四、计算题

1. 假设当前欧元/美元期货的价格是 1.3600（即 1.3600 美元 = 1 欧元），合约大小为 125 000 欧元，每张合约需要缴纳的初始保证金为 2 475 美元，维持保证金为 2 250 美元。某交易者买入 1 张欧元/美元期货合约，并在 3 天后卖出。期货价格 3 天的变动情况如下表所示：

时间	价格
第一天（买入）	1.3600
第二天	1.3580
第三天（卖出）	1.3615

请问交易者共投入的资金是多少？最终的盈亏情况如何？

2. 假设当前英镑和美元 2 年期无风险利率分别是 2% 和 3%，英镑兑美元的即期利率为 1.5000，即 1 英镑 = 1.5000 美元，投资者预期英镑的回报率为 2.5%，美元的回报率为 1%，那么 2 年后到期的英镑美元期货合约的理论价格是多少？

五、综合题

1. 假设当前某交易所欧元/美元期货的价格是 1.3600（即 1.3600 美元 = 1 欧元），合约大小为 125 000 欧元，保证金比率为 5%。现在不考虑维持保证金的情况，某交易者判断欧元/美元期货的价格将会上涨，于是买入 10 手欧元/美元期货。请问：

（1）交易者需要缴纳的保证金为多少？
（2）10 天后欧元/美元期货的价格变为 1.3550，那么交易者的盈亏为多少？
（3）交易者账户的资金余额变为多少？

2. 假设当前欧元/美元期货的价格是 1.3550（即 1.3600 美元 = 1 欧元），合约大小为 125 000 欧元，每张合约需要缴纳的初始保证金为 2 475 美元，维持保证金为 2 250 美元。某交易者买入 1 张欧元/美元期货合约，并在 3 天后卖出。期货价格 3 天的变动情况如下表所示：

时间	价格
第一天（买入）	1.3550
第二天	1.3530
第三天（卖出）	1.3555

（1）交易者的盈亏情况如何？
（2）交易者投入的总资金是多少？
（3）交易者的投资回报率是多少？

参考答案及解析

一、单选题

1. B 2. B 3. A 4. C 5. D 6. D 7. B 8. C
9. C 10. A 11. B 12. A 13. B 14. C 15. C

二、多选题

1. ABCD 2. ABCD 3. ABCD 4. ABCD 5. AB 6. AB
7. ABCD 8. ABC

三、判断题

1. 错 2. 错 3. 对 4. 错 5. 对 6. 错 7. 对
8. 错 9. 对 10. 对 11. 错 12. 对 13. 错 14. 对
15. 错 16. 对 17. 对

四、计算题

1. 参考答案及解析：

交易者投入资金如下表所示：

时间	盈亏情况（美元）	投入资金（美元）
第一天（买入）	无	2 475
第二天	$(1.3580 - 1.3600) \times 125\,000 = -250$	250
第三天（卖出）	$(1.3615 - 1.3600) \times 125\,000 = 187.5$	无

第一天，交易者投入 2 475 美元作为初始保证金。第二天，交易者亏损 250 美元，保证金 = 2 475 - 250 = 2 225 美元，低于维持保证金标准，因此交易者需要再投入 250 美元至初始保证金标准。第三天，价格上涨，交易者盈利。

因此，交易者共投入的资金 = 2 475 + 250 = 2 725 美元，最终盈利 = 187.5 美元。

2. 参考答案及解析：

期货的理论价格如下：$F_0 = S_0 e^{(r - r_f)T} = 1.5000 \times e^{(0.03 - 0.02) \times 2} = 1.5303$

五、综合题

1. 参考答案及解析：

（1）交易者需要缴纳的保证金 = $1.3600 \times 125\,000 \times 5\% \times 10 = 85\,000$ 美元。

（2）价格下跌，交易者是多头，因此造成亏损。

亏损的金额 = $10 \times (1.3550 - 1.3600) \times 125\,000 = -6\,250$（美元）

（3）交易者账户的资金余额 = 8 500 - 6 250 = 2 250（美元）

2. 参考答案及解析：

（1）交易者是多头，因此价格上涨带来盈利。

总盈利 = $(1.3555 - 1.3550) \times 125\,000 = 62.5$（美元）

（2）当保证金不足时，交易者需要投入更多的资金来补充保证金。交易者共投入的资金如下表所示：

时间	盈亏情况（美元）	投入资金（美元）
第一天（买入）	无	2 475
第二天	$(1.3530 - 1.3550) \times 125\,000 = -250$	250
第三天（卖出）	$(1.3555 - 1.3550) \times 125\,000 = 62.5$	无

第一天，交易者投入 2 475 美元作为初始保证金。第二天，交易者亏损 250 美元，保证金 = 2 475 - 250 = 2 225（美元），低于维持保证金标准，因此交易者需要再投入 250 美元至初始保证金标准。第三天，价格上涨，交易者盈利。

因此，交易者共投入的资金 = 2 475 + 250 = 2 725（美元）。

（3）投资回报率为总盈利除以投入的总资金，即：

投资回报率 = $62.5 \div 2\,725 \times 100\% = 2.29\%$

第三章 外汇及衍生品交易市场

一、单选题

1. 下列被称为商品货币的是（　　）。
   A. 日元　　　　B. 澳元　　　　C. 美元　　　　D. 英镑
2. 某日中国银行外汇牌价为"＄1＝RMB6.7740－60"，某国内进口商当日需要购买美元支付货款，应使用的汇率是（　　）。
   A. 6.7740　　　B. 6.7750　　　C. 6.7760　　　D. 6.7790

二、多选题

1. 不属于美元指数选定的一篮子货币的有（　　）。
   A. 日元　　　　B. 人民币　　　C. 澳元　　　　D. 瑞典克朗
2. 欧洲债务危机爆发以来，国内外媒体经常提到欧洲"三驾马车"，这是指（　　）。
   A. 欧盟委员会　　　　　　　B. 欧洲中央银行
   C. 国际货币基金组织　　　　D. 世界银行
3. 全球主要即期外汇交易市场有（　　）。
   A. 伦敦外汇市场　　　　　　B. 纽约外汇市场
   C. 东京外汇市场　　　　　　D. 新加坡外汇市场

三、判断题

1. 美元指数，是衡量美元在国际外汇市场汇率变化的一项综合指标，由美元兑六个主要国际货币的汇率经过加权算术平均计算获得，用来衡量美元的强弱程度。
（　　）
2. 2012年9月17日，人民币期货在香港交易所登录交易。根据香港交易所在官方网站上公布的人民币合约相关细则，合约的保证金、结算交易费用均以人民币计价。
（　　）
3. 无本金交割远期外汇交易与远期外汇交易的差别在于：前者不用备有本金的收付，只就到期日的市场汇率价格与合约协定价格的差价进行交割清算；而远期外汇交

易到期后需现汇交割。（　　）

4. 无本金交割远期的核心观念在于交易双方对某一汇率的预期不同。（　　）

四、计算题

甲公司为玩具出口商，目前与某美国客户签订了价值 100 000 美元的出口合同，约定 3 个月后付款，即期汇率为 1 美元 = 6.6490 元人民币，为规避 3 个月后的汇率风险，甲公司进行无本金交割远期外汇交易。3 个月后的即期汇率为 1 美元 = 6.3470 元人民币，则甲公司进行无本金交割远期外汇交易的盈亏情况如何？

参考答案及解析

一、单选题

1. B　　2. C

二、多选题

1. BC　　2. ABC　　3. ABCD

三、判断题

1. 错　　2. 对　　3. 对　　4. 对

四、计算题

参考答案及解析：

因为甲公司已于 3 个月前将美元兑人民币汇率锁定在 6.6490，如今人民币升值，美元兑人民币汇率降为 6.3470。

该企业通过无本金交割远期外汇交易盈利 = 100 000 × （6.6490 - 6.3470） = 30 200（元）。

第四章 汇率影响因素

一、单选题

1. A国通货膨胀率为1%，B国的通货膨胀率是5%，那么按照相对购买力平价理论，A国货币对B国货币在一年之内将（　　）。
   A. 贬值4%　　　B. 升值4%　　　C. 维持不变　　　D. 升值2%

2. A国利率为1%，B国的利率是5%，那么按照利率平价理论，A国货币对B国货币在一年之内将（　　）。
   A. 贬值4%　　　B. 升值4%　　　C. 维持不变　　　D. 升值2%

二、多选题

1. 一国货币当局调节汇率的主要手段包括（　　）。
   A. 运用货币政策　　　　　　B. 调整外汇黄金储备
   C. 实行外汇管制　　　　　　D. 向相关机构借款

2. 一国国际收支账户中的经常账户包括的项目有（　　）。
   A. 货物　　　B. 服务　　　C. 直接投资　　　D. 证券投资

3. 一国国际收支账户中的金融与资本账户包括的项目有（　　）。
   A. 货物　　　B. 服务　　　C. 直接投资　　　D. 证券投资

4. 在固定汇率制下，当一国的货币当局采用扩张性的货币政策时，产生的影响有（　　）。
   A. 汇率上升
   B. 汇率不变
   C. 货币政策对国内经济产生扩张效应
   D. 货币政策无效

5. 在固定汇率之下，当一国出现国际收支顺差，为了抑制本国货币升值，货币当局将会采用对冲操作的有（　　）。
   A. 增发央行票据
   B. 增加央行给金融机构的再贷款、再贴现
   C. 提高法定准备金率或提高超额准备金利率

D. 严格控制信贷规模

三、判断题

1. 一价定律是购买力平价理论的基础。（ ）
2. 在绝对购买力平价成立的情况下，相对购买力平价一定成立；而在相对购买力平价成立的情况下，绝对购买力平价未必成立。（ ）
3. 和无抛补利率平价套利相比，抛补利率平价套利的风险较大。（ ）
4. 当一国货币当局采用宽松货币政策时，该国货币将受到贬值压力。（ ）
5. 当本币有贬值倾向时，为了维持汇率稳定，本国货币当局会在外汇市场上抛出本币，增加本币供给。（ ）
6. 当一国经常账户出现顺差时，该国货币将受到升值压力，当一国金融与资本账户出现顺差时，该国货币将受到贬值压力。（ ）
7. 当一国采用扩张性的财政政策时，本国货币将面临贬值压力。（ ）

四、计算题

1. 假设一篮子商品在日本的价格是1 500日元，同样的商品篮子在中国的价格是100元人民币，按照绝对购买力平价理论，日元兑人民币的汇率是多少？

2. 2××0年12月31日，外汇市场的汇率是1.5美元兑1英镑；2××1年，英国的通货膨胀率是1%，美国的通货膨胀率是4%。那么根据相对购买力平价理论，2××1年12月31日，美元兑英镑的汇率应该是多少？

3. 2××0年12月31日，外汇市场的汇率是90.00日元兑1美元；2××1年，日本的市场利率是1%，美国的市场利率是3%。那么根据利率平价理论，2××1年12月31日，日元兑美元的预期汇率应该是多少？

4. 2××0年12月31日，外汇市场的汇率是90.00日元兑1美元，在芝加哥商业交易所交易的2××1年12月31日到期的日元期货合约的交易价格是0.011200；2××1年，日本的市场利率是1%，美国的市场利率是3%，根据抛补利率平价理论，套利者应如何操作来获取无风险收益？假设套利者可以在2××0年12月31日借入10 000美元或者900 000日元进行套利操作，在2××1年12月31日投资者将获得多少收益？

五、综合题

1. 2××1年，某国出口贸易150亿美元，进口贸易100亿美元，该国实行完全浮动汇率制。

（1）该国贸易出现顺差还是逆差？贸易差额是多少？

（2）该国货币将因此面临升值压力还是贬值压力？

（3）国际收支平衡的自动稳定机制是如何作用的？

（4）如果该国央行想稳定汇率，在外汇市场将如何操作？可以采用哪些方式进行冲销？

2. 如果某国政府决定采取如下政策，对本国汇率会产生什么影响？

（1）某国货币当局决定下调法定存款准备金率；

（2）在公开市场出售债券；

（3）增加财政支出。

3. 某国采用固定汇率制度：

（1）货币当局决定调高银行的再贷款利率，请简要阐述此时货币政策和汇率如何相互影响？

（2）假设该国允许资本的自由流动，请说明该国货币当局为了应对国内经济衰退而试图采用宽松的货币政策的行为是否可行？

4. 某国经济度过衰退期，进入了强劲复苏阶段，试论述此时该国货币倾向于升值还是贬值？

参考答案及解析

一、单选题

1. B 2. B

二、多选题

1. ABCD 2. AB 3. CD 4. BD 5. ACD

三、判断题

1. 对 2. 对 3. 错 4. 对 5. 错 6. 错 7. 错

四、计算题

1. **参考答案及解析：**

绝对购买力平价理论是假设所有商品可以在国际市场自由流动，那么不同国家的货币购买力应该是相同的，其理论基础是一价定律。根据题意，1 500 日元的货币购买力与 100 元人民币的购买力相同，因此日元兑人民币的汇率应当是 1 500 日元兑 100

元人民币。

2. **参考答案及解析：**

相对购买力平价理论是绝对购买力评价理论的延伸，考察了一国货币的汇率与其国内通货膨胀率的关系。相对购买力平价的数学表达式为：

$$D(S) = D(P_1) - D(P_2)$$

$D(S)$ 表示汇率的变化；$D(P_1)$ 表示本国货币购买力的变化；$D(P_2)$ 表示外国货币购买力的变化。货币购买力的变化体现在通货膨胀率上。

根据题目条件，美国通货膨胀率高于英国通货膨胀率 3 个百分点。相应的，在 1 年时间里，美元相对英镑将贬值 3%，即在 2××1 年 12 月 31 日美元兑英镑的汇率 = 1.5 ×（1 + 3%）= 1.545。

需要注意的是，该公式是一个近似公式，仅在通货膨胀率不大的情况下成立。

3. **参考答案及解析：**

利率平价理论简单来说，就是在一段时间内，一国利率低于对手国利率的幅度应当由该国货币升值相应的幅度来补偿，用数学公式表达为：

$$ES - S = r - r_f$$

ES 是期末的预期汇率；S 是期初的即时汇率；r 是本国利率；r_f 是对手国利率。当 $r > r_f$ 时，$ES > S$，因为我们采用的是直接标价法。该公式表明本国货币的贬值幅度等于本国货币利率高于对手国货币利率的幅度。

根据题目条件，美国利率高于日本利率 2 个百分点。相应的，在 1 年的时间里，美元相对日元预期贬值 2%，即 2××1 年 12 月 31 日，日元兑美元的预期汇率 = 90.00 ×（1 - 2%）= 88.20。与相对购买力平价的近似公式类似，该公式也只是在利率较小的情况下成立。

4. **参考答案及解析：**

相对于持有本币来说，持有外币有两方面的收益：一方面是持有外币期间的外币利率与本币利率的差额。如果外币利率高于本币利率，持有外币是收益；反之，持有外币是损失。另一方面是持有至到期时将外币兑换成本币的汇率与本期汇率的差额。如果到期时外币升值，将能兑换到较多的本币，因此持有外币是收益；反之，持有外币是损失。综合这两方面来看，如果持有外币的收益超过持有外币的损失，将会进行正向操作，即在本期借入本币并兑换成外币，持有至到期后将外币兑换成本币并偿还本币借款本金及利息；反之，如果持有外币的收益不及持有外币的损失，将进行反向操作，在本期借入外币并兑换成本币，持有至到期后将本币兑换成外币并偿还外币借款本金及利息。

根据题目条件，日元期货的交易价格是 0.011200，折算成现货市场采用的直接标价法为 1/0.011200 = 89.29。本期汇率为 90.00 日元兑 1 美元，到期美元相对于日元贬

值幅度 =（90.00 − 89.29）/90.00 × 100% = 0.79%。持有期间美元利率高于日元利率 = 3% − 1% = 2%，超过美元的贬值幅度，因此套利者的做法是借入日元持有美元。

假设套利者在 2××0 年 12 月 31 日以 1% 的利率借入 900 000 日元并按照 90 日元兑 1 美元的即期汇率兑换 10 000 美元存入银行，同时在期货市场上以 0.011200 的价格买进 2××1 年 12 月 31 日到期的日元期货合约。在 2××1 年 12 月 31 日，套利者获得美元本金和利息合计 = 10 000 ×（1 + 3%）= 10 300（美元）。此时执行日元期货合约，按照 89.29 日元兑 1 美元的汇率兑换 919 687 日元（10 300 × 89.29），需要偿还的日元本金与利息合计 = 900 000 ×（1 + 1%）= 909 000（日元），套利者获得的净利润 = 919 687 − 909 000 = 10 687（日元）。

需要注意的是，在 2××0 年 12 月 31 日买入的期货合约价值应当与到期时需兑换的货币价值相同，在本题中是 10 300 美元；而在交易所上市的期货合约是标准化的合约，很难获得正好等于到期兑换价值的合约手数。此时有两种解决办法：一是签订远期合约代替期货合约的交易，可以自由商定合约价值；二是交易最接近到期兑换价值的期货手数，此时交易的期货价值与到期实际兑换的价值之间的差额存在一定的市场风险。

五、综合题

1. 参考答案及解析：

（1）贸易顺差 50 亿美元，即 100 亿 − 150 亿 = − 50（亿美元）。

（2）面临升值压力。一国国际收支账户包括经常账户和资本与金融账户。其中，经常账户包括货物、服务、收入和经常性转移等项目；资本与金融账户包括直接投资、证券投资、其他投资、储备资产等项目。由贸易项目产生的国际收支差额，反映了一国的国际储备或对外支付能力的变化；由资本项目产生的国际收支差额，反映了资本的流向变化。当一国的出口超过进口，即贸易顺差时，外汇市场外币的供给增加，将导致本币面临升值的压力。

（3）在贸易顺差的情况下，外汇市场上外币的供给增加，本币升值，本国商品的国际市场价格上升，竞争力下降，出口减少，该过程将使顺差持续减少至国际收支平衡的状态。在完全的浮动汇率制下，国际收支平衡有一种自动调节的稳定机制。如本题所述，在贸易逆差的情况下，在完全的浮动汇率制下，国际收支平衡有一种自动调节的稳定机制；在贸易逆差的情况下，外汇市场上本币的供给增加，本币贬值，本国商品的国际市场价格下降，竞争力上升，出口增加，该过程将使逆差持续减少至国际收支平衡的状态。

（4）在国际收支顺差时，货币当局为了维持本国货币汇率的稳定，需要在外汇市场上不断抛出本币以缓解本币的升值压力，这将导致国内市场上货币流通量的增加，进而引发通货膨胀。为了在维持汇率稳定的同时防止对国内经济产生不利影响，货币当局需要在国内市场采取冲销手段，抵消外汇占款对货币供给量产生的膨胀效应。外汇冲销干预政策以在公开市场上的正回购操作最为方便和迅速。此外还包括：减少央行给金融机构的再贷款、再贴现；提高法定准备金率或调高超额准备金利率，以缩减基础货币乘数；严格控制信贷规模；控制财政赤字，减少政府债券发行。

2. **参考答案及解析：**

（1）某国货币当局决定下调法定存款准备金率时，本国汇率将面临贬值压力。扩张性的货币政策将导致市场上的货币供给增加，增加国内通货膨胀压力，侵蚀本国货币的购买力，根据相对购买力平价理论，将会使本币面临贬值压力。另一方面，由于国内资金供给增多而导致利率的下降，意味着持有本币的收益下降，也会导致本币贬值。

货币政策是指中央银行为实现既定的经济目标（稳定物价，促进经济增长，实现充分就业和平衡国际收支）运用各种工具调节货币供应量和利率，进而影响宏观经济的方针和措施的总和。

货币政策分为扩张性的货币政策和紧缩性的货币政策两种。扩张性的货币政策包括：①在公开市场上购入债券投放货币。②下调存款准备金率。③下调再贷款利率或贴现率。紧缩性的货币政策包括：①在公开市场上出售债券。②上调存款准备金率。③上调再贷款利率或贴现率。

扩张性的货币政策将导致市场上的货币供给增加，增加国内通货膨胀压力，侵蚀本国货币的购买力，根据相对购买力平价理论，将会使本币面临贬值压力；反之，紧缩性的货币政策将减少本国货币供给，本币面临升值压力。如本题所述，该国下调存款准备金，采用的是扩张性的货币政策，将会使本币面临贬值压力。

（2）某国货币当局在公开市场出售债券时，本国汇率将面临升值压力。紧缩性的货币政策将减少本国货币供给，本币面临升值压力。

（3）增加财政支出对本国汇率的影响要综合来看。扩张性的财政政策会使政府支出增加。需要注意的是，政府本身不是生产机构，并没有收入来源。政府支出主要来源于两个渠道：一是以往年度的财政盈余，这相当于将政府存款投入到流通领域，将导致通货膨胀率的上升，本国汇率将由于本币购买力下降而有贬值的倾向；二是发行国债或向中央银行借款，金融市场上对资金的需求增加将导致货币的价格——利率的上升，此时持有本币的收益上升，对本币需求的增加将导致本币的升值。但是从长期来看，如果一国扩张性的财政政策能使一国的国民收入增加，将导致本币的升值。

3. **参考答案及解析：**

（1）该国货币当局上调再贷款利率，采取的是紧缩性的货币政策，减少了市场上的货币供给，提升本国货币购买力，本币面临升值压力。而该国货币当局为了维持固定汇率制度，将在外汇市场上投放本币，增加本币供给。此时，本国货币的购买力由于紧缩的货币政策得到提升，而汇率维持在之前较低的水平，导致将外币兑换成本币用于购买国内商品的行为不断发生，市场上本币不断增多，直到完全抵消该国货币当局因采取紧缩政策而减少的货币供应。本国货币汇率不变，货币政策无效。

（2）不可行。美国经济学家保罗·克鲁格曼提出的"三元悖论"指出，货币政策独立性、固定汇率制和资本自由流动这三个政策目标不可能同时实现，当满足其中任意两个政策目标时，必然以牺牲第三个政策目标为代价。如本题所述，当资本完全流动时，在固定汇率制度下，本国货币政策任何变动的效果都将被所引致的资本流动的变化所抵消，本国货币丧失自主性。例如当一国经济衰退，货币当局采用扩张性的货币政策时，本国货币由于通货膨胀率的上升而产生贬值的压力，在浮动汇率制下，外汇市场会迅速将汇率调节至与本国购买力相符合的水平；而在固定汇率制下，为了维持本币币值稳定，货币当局将不得不在外汇市场上动用外汇储备购入本币，直到本币的购买力恢复至扩张前的水平，货币政策无效。

4. 参考答案及解析：

从长期来看，一国的经济增长即意味着产出增加，在货币供应量不变的情况下，该国货币购买力上升，将面临升值压力。从短期来看，当一国经济出现即将强劲增长的迹象时，国际资金将会大量流入该国实体经济和资本市场，从而迅速推高该国汇率。

值得注意的是，这是在假设一国的货币供应量不变的情况下发生的情形。实际上，当一国经济增长迅速时，容易导致经济过热。若信用扩张的速度超过经济增长的速度，则国内通货膨胀率上升，当较高的通货膨胀率对购买力的侵蚀超过资本流入推动汇率上升的因素时，该国货币将会出现贬值。

第五章 外汇市场套期保值

一、单选题

1. 若本币升值,其他条件不变的情况下,(　　)。
   A. 进口企业将获利,出口企业将遭受损失
   B. 出口企业将获利,进口企业将遭受损失
   C. 进出口企业均将获利
   D. 进出口企业均会遭遇损失

2. 外汇的会计风险与交易风险的区别主要在于(　　)。
   A. 本币　　　B. 地点　　　C. 时间　　　D. 外币

3. 在同一时期内,创造一个与存在风险的货币相同币种、相同金额、相同期限的资金反向流动的做法,是传统外汇风险管理方法中的(　　)。
   A. 平衡法　　　　　　　B. 组对法
   C. 提前收付法　　　　　D. 拖延收付法

4. 在对汇率变化进行正确预测的基础上,选择适当的计价和结算货币以规避风险的方法是(　　)。
   A. 提前错后法　　　　　B. 配对管理法
   C. 货币选择法　　　　　D. 价格调整法

5. 有关经济主体通过借款、即期外汇交易和投资的程序,争取消除外汇风险的风险管理办法是(　　)。
   A. 提前错后法　　　　　B. 配对管理法
   C. BSI法　　　　　　　 D. LSI法

6. 现货商利用期货市场来抵消现货市场中价格不利波动的过程被称为(　　)。
   A. 杠杆作用　　　　　　B. 套期保值
   C. 风险分散　　　　　　D. 投资免疫策略

7. 套期保值者的目的是(　　)。
   A. 规避期货价格风险　　B. 规避现货价格风险
   C. 追求流动性　　　　　D. 追求高收益

8. 利率高的货币(　　),利率低的货币(　　)。

A. 远期贴水；远期升水 B. 远期升水；远期升水
C. 远期贴水；远期贴水 D. 远期升水；远期贴水

9. 利用外汇期货进行套期保值的交易中，如果现货市场交易产生了亏损，期货市场的交易（   ）；如果现货市场交易产生了盈利，期货市场的交易（   ）。

A. 会产生盈利；会产生盈利

B. 会产生盈利；会产生亏损

C. 会产生亏损；会产生盈利

D. 会产生亏损；会产生亏损

10. 买入看涨期权的收益－风险特征是（   ）。

A. 收益有限，风险有限 B. 收益有限，风险无限

C. 收益无限，风险有限 D. 收益有限，风险无限

二、多选题

1. 外汇风险的构成因素包括（   ）。

A. 时间 B. 地点 C. 本币 D. 外币

2. 时间结构对外汇风险的影响有（   ）。

A. 时间越长，风险越大 B. 时间越长，风险越小

C. 时间越短，风险越大 D. 时间越短，风险越小

3. 以下属于正确运用提前错后法的有（   ）。

A. 出口商（外币债权人）在预测外币汇率将要上升时，争取延期收汇，以期获得该计价货币汇率上涨的利益

B. 出口商（外币债权人）在预测外币汇率将要上升时，争取提前收汇，以期获得该计价货币汇率上涨的利益

C. 进口商（外币债务人）在预期外币汇率将要下降时，争取延期付汇，以免受该计价货币贬值的损失

D. 进口商（外币债务人）在预期外币汇率将要下降时，争取提前付汇，以免受该计价货币贬值的损失

4. 常用的货币保值条款有（   ）。

A. 黄金保值条款 B. 硬货币保值条款

C. 一篮子货币保值条款 D. 提前错后条款

5. 属于传统套期保值理论认为的期货市场套期保值业务操作必须兼顾的基本原则有（   ）。

A. 商品种类相同 B. 商品数量相等

C. 月份相同或接近 D. 交易方向相同

6. 国内一出口商 3 个月后将收到一笔美元出口货款，目前可用的套期保值方式有（　　）。

  A. 买进美元远期外汇　　　　　B. 卖出美元远期外汇

  C. 美元期货的多头套期保值　　D. 美元期货的空头套期保值

7. 为了更好地达到规避外汇风险的目标，企业在选择汇率风险规避策略时应遵循的原则有（　　）。

  A. 全面重视原则　　　　　　　B. 最低成本原则

  C. 重在规避原则　　　　　　　D. 管理多样化原则

三、判断题

1. 若本币汇率贬值，则出口企业将承受出口收入减少的风险。（　　）
2. 只有跨国公司才存在外汇会计风险。（　　）
3. 若人民币贬值，出口型企业就不存在外汇风险了。（　　）
4. 企业不涉及外汇，就不存在外汇风险。（　　）
5. 折算风险和交易风险的影响是长期的，而经济风险的影响是一次性的。（　　）
6. 外汇风险管理中最核心、最关键的步骤是风险分析评价。（　　）
7. 套期保值就是在期货市场买进（卖出）与现货数量相当、交易方向相同的期货合约，在未来某一时间通过卖出（买进）期货合约对冲交易，从而补偿因现货价格不利变动带来的实际损失，使现货经营成本维持在理想水平上。（　　）
8. 套期保值是一种风险对冲策略和方法，任何时候都可以进行操作。（　　）
9. 远期结售汇的缺点是：以银行授信为前提，中小企业操作额度受限制；按时按量进行交割的要求容易造成困扰；展期或者注销需另缴纳额外费用，增加潜在成本；"锁定"作用虽避免汇率不利变化带来的损失，同样也放弃了汇率有利变化带来的潜在收益。（　　）
10. 远期汇率是对即期汇率的未来预测。（　　）
11. 外汇期货价格是通过集中、公开竞价方式形成的，具有公开性、连续性、预测性和权威性。（　　）
12. 外汇期货合约是标准化合约，企业在操作过程中，易于调整仓位和结算，在交易上比远期外汇交易灵活度更高。（　　）
13. 利用外汇期权进行套期保值，在规避掉外汇风险的同时企业也保留了获得机会收益的权利。（　　）

四、计算题

  假设某日人民币与美元间的即期汇率为 1 美元 = 6.8742 元人民币，人民币 1 个月的

Shibor 为 4.4544%，美元 1 个月的 Libor 为 0.29267%，那么 1 个月（实际天数为 31 天）远期人民币兑美元汇率是多少？

五、综合题

1. 某年 5 月 1 日，一家中国企业与一家欧洲公司签订了总价 1 000 000 欧元的液晶面板进口合同，付款期为 3 个月（实际天数为 92 天），签约时人民币汇率为 1 欧元 = 8.9514 元人民币。企业签订合同当天，银行 3 个月远期欧元兑人民币的报价为 8.9176/8.9622，3 个月后人民币兑欧元即期汇率已变至 1 欧元 = 9.5682 元人民币。

问：（1）该企业面临什么样的外汇风险？

（2）该企业应如何利用远期外汇交易防范汇率风险？

（3）与不进行风险规避相比，利用外汇远期交易进行套期保值给企业带来何种损益？

2. 3 月 1 日，国内某企业向欧洲某企业销售了价值 1 500 万欧元的货物，付款期为 3 个月，即期汇率为 1 欧元 = 8.2658 元人民币。同时，该企业与一美国企业签订价值 1 000 万美元的设备进口合同，规定付款期为 3 个月。

已知：3 月 1 日，即期汇率为 1 美元 = 6.3347 元人民币；1 欧元 = 8.8932 元人民币。

CME 期货交易所的人民币/美元期货合约及人民币/欧元期货合约的合约大小均为 100 万元人民币/手。

3 月 1 日，CME 主力人民币/美元期货合约报价为 0.15836/0.15841，主力人民币/欧元期货合约报价为 0.11193/0.11198。

6 月 1 日，CME 主力人民币/美元期货合约报价为 0.15689/0.15694，主力人民币/欧元期货合约报价为 0.11710/0.11705。

6 月 1 日，即期汇率为 1 美元 = 6.3725 元人民币；1 欧元 = 8.5766 元人民币。

问：（1）该国内企业面临何种外汇风险？

（2）该国内企业可以以哪些方式规避相关风险？

（3）该企业应如何利用 CME 期货交易所的人民币/美元期货合约及人民币/欧元期货合约进行套期保值？

参考答案及解析

一、单选题

1. A　　2. C　　3. A　　4. C　　5. C　　6. B　　7. B　　8. A
9. B　　10. C

二、多选题

1. ACD　　2. AC　　3. AC　　4. ABC　　5. ABC　　6. BD
7. ABCD

三、判断题

1. 错　　2. 错　　3. 错　　4. 错　　5. 错　　6. 错　　7. 错
8. 错　　9. 对　　10. 错　　11. 对　　12. 对　　13. 对

四、计算题

参考答案及解析：

$$\frac{\text{USD}}{\text{CNY}} = 6.8742 \times \left(\frac{1 + 4.4544\% \times 31/360}{1 + 0.29267\% \times 31/360} \right) = 6.8988$$

五、综合题

1. **参考答案及解析：**

（1）该企业面临远期人民币兑欧元贬值的风险。

（2）根据银行3个月远期欧元兑人民币的报价：8.9176/8.9622，客户在同银行签订了远期合同后，便可于3个月后按1欧元兑8.9622元人民币的价格向银行卖出8 962 200元人民币，同时换入1 000 000欧元用以支付货款。一旦此笔交易成交，则3个月后无论即期外汇市场欧元兑人民币的汇率如何变化，客户都将按该合同价格进行交割。这样，客户便可按1欧元兑8.9622元人民币的汇价固定其换汇成本，从而起到货币保值的作用（见下表）。

远期交易过程

	汇率（美元/人民币）	合同金额	折合人民币
5月1日签订进口合同	签订合同时即期汇率：8.9514	1 000 000 欧元	8 951 400 元
5月1日开展远期结售汇业务	远期结售汇业务3个月远期汇率：8.9622	1 000 000 欧元	8 962 200 元
8月1日合同到期收汇	8月1日即期汇率：9.5682	1 000 000 欧元	9 568 200 元

（3）与不进行套期保值相比，利用远期外汇交易进行套期保值使企业少支付货款606 000元（即9 568 200 – 8 962 200）。

2. **参考答案及解析：**

（1）首先需要分析企业的收支结构（见下表）。

该企业的收支结构

6月1日	应付账款	应收账款
	1 000 万美元（引进设备）	1 500 万欧元（出口货物）

根据企业的收支结构可以看出，若美元升值，则该企业将为1 000万美元的设备支出更多人民币；若欧元贬值，则该企业收到的1 500万欧元货款后所能兑换的人民币将会减少。所以该企业所面临的汇率风险是：美元升值及欧元贬值。

（2）该企业可以选择以下方式规避相关风险：①人民币/美元期货和人民币/欧元期货；②人民币/美元期权和人民币/欧元期权；③人民币/美元汇率掉期和人民币/欧元汇率掉期。

（3）该企业可以利用CME集团下的人民币/美元期货进行空头套期保值，以规避人民币兑美元贬值风险；同时，利用人民币/欧元期货进行多头套期保值，以规避人民币兑欧元升值预期。

①空头套期保值：卖出（做空）人民币/美元期货。考虑到6月1日将交付美元货款，因此，在3月1日，该企业选择CME期货交易所人民币/美元期货合约进行卖出套期保值，交易数量为64手，成交价为0.15836（见下表）。

卖出套期保值相关计算

	套期保值相关计算
期货合约面值	100 万元人民币
需进行风险管理的头寸	1 000 万美元
卖出期货合约的手数	1 000/0.15836/100 = 63.15（手）≈ 64（手）

6月1日，人民币即期汇率变为1美元 = 6.3725元人民币，该企业买入平仓人民币/美元期货合约64手，成交价为0.15694（见下表）。

套期保值效果评估

	损益计算
期货市场损益	64 手 ×100 万元人民币 × （0.15836 − 0.15694）= 9.088（万美元） 利用 6 月 1 日人民币即期汇率可计算对应的人民币损益 = 90 880 美元 × 6.3725 = 57.91（万元）
现货市场损益	1 000 ×（6.3347 − 6.3725）= −37.80（万元）
套期保值后总损益	57.91 − 37.80 = 20.11（万元）

可以看出，该企业通过卖出人民币/美元期货合约进行套期保值，在外汇期货市场上获得了 57.91 万元人民币的收益，弥补了该企业的损失，较好地实现了对冲美元外汇风险敞口的目标。

②多头套期保值：买入（做多）人民币/欧元期货。考虑到 6 月 1 日将收取欧元货款，因此，在 3 月 1 日，该企业选择 CME 期货交易所的人民币/欧元期货合约进行买入套期保值，交易数量为 134 手，成交价为 0.11198（见下表）。

买入套期保值相关计算

	套期保值相关计算
期货合约面值	100 万元
需进行风险管理的头寸	1 500 万欧元
买入期货合约的手数	1 500/0.11198/100 = 133.95（手）≈ 134（手）

6 月 1 日，人民币即期汇率变为 1 欧元 = 8.5766 元人民币，该企业卖出平仓 6 月份人民币/欧元期货合约 134 手，成交价为 0.11710（见下表）。

套期保值效果评估

	损益计算
期货市场损益	134 手 ×100 万元人民币 ×（0.11710 − 0.11198）= 68.61（万欧元） 利用 6 月 1 日人民币即期汇率可计算对应的人民币损益 = 68.61 万欧元 × 8.5766 = 588.44（万元）
现货市场损益	1 500 ×（8.5766 − 8.8932）= −474.90（万元）
套期保值后总损益	588.44 − 474.90 = 113.54（万元）

可以看出，该企业通过买入人民币/欧元期货合约进行套期保值，在外汇期货市场上获得了 588.44 万元人民币的收益，弥补了该企业的损失，较好地实现了对冲欧元外汇风险敞口的目标。

第六章 外汇投机交易

一、单选题

1. 期货（   ）是指在期货市场上以获取价差收益为目的的期货交易行为。期货交易实行保证金制度，即交易者可以用少量资金做数倍于其资金的交易，以此获取高额利润的机会。

    A. 投机　　　　B. 套期保值　　　C. 投资　　　　D. 保值增值

2. 在期货市场中占比最大的交易行为是（   ）。

    A. 套期保值　　B. 投机　　　　　C. 套利　　　　D. 投资

3. 一般而言，风险最大的交易行为是（   ）。

    A. 套期保值　　B. 套利　　　　　C. 投机　　　　D. 无法判断

4. 不属于期货投机作用的是（   ）。

    A. 转移价格风险　　　　　　　　B. 促进价格发现
    C. 减缓价格波动　　　　　　　　D. 提高市场流动性

5. 外汇投机交易的特点不包括（   ）。

    A. 全球性　　　B. 杠杆性　　　　C. 高流动性　　D. 投资性

6. 制定外汇投机策略的重点要素不包括（   ）。

    A. 基本面分析　　　　　　　　　B. 技术面分析
    C. 止盈和止损　　　　　　　　　D. 计算买卖数量

7. 止损的方法不包括（   ）。

    A. 回撤止损法　　　　　　　　　B. 均线止损法
    C. 技术形态止损法　　　　　　　D. 时间止损法

8. 图表分析法是属于（   ）。

    A. 基本面分析　　　　　　　　　B. 技术面分析
    C. 长线分析　　　　　　　　　　D. 短线分析

9. 基本面分析需要考虑的因素不包括（   ）。

    A. 各国经济增长率　　　　　　　B. 各国通货膨胀率
    C. 各国利率　　　　　　　　　　D. 一年内价格最高点

10. 技术分析的方法不包括（   ）。

A. K线理论　　　　　　　　　B. 购买力平价
C. 波浪理论　　　　　　　　　D. 布林通道

11. 当5天移动平均线向上击穿10天移动平均线时，一般市场会理解为发出（　　）信号。
   A. 买入　　　B. 卖出　　　C. 观望　　　D. 无法判断

12. 制作交易计划书的目的不包括（　　）。
   A. 守住盈利　　　　　　　　　B. 吸取历史经验
   C. 观察市场走势　　　　　　　D. 养成交易纪律

13. 期货投机的准备工作不包括（　　）。
   A. 充分了解期货合约　　　　　B. 制订交易计划
   C. 设定盈利目标和亏损程度　　D. 确定投入资金

14. 一般来说，做市商赚取利润的途径是（　　）。
   A. 价格波动　　B. 买卖价差　　C. 资讯提供　　D. 会员收费

15. 假设在外汇期货交易中，买方的报价为1.3000，卖方的报价为1.2990，根据撮合竞价的方式，最终的成交价为（　　）。
   A. 1.3000　　B. 1.2990　　C. 1.2995　　D. 无法成交

16. 交易者需要了解的外汇交易平台细则不包括（　　）。
   A. 监管机构　　B. 交易成本　　C. 平台稳定性　　D. 法人代表

17. 交易者在进行交易的过程中，下单的价格与最后成交的价格有差距，这种情况被称为（　　）。
   A. 逼仓　　　B. 滑点　　　C. 跳空　　　D. 挤仓

二、多选题

1. 期货投机者可以根据（　　）来划分。
   A. 按交易主体的不同　　　　　B. 按持有头寸的方向
   C. 按持仓时间　　　　　　　　D. 按是否有特定到期日

2. 期货投机者的作用主要有（　　）。
   A. 承担价格风险　　　　　　　B. 促进价格发现
   C. 减缓价格波动　　　　　　　D. 提高市场流动性

3. 按持有头寸方向来划分，投机者可以分为（　　）。
   A. 多头投机者　　　　　　　　B. 空头投机者
   C. 长线投机者　　　　　　　　D. 短线投机者

4. 按持仓时间划分，投机者可以分为（　　）。
   A. 长线交易者　　　　　　　　B. 短线交易者

C. 当日交易者 D. 日内交易者

5. 为了做好外汇期货投机，准备工作包括（　　）。

A. 了解期货合约 B. 制定交易机会

C. 设定盈利目标和亏损限度 D. 做好程序化交易准备

6. 技术分析的基本假设有（　　）。

A. 市场行为涵盖一切信息 B. 价格以趋势方式演变

C. 历史会重演 D. 市场价格不合理

7. 从技术分析来讲，买入信号有（　　）。

A. 5日移动平均线向上击穿10日移动平均线

B. 5日移动平均线向下击穿10日移动平均线

C. 10日移动平均线向上击穿20日移动平均线

D. 10日移动平均线向下击穿30日移动平均线

8. 布林通道由（　　）组成。

A. 移动平均线　　B. 下轨道线　　C. 上轨道线　　D. 阻力线

9. 在计算机撮合成交中，决定最新成交价的价格有（　　）。

A. 买入价 B. 卖出价

C. 1分钟平均价 D. 前一成交价

10. 下列（　　）属于美国期货委员会（NFA）监管要求。

A. 财务要求 B. 行业道德标准

C. 会员资格要求 D. 每日递交电子报表

三、判断题

1. 投机行为会对相关期货市场价格产生影响，从而扭曲期货市场价格。（　　）

2. 在外汇期货交易中，保证金要求越低，则杠杆越低，风险也就越小。（　　）

3. 投机行为和套期保值行为在本质上是相同的。（　　）

4. 投机交易是零和交易，造成了部分市场投资者的损失，因此会降低市场流动性。（　　）

5. 外汇市场因为流动性较高，所以不适合技术分析者进行交易。（　　）

6. 做市商是外汇现货市场的报价者，与交易者进行买卖方向相同的交易。（　　）

7. 外汇实盘交易是指保证金制度下的外汇交易。（　　）

8. 银行间市场是指个人投资者在银行柜台进行买卖外汇的市场。（　　）

9. 在计算机撮合交易中，当买入价高于卖出价时，最新成交价是卖出价。（　　）

10. 波浪理论主要由最高价、最低价、开盘价和收盘价构成。（　　）

11. 布林通道是由移动平均线和波动的标准差决定的。（　　）

12. 在投机交易中，交易中不需要设置止盈策略。（   ）
13. 交易计划书的准备方法因人而异。（   ）
14. 对于不同做市商而言，点差是固定的。（   ）
15. 美国期货委员会（NFA）和美国商品期货交易委员会（CFTC）是美国外汇交易平台的监管机构。（   ）

参考答案及解析

一、单选题

1. A   2. B   3. C   4. C   5. D   6. D   7. D   8. B
9. D   10. B   11. A   12. A   13. D   14. B   15. B   16. D
17. B

二、多选题

1. ABC   2. ABCD   3. AB   4. ABCD   5. ABC   6. ABC
7. AC   8. ABC   9. ABD   10. ABCD

三、判断题

1. 错   2. 错   3. 错   4. 错   5. 错   6. 错   7. 错
8. 错   9. 错   10. 错   11. 对   12. 错   13. 对   14. 错
15. 对

第七章 外汇套利及套汇交易

一、单选题

1. 假设现在投资者面临两种选择，第一种是以 100% 概率获得 40 元，第二种以 50% 概率获得 100 元同时以 50% 概率获得 0 元。在两种选择中，投资者选择了第一种，那么此投资者是（   ）。
   A. 风险厌恶 B. 风险偏好
   C. 风险中性 D. 无法判断

2. 风险中性者的效用函数图是（   ）。
   A. 凹函数曲线 B. 凸函数曲线
   C. 直线 D. 无法判断

3. 假设当前投资某资产的市场价格为 110 元。1 个月后的价格具有两种可能性，或者上涨到 150 元，或者下跌到 90 元。假设当前利率为 0，那么此投资资产上涨风险中性概率是（   ）。
   A. 50% B. 33.3%
   C. 66.6% D. 由投资者的主观判断决定

4. 把理论的风险中性定价和现实市场定价联系起来的是（   ）。
   A. 市场供求 B. 套利力量
   C. 市场波动 D. 定价公式

5. 和一般投机交易相比，套利交易具有的特点是（   ）。
   A. 风险较小 B. 高风险高利润
   C. 保证金比例较高 D. 成本较高

6. 对于个人投资者而言，决定无套利区间的最重要因素是（   ）。
   A. 冲击成本 B. 交易成本
   C. 价格趋势 D. 期现价差

7. 套利交易是利用（   ）进行交易的获利行为。
   A. 单个合约的价格波动 B. 多个合约的价格相对波动
   C. 定价不合理性 D. 合约的绝对价格

8. 在同一市场中，同时买入或卖出同种商品不同交割月份的期货合约，以期合约间价差朝有利方向发展后平仓获利的交易行为被称为（　　）。

  A. 期现套利　　　　　　　　　　B. 跨期套利

  C. 跨市套利　　　　　　　　　　D. 跨品种套利

9. 假设当前期货价格高于现货价格，并超出了无套利区间，那么套利者可以进行（　　），等到价差回到正常时获利。

  A. 正向套利　　　　　　　　　　B. 反向套利

  C. 牛市套利　　　　　　　　　　D. 熊市套利

10. 假设交易者预期未来的一段时间内，近期合约的价格波动会大于远期合约的价格波动，那么交易者应该进行（　　）。

  A. 正向套利　　　　　　　　　　B. 反向套利

  C. 牛市套利　　　　　　　　　　D. 熊市套利

11. 在正向市场上，某投机者采用牛市套利策略，则他希望将来两份合约的价差（　　）。

  A. 扩大　　　　B. 缩小　　　　C. 不变　　　　D. 无规律

12. 假设当前3月和6月的欧元/美元外汇期货价格分别为1.3500和1.3510。10天后，3月和6月的合约价格分别变为1.3513和1.3528。如果1个点等于0.0001，那么价差发生的变化是（　　）。

  A. 价差扩大了5个点　　　　　　B. 价差缩小了5个点

  C. 价差扩大了13个点　　　　　 D. 价差扩大了18个点

13. 假设当前6月和9月的欧元/美元外汇期货价格分别为1.3050和1.3000，交易者进行熊市套利，卖出10手6月合约和买入10手9月合约。1个月后，6月合约和9月合约的价格分别变为1.3025和1.2990。每手欧元/美元外汇期货中一个点变动的价值为12.5美元，那么交易者的盈亏情况为（　　）。

  A. 亏损3 125美元　　　　　　　B. 亏损1 875美元

  C. 盈利3 125美元　　　　　　　D. 盈利1 875美元

14. 假设当前6月和9月的英镑/美元外汇期货价格分别为1.5255和1.5365，交易者进行牛市套利，买入10手6月合约和卖出10手9月合约。1个月后，6月合约和9月合约的价格分别变为1.5285和1.5375。每手英镑/美元外汇期货中一个点变动的价值为12.5美元，那么交易者的盈亏情况为（　　）。

  A. 亏损1 250美元　　　　　　　B. 亏损2 500美元

  C. 盈利1 250美元　　　　　　　D. 盈利2 500美元

15. 下面（　　）与其他三种的套利形式不同。

  A. 期现套利　　　　　　　　　　B. 跨期套利

  C. 跨市套利　　　　　　　　　　D. 套汇交易

16. 假设当前纽约市场对英镑/美元的报价为 1.5247 - 1.5249，伦敦市场对英镑/美元的报价为 1.5251 - 1.5253，那么对当前市场套汇交易描述正确的是（   ）。

   A. 在纽约市场买入并在伦敦市场卖出套汇

   B. 在伦敦市场买入并在纽约市场卖出套汇

   C. 同时在两个市场买入套汇

   D. 同时在两个市场卖出套汇

17. 假设当前纽约市场对欧元/美元的报价为 1.3125 - 1.3127，伦敦市场对欧元/美元的报价为 1.3126 - 1.3128，那么对当前市场套汇交易描述正确的是（   ）。

   A. 在纽约市场买入并在伦敦市场卖出套汇

   B. 在伦敦市场买入并在纽约市场卖出套汇

   C. 同时在两个市场买入或卖出套汇

   D. 无套汇机会

18. 假设当前欧元/美元的报价为 0.8792 - 0.8794，美元/英镑的报价为 1.6235 - 1.6237，欧元/英镑的报价为 1.4371 - 1.4375，那么对当前市场套汇交易描述正确的是（   ）。

   A. 买入欧元/美元和美元/英镑，卖出欧元/英镑套汇

   B. 卖出欧元/美元和美元/英镑，买入欧元/英镑套汇

   C. 买入欧元/美元和欧元/英镑，卖出美元/英镑套汇

   D. 无套汇机会

19. 假设当前欧元/美元的报价为 0.8792 - 0.8794，美元/英镑的报价为 1.6239 - 1.6241，欧元/英镑的报价为 1.4371 - 1.4375，那么对当前市场套汇交易描述正确的是（   ）。

   A. 买入欧元/美元和美元/英镑，卖出欧元/英镑套汇

   B. 卖出欧元/美元和美元/英镑，买入欧元/英镑套汇

   C. 买入欧元/美元和欧元/英镑，卖出美元/英镑套汇

   D. 无套汇机会

二、多选题

1. 套利交易和投机交易的区别有（   ）。

   A. 风险不同   B. 方向不同   C. 品种不同   D. 成本不同

2. 交易者从事套利活动的特点有（   ）。

   A. 风险小   B. 成本低   C. 周期短   D. 易于操作

3. 套利交易包括（   ）。

   A. 期现套利   B. 跨期套利   C. 跨市套利   D. 跨品种套利

4. 套利交易中所面临的风险包括（　　）。

A. 交易风险　　　　　　　　　　　B. 配对风险

C. 交易对手风险　　　　　　　　　D. 流动性风险

5. 根据交易者在市场中所建立的交易部位不同，跨期套利一般分为（　　）。

A. 近月套利　　B. 牛市套利　　C. 熊市套利　　D. 远月套利

6. 一般来说，跨期套利的策略有（　　）。

A. 正向市场牛市套利　　　　　　　B. 正向市场熊市套利

C. 反向市场牛市套利　　　　　　　D. 反向市场熊市套利

7. 正向市场牛市套利的市场特征有（　　）。

A. 供给过旺，需求不足

B. 近期合约价格高于远期合约价格

C. 近期月份合约价格上升幅度大于远期月份和约

D. 近期月份合约价格下降幅度小于远期月份和约

8. 正向市场熊市套利的市场特征有（　　）。

A. 现货价格高于期货价格

B. 只要价差扩大，就可获利

C. 只要价差缩小，就可获利

D. 远期合约价格相对于近期合约跌幅较小

9. 以下对蝶式套利原理和主要特征的描述正确的有（　　）。

A. 实质上是同种商品跨交割月份的套利活动

B. 由两个方向相反共享居中交割月份合约的跨期套利组成

C. 蝶式套利必须同时下达三个买卖的指令

D. 风险和利润都很大

10. 假设当前在纽约市场欧元/美元的报价是 1.2985 – 1.2988，那么当欧洲市场的报价为（　　）时，两个市场间存在套汇机会。

A. 1.2986 – 1.2989　　　　　　　　B. 1.2988 – 1.2990

C. 1.2983 – 1.2984　　　　　　　　D. 1.2989 – 1.2991

三、判断题

1. 风险厌恶者是指厌恶风险的人。对于风险资产，风险厌恶者会要求风险溢价补偿风险。　　　　　　　　　　　　　　　　　　　　　　　　　　　　　（　　）

2. 对于不同风险偏好的人来说，对资产的风险定价不同，因此资产的市场定价有多种方式。　　　　　　　　　　　　　　　　　　　　　　　　　　　　（　　）

3. 正向市场是远月合约价格大于近月合约价格的市场。　　　　　　　（　　）

4. 交易者进行套利时，关注的是合约价格的绝对水平。（   ）
5. 套利行为有助于期货价格与现货价格、不同合约间价格的合理价差关系的形成。（   ）
6. 套利者往往先买进或卖出一份合约，再做相反操作，先后扮演多头和空头的双重角色。（   ）
7. 计算跨期套利交易建仓时的价差时，应该用近期合约的价格减去远期合约的价格。（   ）
8. 无论是正向市场还是反向市场，熊市套利的做法都是卖出近期合约的同时买入远期合约。（   ）
9. 蝶式套利与普通的跨期套利有相似之处，都认为同一商品不同交割月份之间的价差出现了不合理的情况。（   ）
10. 为了鼓励套利交易，交易所对套利的要求一般比投机要低。（   ）
11. 跨品种套利大都运用在商品期货市场中，在外汇期货市场中较少运用。（   ）
12. 套汇交易是利用不同市场报价的偏差来进行套利的，由于交易者对无套利区间的判断不同，套汇机会是否存在对于每个交易者也不同。（   ）
13. 套汇交易属于高风险交易。（   ）
14. 买卖价差的存在使得套汇交易更加困难。（   ）
15. 套汇交易中分为直接套汇和间接套汇。直接套汇是在两个外汇品种间进行套汇，而间接套汇是在三个外汇品种间进行套汇。（   ）
16. 因为套汇交易是无风险的，所以套汇机会很少出现。（   ）
17. 套汇交易大都通过银行柜台的买卖来实现。（   ）
18. 套汇交易通常需要交易者持有一定时间的头寸。（   ）
19. 交叉汇率是指两种非美货币之间通过这两种货币兑美元的汇率，计算出两者之间的汇率。（   ）
20. 交叉汇率的买卖价差通常比较小。（   ）

四、计算题

1. 假如在1月15日，交易者发现3月、6月和9月的欧元/美元期货价格分别为1.3150、1.3170、1.3180。交易者认为3月和6月的价差会缩小而6月和9月的价差会扩大。所以交易者卖出50手3月的欧元/美元期货合约，又买入100手6月合约，卖出50手9月的合约。到了1月30日，3月、6月和9月的欧元/美元期货价格分别为1.3139、1.3165、1.3168。交易者同时将三个合约平仓，从而完成套利交易，如果每手欧元/美元外汇期货中一个点变动的价值为12.5美元，那么交易者的最终盈利是多少？

2. 假设当前市场中,欧元/美元的报价为 1.3186 – 1.3187,英镑/美元的报价为 1.5155 – 1.5157,欧元/英镑的报价为 0.8697 – 0.8699,那么市场上是否存在三角套汇的机会?

五、综合题

1. 假如在 1 月 15 日,交易者发现 3 月、6 月和 9 月的欧元/美元期货价格分别为 1.3082、1.3095、1.3110。交易者根据对市场的判断,卖出 50 手 3 月的欧元/美元期货合约,又买入 100 手 6 月合约,卖出 50 手 9 月的合约。到了 1 月 30 日,3 月、6 月和 9 月的欧元/美元期货价格分别为 1.3060、1.3087、1.3099。欧元/美元期货的每点价值为 12.5 美元,交易者同时将三个合约平仓,从而完成套利交易,请问:

(1) 交易者这种操作策略是什么?
(2) 这种策略在市场价格如何变化时将会获利?
(3) 交易者最终的总盈亏是多少?

2. 假设现在外汇交易商对欧元/美元的报价为 1.3200 – 1.3201,英镑/美元的报价为 1.5130 – 1.5131,欧元/英镑的报价为 0.8726 – 0.8727,请问:

(1) 根据此外汇交易商的报价,交易者可以通过什么策略获得无风险收益?
(2) 交易者应该如何具体操作获得无风险收益?
(3) 交易商应该如何修改报价,从而使报价中不存在无风险套利的机会?

参考答案及解析

一、单选题

1. A   2. C   3. B   4. B   5. A   6. B   7. B   8. B
9. A   10. C   11. B   12. A   13. D   14. D   15. D   16. A
17. D   18. A   19. A

二、多选题

1. ABCD   2. AB   3. ABCD   4. ABCD   5. BC   6. ABCD
7. CD   8. BD   9. ABC   10. CD

三、判断题

1. 对   2. 错   3. 对   4. 错   5. 对   6. 错   7. 错

8. 对	9. 对	10. 对	11. 对	12. 错	13. 错	14. 对
15. 对	16. 对	17. 错	18. 错	19. 对	20. 错

四、计算题

1. 参考答案及解析：

欧元/美元期货的每点价值为12.5美元，那么具体情况如下表：

1月15日	卖出50手3月欧元/美元期货合约，价格为1.3150	买入100手6月欧元/美元期货合约，价格为1.3170	卖出50手9月欧元/美元期货合约，价格为1.3180
1月30日	买入50手3月欧元/美元期货合约，价格为1.3139	卖出100手6月欧元/美元期货合约，价格为1.3165	买入50手9月欧元/美元期货合约，价格为1.3168
各自盈亏情况	亏损11个点	盈利5个点	亏损12个点
最终结果	12.5×50×（−11）+12.5×100×5+12.5×50×（−12）=−8 125（美元）		

2. 参考答案及解析：

我们从货币对欧元/美元出发，检验是否存在套汇机会（见下表）。

货币对	买价	卖价	组合方法	组合买价	组合卖价
欧元/美元	1.3140	1.3143	买€/£ 买£/$	0.8697×1.5155=1.3180	0.8699×1.5157=1.3185

因为组合卖价低于欧元/美元的买价，所以市场存在套汇机会。具体操作是：买入英镑/美元和欧元/英镑，卖出欧元/美元。

五、综合题

1. 参考答案及解析：

（1）这种套利策略被称为蝶式套利，即同时买入（卖出）近月和远月合约，并相应地卖出（买入）中间月份的合约。

（2）当近月和中间月合约价差以及中间月价差和远月价差变化不一致，且朝交易者买卖有利方向扩大时策略将会获利。

（3）欧元/美元期货的每点价值为12.5美元，那么总盈利情况如下表：

1月15日	卖出50手3月欧元/美元期货合约，价格为1.3082	买入100手6月欧元/美元期货合约，价格为1.3095	卖出50手9月欧元/美元期货合约，价格为1.3110
1月30日	买入50手3月欧元/美元期货合约，价格为1.3060	卖出100手6月欧元/美元期货合约，价格为1.3087	买入50手9月欧元/美元期货合约，价格为1.3099
各自盈亏情况	盈利22个点	亏损8个点	盈利11个点
最终结果	总盈利=12.5×50×22−12.5×100×7+12.5×50×11=11 875（美元）		

2. **参考答案及解析：**

（1）交易者可以通过交易所报价的不合理及套汇交易来获得无风险收益。根据此交易商的报价，我们从欧元/美元的角度来观察是否存在套汇机会（见下表）。

货币对	买价	卖价	组合方法	组合买价	组合卖价
英镑/美元	1.3200	1.3201	买 €/£ 买 £/$	0.8726 × 1.5130 = 1.3202	0.8727 × 1.5131 = 1.3204

（2）因为组合买价的报价比原始报价的卖价高，所以存在套汇机会，可以通过套汇交易来获取无风险收益。

（3）交易者可以通过买入欧元/美元，卖出欧元/英镑和卖出英镑/美元来进行套汇操作。交易商可以通过修改三个货币对报价中的任意一个，使得另外两个的组合买价报价不会高于原始货币对的卖价报价，使得市场交易者不能通过买入原始货币对并卖出组合货币对来获得无风险收益，以此消除套汇机会。例如修改欧元/美元的原始报价为 1.3201 – 1.3202。

第八章 外汇期货在资产组合管理中的应用

一、单选题

1. 1952 年（   ）发表了资产组合理论，正式提出用收益方差来描述资产风险的概念，开启了金融问题定量研究的先河。

   A. 法玛 B. 马科维茨
   C. 希克斯 D. 希莱克和斯科尔斯

2. 在马科维茨资产组合理论中，证券的收益和风险可用随机变量的（   ）和（   ）来表示。

   A. 数学期望；方差 B. 方差；数学期望
   C. 数学期望；均值 D. 方差；均值

二、判断题

1. 对风险与收益的量化以及对资产组合效用的分析，是构建资产组合时首先要考虑的一个前提。（   ）

2. 一个投资者在有效边界上具体选择哪一个投资组合，依赖于其回避风险的程度。（   ）

参考答案及解析

一、单选题

1. B   2. A

二、判断题

1. 对   2. 对

第九章 外汇及其衍生品在风险管理中的应用

一、单选题

1. 外汇掉期的定义是（　　）。
A. 在不同日期的两笔外汇交易，交易的货币相同，数量近似相等，一笔是外汇的买入交易，另一笔是外汇的卖出交易
B. 在同一交易日买入和卖出数量近似相等的货币
C. 即期买入一种货币，同时买入另一种货币的远期合约
D. 双方约定在未来某一时刻按约定的汇率买卖外汇

2. 通常来说，在具体的经营活动中，以下（　　）不是企业解决外部风险的方法。
A. 降低风险　　　　　　　　B. 无视风险
C. 分担风险　　　　　　　　D. 规避风险

3. 包含于汇率掉期交易组合的是（　　）。
A. 外汇即期交易 + 外汇远期交易
B. 外汇即期交易 + 外汇即期交易
C. 外汇期货交易 + 外汇期货交易
D. 外汇期货交易 + 外汇即期交易

4. 汇率掉期交易的特点不包括（　　）。
A. 通常属于场外衍生品
B. 期初基本不改变交易者资产规模
C. 能改变外汇头寸期限
D. 通常来说，汇率掉期期末交易时汇率无法确定

5. 以下适合使用汇率掉期进行管理远期汇率波动的风险情况是（　　）。
A. 企业有外汇应收款和应付款并存的时候
B. 企业需要贷款人民币
C. 企业需要降低经营风险
D. 企业需要"零成本"的外汇风险管理工具

6. 以下（　　）属于汇率掉期在风险管理运作中改变外汇头寸期限的情形。

A. 10月1日公司收入10万欧元，因延期至11月1日收入，通过汇率掉期锁定1个月之后的欧元/人民币汇率价格

B. 11月1日公司收入10万美元，通过汇率掉期锁定2个月之后的欧元/人民币汇率价格

C. 9月1日公司收入10万欧元，8月1日通过外汇期货进行风险管理

D. 12月1日公司应收入10万美元，但因某些因素延迟至12月20日收入该笔款项

7. 以下（　　）是不需要在使用汇率掉期工具进行风险管理前考虑的。

A. 企业外汇头寸结构　　　　B. 企业外汇头寸期限

C. 企业管理层会议　　　　　D. 企业对外汇市场的预期

8. 以下（　　）不属于外汇互换和汇率掉期的差异。

A. 期限不同，外汇互换通常为1年期以上交易，汇率掉期通常为1年内交易

B. 交换内容不同，外汇互换比汇率掉期多互换各自货币的利率

C. 外汇互换不具备锁定远期汇率价格的能力

D. 外汇互换交易在除了期初和期末的交易期内涉及现金流互换，汇率掉期在除了期初和期末的交易期内一般没有现金流互换

9. 以下（　　）是外汇互换工具可以实现的作用。

A. 增加外汇波动风险

B. 降低外汇资金借贷成本

C. 实现权责分离

D. 实现外汇盈利

10. 以下（　　）不是外汇期权标准化合约所必须有的内容。

A. 执行方式　　　　　　　　B. 标的资产和合约规模

C. 到期日　　　　　　　　　D. 期权价格

11. 外汇期权本身包含的价值是（　　）。

A. 内在价值和时间价值　　　B. 内在价值和外在价值

C. 外在价值和时间价值　　　D. 外在价值和交换价值

12. 以下（　　）属于使用外汇期权进行风险管理的时候需要做的准备工作。

A. 对未来汇率走势有预先判断　　B. 调整经营策略

C. 无须准备　　　　　　　　　　D. 调整外汇头寸

13. 外汇期权是一种（　　）衍生品。

A. 权利和义务相结合的　　　B. 权利和义务分离的

C. 不包含时间价值的　　　　D. 只用于投机的

14. 一般来说，以下（　　）不属于外汇期权组合可以实现的功能。

A. 期权组合后费用接近 0　　　　　　B. 套利

C. 增加汇率波动风险　　　　　　　　D. 降低风险管理成本

15. 某公司为一家国内运动服装生产公司，因公司整体规划发生部分改变，该公司管理层希望能够多开拓一些海外市场。4 月，该公司在法国竞标一个项目，须在 6 月才能够确定项目是否中标。但是竞争该项目的其他对手和该运动服装生产公司具有相似的实力，该公司没有把握能够竞争到该项目。该公司同时担忧，一旦中标之后须先支付 30 万欧元，而在当年 1 月至 4 月，外汇市场欧元/美元汇率走势并不稳定，波动范围在 1.2500～1.4500 之间。对于这样的情况，以下（　　）与外汇相关的工具可以规避项目不确定性以及欧元汇率波动的风险。

A. 外汇现货　　　　　　　　　　　　B. 外汇期货

C. 仅外汇远期合约　　　　　　　　　D. 外汇期权

16. 以下（　　）不是在运用外汇及其衍生品工具的时候需要注意的风险。

A. 信用风险　　B. 流动性风险　　C. 法律风险　　D. 经营风险

17. 某进出口公司欧元收入被延迟 1 个月，为了规避 1 个月之后的欧元汇率波动风险，该公司决定使用外汇衍生品工具进行风险管理，以下不适合的是（　　）。

A. 外汇期权　　B. 汇率掉期　　C. 外汇互换　　D. 外汇期货

18. 以下（　　）不是防范外汇及其衍生品交易时需要面临的风险。

A. 选择合适的交易对手　　　　　　　B. 注意条约条款

C. 随意选择交易平台　　　　　　　　D. 做好事先风险管理

19. 单纯做外汇期权买方或卖方，不进行相关组合的话，会有什么样的问题？以下不正确的是（　　）。

A. 期权费用可能较高

B. 外汇期权卖方需要时刻注意汇率波动方向，因为外汇期权价格非线性变动

C. 只要有对应的外汇标的资产，无须担心外汇期权卖方，不会产生任何风险

D. 外汇期权买方持有时间过长有损失期权时间价值的可能

二、多选题

1. 以下（　　）不属于外汇互换和汇率掉期的共同点。

A. 本金互换　　　　　　　　　　　　B. 货币利率互换

C. 均只含即期交易　　　　　　　　　D. 都属于外汇衍生品

2. 一般来说，汇率掉期可以管理的与外汇相关的风险包括（　　）。

A. 管理未来外汇收支　　　　　　　　B. 管理外汇头寸

C. 管理同种货币的期限　　　　　　　D. 管理外汇交易风险

3. 汇率掉期交易的组成包括（　　）。

A. 外汇即期交易 + 外汇远期交易

B. 外汇即期交易 + 外汇即期交易

C. 外汇远期交易 + 外汇远期交易

D. 外汇期货交易 + 外汇即期交易

4. 以下（　　）情况适合使用汇率掉期工具来管理汇率风险。

A. 某进出口公司遭遇海外公司延期两个月支付的 100 万欧元，为了规避远期欧元汇率波动风险，须采取对应措施

B. 某公司外汇头寸以美元为主，为了在欧洲开拓短期业务，向银行贷了 100 万欧元，约定 3 个月后按照当时的欧元/美元汇率还等值的美元。公司为了规避远期欧元/美元汇率波动风险，须采取对应措施

C. 某制造业公司在海外有多个项目，自身拥有外汇应付和应收款项，为了规避汇率波动，须采取对应措施

D. 某金融机构为了获取外汇投机收益，需要使用外汇衍生品工具进行投机

5. 以下（　　）情况适合用外汇互换来进行风险管理。

A. 持有期限为 3 年的欧元负债，为了规避持有期欧元/人民币汇率波动，进行相关的风险管理措施

B. 持有期限为 5 年的日元负债，为了规避日元汇率波动，降低日元贷款成本，进行相关风险管理措施

C. 某金融机构持有期限为 3 年的美元债券，为了规避人民币持续升值对未来形成可能的汇兑损失影响，进行相关风险管理措施

D. 某制造业公司在竞争某欧元项目，3 个月之后知道是否中标，为了规避远期欧元汇率波动以及项目是否中标的不确定性因素，进行相关风险管理措施

6. 以下（　　）包含在外汇期权标准化合约内。

A. 执行价格
B. 期权类型
C. 期权执行方式
D. 期权价格
E. 期权手续费
F. 到期日

7. 以下（　　）适合使用外汇期权作为风险管理手段。

A. 某进出口公司和海外制造企业签订贸易协议，约定在 2 个月后该进出口公司卖出 20 万美元的货物，为了规避 2 个月后因人民币升值导致 20 万美元收入出现因汇兑损失的情况，须采取相关的风险管理措施

B. 某软件公司在欧洲竞标一个项目，2 个月之后知道是否中标，为了规避远期欧元汇率波动以及项目是否中标的不确定性因素，采取相关的风险管理措施

C. 某公司因业务开发，向银行贷款期限为 3 年的欧元负债，为了规避持有期欧元/人民币汇率波动，采取相关的风险管理措施

D. 某金融机构持有一定规模的美元资产，预期3个月之后能够获得100万美元收入，为了规避远期人民币升值带来的可能的汇兑损失，采取相关的风险管理措施

8. 一般来说，外汇衍生品具有以下（　　）风险。
  A. 信用风险　　　　　　　　　B. 流动性风险
  C. 会计风险　　　　　　　　　D. 经营风险
  E. 法律风险

9. 防范外汇及其衍生品工具带来的可能的风险措施包括（　　）。
  A. 选择合适的交易对手
  B. 注意条约条款
  C. 选择合适的交易平台或第三方中介
  D. 做好事先风险管理

三、判断题

1. 汇率掉期能够调整外汇头寸期限。　　　　　　　　　　　　　（　　）
2. 外汇期权组合可以做到接近"零成本"，外汇期权又是风险管理工具，故"零成本"的外汇期权组合是没有风险的。　　　　　　　　　　　（　　）
3. 进行外汇方面的风险管理时，可以利用外汇衍生品不同的特点进行组合搭配设计一套风险管理方案。　　　　　　　　　　　　　　　　　（　　）
4. 对于外汇风险管理而言，对未来汇率市场的预期判断是进行风险管理的重要环节。　　　　　　　　　　　　　　　　　　　　　　　　　（　　）
5. 汇率掉期包含两种类型，即期对即期的掉期交易以及远期对远期的掉期交易。
　　　　　　　　　　　　　　　　　　　　　　　　　　　　（　　）
6. 汇率掉期可以调整外汇头寸结构，以此管理部分外汇风险。　（　　）
7. 汇率掉期通过改变自身资产规模来进行风险管理。　　　　　（　　）
8. 汇率掉期包括一份远期合约，故能够锁定远期汇率价格，从而在一定程度上规避汇率波动风险。　　　　　　　　　　　　　　　　　　　　（　　）
9. 外汇互换和汇率掉期实质是一样的。　　　　　　　　　　　（　　）
10. 外汇互换一般为1年期以上的交易，汇率掉期一般为1年以内的交易。
　　　　　　　　　　　　　　　　　　　　　　　　　　　　（　　）
11. 外汇互换可以对外汇资产或外汇债务进行风险管理。　　　（　　）
12. 某国内制造业公司因海外项目投资较大，向银行贷款欧元，为期3年。为了规避远期的汇率波动风险，该公司可以用外汇互换来规避汇率波动风险。（　　）
13. 外汇互换在特殊情况下还能够降低借贷成本。　　　　　　（　　）

14. 外汇期权在用于风险管理的时候是没有风险的。（ ）

15. 在运用外汇及其衍生品工具进行风险管理的时候不需要注意信用风险。

（ ）

四、计算题

1. 某进出口公司为了预防 3 个月后 200 万美元合同收入因人民币可能升值而造成的汇兑损失，寻求某金融机构做了一笔美元/人民币汇率掉期业务。双方约定：

（1）公司以即期美元/人民币汇率用人民币买美元，即卖出人民币，买入 200 万美元。

（2）同时公司购入美元/人民币 3 个月远期汇率合约，约定用美元买入人民币，即买入人民币，卖出 200 万美元。

某金融机构报价如下：

	买价/卖价（元/美元）
即期美元/人民币汇率	6.8500/6.8580
3 个月后的远期汇率报价	6.7900/6.8010

试问：在该笔汇率掉期业务中，此进出口公司在人民币头寸上是净支出还是净收入，金额为多少？

2. 某公司为一家仪器制造公司，8 月和德国一家贸易商达成一项贸易合约，约定在 2 个月后支付对方 50 万欧元的贸易货款。该仪器制造公司平时外汇储备多为美元，因此大多数其他外汇均用美元直接进行购买。面对未来欧元汇率的不确定性，该仪器制造公司决定使用外汇期权来规避 2 个月后欧元/美元汇率上涨风险。合同签订当日欧元/美元汇率为 1.3480，该公司于当日买入欧元/美元的看涨期权，执行价格为 1.3500，合约规模为 12.5 万欧元。某金融机构的报价见下表：

期权类型：欧式期权（美元/欧元）

看涨期权	执行价格	看跌期权
0.0247	1.3350	0.0084
0.0215	1.3400	0.0102
0.0186	1.3450	0.0123
0.0160	1.3500	0.0146
0.0136	1.3550	0.0172
0.0114	1.3600	0.0200
0.0095	1.3650	0.0230

请问：该公司应买入几手欧元/美元期权合约？期权费用一共是多少？

五、综合题

1. 国内某仪器制造公司之前主要业务在国内，随着国内经济发展以及对外贸易的繁荣发展，该仪器制造公司也逐渐开始开发海外市场。经过几年开发，该仪器制造公司和欧洲地区的贸易量最大，公司海外客户主要集中在欧洲。目前其外汇账户内以美元和欧元现汇为主。年初该仪器制造公司与德国某企业签订了价值约100万欧元的贸易合同，约定在5月底交付货物并在6月底支付该公司100万欧元。与法国一家贸易商达成一笔专利技术引进业务，约定在5月底买入价值约80万欧元的技术。出于各种原因，该公司未进行汇率方面的风险管理。

请问：(1) 该仪器制造公司可能面临哪些外汇风险？

到了5月底，欧元/人民币汇率从年初的9.50附近跌至5月中旬的8.70附近。公司管理层认为若施行套期保值，将产生一笔费用，增加财务成本。故仍然未做相关保值操作。最终，在6月底，随着希腊提出援助等不利消息传播，欧元/人民币汇率则跌至8.10附近。该公司收入的100万欧元产生了汇兑损失，若按照年初9.50的汇率来计算，该制造业公司在汇兑上的损失约人民币140万元。

请问：(2) 为了同时降低财务成本及该公司这笔业务所面临的外汇风险，公司可以使用何种外汇或其衍生品工具？

假设在5月底，某金融机构报价如下表：

	买价/卖价（元/欧元）
欧元/人民币即期汇率	8.6980/8.7060
欧元/人民币1个月远期汇率	8.6460/8.6535
欧元/人民币2个月远期汇率	8.6070/8.6170

请问：(3) 在5月底，如何利用汇率掉期的方法规避欧元/人民币下跌的风险？

2. 某总部在中国的跨国公司在海外拥有多个分支机构，每年主要涉及的外汇有美元、欧元和日元。该公司整体经营时以使用美元为主，故其外汇储备大部分为美元。年初该公司在法国准备开发新的市场，预期费用约50万欧元。4月底，该公司和法国一家设计公司协商关于转让法国公司部分专利技术事宜，两家企业在协商多日之后达成暂时的协议，约定在10月底完成相关的转让售卖操作，并完成支付50万欧元。

年初，随着欧元区经济逐渐好转，欧元开始逐渐升值，欧元/美元汇率从1.33附近运行至1.42附近。该跨国公司认为欧元已经见底，未来继续向上的概率比较大，因此为了预防10月底因欧元相对于美元升值而在汇兑方面多支付美元，该公司对这50万欧元进行了套保措施，在4月底买入6个月后到期的欧元/美元远期合约，约定以1.4250的价格买入50万欧元，支付对应的美元。

9月初，法国公司告知该中国公司，4月达成的暂时协议可能会被取消，另外一家德国企业可能出更高的价格购买其专利技术。经过协商,中国公司和德国公司共同竞争该专利技术,在10月下旬敲定该专利技术转卖给哪方。当时欧元/美元汇率在1.4030附近,并且欧元区出现一些危机事件,年初欧元升值趋势已经发生了变化。

为了应对此种情况,该公司决定使用外汇期权作为风险管理工具,请问:

(1) 该公司面临哪些外汇风险?

(2) 使用何种外汇风险管理工具才能规避公司面临的风险?

(3) 假设使用外汇期权实施风险管理,公司如何操作?在未来不同情况下如何应对?

某金融机构报价如下表:

欧元/美元期权类型:欧式期权(美元/欧元)

看涨期权	执行价格	看跌期权
0.0193	1.4000	0.0128
0.0166	1.4050	0.0151
0.0142	1.4100	0.0177
0.0121	1.4150	0.0205
0.0102	1.4200	0.0235
0.0085	1.4250	0.0268
0.0070	1.4300	0.0303

期权合约大小:12.5万欧元/手。

参考答案及解析

一、单选题

1. A 2. B 3. A 4. D 5. A 6. A 7. C 8. C
9. B 10. D 11. A 12. A 13. B 14. C 15. D 16. D
17. C 18. C 19. C

二、多选题

1. BC 2. ABC 3. AC 4. ABC 5. ABC 6. ABCF
7. ABD 8. ABE 9. ABCD

三、判断题

1. 对   2. 错   3. 对   4. 对   5. 错   6. 对   7. 错
8. 对   9. 错   10. 对   11. 对   12. 对   13. 对   14. 错
15. 错

四、计算题

1. 参考答案及解析：

公司即期买入200万美元，付出对应的人民币金额 = 6.8580 × 200万 = 1 371.6（万元）

3个月后公司按照远期合约约定，卖出200万美元，按照对应的远期汇率获得对应的人民币金额 = 6.7900 × 200万 = 1 358（万元）

该进出口公司在这笔业务中人民币头寸上的现金流 = -1 371.6 + 1 358 = -13.6（万元）

因此，通过这笔汇率掉期业务，该进出口公司在人民币头寸上为净付出，金额为13.6（万元）。

交易明细见下表：

时间	交易	
即期	买入：200万美元	卖出：1 371.6万元人民币
远期	卖出：200万美元	买入：1 358万元人民币
		支出：13.6万元人民币

2. 参考答案及解析：

因公司担心的是欧元/美元汇率上涨使得其使用欧元的成本增加，故而通过买入看涨期权，提前锁定50万欧元的2个月后远期汇率。

因为该外汇期权合约大小为12.5万欧元，而需要规避汇率波动风险的欧元头寸敞口为50万欧元，故应该买入4手（即50万 ÷ 12.5万）。

根据题目提示，该公司买入的欧元/美元期权执行价格为1.3500，看涨期权费用为0.0160美元/欧元，因此该公司付出的期权费用 = 0.0160 × 4 × 12.5万欧元 = 0.8万美元 = 8 000（美元）

所以该公司应买入4手欧元/美元期权合约。期权费用一共是8 000美元。

五、综合题

1. 参考答案及解析：

（1）因为该仪器制造公司与德国某企业签订了价值约100万欧元的贸易合同，约定支付该公司 100 万欧元，若一旦人民币兑欧元贬值，则该公司在支付的时候会"相对多付出"人民币，所以该公司面临的是人民币兑欧元贬值的风险。

（2）该公司可以使用外汇期权（人民币/欧元）来规避人民币/欧元贬值风险。同时可以进行相关外汇期权组合搭配，降低买入外汇期权的成本（例如：买入高执行价格的看跌期权，同时卖出低执行价格的看跌期权）。这样既可以规避相关外汇风险，也能够降低相关财务成本。不过值得注意的是，这样的组合搭配自身也可能会面临一定的风险。

（3）根据题干提供的条件，该仪器制造公司 5 月底买入 80 万元欧元的专利技术，并在 6 月底收入 100 万欧元，为了规避 1 个月后收入 100 万欧元造成的汇兑损失，并利用当期需要支付 80 万欧元的交易，该公司可以通过汇率掉期的方式用以规避相关风险。具体操作过程为：

①买入 100 万欧元，按照即期汇率支付对应的人民币。

支付的人民币金额 = 100 万欧元 × 8.7060 = 870.6（万元）

②同时签订 1 个月欧元/人民币汇率远期合约，以约定的汇率价格卖出 100 万欧元，获得对应的人民币金额。

远期该公司可以获得人民币金额 = 100 万欧元 × 8.6460 = 864.6（万元）

理论上，该公司通过这笔交易净支出 = 870.6 – 864.6 = 6（万元）。

时间	交易	交易
即期	买入：100 万欧元	卖出：870.6 万元人民币
一个月远期	卖出：100 万欧元	买入：864.6 万元人民币
		支出：6 万元人民币

该公司通过欧元/人民币汇率掉期，在即期买入了 100 万欧元，用这 100 万欧元中的 80 万欧元用以支付专利技术的引进，同时通过远期合约锁定了 1 个月之后的欧元/人民币汇率，避免 1 个月之后因人民币升值导致该公司的汇兑损失。

2. **参考答案及解析：**

（1）该本题中，中国公司面临的风险点在于未来这笔 50 万欧元的金额是否需要支出。因此，面临人民币相对于欧元贬值的风险以及是否需要支出 50 万欧元的不确定风险。

（2）因中国公司提前介入欧元/美元的远期汇率，若公司无须支付这 50 万欧元，则通过远期汇率锁定的欧元汇率很可能会给公司带来不必要的支出以及可能的汇兑损失。因此在该情况中，中国公司是需要使用外汇工具进行风险管理的。公司需要一种解决方案，能够帮助公司在欧元/美元汇率跌破 1.4250 之时化解可能的汇兑损失以及必须付出美元获得 50 万欧元的境况。因而，介入外汇期权或许是比较好的方法。不过，需要注意的是，因为前期外汇远期合约中约定的汇率价格高于即期的汇率价格水平,所以介入的期权属于价内期权,费用比平价或者价外期权要高。

根据前述,该公司使用外汇期权来规避相关风险,具体的操作为:买入欧元/美元看跌期权。

期权合约个数 = 50/12.5 = 4(手)

付出权利金买入执行价格为 1.4250 的看跌期权,期限为 2 个月。由金融机构报价得知,该期权价格为 0.0268 美元/欧元。因此该公司所付出的权利金总额 = 4 × 12.5 × 0.0268 = 1.34(万欧元)。

(3) 实施风险管理后,公司在未来不同情况下应对措施为:

①获得买入专项技术的资格:

欧元/美元汇率 > 1.4250,不行权,以约定的远期汇率买入 50 万欧元。减少欧元买入成本。

欧元/美元汇率 < 1.4250,行权,在现汇市场中以即期价格买入 50 万欧元,并以执行价格 1.4250 卖出 50 万欧元获得对应的美元,这其中的差额即为行权后的收益。然后按照之前外汇远期合约中约定的汇率 1.4250 购入 50 万欧元。

②没有获得买入专项技术的资格:

欧元/美元汇率 > 1.4250,不行权,以约定的远期汇率买入 50 万欧元,或用于公司外汇储备,或直接在现汇市场卖出 50 万欧元获得对应的美元,因为即期汇率高于买入的汇率,所以公司从这笔外汇交易中获得了额外的收益。

欧元/美元汇率 < 1.4250,可行权或不行权。不行权的话在交割前卖出该笔看跌期权即可,获得收益可用来弥补以 1.4250 汇率购入 50 万欧元所需要的美元成本。行权也可以,在看跌期权中获得的收益同样可以弥补购入 50 万欧元所需要的美元成本。

第十章 企业利用外汇金融衍生品案例

一、单选题

1. 某国内出口型企业 3 个月后将收回一笔 200 000 美元的货款,该企业为了防范人民币兑美元升值的风险,决定利用人民币/美元期货进行套期保值。已知即期汇率为 1 美元 = 6.2988 元人民币,人民币/美元期货合约大小为每份面值 100 万元人民币,报价为 0.15879,那么该企业在期货市场上的操作应该是( )。

　　A. 买入 4 手人民币/美元期货合约

　　B. 卖出 4 手人民币/美元期货合约

　　C. 买入 1 手人民币/美元期货合约

　　D. 卖出 1 手人民币/美元期货合约

2. 某企业为一家进出口公司,在海外有多家子公司。该企业子公司在某地获得一项目,在 5 月该子公司获得价值为 100 万美元的订单,要求在季度末该公司须交付相应货物并收到货款。假设在第二季度,该企业准备为这 100 万美元合同进行风险管理,在 5 月下旬准备做一笔汇率掉期业务,具体操作如下:

（1）企业以即期美元/人民币汇率用人民币买美元,即卖出人民币,买入 100 万美元。

（2）同时企业购入美元/人民币 1 个月远期汇率合约,用美元买入人民币,即买入人民币,卖出 100 万美元。

某金融机构的报价见下表:

	买价/卖价
即期美元/人民币汇率	6.7340/6.7480
1 个月后的远期汇率报价	6.7250/6.7410

对于此次风险管理,该企业在这笔汇率掉期中有( ),金额是( )。

　　A. 支出;2.3 万美元　　　　　　B. 收入;2.3 万美元

　　C. 支出;2.3 万元人民币　　　　D. 收入;2.3 万元人民币

二、多选题

1. 常见的融资套期保值有( )。

A. BSI 法　　　　B. LSI 法　　　　C. 平衡法　　　　D. 组对法

2. 外汇期货具有与一般金融期货迥异的特点，以下表述正确的有（　　）。

A. 相对于其他金融期货，外汇期货对全球化视野的要求更高

B. 外汇期货的主要影响因素与商品期货相同，在于一国的货币供求

C. 外汇期货是一个 24 小时的连续市场

D. 外汇期货的保证金杠杆高于一般金融期货

三、判断题

1. 因汇率波动造成损失是"不可抗拒的力量"，无法规避。　　　　　　　（　　）
2. 出口企业是天然的本币多头套期保值者。　　　　　　　　　　　　　（　　）
3. 进口企业是天然的本币空头套期保值者。　　　　　　　　　　　　　（　　）
4. 利用期货合约进行套期保值时，由于大多数交易所的外汇期货品种只能进行整数手的交易，那么在利用期货套期保值时容易产生额外风险，此类风险无法防范和规避。（　　）
5. 外汇互换无法锁定远期汇率水平。　　　　　　　　　　　　　　　　（　　）
6. 利用外汇期权进行风险管理或套期保值的时候，无须担心风险。　　　（　　）
7. 汇率掉期和外汇互换类似，但是外汇互换在持有期内涉及利息互换。　（　　）

四、计算题

1. 某企业 5 月 1 日向欧洲客户出口一批货物，合同金额为 50 万欧元，即期人民币汇率为 1 欧元 = 8.6766 元人民币，合同约定 3 个月后付款。

已知：5 月 1 日即期汇率为 1 欧元 = 8.6766 元人民币；CME 期货交易所的人民币/欧元期货合约的合约大小为 100 万元人民币/手；5 月 1 日 CME 主力人民币/欧元期货合约报价为 0.11517/0.11522；8 月 1 日 CME 主力人民币/欧元期货合约报价为 0.11874/0.11879；8 月 1 日即期汇率为 1 欧元 = 8.4322 元人民币。

请问：（1）该企业面临哪些外汇风险？

（2）该企业可以选择哪些方式规避所面临的外汇风险？

（3）如何利用人民币/欧元期货合约规避该企业的汇率风险？

2. 某国内企业 4 月 1 日与美国客户签订一单总价为 100 万美元的设备进口合同，约定 3 个月后付汇。

已知：4 月 1 日即期汇率为 1 美元 = 6.7324 元人民币；CME 期货交易所的人民币/美元期货合约的合约大小为 100 万人民币/手；4 月 1 日 CME 主力人民币/美元期货合约报价为 0.14861/0.14866；7 月 1 日 CME 主力人民币/美元期货合约报价为 0.13988/0.13993；7 月 1 日即期汇率为 1 美元 = 7.1447 元人民币。

请问：（1）该企业面临哪些外汇风险？

（2）该企业可以选择哪些方式规避所面临的外汇风险？

（3）如何利用人民币/美元期货合约规避该企业的汇率风险？

3. 某公司为一家大型建筑工程公司，常年承包国内外的相关基础建设项目。随着我国对外开放交流的增加，该公司逐渐在全球建立了多个地区的基建工程合作关系。7月，该公司在海外发现一项新的铁路建设工程项目机会，需要该公司投入总共约1 500万欧元。但是该项目竞争较为激烈，该公司并没有明确把握获得该机会。通过双方进一步了解，该项目若中标，则需先期投入至少270万欧元。

已知当前欧元/人民币即期汇率在 8.50 附近，人民币/欧元的即期汇率在 0.1176 附近，某金融机构报价如下：

人民币/欧元期权类型：欧式期权（欧元/元）

看涨期权	执行价格	看跌期权
0.0039	0.1140	0.0002
0.0031	0.1150	0.0004
0.0023	0.1160	0.0006
0.0017	0.1170	0.0010
0.0012	0.1180	0.0015
0.0008	0.1190	0.0021
0.0005	0.1200	0.0028

人民币/欧元的期权合约大小为人民币100万元。

离最终获得竞标结果只有两个月的时间，目前欧洲复苏预期较为强劲，请问：

（1）该公司面临哪些外汇风险？

（2）该公司有哪些方式可以规避所面临的外汇风险？

（3）该公司如何使用外汇期权规避相关风险？请具体阐述。

参考答案及解析

一、单选题

1. C   2. C

二、多选题

1. AB   2. ACD

三、判断题

1. 错   2. 对   3. 对   4. 错   5. 错   6. 错   7. 对

四、计算题

1. **参考答案及解析：**

（1）出口企业是天然的本币多头套期保值者，此时该企业面临人民币兑欧元升值的风险。

（2）该出口企业可以在期货市场根据自身外汇敞口大小，选择多头套期保值即买入（做多）人民币/欧元期货对汇率风险进行规避。当然，也可以选择外汇期权买入人民币/欧元看涨期权，以及进行欧元/人民币汇率掉期等方式规避相关外汇风险。

（3）考虑到3个月后将收取欧元货款，该企业选择 CME 期货交易所人民币/欧元主力期货合约进行买入套期保值，成交数量为5手，成交价为0.11522。

买入套期保值相关计算见下表：

	套期保值相关计算
期货合约面值	100万元人民币
需进行风险管理的头寸	50万欧元
买入期货合约的手数	50/0.11522/100 = 4.34（手）≈5（手）

3个月后，人民币即期汇率变为1欧元 = 8.4322元人民币，该企业卖出平仓人民币/欧元期货合约5手，成交价为0.11874。

套期保值效果评估见下表：

	损益计算
期货市场损益	损益：5手×100万元人民币×（0.11874 − 0.11522）= 1.76万欧元 利用3个月后人民币即期汇率可计算对应的人民币损益 = 1.76万欧元×8.4322 = 14.84（万元）
现货市场损益	50×（8.4322 − 8.6766）= −12.22（万元）
套期保值后总损益	14.84 − 12.22 = 2.62（万元）

该企业通过外汇期货市场进行套期保值，虽然在现汇市场上损失了12.22万元人民币，但在期货市场获得了14.84万元人民币的盈利，弥补了现汇市场上的损失，较好地实现了汇率风险管理目标。

2. **参考答案及解析：**

（1）此时该企业面临的外汇风险是人民币兑美元的贬值风险。

（2）进口企业是天然的本币空头套期保值者，因此该企业可以在期货市场根据自身外汇敞口大小，选择空头套期保值即卖出（做空）人民币/美元期货对汇率风险进行规避；也可以选择外汇期权，即买入人民币/美元看跌期权，或进行美元/人民币汇率掉期等方式规避相关外汇风险。

（3）考虑到3个月后将支付美元货款，该企业选择 CME 期货交易所人民币/美元主力期货合约进行卖出套期保值，交易数量为7手，成交价为0.14861。

卖出套期保值相关计算见下表：

	套期保值相关计算
期货合约面值	100万元人民币
需进行风险管理的头寸	100万美元
卖出期货合约的手数	100/0.14861/100 = 6.73（手）≈7（手）

3个月后，人民币即期汇率变为1美元 = 7.1447元人民币，该企业买入平仓人民币/美元期货合约7手，成交价为0.13993。

套期保值效果评估见下表：

	损益计算
期货市场损益	损益：7手×100万元人民币×（0.14861 − 0.13993）= 6.08（万美元） 利用7月1日后人民币即期汇率可计算对应的人民币损益 = 6.08万美元×7.1447 = 43.44（万元）
现货市场损益	100×（6.7324 − 7.1447）= −41.23（万元）
套期保值后总损益	43.44 − 41.23 = 2.21（万元）

可以看出，若不采取风险规避措施，该企业将损失41.23万元人民币，通过卖出人民币/美元期货合约进行套期保值，该企业在外汇期货市场上获得43.44万元人民币的收益，弥补了该企业的损失，较好地实现了对冲美元外汇风险敞口的目标。

3. **参考答案及解析：**

（1）该大型建筑工程公司主要面临未来欧元/人民币汇率波动增大以及人民币对欧元贬值的风险。同时，值得注意的是该公司还面对项目是否能够中标的不确定风险。

（2）该公司可以使用人民币/欧元期货、欧元/人民币汇率掉期等方式来规避欧元贬值风险。但是上述外汇风险管理工具无法避免中标不确定性风险，而使用人民币/欧元外汇期权则能够同时规避上述两个风险。

（3）该公司可介入人民币欧元期权，买入一定数量的人民币/欧元看跌期权。

因为要规避欧元升值的风险，所以可买入人民币/欧元平价看跌期权。

根据该大型建筑工程公司的情况，选择执行价格为 0.1170 的看跌期权，人民币/欧元的期权合约大小为人民币 100 万元，270 万欧元大约有 2 295 万元人民币，对应大约 22.95 手期权合约（2 295/100）。该公司选择介入 23 手人民币/欧元看跌期权多头，所花费的期权权利金金额 = 0.0010 × 23 × 100 万元人民币 = 2.3（万欧元），按照当下的汇率，相当于 2.3 × 8.50 = 19.55（万元）。

两个月后，该公司会面临四种可能：

①公司项目中标，须支付 270 万欧元，同时到期日时欧元/人民币汇率超过 8.547，即人民币/欧元汇率低于 0.1170。

此时公司只需要等待期权到期行权，即能以欧元/人民币汇率 8.547 兑换 270 万欧元。

②公司项目中标，须支付 270 万欧元，同时到期日时欧元/人民币汇率低于 8.547，即人民币/欧元汇率高于 0.1170。

此时公司之前支付的权利金无法收回，但是能够以更加低的成本购入欧元。此时，权利金作为风险管理成本。

③公司项目未能中标，同时到期日时欧元/人民币汇率超过 8.547，即人民币/欧元汇率低于 0.1170。

既然未能中标，该公司不需要使用到欧元，此时公司可以平仓这笔看跌期权的多头。虽然未能中标，却能够获利。

④公司项目未能中标，同时到期日时欧元/人民币汇率低于 8.547，即人民币/欧元汇率高于 0.1170。

这种情况下，公司只能选择平仓，最大亏损为权利金 2.3 万欧元。

外汇期货综合试卷

一、单选题

1. 2005年7月，中国进行了汇率制度改革，人民币汇率不再盯住单一货币，而是参照一篮子货币，根据市场供求关系进行浮动。对于该浮动汇率制度的特点，以下描述正确的是（　　）。

   A. 基础货币的流量和存量都必须得到外汇储备的十足支持
   B. 以前一天公布的中间价为基准，可以在规定的幅度内自由浮动
   C. 供求是决定汇率的唯一因素，可以无限制波动
   D. 以人民银行公布的中间价为基准，在中间价上下1 000个基点范围内自由浮动

2. 给定如下汇率：美元/日元 100.33/63，美元/加元 1.0353/83，计算出加元对日元的交叉汇率加元/日元报价应为（　　）。

   A. 96.63/20　　　　　　　　　B. 96.91/92
   C. 103.87/48　　　　　　　　 D. 104.17/18

3. 临近月底，某银行人民币资金紧缺而美元流动性过剩，于是在外汇互换市场做了一笔3月期人民币兑美元掉期交易，即期融入人民币资金6.1448亿元，美元为基础货币，即期汇率为6.1448，互换点为350点，1个月后即期汇率变为6.1825，两月期互换点为230点，人民币2月期利率为3.6%（连续复利），那么该笔外汇互换的估值损益为（　　）。

   A. 亏损494万元人民币　　　　 B. 盈利494万元人民币
   C. 亏损255万元人民币　　　　 D. 盈利255万元人民币

4. 采用外汇期货对冲汇率风险时，对基点风险描述正确的是（　　）。

   A. 当期货价格走高时，基点风险增大
   B. 只有当基点维持不变时，才没有基点风险
   C. 通过选择合适的对冲时间和对冲比例，可以消除基点风险
   D. 基点风险是由于投资者操作失误造成的

5. 关于完全对冲说法正确的是（　　）。

A. 在任何情况下，完全对冲都是套期保值的最佳选择
B. 通过选择合适的外汇期货，能够达到完全对冲汇率风险的效果
C. 为了达到完全对冲效果，外币债券投资者应该将本金和利息都考虑到之后再设置对冲比例
D. 如果对外汇走势判断为向上，持有外汇多头的投资者应该坚持完全对冲

6. 当前市场对于外汇即期和互换报价如下表：

澳元/日元	即期：96.80/86	6月互换点：-25/-22
澳元/美元	即期：0.9658/63	6月互换点：-122/-119
美元/日元	即期：100.21/25	6月互换点：-12/-11

对于拟在澳元/日元远期交易中买入澳元卖出日元的投资者，采用以下（　　）交易策略达到最优（不考虑利息成本）。

A. 直接在外汇远期市场做一笔买入澳元卖出日元的远期交易
B. 在即期市场做一笔买入澳元卖出日元的交易，在互换市场做一笔远期买入澳元的澳元/日元互换交易
C. 在即期市场做一笔买入澳元卖出美元的交易，同时在即期市场做一笔买入相同金额美元卖出日元的交易，在互换市场做一笔远期买入澳元的澳元/美元互换交易，在互换市场做一笔远期卖出日元的美元/日元互换交易，两笔互换的美元金额相同
D. 在即期市场做一笔买入澳元卖出日元的交易，在互换市场做一笔远期买入澳元的澳元/美元互换交易，同时在互换市场做一笔远期卖出日元的美元/日元互换交易，两笔互换的美元金额相同

7. 一个美国投资者拟投资捷克股票，但是没有合适的期货对冲汇率风险，于是该投资者拟通过与捷克克朗（CZK）相关性很大的欧元期货来对冲风险，相关数据如下：

投资组合价值	捷克克朗 100 000 000
即期汇率	美元/捷克克朗=20 欧元/美元=1.35
期货价格（每手合约125 000欧元）	欧元/美元=1.4

该投资者应该交易（　　）手欧元期货合约。

A. 买入28手欧元期货合约　　B. 卖出28手欧元期货合约
C. 买入27手欧元期货合约　　D. 卖出27手欧元期货合约

8. 当前是7月15日，一家美国进口商准备在10月15日购买400 000欧元，为规避汇率风险，准备通过外汇期货合约进行套期保值。欧元/美元即期汇率月度变动标准差是1%，CME交易的欧元/美元期货（每手合约价值为125 000欧元）月度变动的标

准差是 1.25%，期货价格与即期汇率价格相关系数是 0.8。为达到最佳套期保值效果，该美国进口商应该采用以下（　　）套期策略对冲汇率风险。

  A. 卖出 2 手欧元/美元期货合约　　　B. 买入 2 手欧元/美元期货合约

  C. 卖出 3 手欧元/美元期货合约　　　D. 买入 3 手欧元/美元期货合约

9. 以下关于期货套期保值的说法正确的是（　　）。

  A. 完全套期保值指的是期货损益能够完全对冲现货的损益

  B. 完全套期保值比例指的是最小方差套期比例

  C. 如果最小方差套期比例是 1，必定是完全套期保值

  D. 即使没有基差风险，最小方差套期比例也不一定是 1

10. 当前加元/美元汇率为 0.8，在未来的两个月内，汇率可能上升或者下跌 2%，加元的无风险利率为 8%，美元的无风险利率为 6%。对于执行价格为 0.8、期限为两个月的欧式看涨期权，当前期权价值为（采用连续复利计算）（　　）。

  A. 0.0047　　　B. 0.0073　　　C. 0.0053　　　D. 0.0067

11. 对于外汇期权而言，如果波动率与外汇汇率正相关，那么隐含波动率的变动模式为（　　）。

  A. 隐含波动率随执行价格增加而增大

  B. 隐含波动率随执行价格增加而减小

  C. 隐含波动率随到期期限增加而增大

  D. 隐含波动率随到期期限增加而减小

12. 当前市场上对 100 万欧元面值的欧元/美元欧式看涨期权报价为 18 000 欧元，而根据 Black–Scholes 公式计算出来的价格为 19 000 欧元，根据公式计算相同执行价格和到期日的看跌期权价格为 16 000 欧元，那么市场上对该看跌期权报价应为（　　）。

  A. 14 000　　　B. 15 000　　　C. 16 000　　　D. 17 000

13. 一家美国公司准备采用 CME 交易的外汇期货来对冲澳元敞口风险，假设美元利率为 r，澳元利率是 r_f。假设 r 和 r_f 均为常数，采用到期日为 T 的外汇期货来对冲 t 时刻的敞口风险（T > t），最优对冲比例为（　　）。

  A. 1　　　B. $e^{(r-r_f)(T-t)}$　　　C. $e^{(r_f-r)(T-t)}$　　　D. $e^{r(T-t)}$

14. 一家从事外贸的公司 A 与银行 B 做了一笔卖出外汇的远期交易，到期日为 T_1，远期价格为 K_1。到期后实际汇率为 S_1（$S_1 > K_1$），于是 A 公司与银行协商，没有交割该笔远期，而是续做了一笔外汇远期交易将其滚动到 T_2（$T_2 > T_1$）到期，远期价格约定为 K_2。假设本国无风险利率为 r，外国无风险利率为 r_f。远期价格 K_2 应为（　　）。

  A. $S_1 e^{T_2(r-r_f)}$　　　B. $S_1 e^{(T_2-T_1)(r-r_f)}$

C. $K_1 e^{T_2(r-r_f)}$ D. $K_1 e^{(T_2-T_1)(r-r_f)}$

15. 2013年初，日本安倍政府成立以后大举施行宽松政策刺激疲软的日本经济，致使日元兑美元呈现出一路贬值的态势。对于风险厌恶型投资者而言，以下最佳策略为（   ）。

A. 做空日元兑美元期货

B. 卖出日元兑美元看跌期权

C. 买入日元兑美元跨式期权组合

D. 买入日元兑美元看涨期权

16. 假设当前投资者持有100万美元，美联储1年期国债利率为2%，中国1年期国债利率为3%，人民币兑美元汇率为6.15:1。1年后人民币兑美元汇率为6.1:1。若该投资者进行人民币兑美元的套利操作，其1年后理论利润应为（   ）万元。（按连续复利计算，人民币表示，单位万元）

A. $101e^{0.03} - 100e^{0.02}$ B. $2.03\dfrac{1}{e^{0.03}}$

C. $101e^{0.02} - 100e^{0.03}$ D. 2.03

17. 某企业将于1个月以后支付1 000万美元的外汇，此时人民币/美元的汇率为6.15:1。企业担心人民币有贬值的风险，因此决定买入面值为100万元人民币的看跌期权，期权权利金为0.00130美金/人民币，执行价格为0.1628。1个月以后人民币/美元汇率变为6.10:1，此时对企业有（   ）。

A. 企业应在市场上买入看跌期权62手，最终期货市场损益75 640元人民币

B. 企业应在市场上买入看跌期权16手，最终期货市场损益 -75 640元人民币

C. 企业应在市场上买入看跌期权62手，最终期货市场损益 -12 400元美元

D. 企业应在市场上买入看跌期权16手，最终期货市场损益12 400元美元

18. 其他条件不变的情况下，以下（   ）会导致美国商品贸易出口增加。

A. 美国的名义利率上扬

B. 美国通货膨胀率上升

C. 其他国家货币出现升值情况

D. 其他国家经济增长率下降

19. 在固定汇率制度下，若人民币过度升值，则有（   ）。

A. 美联储将卖出人民币买入美元，而我国央行会卖出美元买入人民币

B. 美联储将卖出人民币买入美元，而我国央行会卖出人民币买入美元

C. 美联储将卖出美元买入人民币，而我国央行会卖出美元买入人民币

D. 美联储将卖出美元买入人民币，而我国央行会卖出人民币买入美元

20. 若欧元兑美元90天期的远期汇率为1.55:1，而目前的即期汇率为1.50:1，则

欧元 90 天期的远期（　　）。

　　A. 升水 3.2%　　　　　　　　B. 贴水 3.2%

　　C. 升水 3.3%　　　　　　　　D. 贴水 3.3%

21. 目前各大银行对汇率的报价包括下列三项：美元 1 = 新加坡元 1.52，新加坡元 1 = 新台币 21.93，美元 1 = 新台币 31.66。若市场有投资人想通过三角套利来获利，则下面路径正确的为：

　　A. 美元→新加坡元→新台币→美元　　B. 新加坡元→美元→新台币→新加坡元

　　C. 新台币→新加坡元→美元→新台币　D. 美元→新台币→新加坡元→美元

22. 某企业是一家位于美国的公司，目前刚从智利进口一批原料，应付账款金额为 1 亿比索，将于 3 个月后到期。为防范比索升值导致应付账款的美元成本增加，该企业立即与当地银行签了一个 NDF 合约，锁定远期汇率与签约当时的即期汇率相同，为美元兑比索汇率为 0.0025∶1，交割日为 3 个月后。倘若 3 个月后，即期汇率变化为 0.0020∶1，则有（　　）。

　　A. 该企业应付给银行 50 000 美元

　　B. 银行应付给该企业 50 000 美元

　　C. 该企业应付给银行 5 000 000 比索

　　D. 银行应付给该企业 5 000 000 比索

23. 历史财务数据上针对购买力平价条件所做的实证研究倾向于（　　）。

　　A. 支持购买力平价理论在长期成立

　　B. 支持购买力平价理论在短期成立

　　C. 支持购买力平价理论在长期和短期都成立

　　D. 支持购买力平价理论在长期或短期都不成立

24. 下列陈述错误的是（　　）。

　　A. 某澳大利亚公司有应收账款 500 000 美元将于 3 个月后到期，为避免美元在 3 个月后贬值而造成损失，该公司可以买进 IMM 澳币期货合约达到避险的目的

　　B. 位于法国的拉贝欧公司在 2 个月后必须支付一笔为数不小的美元，为避免汇率不利的变动，该公司买进 IMM 欧元期货合约达到避险的目的

　　C. ABC 公司预期在 3 个月后会收到一笔为数不小的美元，且因近半年将不会有适当的投资规划，故到时须将此笔美元暂存银行。因恐 3 个月后美元利率下跌造成利息收入减少，故可买进欧洲美元期货合约来规避风险

　　D. 某投资者预期未来日元会出现升值，但同时担忧安倍政府会出台进一步的货币贬值计划以刺激国内经济发展，因此选择买入日元兑美元期货买入期权作为投资手段

25. 其他条件不变，若外币币值的波动性变大，则以该外币为标的买权的价格就

会（   ），而以该外币为标的卖权的价格就会（   ）。

A. 上升；下跌 　　　　　　　　B. 上升；上升

C. 下跌；上升 　　　　　　　　D. 下跌；下跌

26. 某日市场信息有：即期汇率英镑 1 = 美元 1.99；1 年期远期汇率英镑 1 = 美元 2.01；1 年期美元定存利率 5%；1 年期英镑定存利率 6%。假设目前某投资者有 100 000 美元可以投资，打算定存 1 年，请问 1 年后该投资者的存款余额最佳的状况是（   ）美元。

A. 105 000   B. 107 065   C. 106 000   D. 108 120

27. 假设 2008 年 4 月 1 日，美国某公司在账簿上登录了一笔应付账款，金额为 250 000 欧元，到期日为同年 6 月 1 日。该公司在 4 月 1 日买进两份（合约价值 125 000 欧元）6 月份到期的欧元期货合约来规避汇率风险。假设 4 月 1 日，即期汇率与 6 月到期的欧元期货合约的价格分别为美元 1.06/欧元 1 及美元 1.10/欧元 1；而 6 月 1 日，即期汇率与 6 月到期的欧元期货合约的价格分别为美元 1.12/欧元 1 及美元 1.20/欧元 1。请问公司该笔应付账款的美元净成本是（   ）美元。

A. 250 000   B. 255 000   C. 260 000   D. 165 000

28. 假设当前纽约市场对欧元/美元的报价为 1.0324 – 1.0326，伦敦市场对欧元/美元的报价为 1.0328 – 1.0330，那么对当前市场套汇交易描述正确的是（   ）。

A. 在纽约市场买入并在伦敦市场卖出套汇

B. 在伦敦市场买入并在纽约市场卖出套汇

C. 同时在两个市场买入套汇

D. 同时在两个市场卖出套汇

29. 美国某进口商 7 月份从英国进口了价值 125 000 英镑的商品，12 月需向英国出口商支付货款。一份英镑期货合约价值 25 000 英镑，该进口商为了对冲汇率风险，可以（   ）。

A. 买入 10 张 12 月英镑期货合约

B. 买入 10 张 7 月英镑期货合约

C. 买入 5 张 12 月英镑期货合约

D. 买入 5 张 7 月英镑期货合约

30. 某公司为一家国内运动服装生产公司，因公司整体规划发生部分改变，该公司管理层希望能够多开拓一些海外市场。4 月，该公司在法国竞标一个项目，须在 6 月才能够确定项目是否中标。但是竞争该项目的其他对手和该运动服装生产公司具有相似的实力，该公司没有把握能够竞争到该项目。该公司同时担忧，一旦中标之后须先支付 50 万欧元，而当年 1～4 月，外汇市场欧元/美元汇率走势并不稳定，波动范围在 1.2800～1.5500 之间。对于这样的情况，以下与外汇相关的工具（   ）可以规避项目不确定性以及欧元汇率波动的风险。

  A. 外汇现货   B. 外汇期货

  C. 仅外汇远期合约   D. 外汇期权

31. 全球最早的外汇期货交易由下列（ ）推出。

  A. 芝加哥商品交易所   B. 欧洲期货交易所

  C. 纽约期货交易所   D. 泛欧交易所

32. 某投资者于 7 月 1 日买入 1 份 9 月期的欧元期货合约，期货价格为欧元/美元 = 1.0500，每份合约交易单位是 125 000 欧元，9 月将合约以欧元/美元 = 1.0580 平仓，该投资者收益为（ ）。

  A. 1 000 美元   B. 1 025 美元

  C. 985 欧元   D. 1 025 欧元

33. 某进出口公司在海外有多个子公司。该企业子公司在某地获得一项目。5 月该子公司获得价值为 100 万美元的订单，要求该公司在季度末须交付相应货物并收到货款。假设在第二季度，该企业准备为这 100 万美元合同进行风险管理，在 5 月下旬准备做一笔汇率掉期业务，具体操作如下：

- 企业以即期美元/人民币汇率用人民币买美元，即卖出人民币买入 100 万美元。
- 同时企业购入美元/人民币 1 个月远期汇率合约，用美元买入人民币，即买入人民币卖出 100 万美元。

某金融机构的报价如下表：

	买价/卖价
即期美元/人民币汇率	6.8210/6.8280
1 个月后的远期汇率报价	6.7930/6.7980

对于此次风险管理，该企业在这笔汇率掉期中是（ ），金额为（ ）。

  A. 支出；3.5 万美元   B. 收入；3.5 万美元

  C. 支出；3.5 万元人民币   D. 收入；3.5 万元人民币

34. 香港交易所于 2012 年 9 月 17 日推出人民币货币期货，下列说法正确的是（ ）。

  A. 合约报价是欧元兑人民币   B. 合约报价是美元兑人民币

  C. 保证金以欧元计算   D. 保证金以美元计算

35. 下述（ ）面临的汇率风险最小。

  A. 航空公司   B. 炼油公司

  C. 铁矿石贸易公司   D. 房地产公司

36. 某日外汇牌价，即期汇率英镑/美元 = 1.5680/1.5690，3 个月掉期率为 80/50，则 3 个月英镑/美元的远期汇率为（ ）。

A. 1.5600/1.5640 B. 1.5760/1.5740
C. 1.5730/1.5770 D. 1.5640/1.5600

37. 某日我国外汇市场即期汇率为美元1 = 人民币6.00，美国市场年存款利率为3%，中国市场年存款利率为8%，假设12个月的远期汇率美元/人民币为6.3，那么100万元人民币投资于（　　）市场收益更大。

A. 美国 B. 中国
C. 中国与美国收益相同 D. 无法比较

38. 假设某日美元/人民币报价为6.3210 – 6.3220，美元/日元报价为100.25 – 100.65，套算日元兑人民币汇率约为（　　）。

A. 0.06380 – 0.06306 B. 0.06280 – 0.06406
C. 0.06280 – 0.06306 D. 0.06180 – 0.06306

39. 数据同38题，如果我国某企业出口创汇1 000万日元，根据上述汇率，该企业通过银行结汇可获得（　　）万元人民币。

A. 64.8 B. 61.8
C. 63.8 D. 62.8

40. 随着日本政府持续表示支持宽松政策，2012年11月以来日元贬值幅度较大，索罗斯基金等国际对冲基金大规模做空日元，一般他们的交易策略不包括（　　）。

A. 买入日元看跌期权 B. 向本地银行购买远期合约
C. 买入日本股指期货 D. 卖出黄金期货

二、多选题

1. 2013年3月底，意大利议会选举未能如期产生新一届政府，大大出乎市场预料，下述（　　）可能会对市场产生影响。

A. 欧元贬值 B. 美元指数升值
C. 德国10年期国债收益率走低 D. 美国10年期国债收益率走低

2. 2013年6月初，3月期欧元/美元远期汇率报价为1.3022/23，2013年9月到期的CME欧元/美元外汇期货报价为1.3027/29，两者出现差异的原因包括（　　）。

A. 欧元汇率走强 B. 到期日不同
C. 外汇期货交易需要缴存保证金 D. 美国国债利率走高

3. 下述说法正确的有（　　）。

A. 对于一家拟在6个月后投资海外1亿美元的制造商，为了规避汇率风险，做一笔外汇期权交易比外汇掉期交易更加有利
B. 如果2月期欧元/澳元互换点为90/98，那么欧元相对于澳元来说远期升值
C. 假设1月期澳元/加元处于平价，而1月期澳元利率为3%，那么理论上1月期

加元利率亦为 3%

D. 6 月中旬，CME 9 月欧元外汇期货升水 9 个基点，而加元外汇期货贴水 19 个基点，说明 3 月期欧元无风险利率高于加元无风险利率

4. 6 月，CME 对于澳元和加元的外汇期货报价如下：

九月 AUD　　0.9587　　十二月 AUD　　0.9513

九月 CAD　　0.9632　　十二月 CAD　　0.9611

下列说法错误的有（　　）。

A. 如果 3 月期澳元利率高于美元，那么 6 月期澳元利率亦高于美元

B. 如果 3 月期加元利率高于美元，那么 6 月期澳元利率亦高于美元

C. 如果 3 月期澳元利率低于美元，那么 6 月期澳元利率亦低于美元

D. 用连续复利计算，3 个月后的澳元 3 月远期利率低于加元

5. 银行 A 的外汇远期交易员在一笔 3 月期远期外汇交易中买入 100 万英镑，远期汇率为 1.5。同时，另一名外汇期货交易员买入 16 手 3 月期英镑期货，期货价格为 1.5，每个合约价值为 62 500 英镑。数分钟后英镑期货和远期价格均上涨至 1.5050，两笔交易都被平仓，对于两名交易员的损益，下列说法错误的有（　　）。

A. 外汇远期交易员盈利 5 000 美元

B. 外汇期货交易员盈利 5 000 英镑

C. 外汇远期交易员利润低于外汇期货交易员

D. 假设持有头寸至第二天，如果该笔外汇远期交易盈利，则外汇期货交易也应盈利

6. 一位美国投资者被澳元债券的高收益率所吸引，但是担心澳元贬值。当前市场利率如下：

	美国	澳大利亚
债券持有至到期收益率（%）	5	7
3 月期利率（%）	0.3	3
即期汇率澳元/美元	0.97	

投资者准备对冲外国债券的汇率风险，拟采用如下对冲策略：买入外国债券同时运用外汇远期或者外汇期货进行汇率风险对冲；当外汇远期或者期货到期后，继续做一笔新的外汇远期或者期货滚动对冲。该投资者买入 200 万澳元债券，通过外汇期货滚动对冲全部敞口风险，对冲比例始终不变，那么如下论述正确的有（　　）。

A. 该投资者的最优对冲比例是 1.05

B. 该投资者的最优对冲比例是 1.07

C. 如果到期后汇率仍为 0.97，则当用于对冲的外汇期货损失超过 2 万美元时，投资者买入美国债券更加合适

D. 如果到期后汇率仍为 0.97，则当用于对冲的外汇期货损失不超过 3 万美元时，投资者采用该策略优于买入美国债券

7. 2013 年第二季度，市场频现量化宽松结束的预期，而美联储在此时态度暧昧不定也为市场增添了不确定的因素。某出口贸易公司此时有 1 000 万美元来自美国公司的应收账款，预期在 2013 年 12 月付讫，此公司较为稳妥的做法有（　　）。

A. 针对该笔款项进行做空美元的套期保值策略

B. 针对该笔款项进行买入美元看涨期权的套期保值策略

C. 针对该笔款项进行外汇掉期的策略

D. 针对该笔款项进行 BSI 或 LSI 策略

8. 人民币作为新兴国家的代表币种，在 2008 年金融危机以后表现尤为突出。支撑人民币价值增长的主要因素有（　　）。

A. 中国作为制造业大国，长期贸易顺差

B. 中国的国际地位日益提高

C. 弱势美元导致国际游资寻找另一个安全的货币避风港

D. 中国与美国等发达国家无风险利率存在利差

9. 外汇期货具有与一般金融期货迥异的特点，以下表述正确的有（　　）。

A. 相对于其他金融期货，外汇期货对全球化视野的要求更高

B. 外汇期货的主要影响因素与商品期货相同，在于一国的货币供求

C. 外汇期货是一个 24 小时的连续市场

D. 外汇期货的保证金杠杆高于一般金融期货

10. 2002 年美国网络泡沫破灭之后，美元指数与黄金曾经出现过长时期的负相关走势，而该相关性在 2008 年次贷危机之后逐渐减弱，其主要原因有（　　）。

A. 2002～2006 年，美联储 M2 迅速上升导致美元指数下跌，以美元计价的黄金价格上涨；2008 年金融危机刺激投资者看空美国经济，同时大量购入黄金避险

B. 2008 年之后，黄金 ETF 大量出现使黄金波动率急剧增加

C. 2009 年美联储开始施行量化宽松政策，全球流动性超宽松搅动金价，使其波动率与无序性进一步得到加强

D. 2013 年，由于人民币升值，来自中国民间的购买力成为市场的新兴力量

11. 某投资者看好中国经济未来的发展趋势，在他的资产组合中可能包括的策略为（　　）。

A. 买入美元指数期货买入期权　　　B. 做多澳元兑美元期货

C. 做多人民币兑美元期货　　　　　D. 做空日元兑美元期货

12. 下列叙述正确的有（　　）。

A. 期货合约的买卖双方都有履约义务

B. 期货合约的投资人大都会以对冲方式结束合约

C. 期货合约比选择权合约单纯，因此风险较小

D. 全球第一个诞生的金融期货合约是外汇期货合约

13. 某企业有一笔英镑应收账款在 3 个月后到期，目前正在考虑买进英镑卖权与卖出英镑远期合约两种避险方式。所选定的卖权履约价格与远期汇率相同，而远期合约成本价格小于所需期权权利金价格。下列叙述正确的有（   ）。

A. 若应收账款到期时英镑大幅升值而导致即期汇率远超过卖权的履约价格，则期权套保比远期合约套保导致较少的实收美元金额

B. 若应收账款到期时英镑大幅贬值导致即期汇率远低于卖权的履约价格，则远期合约套保比期权套保导致较少的实收美元金额

C. 若应收账款到期时即期汇率等于卖权的履约价格，则期权套保比远期合约套保导致较多的实收美元金额

D. 若应收账款到期时即期汇率在履约价格减去期权权利金范围之内，则选择权套保比远期合约套保导致较多的实收美元金额

14. 外汇期货与远期外汇相比，不同点有（   ）。

A. 外汇期货合约是标准化合约

B. 外汇期货交易双方须缴纳保证金

C. 外汇期货交易须通过交易所会员进行

D. 外汇期货合约标的是某个货币汇率

15. 影响外汇期货走势的主要因素有（   ）。

A. GDP
B. 中央银行干预
C. 外汇储备
D. 天气

16. 金融期货类别主要包括（   ）。

A. 利率期货
B. 原油期货
C. 外汇期货
D. 股指期货

17. 外汇期货合约中标准化规定包括（   ）。

A. 交易单位
B. 交割期限
C. 交易频率
D. 价格变动幅度

18. 目前芝加哥商业交易所交易的外汇期货品种包括（   ）。

A. 英镑期货
B. 人民币期货
C. 日元期货
D. 欧元期货

19. 英国莱克航空公司曾率先推出"低费用航空旅行"概念，并借入大量美元购买飞机，然而在 20 世纪 80 年代该公司不幸破产，其破产原因可能为（   ）。

A. 英镑大幅贬值
B. 美元大幅贬值

C. 英镑大幅升值　　　　　　　　D. 美元大幅升值

20. 美国一家机器制造商同一家英国公司签订销售机器合约为 100 万英镑，3 个月后买方支付货款，该公司财务总监非常关注合约的外汇风险，可以采取的措施有（　　）。

A. 向银行借入英镑兑为美元存款　　B. 向银行卖出远期外汇
C. 买入看跌外汇期权　　　　　　　D. 卖出远期外汇期货

三、综合题

1. 一家欧元记账的欧洲银行预做一笔 6 月期外汇远期交易，买入美元卖出英镑，金额为 1 000 万英镑，市场价格如下：

英镑/美元	1.5450	互换点	77
欧元/美元	1.3100	英镑/欧元	1.1794
6月期美元利率	2%	6月期英镑利率	1%

在当天晚些时候，即期汇率变动如下：

英镑/美元	1.5500	欧元/美元	1.3050	英镑/欧元	1.1877

（1）如果此时平仓，计算该银行的损益（换算成欧元）。

（2）上述损益中由于英镑/欧元和欧元/美元汇率变动导致的损益分别为多少（换算成欧元）。

（3）假设 1 个月后，市场价格变动如下，计算此时英镑/美元的互换点。

英镑/美元	1.5850	欧元/美元	1.3175
5月期美元利率	2.2%	5月期英镑利率	1.1%

（4）如果此时平仓，计算该银行的损益（换算成欧元）。

注：均采用连续复利计算。

2. 美国一家 ABC 公司需要在 180 天后支付 4 000 万捷克克朗（CZK），由于没有合适的捷克克朗外汇期货，ABC 公司准备采用欧元和英镑期货合约对冲汇率风险。当前汇率如下：

欧元/美元	1.38	英镑/美元	1.5	美元/捷克克朗	42

ABC 公司通过 OLS 回归得到如下估计：

$$\Delta S_{USD/CZK} = 0.087 + 0.94\Delta F_{EUR/USD} + 0.81\Delta F_{GBP/USD} \qquad R^2 = 0.77$$
$$(0.2) \qquad (3.13) \qquad\qquad (5.43)$$

（1）要达到最优对冲效果，ABC 公司需要买入或者卖出多少欧元和英镑合约？（1 手欧元合约为 12.5 万欧元，1 手英镑合约为 6.25 万英镑）

（2）采用上述方法得到对冲比例的前提假设是什么？

（3）假设 3 个月后，ABC 公司重估上述回归方程，得到如下估计：

$$\Delta S_{USD/CZK} = 0.109 + 0.97\Delta F_{EUR/USD} + 0.9\Delta F_{GBP/USD} \qquad R^2 = 0.83$$
$$(0.78) \qquad (4.78) \qquad\qquad (5.92)$$

汇率变为：

| 欧元/美元 | 1.36 | 英镑/美元 | 1.48 | 美元/捷克克朗 | 55 |

基于上述估计，ABC 公司应该买入或者卖出多少合约？

3. 某公司一向从瑞士进口红酒，然后在美国销售。最近刚进口一批红酒，发票金额为 625 000 瑞士法郎，约定 30 天后付款。假设目前即期汇率为瑞士法郎 1 = 美元 0.80，外汇期权市场 1 个月到期的瑞士法郎履约价格有瑞士法郎 1 = 美元 0.80 及瑞士法郎 1 = 美元 0.85 两种。履约价格为瑞士法郎 1 = 美元 0.80 的瑞士法郎买权价格为美元 0.04/瑞士法郎，而履约价格为瑞士法郎 1 = 美元 0.85 的瑞士法郎买权价格为美元 0.02/瑞士法郎。由于受欧债危机影响，该公司担心瑞士法郎会小幅升值，故决定采用牛市价差操作（Bull Spread）来进行套期保值。

（1）请问此项避险操作的成本如何？

（2）绘出此价差操作的损益图，并判断 1 个月后即期汇率的落点该是多少才会使此价差操作的效果最佳？

（3）什么样的汇率落点会让公司感觉牛市价差操作不如单纯的买进买权（Long Call）操作？

（4）什么样的汇率落点会让公司感觉有避险不如无避险，也就是说，避险的效果较差？

（5）假设该企业所能容忍的最大套期保值损失不高于利用牛市价差策略所产生的最大损失，那么对该企业而言还有哪些较好的套保方法？（要求写出 3 个以上）

4. 某交易者捕捉芝加哥期货交易所（CBOT）和伦敦国际金融期货交易所（LIFFE）上市的英镑期货合约套利机会，进行跨市场套利交易。4 月 10 日，他在 CBOT 市场交易 4 份 6 月期英镑期货合约，价格为英镑/美元 = 1.7850，每份合约的交易单位是 62 500 英镑；同时在 LIFFE 市场交易相应价值的 6 月期英镑期货合约，价格为英镑/美元 = 1.8150，每份合约的交易单位是 25 000 英镑。5 月 10 日，发现两个市场成交价格均为英镑/美元 = 1.8200，该交易者选择获利了结，平仓两个期货合约。

（1）该交易者在 CBOT、LIFFE 市场进行套利，其买卖交易方向分别是什么？

（2）该交易者需要在 LIFFE 市场交易多少份英镑期货合约？

（3）该交易者从套利交易中获取的净收益为多少美元？

5. 现在是 2012 年 10 月，一家美国银行在英国的分支机构将于 2013 年 2 月和 8 月分别收到 1 000 万英镑。银行准备在 CME 卖出英镑期货合约来对冲汇率风险，单个合约价值为 62 500 英镑。初始保证金是每个合约 2 000 美元，维持保证金是每个合约 1 500美元。银行准备对冲 75% 的汇率敞口风险，市场价格如下：

时间	2012 年 10 月	2013 年 2 月	2013 年 8 月
即期	1.5103	1.5304	1.5524
2013 年 3 月合约	1.5046	1.5288	1.5504
2013 年 6 月合约	1.5001	1.5248	1.5465
2013 年 9 月合约	1.4958	1.5201	1.5421
2013 年 12 月合约	1.4912	1.5152	1.5475

（1）为该银行设计合理的套期保值策略。

（2）假设该银行收到英镑现金后在即期市场卖出，并在期货市场平仓，根据上述套期保值策略，银行实际售出英镑的价格是多少？

（3）根据上述套期保值策略，计算银行的初始保证金。

（4）在 2013 年 2 月之前，银行是否会接到保证金追加通知？

参考答案及解析

一、单选题

1. B	2. A	3. D	4. B	5. C	6. C	7. B	8. B
9. A	10. D	11. A	12. B	13. C	14. D	15. C	16. A
17. C	18. C	19. B	20. C	21. A	22. A	23. A	24. B
25. B	26. B	27. B	28. A	29. C	30. D	31. A	32. A
33. C	34. B	35. D	36. A	37. A	38. C	39. D	40. D

二、多选题

1. ABCD	2. BC	3. BC	4. BCD	5. ABD
6. BD	7. ACD	8. ABD	9. ACD	10. ABC
11. ABC	12. ABD	13. AB	14. ABC	15. ABC
16. ACD	17. ABD	18. ABCD	19. AD	20. ABCD

三、综合题

1. 参考答案及解析：

（1）做远期交易时的远期汇率 = 1.5450 + 0.0077 = 1.5527

平仓时的远期汇率 = 1.5500 × exp(0.02/2 − 0.01/2) = 1.5578

该银行的损益 = 10 000 000 × (1.5527 − 1.5578) = −51 000（美元）

折算成欧元，损益 = −51 000/1.3050 = −39 080（欧元）

（2）该合约的远期风险敞口为：空头 1 000 万欧元和多头 1 552.7 万美元，折算成现值分别为：

−10 000 000 × exp(−0.005) = −9 950 125（英镑）

15 527 000 × exp(−0.01) = 15 372 504（美元）

英镑/欧元汇率变动导致的损益 = −9 950 125 × (1.1877 − 1.1794)
= −82 586（欧元）

欧元/美元汇率变动导致的损益 = 15 372 504 × (1/1.3050 − 1/1.3100)
= 44 961（欧元）

（3）1 月后英镑/美元远期汇率 = 1.5850 × exp(0.022 × 5/12 − 0.011 × 5/12)
= 1.5916

互换点 = (1.5916 − 1.5850) × 10 000 = 66

（4）损益 = −10 000 000 × (1.5916 − 1.5527) = −389 000（美元）

折算成欧元，损益 = −389 000/1.3175 = 295 2563（欧元）

2. 参考答案及解析：

（1）EUR 合约数量 = 40 000 000/(42 × 1.38)/125 000 × 0.94 = 5.19（手）≈ 5（手）

GBP 合约数量 = 40 000 000/(42 × 1.5)/62 500 × 0.81 = 8.23（手）≈ 8（手）

（2）采用 OLS 得到的对冲比例是基于历史数据的，但是实际对冲是在未来，因此前提假设是 ΔS 和 ΔF 有稳定的线性关系，在估计方程之前，需要首先检查该假设是否被满足。

（3）此时需要的 EUR 合约数量 = 40 000 000/(55 × 1.36)/125 000 × 0.97
= 4.15（手）≈ 4（手）

需要的 GBP 合约数量 = 40 000 000/(55 × 1.48)/62 500 × 0.9 = 7.08（手）≈ 7（手）

因此，需要卖出 1 手 EUR 合约，卖出 1 手 GBP 合约。

3. 参考答案及解析：

（1）避险操作的成本 = (0.04 − 0.02) × 625 000 = 12 500（美元）

本题主要考查牛市价差操作图形的画法，同时熟悉具体的套期保值策略实施流程。画法总结如下：

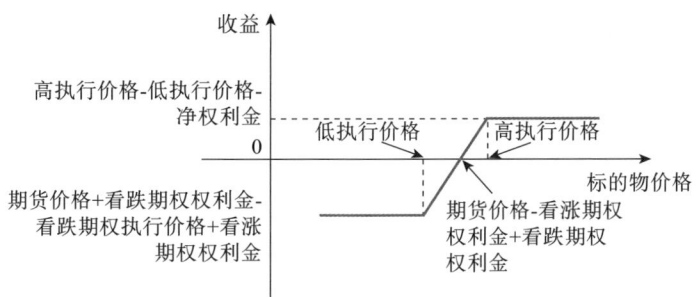

（2）所以牛市价差操作的损益图如下：

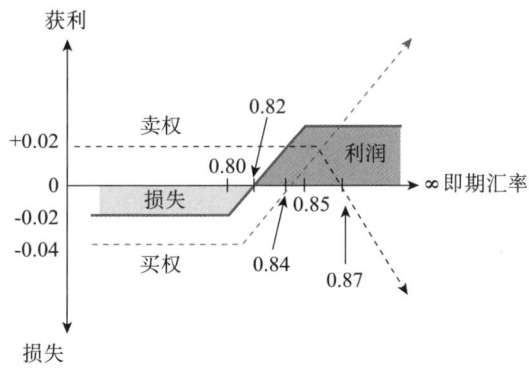

1个月后即期汇率若为1瑞士法郎＝0.85美元与1瑞士法郎＝0.87美元之间，则此价差操作效果最佳。

（3）1个月后即期汇率若是高于1瑞士法郎＝0.87美元，则牛市价差操作不如单纯的买进买权（Long Call）操作。

（4）1个月后即期汇率的落点若是在1瑞士法郎＝0.82美元以下，则该公司会觉得有套保不如无套保，套期保值最终产生亏损。

（5）最大成本为0.02美元/瑞士法郎或12 500美元，该企业可以买进权利金不高于该价格的买入式期权、跨式期权、宽跨式期权等，或订立成本不高于12 500美元的远期合约、NDF合约、BSI合约、LSI合约等（此题为开放式问题，要求写出3个以上的工具，只要答案合理，所提供的策略可以设置成本上限即可）。

4. **参考答案及解析：**

（1）CBOT市场中4月与5月英镑美元汇率差＝1.8200－1.7850＝0.035

LIFFE市场中4月与5月英镑美元汇率差＝1.8200－1.8150＝0.005

CBOT市场价差更大，应该买入英镑期货合约，同时在LIFFE市场卖出英镑期货合约。

（2）套利交易，两个市场买卖交易合约价值应该相等。

4份CBOT英镑期货合约价值＝62 500×4＝250 000（英镑）

因此 250 000/25 000 = 10，应该在 LIFFE 卖出 10 份英镑期货合约。

（3）CBOT 买卖交易收益 = 62 500 × 4 × （1.8200 − 1.7850）
$$= 8\,750（美元）$$

LIFFE 买卖交易收益 = 62 500 × 4 × （1.8150 − 1.8200）
$$= -1\,250（美元）$$

净收益 = 8 750 − 1 250 = 7 500（美元）

5. 参考答案及解析：

（1）对冲合约应该选择基差风险最小的合约，即选择 3 月和 9 月合约，各卖出：

10 000 000 × 0.75/62 500 = 120（手）

银行应该卖出 120 手 3 月和 9 月英镑合约。

（2）2 月售出的英镑价格 = 1.5304 + 75% × （1.5046 − 1.5288）= 1.51225

8 月售出的英镑价格 = 1.5524 + 75% × （1.4958 − 1.5421）= 1.517675

（3）银行的初始保证金 = 120 × 2 000 × 2 = 480 000（美元）

（4）2013 年 2 月，每手 3 月合约损益 = （1.5046 − 1.5288）× 62 500
$$= -1\,512.5（美元）$$

每手 9 月合约的损益 = （1.4958 − 1.5201）× 62 500
$$= -1\,518.75（美元）$$

因为两种合约的损失均超过了 500 美元，所以 3 月和 8 月合约均会接收到保证金追加通知。

金融期权练习题

第一章　期权基础

一、单选题

1. 看涨期权买方买进标的资产所支付的成本被称作（　　）。
   A. 期权价格　　　　　　　　　　B. 执行价格
   C. 收盘价　　　　　　　　　　　D. 开盘价
2. （　　）的持有者有权以约定价格出售标的资产。
   A. 看涨期权　　　　　　　　　　B. 欧式期权
   C. 美式期权　　　　　　　　　　D. 看跌期权
3. 看涨期权的多头可以通过（　　）的方式平仓。
   A. 卖出同一看跌期权　　　　　　B. 买入同一看跌期权
   C. 卖出同一看涨期权　　　　　　D. 买入同一看涨期权

二、判断题

1. 美式期权的持有人只有在期权到期日才有权行使权力。（　　）
2. 看跌期权的卖方需要在买方提出行权时以执行价格买入期权买方卖出的标的资产。（　　）
3. 期权的买方不需要再缴纳任何保证金。（　　）

参考答案及解析

一、单选题

1. B   2. D   3. C

二、判断题

1. 错   2. 对   3. 对

第二章 金融期权市场及交易

一、单选题

1. 现代场内金融期权最早是在（　　）挂牌交易的。

A. 欧洲期货交易所（EUREX）

B. 东京国际金融期货交易所（TIFFE）

C. 芝加哥期权交易所（CBOE）

D. 新加坡国际金融期货交易所（SIMEX）

2. 现代场内金融期权最早是于（　　）开始挂牌交易的。

A. 1973 年　　　　　　　　　　　　B. 1974 年

C. 1975 年　　　　　　　　　　　　D. 1976 年

3. 关于下列期权品种交易场所，以下说法正确的是（　　）。

A. 普通期权（Vanilla Option）主要在场外交易

B. 利率期权全部在交易所场内交易

C. 奇异期权主要在交易所场内交易

D. 奇异期权主要在场外交易

4. 关于期权做市商制度，以下说法错误的是（　　）。

A. 做市商通常由具备资质的有强大实力和良好信誉的法人承当

B. 指令驱动制（Order – driven）由买方和卖方的指令共同驱动

C. 做市商通过买卖差价赚取利润的同时为市场提供流动性和即时性

D. 实行做市商制度的市场机制被称为指令驱动制（Order – driven）

5. 关于期权做市商制度，以下说法正确的是（　　）。

A. 在做市商制度下，投资者的直接交易对象是做市商

B. 报价驱动机制（Quote – driven）由买方和卖方的指令共同驱动，交易中心对买卖双方价格进行撮合，价格形成以买卖双方竞价指令为基础

C. 指令驱动制（Order – driven）需要做市商作为中间方

D. 实行做市商制度的市场机制被称为指令驱动制（Order – driven）

6. 韩国交易所期权市场保证金计算方法采用（　　）。

A. TIMS　　　　　　　　　　　　　B. SPAN

C. 传统方式　　　　　　　　　D. delta 方法

二、多选题

1. 关于期权保证金制度，以下说法错误的有（　　）。

A. 期权卖方无须缴纳保证金

B. 期权买方必须缴纳保证金

C. 期权买方无须缴纳保证金

D. 期权卖方必须缴纳保证金或者持有相应的标的资产或抵押物

2. 关于期权买卖双方的权利义务，以下说法正确的有（　　）。

A. 期权卖方只享受权利而不承担义务

B. 期权买方只享受权利而不承担义务

C. 期权买方只承担义务而不享受权利

D. 期权卖方只承担义务而不享受权利

3. 关于期权权利金收取和支付，以下说法正确的有（　　）。

A. 期权卖方需要支付权利金

B. 期权买方需要支付权利金

C. 期权买方无须支付权利金

D. 期权卖方无须支付权利金

4. 期权保证金计算可以采用（　　）等方法。

A. 传统保证金计算　　　　　　B. delta

C. 投资组合保证金模式　　　　D. 布莱克－斯科尔斯模型

5. 期权风控制度包括（　　）等。

A. 市场监察制度　　　　　　　B. 大户报告制度

C. 熔断制度　　　　　　　　　D. 结算风险基金制度

6. 当期权交易所结算会员发生违约，如未在规定期限内缴纳结算保证金，未如期履行到期交割义务或违反结算交割合约规定时，结算机构将可能采取（　　）等措施。

A. 暂停违约结算会员的结算交割业务，并函报主管机关

B. 通过期货交易所资讯在线系统转告各结算会员及期货商

C. 清查违约会员的结算保证金余额、银行存款、营业保证金、结算风险基金以及其他财产，并立即采取债权保全措施

D. 处理违约结算会员的头寸及保证金

三、判断题

1. 现代场内金融期权最早是在芝加哥期权交易所（CBOE）交易的。（　　）

2. 期权的交割和期货的交割流程是一样的。   (   )
3. 我国存在场外交易的黄金期权市场。   (   )
4. 我国存在场外交易的人民币兑外汇期权交易市场。   (   )
5. 做市商通常由具备资质的有强大实力和良好信誉的法人承当。   (   )
6. 指令驱动制（Order–driven）由买方和卖方的指令共同驱动。   (   )
7. 全球第一个开展黄金期权交易的是荷兰阿姆斯特丹交易所。   (   )
8. 实行做市商制度的市场机制被称为指令驱动制（Order–driven）。 (   )
9. 期权卖方缴纳保证金或者持有相应的标的资产或抵押物。   (   )
10. 期权卖方必须缴纳保证金。   (   )
11. 期权卖方只享受权利而不承担义务。   (   )
12. 期权买方只享受权利而不承担义务。   (   )

四、计算题

1. 现有一投资者"裸卖"10张某股票的美式看涨期权（1张为100份），该股票每份看涨期权价格为8美元，执行价格为45美元，该股票当前价格为40美元。请问根据CBOE的规定，该投资者需要准备的初始保证金是多少？

2. 现有一投资者"裸卖"10张某股票的美式看跌期权（1张为100份），该股票每份看跌期权价格为8美元，执行价格为45美元，该股票当前价格为40美元。请问根据CBOE的规定，该投资者需要准备的初始保证金是多少？

参考答案及解析

一、单选题

1. C   2. A   3. D   4. D   5. A   6. A

二、多选题

1. AB   2. BD   3. BD   4. ABC   5. ABCD   6. ABCD

三、判断题

1. 对   2. 错   3. 对   4. 对   5. 对   6. 对   7. 对

8. 错　　9. 对　　10. 错　　11. 错　　12. 对

四、计算题

1. 参考答案及解析：

由于该期权执行价格比股票价格要高 5 美元，因此该期权目前仍是虚值期权。根据裸卖看涨期权第一条规则："'裸看涨期权'的卖出收益加上 20% 的标的股票价格再扣除执行价格超出股票价格的部分（如果执行价格低于股票价格，则无须扣除）"，计算如下：

$1\,000 \times (8 + 0.2 \times 40 - 5) = 11\,000$（美元）

根据裸卖看涨期权第二条规则 "'裸看涨期权'的卖出收益加上 10% 的标的股票价格"，计算如下：

$1\,000 \times (8 + 0.1 \times 40) = 12\,000$（美元）

第二条规则计算出来的结果大于第一条规则的计算结果，因此需要的初始保证金应为 12 000 美元。

2. 参考答案及解析：

由于该期权执行价格比股票价格要高 5 美元，因此该期权目前是实值期权。根据裸卖看跌期权第一条规则 "'裸看跌期权'的卖出收益加上 20% 的标的股票价格再扣除执行价格低于股票价格的部分（如果执行价格高于股票价格，则无须扣除）"，计算如下：

$1\,000 \times (8 + 0.2 \times 40) = 16\,000$（美元）

根据裸卖看涨期权第二条规则 "'裸看跌期权'的卖出收益加上 10% 的执行价格"，计算如下：

$1\,000 \times (8 + 0.1 \times 45) = 12\,500$（美元）

第一条规则计算出来的结果大于第二条规则的计算结果，因此需要的初始保证金应为 16 000 美元。

第三章 期权合约和基本要素

一、单选题

1. CME 的 EUR/USD 期货看涨期权（美式），执行价格为 1.345 美元的 3 个月期的欧洲美元期货合约的市场价格为 0.0163 美元。如果某交易者以该价格买入期权，不考虑交易成本时，交易者行权（　　）。

A. 买入标的期货合约的成本为 1.3613 美元
B. 卖出标的期货合约的价格为 1.3613 美元
C. 买入标的期货合约的成本为 1.3287 美元
D. 卖出标的期货合约的价格为 1.3287 美元

2. CME 的 EUR/USD 期货看涨期权（美式），执行价格为 1.345 美元的 3 个月期的欧洲美元期货合约的市场价格为 0.0163 美元。如果某交易者以该价格卖出期权，期权多头行权的话，在不考虑交易成本的情况下，交易者被要求行权时，（　　）。

A. 买入标的期货合约的成本为 1.3613 美元
B. 卖出标的期货合约的价格为 1.3613 美元
C. 买入标的期货合约的成本为 1.3287 美元
D. 卖出标的期货合约的价格为 1.3287 美元

3. CME 的 EUR/USD 期货看跌期权（美式），执行价格为 1.345 美元的 3 个月期的欧洲美元期货合约的市场价格为 0.0163 美元。如果某交易者以该价格买入期权，不考虑交易成本时，交易者行权（　　）。

A. 买入标的期货合约的成本为 1.3613 美元
B. 卖出标的期货合约的价格为 1.3613 美元
C. 买入标的期货合约的成本为 1.3287 美元
D. 卖出标的期货合约的价格为 1.3287 美元

4. CME 的 EUR/USD 期货看跌期权（美式），执行价格为 1.345 美元的 3 个月期的欧洲美元期货合约的市场价格为 0.0063 美元。如果某交易者以该价格卖出期权，期权多头行权，在不考虑交易成本的情况下，交易者被要求行权时，（　　）。

A. 买入标的期货合约的成本为 1.3613 美元
B. 卖出标的期货合约的价格为 1.3613 美元

C. 买入标的期货合约的成本为 1.3287 美元

D. 卖出标的期货合约的价格为 1.3287 美元

5. 几天后，标的物为 3 个月期的欧洲美元期货合约、执行价格为 98.5 的看涨期货期权（美式）的权利金为 1.185 点，如果某交易者以该价格买入期权并行权，则意味着（　　）。

A. 交易者取得存单的年贴现率为 0.315%

B. 交易者取得存单的年收益率为 0.315%

C. 交易者取得存单的年贴现率为 2.685%

D. 交易者取得存单的年收益率为 2.685%

6. 几天后，标的物为 3 个月期的欧洲美元期货合约、执行价格为 99.75 的看跌期货期权（美式）的权利金为 0.07 点，如果某交易者以该价格买入期权并行权，则意味着（　　）。

A. 交易者卖出存单的年贴现率为 0.18%

B. 交易者买进存单的年贴现率为 0.18%

C. 交易者卖出存单的年贴现率为 0.32%

D. 交易者买进存单的年贴现率为 0.32%

7. 关于美国短期国债期货期权和欧洲美元期货期权的报价方式，下列说法正确的是（　　）。

A. 期权的权利金、执行价格和标的期货合约的报价方式相同

B. 执行价格和标的期货合约的报价方式相同

C. 期权的权利金和执行价格的报价方式相同

D. 期权的权利金和标的期货合约的报价方式相同

8. 4 月 25 日，沪深 300 股指期权合约没有挂牌的月份是（　　）月。

A. 5　　　　　B. 6　　　　　C. 7　　　　　D. 8

二、多选题

1. 关于期货期权与标的期货合约，下列说法不正确的有（　　）。

A. 两者合约月份必须一一对应

B. 两者合约规模必须相同

C. 期权的最小变动价位通常小于标的合约的最小变动价位

D. 期权合约的最后交易日通常在标的期货合约的最后交易日之前

2. 关于 CME 欧洲美元期货看涨期权，下列说法正确的有（　　）。

A. 期权的执行价格越高，权利金应该越高

B. 市场利率上升，会导致期权价格下跌

C. 标的物价格越高，对期权多头越有利

D. 执行价格越高，期权多头行权时所支付的资金越少

3. 关于CME美国13周国债期货看跌期权，下列说法正确的有（　　）。

A. 期权的执行价格越高，权利金金额应该越大

B. 市场利率上升，会导致期权价格下跌

C. 标的物价格上升，对期权多头就更有利

D. 执行价格越高，期权多头行权时所获得的资金越多

4. 关于CME中长期国债期货看涨期权，下列说法正确的有（　　）。

A. 期权的执行价格越高，权利金金额应该越大

B. 市场利率上升，对期权多头有利

C. 标的物价格越高，对期权多头越有利

D. 执行价格越高，期权多头行权时所支付的资金越多

5. 关于CME中长期国债期货看跌期权，下列说法正确的有（　　）。

A. 期权的执行价格越高，权利金应该越低

B. 市场利率上升，对期权多头有利

C. 标的物价格越高，对期权多头越不利

D. 执行价格越高，期权多头行权时所支付的资金越多

6. 下列有关期权类型的描述，正确的有（　　）。

A. 看涨和看跌期权是从权利行使方向的不同对期权进行的分类

B. 欧式和美式期权是从权利行使时间上的不同对期权进行的分类

C. 实值、虚值和平值是根据标的市场价格与行权价格的相对高低进行的分类

D. 欧式和美式期权是根据不同的地域对期权类型进行的划分

三、判断题

1. 连续期权合约［Monthly（Serial）Option Contract］是指不间断交易的合约，即当某月份的合约到期时，与该月份相同的下一年度或下一期到期的合约就会上市交易。（　　）

2. 两个期货期权合约可能拥有同一个标的期货合约。（　　）

3. 如果期货期权多头在期权合约最后交易日之前没有行权，则期权作废。（　　）

4. 在期权到期前实值期权都应该被执行。（　　）

5. 交易所会在期权到期前自动执行实值期权，所以期权多头不用考虑执行问题。（　　）

四、计算题

1. 2013年2月19日，某交易者在CME买进一张MAY13欧洲美元看涨期货期权

（美式），执行价格为 98.5，权利金为 1.185 点。

请问：（1）建仓时，交易者需支付的权利金金额为多少？

（2）交易者获得标的期货合约的年贴现率和贴现率分别为多少？

（3）如果到期时交易者行权，需支付的资金为多少？

（4）交易者通过期权获得标的期货合约，合约的年收益率为多少？

2. 上题中，交易者卖出相同标的、相同执行价格的看跌期权，权利金为 0.07 点。

请问：（1）建仓时，交易者获得的权利金金额为多少？

（2）到期时，如果买方行权，交易者的结果如何？

（3）如果交易者在到期前 0.27 点平仓，其损益如何？

参考答案及解析

一、单选题

1. A   2. B   3. D   4. C   5. A   6. A   7. B   8. D

二、多选题

1. ABC   2. BC   3. AD   4. CD   5. BC   6. ABC

三、判断题

1. 错   2. 对   3. 错   4. 错   5. 错

四、计算题

1. **参考答案及解析：**

（1）建仓时，交易者需支付的权利金金额 = 1 000 000 × 1.185%/4 = 2 962.5（美元）。

（2）交易者获得执行标的期货合约的年贴现率 = 100% − 98.5% = 1.5%，贴现率 = 1.5%/4 = 0.375%。

（3）如果到期时交易者行权买入标的期货合约，需支付的资金 = 1 000 000 × (1 − 1.5%/4) = 996 250（美元）。

（4）交易者通过期权获得标的期货合约，合约的年益率 = [1 000 000 − (996 250 + 2 962.5)]/(996 250 + 2 962.5) = 0.0788%。

年收益率 = 0.0788% × 4 = 0.3152%。

2. **参考答案及解析：**

（1）建仓时，交易者获得的权利金金额 = 1 000 000 × 0.07%/4 = 175（美元）。

（2）到期时，如果买方行权，交易者履约买进标的期货合约，需支付的金额 = 1 000 000 × [1 − (100% − 98.5%)/4] = 996 250（美元）。

（3）交易者履约获得期货合约的金额 = 996 250 − 175 = 996 075（美元）。

第四章 期权价格及影响因素

一、单选题

1. 下列期权中，（　　）是实值的期权合约。
   A. 现货价格为500，执行价格为510的看涨期权
   B. 现货价格为500，执行价格为480的看跌期权
   C. 现货价格为500，执行价格为500的看涨期权
   D. 现货价格为500，执行价格为510的看跌期权

2. 下列期权中，（　　）是虚值的期权合约。
   A. 现货价格为500，执行价格为510的看涨期权
   B. 现货价格为500，执行价格为480的看涨期权
   C. 现货价格为500，执行价格为500的看涨期权
   D. 现货价格为500，执行价格为510的看跌期权

3. 下列期权中，（　　）期权的时间价值最大。
   A. 执行价格为12的看涨期权，其权利金为2，对应标的资产的价格为13.5
   B. 执行价格为23的看涨期权，其权利金为3，对应标的资产的价格为23
   C. 执行价格为15的看跌期权，其权利金为2，对应的标的资产的价格为14
   D. 执行价格为7的看跌期权，其权利金为2，对应的标的资产的价格为8

4. 投资者买入一个看涨期权，执行价格为25元，权利金为4元。同时，卖出一个标的资产和到期日均相同的看涨期权，执行价格为40元，权利金为2.5元。如果到期日标的资产的价格升至50元，不计交易成本，则投资者行权后的净收益为（　　）元。
   A. 8.5　　　　B. 13.5　　　　C. 16.5　　　　D. 23.5

5. 两种欧式期权的执行价格均为30元，6个月后到期，股票的现行市价为35元，看跌期权的价格为3元，如果持有这种股票，那么3个月时可以获得1元的现金股利。如果6个月的无风险利率为4%（按单利算），则看涨期权的价格为（　　）元。
   A. 5　　　　B. 9.2　　　　C. 0　　　　D. 8.2

6. 下列表述错误的是（　　）。
   A. B-S模型适用于各种奇异期权定价

B. 二叉树模型既可用于美式期权定价，也可用于欧式期权定价

C. B－S 型不适于美式期权定价

D. B－S 模型主要用于欧式期权定价

二、多选题

1. 下列关于时间价值的说法，（　　）是正确的。

A. 平值期权和虚值期权的时间价值总是大于等于 0

B. 美式期权的时间价值总是大于 0

C. 实值欧式期权的时间价值可能小于 0

D. 期权的时间价值不可能为负值

2. 随着（　　）增加，无论看涨还是看跌，美式期权的价格都将上涨。

A. 到期期限　　　　　　　　B. 标的资产价格

C. 无风险利率　　　　　　　D. 波动率

3. 随着（　　）增加，无论欧式还是美式，看跌期权的价格都将上涨。

A. 到期期限　　　　　　　　B. 标的资产价格

C. 执行价格　　　　　　　　D. 波动率

4. 下述（　　）组合中存在无风险套利机会。

A. 买入标的资产 S＋出售看涨期权 C，其中 S＝1 300，C＝1 500，K＝1 000

B. 出售标的资产 S＋买入看涨期权 C，其中 S＝1 300，C＝200，K＝1 000

C. 买入标的资产 S＋出售看涨期权 C，其中 S＝890，C＝200，K＝700

D. 出售标的资产 S＋买入看涨期权 C，其中 S＝890，C＝500，K＝700

5. 标准 B－S 模型适用于（　　）的定价。

A. 欧式看涨期货期权　　　　B. 欧式期货期权

C. 不支付红利的美式股票看涨期权　　D. 欧式股票期权

6. 下列因素中，与看跌期权价值存在正向关系的有（　　）。

A. 标的价格　　　　　　　　B. 行权价格

C. 波动率　　　　　　　　　D. 股息率

三、判断题

1. 波动率对期权价格的影响，无论是看涨期权还是看跌期权，或是欧式期权和美式期权，其对期权的价格影响总是正向的，即波动率越大，期权价格越高。　（　　）

2. 期权的时间价值不可能为负值。　（　　）

3. 对于股票或股指期权来说，股票的分红率也将影响期权的价格，具体来说，红利对于看涨期权价格的影响是正向的，对看跌期权价格的影响是负向的。　（　　）

4. 无风险利率水平既可以影响期权的时间价值，也可以影响期权的内涵价值，因此在分析该因素对于期权价格的影响时，要综合两方面的影响方向及程度而定。
（　　）

5. 无论是看涨期权还是看跌期权，抑或是欧式期权和美式期权，期权价格随着标的资产价格波动率的增大而上涨，随着标的资产价格波动率的减小而下跌。（　　）

6. 看涨期权价格下跌的时候，看跌期权的价格上涨。（　　）

四、计算题

1. 执行价格为 45 美元的 XZZ 股票看涨期权，其权利金为 1 美元，XZZ 股票当前的交易价格为每股 45.3 美元，该 XZZ 股票看涨期权的内涵价值为多少？

2. 执行价格为 45 美元的 XZZ 股票看涨期权，其权利金为 1 美元，XZZ 股票当前的交易价格为每股 45.3 美元，该 XZZ 股票看涨期权的时间价值为多少？

3. 考虑一个无股息股票的美式看涨期权，假定股票价格为 51 美元，期权执行价格为 50 美元，期权剩余到期期限为 6 个月，无风险利率为每年 12%，请计算期权价格的下限。

4. 考虑一个无股息股票的美式看涨期权，假定股票价格为 38 美元，期权执行价格为 40 美元，期权剩余到期期限为 6 个月，无风险利率为每年 10%，请计算期权价格的下限。

5. 一个无股息股票的价格为 19 美元，该股票 3 个月后到期、执行价格为 20 美元的欧式看涨期权的权利金为 1 美元，无风险利率为每年 4%，请问该股票 3 个月后到期执行价格为 20 美元的看跌期权的期权价格为多少？

6. 某股票的价格为 19 美元，该股票 6 个月后到期、执行价格为 20 美元的欧式看涨期权的权利金为 2 美元，无风险利率为每年 5%，该股票预期在 2 个月后发放 0.5 美元的股息，请问该股票 6 个月后到期、执行价格为 20 美元的看跌期权的期权价格为多少？

7. 一个无股息股票的美式看涨期权的价格为 3 美元，执行价格为 30 美元，剩余到期期限为 6 个月，无风险利率为 6%，标的股票的价格为 31 美元，请计算该股票相同执行价格、相同到期期限的美式看跌期权价格的上、下限。

8. 若标普 500 指数为 990 点，无风险利率为 0.6%（按单利计），预期未来 12 个月标普 500 的成分股不支付股息，标普 500 指数的年波动率为 20%。芝加哥期权交易所 12 个月后到期的标普 500 指数（SPX）欧式期权，合约乘数为每点 100 美元。现在 12 个月后到期、执行价格为 1000 点的 SPX 看涨期权的权利金为 60.6 点，不考虑交易成本的情况下，请问 12 个月后到期、执行价格为 1000 点的 SPX 看跌期权的无套利均衡价格为多少？

五、综合题

1. 假设某一执行价格 $K = 1\,000$ 的无收益欧式看涨期权的价格 $C = 200$，其对应的标的资产价格为 S = 1 300。

(1) 是否存在无风险套利的机会?

(2) 如果存在套利机会,该如何构造无风险套利组合?

(3) 请画出相应的组合损益图。

2. 假设某一执行价格 K = 800 的看跌期权的价格 P = 300,其对应标的资产价格 S = 500。

(1) 是否存在无风险套利的机会?

(2) 如果存在套利机会,该如何构造无风险套利组合?

(3) 请画出相应的组合损益图。

3. 对于同一股票的欧式看涨及看跌期权的执行价格为 20 美元,剩余到期期限均为 3 个月,两期权的权利金均为 3 美元,年无风险利率为 10%,当前股票价格为 19 美元,在 1 个月后预计股票将支付 1 美元的股息。请问存在套利机会吗?若存在,该如何套利?

参考答案及解析

一、单选题

1. D   2. A   3. B   4. B   5. D   6. A

二、多选题

1. ABC   2. AD   3. CD   4. AB   5. CD   6. BCD

三、判断题

1. 对   2. 错   3. 错   4. 对   5. 对   6. 错

四、计算题

1. 参考答案及解析:

看涨期权的内涵价值 = MAX(0, 市价 − 执行价格) = MAX(0, 45.3 − 45) = 0.3(美元)。

2. 参考答案及解析:

时间价值 = 期权价格 − 内涵价值 = 1 − 0.3 = 0.7(美元)。

3. 参考答案及解析:

看涨期权价格的下限 = $S - Ke^{-rT}$ = $51 - 50 \times e^{-0.12 \times 0.5}$ = 3.91(美元)。

4. 参考答案及解析：

看跌期权价格的下限 $= Ke^{-rT} - S = 40 \times e^{-0.1 \times 0.5} - 38 = 0.049$（美元）。

5. 参考答案及解析：

根据欧式期权的平价公式可以得到：$P = C + Ke^{-rT} - S = 1 + 20 \times e^{-0.04 \times 0.25} - 19 \approx 1.8$（美元）。

6. 参考答案及解析：

根据欧式期权的平价公式可以得到 $P = C + Ke^{-rT} + D - S = 2 + 20 \times e^{-0.05 \times 0.5} + 0.5 \times e^{-0.05 \times \frac{2}{12}} - 19 \approx 3$（美元）。

7. 参考答案及解析：

不支付红利的美式看涨期权与看跌期权满足价差关系：$S_0 - K \leq C - P \leq S_0 - Ke^{rT}$，因此看跌期权 $P \leq C - S_0 + K = 3 - 31 + 30 = 2$，且 $P \geq C - S_0 + Ke^{rT} = 3 - 31 + 30 \times e^{0.06 \times \frac{6}{12}} = 1.126$（美元）。美式看跌期权的上、下限分别为 1.126 美元、2 美元。

8. 参考答案及解析：

根据欧式期权的平价公式可以得到 $P = C + Ke^{-rT} - S = 60.6 + 1\,000 \times \dfrac{1}{1 + 0.006} - 990 \approx 64.64$（美元）。

五、综合题

1. 参考答案及解析：

（1）该看涨期权价格超过了下边界，即 $C < S - Ke^{-rT}$，因此存在无风险套利机会。

（2）看涨期权的价格低于下边界，因此投资者可以通过出售标的资产同时买入看涨期权的方式赚取无风险收益。

（3）组合损益图：

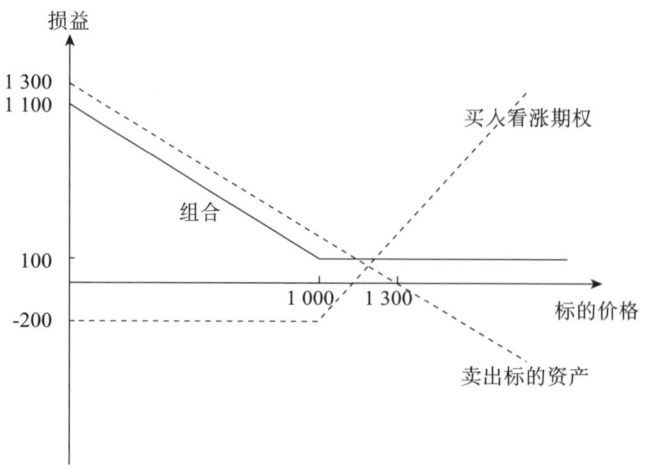

2. **参考答案及解析：**

（1）该看跌期权的价格超过了价格范围的下限，即 $P < Ke^{-rT} - S$，因此存在无风险套利机会。

（2）看跌期权的价格低于下边界，因此投资者可以通过购买标的资产同时买入看跌期权的方式获取无风险收益。

（3）组合损益图：

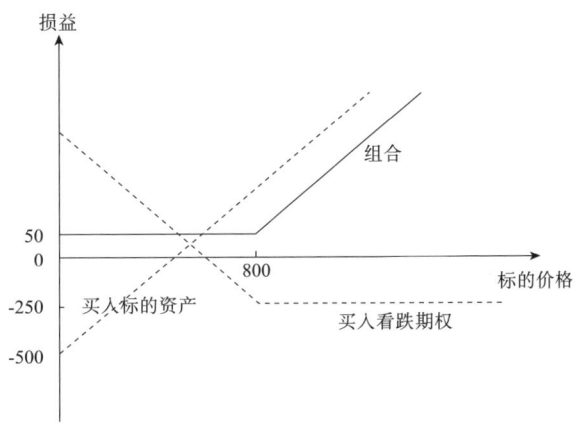

3. **参考答案及解析：**

存在套利机会，可以通过买入看跌期权与股票，并同时卖出看涨期权来套利。建立投资组合 A 和 B，下表是两个组合在 T（T = 3 个月）时刻的价值，其中 D 表示股息的贴现值。

		$S_T > K$	$S_T < K$
组合 A	看涨期权	$S_T - K$	0
	零息债券	$K + De^{rT}$	$K + De^{rT}$
	总和	$S_T + De^{rT}$	$K + De^{rT}$
组合 B	看跌期权	0	$K - S_T$
	股票	$S_T + De^{rT}$	$S_T + De^{rT}$
	总和	$S_T + De^{rT}$	$K + De^{rT}$

因为欧式期权只能在到期日执行，所以两个组合在到期日具有相同的收益，因此在套利机会存在的情况下，组合 A 和组合 B 在今天的价值也应当相同，即 $P + S = C + Ke^{-rT} + D$。

根据题目，组合 A 今天的价值 = $C + Ke^{-rT} + D = 3 + 20 \times e^{-0.1 \times 0.25} + 1 \times e^{-0.1/12} = 23.50$（美元）；

组合 B 今天的价值 = $P + S = 3 + 19 = 22$（美元）。

显然组合 B 相对于组合 A 价值明显被低估，因此存在套利机会，投资者可以通过买入组合 B 并同时卖出组合 A 的方式赚取无风险套利，具体操作如下：

借入 20.50 美元买入零息债券，并卖出看涨期权获得权利金收入 3 美元，同时，分别以 3 美元买入看跌期权，19 美元买入股票。

第五章 期权交易的基本策略

一、单选题

1. 当预期股票价格将发生剧烈变动，但无法判断变动方向是上涨还是下跌，最适合的策略为（　　）。

   A. 买入股票和买入看跌期权

   B. 买入看跌期权和买入看涨期权，建立跨式套利

   C. 卖出看涨期权和买入股票

   D. 卖出看跌期权和卖出看涨期权

2. 某公司股票价格为91元，6个月到期的执行价格为100元的看涨期权价格为5元，该期权为欧式期权。在到期日该股票价格为95元，那么卖出1股看涨期权和持有1股股票的到期损益为（　　）元。

   A. 9　　　　　B. 1　　　　　C. 5　　　　　D. 4

3. 下列组合中（　　）是比率套利。

   A. 买入1手看涨期权，卖出2手更为虚值的看涨期权

   B. 买入1手看涨期权，卖出2手执行价更高的看跌期权

   C. 买入2手看跌期权，卖出1手更为实值的看跌期权

   D. 买入2手看涨期权，卖出1手更为虚值的看涨期权

4. 买入1手3月到期行权价为95元的看涨期权，每手8元；卖出2手3月到期行权价为100元的看涨期权，每手5元，构成比例价差期权，其最大盈利点是标的为（　　）元时，最大盈利为（　　）元。

   A. 95；2　　　　　　　　　　B. 95；7

   C. 100；2　　　　　　　　　D. 100；7

5. 下列（　　）组合的损益最接近于标的资产多头和看涨期权空头组合的损益。

   A. 看涨期权多头　　　　　　B. 看涨期权空头

   C. 看跌期权多头　　　　　　D. 看跌期权空头

6. 下列（　　）组合是领圈套利。

   A. 买入1手看涨期权和卖出1手看跌期权

   B. 持有1手标的资产的同时，买入1手看跌期权和卖出1手看涨期权

C. 买入 1 手看涨期权和卖出 1 手执行价更高的看涨期权

D. 持有 1 手标的资产的同时买入 1 手看涨期权，再卖出 1 手看跌期权

7. 一份看涨期权多头和一份执行价更高、期限相同的看涨期权空头组合为（　　）。

  A. 牛市套利　　　　　　　　　B. 熊市套利

  C. 跨式套利　　　　　　　　　D. 日历套利

8. 看涨期权熊市套利由（　　）构成。

  A. 1 手看涨期权多头，1 手执行价更高、期限相同的看涨期权空头

  B. 1 手看涨期权多头，1 手执行价更低、期限相同的看涨期权空头

  C. 1 手看涨期权多头，1 手执行价相同、期限较短的看涨期权空头

  D. 1 手看涨期权多头，1 手执行价更低、期限较短的看涨期权空头

9. 投资者买入了 1 手 IBM 6 月执行价格为 100 美元的看涨期权，期权权利金为 10 美元，到期时 IBM 价格为（　　）美元，盈亏相抵。

  A. 100　　　　B. 105　　　　C. 110　　　　D. 90

10. 某投资者在 7 月份以 500 点的权利金买入一份 10 月执行价格为 18000 点的恒生指数看涨期权，同时，他又以 350 点的权利金买入一份 10 月执行价格为 18000 点的恒生指数看跌期权，投资者的损益平衡点为（　　）。

  A. 18350 点、17150 点　　　　　B. 18850 点、17150 点

  C. 18850 点、17500 点　　　　　D. 18350 点、17500 点

11. 某投资者买入了 1 手 TC 公司 6 月执行价格为 105 元的看跌期权，期权权利金为 10 元，投资者到期时的损益平衡点为（　　）元。

  A. 95　　　　B. 90　　　　C. 105　　　　D. 115

12. 某公司 6 月到期的执行价格为 50 元的欧式看跌期权价格为 5 元，当前股价为 44 元，如果到期日该股票的价格是 34 元，则购进 1 股看跌期权与购进 1 股股票组合的到期收益为（　　）元。

  A. 11　　　　B. 1　　　　C. -9　　　　D. 0

13. 某公司 6 月到期的执行价格为 50 元的欧式看涨期权价格为 5 元，当前股价为 44 元，如果到期日该股票的价格是 34 元，则购进 1 股股票与售出 1 股看涨期权组合的到期收益为（　　）元。

  A. -5　　　　B. 10　　　　C. -6　　　　D. 5

14. 某投资者在 3 月份以 300 点的权利金卖出一张 6 月到期执行价格为 20500 点的恒指看涨期权。同时，他又以 200 点的权利金卖出一张 6 月到期执行价格为 20000 点的恒指看跌期权。当恒指（　　）时该投资者能获得最大利润。

  A. 小于 19500 点

B. 大于等于 19500 点小于 20000 点

C. 大于等于 20000 点小于 20500 点

D. 大于 20500 点小于 21100 点

15. 某交易者以 180 点（每点 10 美元）的权利金卖出一份 11 月到期执行价格为 9450 点的道琼斯指数看跌期权。到期日，道琼斯指数的点位是 9350 点。交易者的损益为（　　）美元。

A. 800　　　　　B. 210　　　　　C. 1 800　　　　　D. 2 100

16. 某投资者以 200 点的权利金买入一份 6 月份到期执行价格为 10200 点的恒生指数看涨期权，同时，他又以 250 点的权利金卖出一份 6 月份到期执行价格为 10000 点的恒生指数看涨期权。那么该投资者的损益平衡点（不考虑其他费用）是（　　）点。

A. 10000　　　　B. 10050　　　　C. 10100　　　　D. 10200

17. 某投资者在 6 月份买入 1 份 8 月到期执行价为 9000 点的恒指看涨期权，支付的权利金为 250 点，同时又买入 1 份 8 月到期执行价为 9000 点的恒指看跌期权，支付的权利金为 160 点。那么，在期权到期时（　　）。

A. 若恒指数为 9000 点，投资者损失 350 点

B. 若恒生指数为 9200 点，投资者损失 290 点

C. 若恒生指数为 9310 点，投资者实现盈亏平衡

D. 若恒生指数为 8500 点，投资者盈利 90 点

18. ABC 公司股票价格为 50 元，买入 1 手 5 月到期执行价为 50 元的看涨期权，权利金为 5 元，卖出 1 手 5 月到期执行价为 55 元的看涨期权，权利金为 2 元，则该期权组合的损益平衡点为（　　）元。

A. 51　　　　　B. 55　　　　　C. 52　　　　　D. 53

19. 某投资者在 2013 年 5 月买入 1 手 IBM 股票，价格为 207 美元，同时卖出 1 手 5 月到期的执行价为 205 美元的看涨期权，权利金为 4 美元，则损益平衡点为（　　）美元。

A. 209　　　　　B. 211　　　　　C. 203　　　　　D. 201

20. 投资者以 3 元的价格买入 1 手 ABC 10 月到期执行价为 30 元的看涨期权，以 1 元的价格卖出 1 手 ABC 10 月到期执行价为 35 元的看涨期权，投资者的最大潜在盈利是（　　）元。

A. 300　　　　　B. 500　　　　　C. 200　　　　　D. 100

21. 投资者以 3 元的价格买入 1 手 ABC 10 月到期执行价为 30 元的看涨期权，以 1 元的价格卖出 1 手 ABC 10 月到期执行价为 35 元的看涨期权，投资者的最大潜在亏损是（　　）元。

A. 300　　　　B. 500　　　　C. 200　　　　D. 100

22. 投资者对 XY 股票看空，建立了如下策略：以 3 元的价格卖出 1 手 XY 6 月到期执行价为 40 元的看涨期权，以 1 元的价格买入 1 手 XY 6 月到期执行价为 45 元的看涨期权，那么投资者的最大潜在盈利是（　　）元。

A. 500　　　　B. 300　　　　C. 100　　　　D. 200

23. 投资者对 XY 股票看空，建立了如下策略：以 3 元的价格卖出 1 手 XY 6 月到期执行价为 40 元的看涨期权，以 1 元的价格买入 1 手 XY 6 月到期执行价为 45 元的看涨期权，那么投资者的最大潜在亏损是（　　）元。

A. 500　　　　B. 300　　　　C. 100　　　　D. 200

24. 当前 TZ 股票的售价为 44 元，XY 9 月到期执行价为 40 元的看涨期权价格为 5 元，XY 9 月到期执行价为 45 元的看涨期权价格为 3 元，投资者想要建立比率看涨期权套利，那么下列（　　）策略是比率看涨期权套利。

A. 买进 1 手 9 月到期执行价为 40 元的看涨期权，卖出 1 手 9 月到期执行价为 45 元的看涨期权

B. 买进 2 手 9 月到期执行价为 40 元的看涨期权，卖出 1 手 9 月到期执行价为 45 元的看涨期权

C. 买进 2 手 9 月到期执行价为 45 元的看涨期权，卖出 1 手 9 月到期执行价为 40 元的看涨期权

D. 买进 1 手 9 月到期执行价为 40 元的看涨期权，卖出 2 手 9 月到期执行价为 45 元的看涨期权

25. 下列关于比率看涨期权套利策略的说法正确的是（　　）。

A. 比率看涨期权套利策略最大潜在盈利无限

B. 比率看涨期权套利策略最大潜在亏损有限

C. 比率看涨期权套利策略上行风险比下行风险小

D. 比率看涨期权套利策略下行方向上有有限的风险

二、多选题

1. 某投资者购买了一份执行价为 60 元的看涨期权，支付的权利金为 2 元，同时购买了一份执行价为 50 元的看跌期权，支付的权利金为 1.5 元，则投资者的损益平衡点为（　　）元。

A. 63.5　　　　B. 56.5　　　　C. 53.5　　　　D. 46.5

2. 某投资者建立了一份指数 AB 的蝶式套利，卖出一份执行价为 1500 点的看涨期权，权利金为 60 点，买入两份执行价为 1550 点的看涨期权，权利金为 40 点，再卖出一份执行价为 1600 点的看涨期权，权利金为 30 点，则该组合的损益计算正确的有

（　　）。

A. 最大收益为 10 点

B. 最大亏损为 40 点

C. 当到期时标的指数为 1550 点，获利最大

D. 当到期时标的指数为 1490 点，获得最大盈利

3. 某投资者认为 IBM 股票有上涨的趋势，于是决定建立看涨期权牛市套利，以 8 美元的价格买入 1 手 6 月到期执行价为 200 美元的看涨期权，同时以 2 美元的价格卖出 1 手 6 月到期执行价为 210 美元的看涨期权，则（　　）。

A. 组合损益平衡点为 206 美元

B. 最大潜在收益为 400 美元

C. 最大潜在风险为 600 美元

D. 当到期时 IBM 价格为 207 美元时，组合获利 100 美元

4. 下列（　　）组合被称为牛市套利。

A. 买入 1 手看涨期权，卖出 1 手相同期限，更为虚值的看涨期权

B. 买入 1 手看涨期权，卖出 1 手相同期限，更为实值的看涨期权

C. 买入 1 手看跌期权，卖出 1 手相同期限，更为实值的看跌期权

D. 买入 1 手看跌期权，卖出 1 手相同期限，更为虚值的看跌期权

5. 下列（　　）组合被称为熊市套利。

A. 买入 1 手看涨期权，卖出 1 手相同期限，更为虚值的看涨期权

B. 买入 1 手看涨期权，卖出 1 手相同期限，更为实值的看涨期权

C. 买入 1 手看跌期权，卖出 1 手相同期限，更为实值的看跌期权

D. 买入 1 手看跌期权，卖出 1 手相同期限，更为虚值的看跌期权

6. 下列（　　）策略在上行方向上有无限的潜在盈利。

A. 买入看涨期权　　　　　　　B. 看涨期权反套利

C. 看跌期权比率套利　　　　　D. 看涨期权比率套利

7. 下列（　　）策略存在无限的风险。

A. 看跌期权比率套利　　　　　B. 卖出跨式套利

C. 看涨期权反套利　　　　　　D. 看涨期权比率套利

8. 如果建立了一个看涨期权牛市套利头寸，下列（　　）结果可能出现。

A. 卖出了一个看涨期权，因而有无限的上行风险

B. 在到期时最坏的结果是标的资产价格刚好等于买入期权的执行价

C. 最大的潜在盈利为两个期权执行价之差减去收到的权利金

D. 当标的资产价格大于卖出期权的执行价时，就获得了最大的潜在盈利

9. 下列（　　）组合策略潜在收益有限。

A. 牛市套利　　　B. 蝶式套利　　　C. 比率套利　　　D. 反套利

10. 下列（　　）策略潜在收益无限。

A. 比率套利　　　　　　　　　B. 反套利

C. 卖出持保看涨期权　　　　　D. 跨式套利

11. 下列关于看涨期权反套利策略说法正确的有（　　）。

A. 看涨期权反套利最大潜在盈利无限

B. 看涨期权反套利最大潜在亏损有限

C. 看涨期权反套利上行风险比下行风险大

D. 看涨期权反套利下行方向上有有限的风险

12. 在（　　）行情下不适合买入中间行权价为平值的蝶式期权。

A. 熊市　　　　　　　　　　　B. 牛市

C. 盘整行情　　　　　　　　　D. 突破行情

13. 下列（　　）操作可以构成宽跨式期权策略。

A. 买入1手 IO1903 – C – 3200 和买入1手 IO1903 – P – 3000

B. 卖出1手 IO1903 – C – 3000 和卖出1手 IO1906 – P – 2800

C. 卖出1手 IO1903 – C – 3600 和卖出1手 IO1903 – P – 2600

D. 买入1手 IO1903 – C – 3200 和卖出1手 IO1903 – P – 2800

三、判断题

1. 牛市套利策略只能由看涨期权来构建。　　　　　　　　　　　　　　（　　）
2. 卖出看涨期权是一种偏空的策略。　　　　　　　　　　　　　　　　（　　）
3. 买入看涨期权具有无限的潜在收益和有限的潜在风险。　　　　　　　（　　）
4. 卖出持保看涨期权是指持有1份标的资产的同时，卖出1份看涨期权的组合。
　　　　　　　　　　　　　　　　　　　　　　　　　　　　　　　　（　　）
5. 由标的资产空头和看涨期权多头构成的组合损益与看跌期权多头损益等价。
　　　　　　　　　　　　　　　　　　　　　　　　　　　　　　　　（　　）
6. 由标的资产多头和看涨期权空头构成的组合损益与看跌期权多头损益等价。
　　　　　　　　　　　　　　　　　　　　　　　　　　　　　　　　（　　）
7. 由一份看涨期权多头和一份相同期权执行价更高的看涨期权空头构成的组合被称为牛市套利组合。　　　　　　　　　　　　　　　　　　　　　　　　（　　）
8. 熊市套利的上行收益有限，下行风险有限。　　　　　　　　　　　　（　　）
9. 由一份看涨期权多头和一份执行价更低的看涨期权空头构成组合被称为熊市套利。　　　　　　　　　　　　　　　　　　　　　　　　　　　　　　　（　　）
10. 看涨期权比率套利可以由看涨期权牛市套利和看涨期权空头组合构建。
　　　　　　　　　　　　　　　　　　　　　　　　　　　　　　　　（　　）

11. 反套利策略可以由熊市套利加上期权多头构建。（   ）

12. 比率套利策略属于净买入期权策略。（   ）

13. 反套利策略是净卖出期权策略的一种。（   ）

14. 蝶式套利策略可以由牛市套利和熊市套利构建。（   ）

15. 日历套利是水平套利的一种，是指买入 1 手期权的同时卖出 1 手执行价相同但期限更短的期权。（   ）

16. 由买入 1 手看涨期权、卖出 1 手执行价更高期限更短的看涨期权构成的组合被称为对角套利。（   ）

17. 跨式套利比买入看涨期权更容易损失掉其全部的购买费用。（   ）

18. 宽跨式套利比跨式套利成本高，需要较大的价格变动才能获利。（   ）

四、计算题

1. 格律公司股票当前的价格为 45 元，小李预期今后 3 个月内该股票价格将会下跌，因此他建立了如下头寸：以 5.3 元的价格买入 1 手 10 月到期执行价为 45 元的看跌期权，以 3 元的价格卖出了 1 手 10 月到期执行价为 40 元的看跌期权。该期权将在 79 天后过期，请填写下表，并分析该策略的损益平衡点。

格律股票到期时的价格	10月到期执行价为45元的看跌期权价值	10月到期执行价为40元的看跌期权价值	总头寸价值	总头寸盈亏
50				
45				
44				
43				
41				
40				
38				
35				

2. 超星集团公司股票当前的交易价格为 87 元，下面是超星 10 月看涨期权的报价：10 月到期执行价为 80 元的看涨期权、10 月到期执行价为 85 元的看涨期权、10 月到期执行价为 90 元的看涨期权的价格分别为 8.6 元、4.2 元、1.9 元。请利用上面的期权报价建立看涨期权牛市套利策略，并对头寸进行分析。

3. 市场数据如下，股票 ABC 价格为 35 元，4 月到期的执行价为 35 元的看涨期权价格为 4 元，请计算一下买入该看涨期权的最大潜在亏损、收支平衡点，并画出其损益图。

4. 假设投资者看空 AB 股价，并且考虑买入一些看跌期权进行投资。AB 股当前交易价为 49 元，相关期权报价如下表：

	看跌期权价格（元）	看跌期权 delta（元）
11 月到期执行价为 45 元的看跌期权	0.9	-0.21
11 月到期执行价为 50 元的看跌期权	2.3	-0.54
11 月到期执行价为 55 元的看跌期权	6.6	-0.78

请填写下表，并分析购买三种看跌期权的利弊。

	11 月到期执行价为 45 元的看跌期权	11 月到期执行价为 50 元的看跌期权	11 月到期执行价为 55 元的看跌期权
潜在风险			
潜在盈利			
损益平衡点			
标的下跌 5% 的盈利			
标的下跌 5% 的盈利百分比			
标的下跌 10% 的盈利			
标的下跌 10% 的盈利百分比			

5. 当前市场数据如下表，投资者想卖出相应的看涨期权。

	期权价格（元）
4 月到期执行价为 30 元的看涨期权	4
4 月到期执行价为 35 元的看涨期权	1.1
4 月到期执行价为 40 元的看涨期权	0.4

请填写下表，并分析三种策略的异同点。

	4 月到期执行价为 30 元的看涨期权	4 月到期执行价为 35 元的看涨期权	4 月到期执行价为 40 元的看涨期权
偏向			
潜在盈利			
损益平衡点			
潜在亏损			

6. 小王以 45.5 美元的价格买入了 1 000 股 IBM 的股票，以每手 2.5 美元的价格出售了 10 手 12 月到期执行价为 50 美元的看涨期权，这样针对股票 IBM 建立了持保期权（卖出持保看涨期权）的头寸，请针对表中 IBM 到期时的价格填写空白的地方。（单位为美元）

IBM 到期时的价格（美元）	价格为 50 美元的看涨期权价格（美元）	期权的盈亏（美元）	股票的盈亏（美元）	总盈亏（美元）
40				
42				
45				
47.5				
50				
51				
53				

7. 小张已经买入 BBB 股票多年，现在他认为该股票的股价在今后 3 个月内将在现有价格 28 元附近震荡，同时，他考虑出售看涨期权。当前 BBB 股票期权的报价如下：5 月到期执行价为 27.5 元的看涨期权、5 月到期执行价为 30 元的看涨期权、5 月到期执行价为 32.50 元的看涨期权价格分别为 1.5 元、0.5 元、0.1 元；6 月到期执行价为 27.5 元的看涨期权、6 月到期执行价为 30 元的看涨期权、6 月到期执行价为 32.5 元的看涨期权价格分别为 2 元、1 元和 0.45 元。5 月到期的期权还有 32 天到期，6 月到期的期权还有 65 天到期，那么应当出售哪个期权，为什么做出这样的选择呢？

8. 当前 AC 公司的股价为 64 元，有如下 3 个看涨期权的报价：10 月到期执行价为 60 元的看涨期权价格为 5.5 元，10 月到期执行价为 65 元的看涨期权价格为 2.6 元，10 月到期执行价为 70 元的看涨期权的价格为 1.1 元。10 月到期的期权有效期还有 50 天。上述期权可以建立哪些牛市套利，并针对每个套利分析其成本，最大潜在风险、最大潜在盈利以及损益平衡点。

9. 对于股票 AA 有如下数据，当前股价为 28.5 元，4 月到期执行价为 30 元的看涨期权价格为 3.4 元，4 月到期执行价为 35 元的看涨期权价格为 2.2 元。4 月到期的期权有效期还有 45 天。请分别为两个期权计算最大潜在亏损、损益平衡点、潜在盈利。倘若 AA 股价上涨 10%，买入期权的收益和收益百分比是多少呢？如果股价上涨 20%、30% 和 40%，买入期权的收益和收益百分比又会是多少呢？

10. 天成公司的股价为 25.5 元，4 月到期执行价为 25 元的看跌期权的价格为 1.9 元。小李和小赵都在考虑出售 1 手 4 月到期执行价为 25 元的看跌期权。小李想要持有 100 股天成股票，而小赵是一位投机者，认为天成股价在下个月跌到 25 元下方的机会很小。请分析一下他们各自的风险、潜在盈利和损益平衡点。倘若天成公司的股票跌至 22 元之下，小李什么也没做，而小赵则将其空头头寸平仓，请问他们的风险和潜在盈利发生了什么变化。

11. 小张在等待有关 CC 公司的新闻，他认为这个新闻将会对 CC 的股价产生很大的影响，并且他相信该新闻将会在未来的几个星期内出现。如果新闻对 CC 是有利的，

CC 的股价将会大幅上扬；如果消息对 CC 是不利的，CC 股价将会大幅下跌。当前 CC 股价为 60 元，5 月到期执行价为 55 元的看跌期权价格为 0.75 元，5 月到期执行价为 60 元的看跌期权价格为 2.55 元，5 月到期执行价为 60 元的看涨期权价格为 2.7 元，5 月到期执行价为 65 元的看涨期权价格为 0.95 元。小张在犹豫买进 5 月到期执行价为 60 元的跨市套利，还是买进 5 月到期执行价为 55—65 元的宽跨式套利，请你帮忙分析一下每个策略的风险，损益平衡点。如果小张有更为精确的价格预期，比如利好消息股价会涨至 68 元，利空消息股价会下跌至 52 元，这对于小张选择哪个策略有帮助吗？

12. PQ 公司的股价为 120 元，当前有如下期权在交易：10 月到期执行价为 110 元的看涨期权价格为 13.5 元；10 月到期执行价为 115 元的看涨期权价格为 10.4 元；10 月到期执行价为 120 元的看涨期权价格为 7.7 元；10 月到期执行价为 125 元的看涨期权价格为 5.6 元；10 月到期执行价为 130 元的看涨期权价格为 3.9 元。10 月到期的期权有效期还有 55 天。请您设计一个执行价为 110 元—120 元—130 元的买入蝶式套利，并分析其最大风险、潜在盈利以及损益平衡点。

13. PQ 公司的股价为 120 元，当前有如下期权在交易：10 月到期执行价为 110 元的看涨期权价格为 13.5 元；10 月到期执行价为 115 元的看涨期权价格为 10.4 元；10 月到期执行价为 120 元的看涨期权价格为 7.7 元；10 月到期执行价为 125 元的看涨期权价格为 5.6 元；10 月到期执行价为 130 元的看涨期权价格为 3.9 元。10 月到期的期权有效期还有 55 天。请您设计一个 110 元—115 元—125 元—130 元的卖出鹰式套利，并分析其最大风险、潜在盈利以及损益平衡点。

14. 投资者出售了一份关于×××股票的跨式套利，×××的股价为 50 元，4 月到期执行价为 50 元的看涨期权的价格为 2.9 元，4 月到期执行价为 50 元的看跌期权的价格为 2.7 元。请分析该策略的风险、盈利及损益平衡点，并填写下表中的空白。

期权到期时 ×××的股价	4 月到期执行价为 50 元的看涨期权的价值	4 月到期执行价为 50 元的看跌期权的价值	4 月到期执行价为 50 元的跨式套利的价值	损益
10				
40				
42				
44				
46				
48				
49				

续表

期权到期时 ×××的股价	4月到期执行价为50元的看涨期权的价值	4月到期执行价为50元的看跌期权的价值	4月到期执行价为50元的跨式套利的价值	损益
50				
51				
52				
53				
54				
56				
58				
60				
80				

15. TT公司股价为50元，下面是其正在交易的5月到期执行价为50元的看涨期权价格为2.5元，执行价为55元的看涨期权价格为0.9元，执行价为60元的看涨期权的价格为0.3元。一位交易者预期TT公司在期权到期日的目标价为55元，他向你咨询是否可以买进蝶式套利，请你分析一下该策略的风险、潜在盈利及损益平衡点。

五、综合题

有两个投资者邀请你给他们的投资提出一些建议。目前AA股票的股价为50元，2月到期执行价为50元的看跌期权的价格为2元，2月到期的执行价为50元的看涨期权的价格为2.1元。投资者A投入5万元，对股票ABC出售看跌期权。投资者B买进ABC股票，且对该股票出售看涨期权。请填写下表。

期权到期时AA的股价（元）	2月到期执行价为50元的看涨期权价值（元）	卖出看涨期权损益（元）	买入股票损益（元）	总损益（元）
40				
45				
50				
55				

并解释哪个策略更为可取。

参考答案及解析

一、单选题

1. B 2. A 3. A 4. D 5. D 6. B 7. A 8. A
9. C 10. B 11. A 12. B 13. A 14. C 15. A 16. B
17. D 18. D 19. C 20. A 21. C 22. D 23. B 24. D
25. D

二、多选题

1. AD 2. ABD 3. ABCD 4. AC 5. BD 6. AB
7. ABD 8. BC 9. ABC 10. BD 11. ABD
12. ABD 13. AC

三、判断题

1. 错 2. 错 3. 对 4. 对 5. 对 6. 错 7. 对
8. 错 9. 对 10. 对 11. 对 12. 错 13. 错 14. 对
15. 对 16. 对 17. 错 18. 错

四、计算题

1. 参考答案及解析：

格律股票到期时的价格（元）	10月到期执行价为45元的看跌期权价值（元）	10月到期执行价为40元的看跌期权价值（元）	总头寸价值（元）	总头寸盈亏（元）
50	0	0	0	-230
45	0	0	0	-230
44	1	0	1	-130
43	2	0	2	-30
41	4	0	4	170
40	5	0	5	270
38	7	2	5	270
35	10	5	5	270

该投资者建立了看跌期权熊市套利。

损益平衡点 = 高执行价 - 权利金之差 = 45 - (5.3 - 3) = 42.7 元

2. **参考答案及解析：**

可以建立如下三种牛市套利策略：

（1）买入10月到期执行价为80元的看涨期权，卖出10月到期执行价为85元的看涨期权；

（2）买入10月到期执行价为80元的看涨期权，卖出10月到期执行价为90元的看涨期权；

（3）买入10月到期执行价为85元的看涨期权，卖出10月到期执行价为90元的看涨期权。

从下表可以看出，第一种策略付出权利金较大，最大潜在收益最小，但损益平衡点较低；第二种策略付出权利金最多，最大潜在收益最大；第三种策略付出权利金最小，但需要标的物向上涨才能有所盈利。

期权到期时超星股价（元）	买入10月到期执行价为80元的看涨期权，卖出10月到期执行价为85元的看涨期权			买入10月到期执行价为80元的看涨期权，卖出10月到期执行价为90元的看涨期权			买入10月到期执行价为85元的看涨期权，卖出10月到期执行价为90元的看涨期权		
	买入期权价值（元）	卖出期权价值（元）	总头寸价值－付出的权利金（元）	买入期权价值（元）	卖出期权价值（元）	总头寸价值－付出的权利金（元）	买入期权价值（元）	卖出期权价值（元）	总头寸价值－付出的权利金（元）
75	0	0	－4.4	0	0	－6.7	0	0	－2.3
79	0	0	－4.4	0	0	－6.7	0	0	－2.3
80	0	0	－4.4	0	0	－6.7	0	0	－2.3
82	2	0	－2.4	2	0	－4.7	0	0	－2.3
84	4	0	－0.4	4	0	－2.7	0	0	－2.3
86	6	－1	0.6	6	0	－0.7	1	0	－1.3
88	8	－3	0.6	8	0	1.3	3	0	0.7
90	10	－5	0.6	10	0	3.3	5	0	2.7
92	12	－7	0.6	12	－2	3.3	7	－2	2.7
95	15	－10	0.6	15	－5	3.3	10	－5	2.7

3. **参考答案及解析：**

买入看涨期权的最大潜在亏损为其支付的权利金，为4元，因为每手包括100股，因而最大可能亏损为400元。

收支平衡点 = 执行价 + 权利金 = 35 + 4 = 39（元）

损益分析表：

ABC 的股价（元）	看涨期权价值（元）	买方损益（元）
30	0	-400
33	0	-400
35	0	-400
36	1	-300
37	2	-200
38	3	-100
39	4	0
40	5	100
41	6	200
42	7	300
43	8	400

损益图：

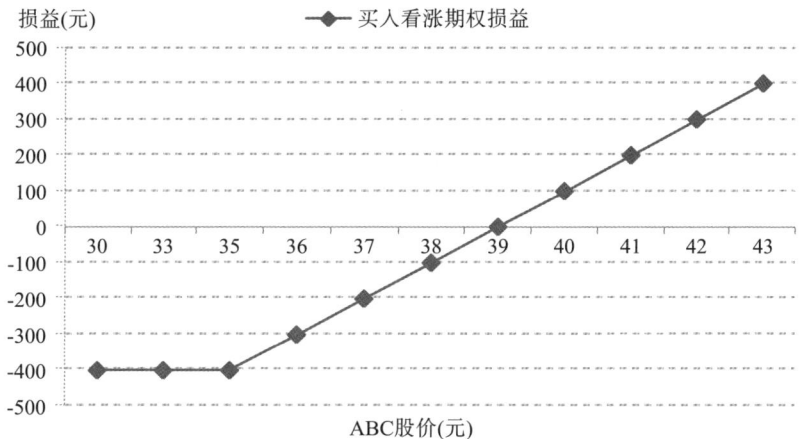

4. 参考答案及解析：

	11月到期执行价为45元的看跌期权	11月到期执行价为50元的看跌期权	11月到期执行价为55元的看跌期权
潜在风险（元）	90	230	660
潜在盈利（股价为零）（元）	4 410	4 770	4 840
损益平衡点（元）	44.1	47.7	48.4
标的下跌5%的盈利（元）	-90	20	90
标的下跌5%的盈利百分比（%）	-100.00	8.70	13.64
标的下跌10%的盈利（元）	0	360	430
标的下跌10%的盈利百分比（%）	0	156.52	65.15

从上表可以看出，当标的资产下跌幅度较小时，买入执行价越高的看跌期权盈利百分比较大；当标的资产下跌幅度较大时，买入执行价越低的看跌期权盈利百分比较大。

5. **参考答案及解析：**

	4月到期执行价为 30元的看涨期权	4月到期执行价为 35元的看涨期权	4月到期执行价为 40元的看涨期权
偏向	看空	中性	中性
潜在盈利（按每股计算）（元）	4	1.1	0.4
损益平衡点（元）	34	36.1	40.4
潜在亏损（元）	无限	无限	无限

卖出的看涨期权执行价越高，收到的权利金越小，损益平衡点越高。就是说卖出看涨期权的虚值程度越高，对标的物的保护越小，对后市偏多的预期越强烈，损益平衡点越高。但所有卖出看涨期权策略的潜在的上行风险都是无限的。

6. **参考答案及解析：**

下表的盈亏数目已将买卖的手数相乘。

IBM 到期时的 价格（美元）	执行价为50美元的看涨 期权价格（美元）	期权的盈亏 （美元）	股票的盈亏 （美元）	总盈亏 （美元）
40	0	2 500	−5 500	−3 000
42	0	2 500	−3 500	−1 000
45	0	2 500	−500	2 000
47.5	0	2 500	2 000	4 500
50	0	2 500	4 500	7 000
51	1	1 500	5 500	7 000
52	2	500	6 500	7 000
52.5	2.5	0	7 000	7 000
53	3	−500	7 500	7 000

7. **参考答案及解析：**

出售5月到期执行价为30元的看涨期权，6月到期执行价为30元的看涨期权或6月到期执行价为32.5元的看涨期权。首先考虑所出售期权不被执行，应尽量选择执行价格在30元及以上的期权，其次考虑备选期权的时间价值。

8. **参考答案及解析：**

可以建立三种牛市套利，分别为买入执行价格为60元的看涨期权，卖出65元的看涨期权；买入60元的看涨期权，卖出70元的看涨期权；买入65元的看涨期权，卖出 70 元的看涨期权。下表是其损益的分析（按每股计算损益）。

	买入 60 元的看涨期权，卖出 65 元的看涨期权（元）	买入 60 元的看涨期权，卖出 70 元的看涨期权（元）	买入 65 元的看涨期权，卖出 70 元的看涨期权（元）
成本	2.9	4.4	1.5
最大潜在风险	2.9	4.4	1.5
最大潜在盈利	2.1	5.6	3.5
实现最大潜在盈利时的最低股价	65	70	70
遭受最大潜在风险时的最高股价	60	60	65
损益平衡点	62.9	64.4	66.5

9. **参考答案及解析：**

	买入执行价为 30 元的看涨期权	买入执行价为 35 元的看涨期权
支付的权利金（元）	3.4	2.2
最大潜在亏损（元）	3.4	2.2
损益平衡点（元）	33.4	37.2
潜在盈利（元）	无限	无限
AA 股价上涨 10%		
收益（元）	−2.05	−2.2
收益百分比（%）	−60.29	−100.00
AA 股价上涨 20%		
收益（元）	0.8	−2.2
收益百分比（%）	23.53	−100.00
AA 股价上涨 30%		
收益（元）	3.65	−0.15
收益百分比（%）	107.35	−6.82
AA 股价上涨 40%		
收益（元）	6.5	2.7
收益百分比（%）	191.18	122.73

10. **参考答案及解析：**

小赵和小李都卖出了 1 手 4 月到期执行价为 25 元的看跌期权，他们的风险和损益情况一致。潜在风险都是股价大幅下跌，潜在盈利是收到的权利金；损益平衡点 = 执行价 − 权利金 = 23.1 元。当天成股价跌至 22 元时，小赵认亏出局，他的损失将固定在一个数额；小李什么也没做，如果期权到期时股价在 25 元下方，小李将被指派以 25 元的价格买进股票。如果股价上涨，小李将有弥补损失的可能；如果股价继续下跌,他的损失将更大。

11. **参考答案及解析:**

	买进执行价为60元的跨式套利	买进执行价为55元—65元宽跨式套利
成本	5.25	1.7
最大潜在风险(元)	5.25	1.7
上行损益平衡点(元)	65.25	66.7
下行损益平衡点(元)	54.75	53.3
股价为68元的		
损益(元)	2.75	1.3
损益百分比(%)	52.38	76.47
股价为52元的		
损益(元)	2.75	1.3
损益百分比(%)	52.38	76.47

我们可以看到,当有更为精确的价格区间时,可以从损益百分比来选择是买进跨式套利还是买进宽跨式套利。

12. **参考答案及解析:**

110元—120元—130元的买入蝶式套利是指买入1手10月到期执行价为110元的看涨期权、卖出2手10月到期执行价为120元的看涨期权和买入1手10月到期执行价为130元的看涨期权。

最大风险 = 支付的成本 = $13.5 + 3.9 - 2 \times 7.7 = 2$(元)

当到期时股价等于卖出期权的执行价时,取得最大盈利,最大潜在盈利 = $120 - 110 - 2 = 8$(元)。

上行损益平衡点 = $120 + 8 = 128$(元);下行损益平衡点 = $110 + 2 = 112$(元)。

	110元—120元—130元的买入蝶式套利(元)
最大风险	2
最大潜在盈利	8
上行损益平衡点	128
下行损益平衡点	112

13. **参考答案及解析:**

110元—115元—125元—130元的卖出鹰式套利是指卖出1手10月到期执行价为110元的看涨期权、买入1手10月到期执行价为115元的看涨期权,买入1手10月到期执行价为125元的看涨期权和卖出1手10月到期执行价为130元的看涨期权。

	110元—115元—125元—130元的卖出鹰式套利（元）
最大风险	3.6
最大潜在盈利	1.4
上行损益平衡点	111.4
下行损益平衡点	128.6

卖出鹰式套利的最大潜在盈利为其收到的权利金 = 13.5 - 10.4 - 5.6 + 3.9 = 1.4（元）；最大风险 = 115 - 110 - 1.4 = 3.6（元）。

上行损益平衡点 = 130 - 1.4 = 128.6（元）；下行损益平衡点 = 110 + 1.4 = 111.4（元）。

14. **参考答案及解析：**

卖出跨式套利的最大潜在盈利为收到的权利金 = 2.9 + 2.7 = 5.6（元）

卖出跨式套利在上行和下行方向都面临无限的潜在风险：

下行损益平衡点 = 执行价 - 收到的权利金 = 50 - 5.6 = 44.4（元）

上行损益平衡点 = 执行价 + 收到的权利金 = 50 + 5.6 = 55.6（元）

期权到期时×××的股价	4月到期执行价为50元的看涨期权的价值	4月到期执行价为50元的看跌期权的价值	4月到期执行价为50元的跨式套利的价值	损益
10	0	40	40	-34.4
40	0	10	10	-4.4
42	0	8	8	-2.4
44	0	6	6	-0.4
46	0	4	4	1.6
48	0	2	2	3.6
49	0	1	1	4.6
50	0	0	0	5.6
51	1	0	1	4.6
52	2	0	2	3.6
53	3	0	3	2.6
54	4	0	4	1.6
56	6	0	6	-0.4
58	8	0	8	-2.4
60	10	0	10	-4.4
80	30	0	30	-24.4

15. 参考答案及解析： 可以。

	买进1手5月到期执行价为50元的看涨期权，卖出2手5月到期执行价为55元的看涨期权，买进1手5月到期执行价为60元的看涨期权（元）
成本	1
最大风险	1
最大潜在盈利	4
上行损益平衡点	51
下行损益平衡点	59

五、综合题

参考答案及解析：

期权到期时AA的股价（元）	2月到期执行价为50元的看涨期权价值（元）	卖出看涨期权损益（元）	买入股票损益（元）	总损益（元）
40	0	2.1	-10	-7.9
45	0	2.1	-5	-2.9
50	0	2.1	0	2.1
55	5	-2.9	5	2.1

卖出看跌期权与卖出持保看涨期权损益基本一致。当AA到期时股价在50元上方时，卖出看跌期权将获得2元的盈利；而卖出持保看涨期权将获得2.1元的盈利。但卖出持保看涨期权需要投入的资本更多，因为需要花费50元买入股票。

第六章　期权的定价方法

一、单选题

1. 下列期权定价公式，阐述错误的是（　　）。
A. 布莱克－斯科尔斯模型适用于各种奇异期权定价
B. 二叉树模型既可用于美式期权定价，也可用于欧式期权定价
C. 蒙特卡洛方法比较适用于对路径依赖型期权定价
D. 由于蒙特卡洛方法需要发射大量路径，往往速度较慢

2. 某股票当前价格为 $S_0 = 100$ 美元/股，该股票历史年波动率经测算为 $\sigma = 20\%$，年无风险利率是 $r = 5\%$，该股票无股息，以该股票作为标的资产的美式看跌期权执行价格为 96 美元，6 个月以后到期，请构造两步二叉树模型对该期权当前价格定价（以复利计算），应为（　　）美元。
A. 2.944　　　B. 3.232　　　C. 4.166　　　D. 5.723

3. 假设某股票当前价格为 100 美元，每年的价格上升系数为 1.2，下降系数为 0.8，年无风险利率为 5%，以该股票作为标的资产的欧式看跌期权执行价格为 99 美元，两年以后到期，请构造两步二叉树模型对该期权当前价格定价（以年复利计算），应为（　　）美元。
A. 4.33　　　B. 5.74　　　C. 6.82　　　D. 7.91

4. 行权价格为 2.8 元的看涨期权价格为 0.07 元，行权价格为 3.0 元的看涨期权价格为 0.02 元，行权价格为 2.9 元的看涨期权在以下（　　）价格时有无风险套利机会。
A. 0.06　　　B. 0.04　　　C. 0.038　　　D. 0.042

二、多选题

1. 布莱克－斯科尔斯模型成立的前提包括（　　）。
A. 市场中没有无风险套利的机会
B. 可以自由地以无风险利率借贷现金
C. 可以买多和卖空任意数量（包括分数）的股票
D. 所有交易都是在无摩擦的市场中，即不考虑任何交易成本和其他费用

2. 以下关于期权定价理论的说法正确的有（   ）。
A. 二叉树模型中上升及下降系数由历史波动率决定
B. 二叉树模型中上升及下降系数由无风险利率决定
C. 标准 BS 模型要求标的资产不支付股息
D. 标的 BS 模型要求市场中存在无风险套利机会

三、判断题

1. 布莱克-斯科尔斯模型适用于简单的欧式期权定价。（   ）
2. 布莱克-斯科尔斯模型是一个离散模型，其假定标的资产价格的变化是离散的。（   ）
3. 二叉树模型是一个离散模型，其假定标的资产价格的变化是离散的。（   ）
4. 布莱克-斯科尔斯模型适用于美式期权定价。（   ）
5. 布莱克-斯科尔斯模型适用于各种奇异期权定价。（   ）
6. 二叉树模型既可用于美式期权定价，也可用于欧式期权定价。（   ）
7. 二叉树模型可用于美式期权定价。（   ）
8. 蒙特卡洛方法可用于欧式期权定价。（   ）
9. 蒙特卡洛方法比较适用于对路径依赖型期权定价。（   ）
10. 用蒙特卡洛方法对期权定价效率较高，速度较快。（   ）

四、计算题

1. 某股票当前价格为 $S_0 = 100$ 美元/股，该股票历史年波动率经测算为 $\sigma = 20\%$，年无风险利率是 $r = 5\%$，该股票无股息，以该股票作为标的资产的美式看涨期权执行价格为 101 美元，6 个月以后到期，请构造两步二叉树模型对该期权当前价格定价（以复利计算）。

2. 和上题条件都一样，唯一不同的是将上例中的美式看涨期权改成欧式看涨期权，即某股票当前价格为 $S_0 = 100$ 美元/股，该股票历史年波动率经测算为 $\sigma = 20\%$，年无风险利率是 $r = 5\%$，该股票无股息，以该股票作为标的资产的欧式看涨期权执行价格为 101 美元，6 个月以后到期，请构造两步二叉树模型对该期权当前价格定价（以复利计算）。

3. 某股票当前价格为 100 美元/股，年无风险利率是 5%，根据历史数据，该股票价格的年波动率为 20%，以该股票作为标的资产的欧式看涨期权执行价格为 101 美元，6 个月以后到期。假设该股票价格变化符合几何布朗运动过程，且该股票无股息。请用蒙特卡洛方法计算该期权当前的理论价格。

4. 与上例中条件一样，即某股票当前价格为 $S_0 = 100$ 美元/股，该股票历史年波动

率经测算为 σ = 20%，年无风险利率是 r = 5%，该股票无股息，以该股票作为标的资产的欧式看涨期权执行价格为 101 美元，6 个月以后到期，请运用布莱克 – 斯科尔斯模型导出的期权计算公式计算该欧式看涨期权的当前理论价格。

5. 某股票当前价格为 100 美元，在未来的 6 个月内，预计每 3 个月股票价格或者上升 4%，或者下降 3%。无风险年利率为 5%（连续复利）。现有以该股票作为标的资产的 6 个月的欧式看涨期权，执行价格为 102 美元，请运用二叉树定价模型为该欧式看涨期权定价。

6. 某股票当前价格为 100 美元/股，年无风险利率是 5%，根据历史数据，该股票价格的年波动率为 20%，以该股票作为标的资产的欧式看涨回望期权（该回望看涨期权的收益等于期权有效期内的最高股价减去执行价格）执行价格为 120 美元，一年以后到期。假设该股票价格变化符合几何布朗运动过程，且该股票无股息。请用蒙特卡洛方法计算该期权当前理论价格。

参考答案及解析

一、单选题

1. A   2. A   3. B   4. A

二、多选题

1. ABCD   2. AC

三、判断题

1. 对   2. 错   3. 对   4. 错   5. 错   6. 对   7. 对

8. 对   9. 对   10. 错

四、计算题

1. 参考答案及解析：

两步二叉树模型涵盖 6 个月的时间，因此每个步进是涵盖 3 个月时间。首先计算股票每个步进（3 个月）上升系数和下降系数，分别为：

$u = e^{\sigma\sqrt{t}} = e^{0.2 \times \sqrt{0.25}} \approx 1.1052$；$d = e^{-\sigma\sqrt{t}} = e^{-0.2 \times \sqrt{0.25}} \approx 0.9048$。

然后构造 6 个月股票价格的二叉树（每个步进为 3 个月）如下：

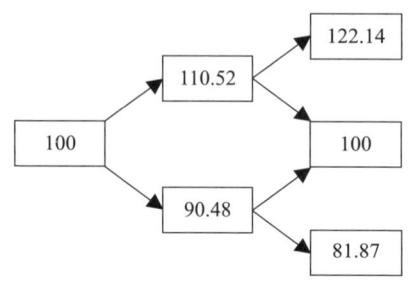

进一步计算该股票每 3 个月价格上涨的风险中性概率为 $p = \dfrac{e^{rt} - d}{u - d} = \dfrac{e^{0.05 \times 0.25} - 0.9048}{1.1052 - 0.9048} \approx 0.5378$。相应的，下跌的风险中性概率为 $1 - p \approx 0.4622$。根据上面的二叉树图，对于美式看涨期权，可列出下表：

节点股票价格（美元）	在此节点上执行该看涨期权获得利润（美元）	在此节点后执行该美式看涨期权获得的预期利润贴现到此节点（美元）	在此节点上执行该美式看涨期权是否好的选择（美元）
122.14	21.14	/	/
100	0	/	/
81.87	0	/	/
110.52	9.52	$\dfrac{21.14 \times p + 0 \times (1-p)}{e^{r \times 0.25}} \approx 11.2279$	不是
90.48	0	0	不是
100	0	$\dfrac{11.2279 \times p + 0 \times (1-p)}{e^{r \times 0.25}} \approx 5.9633$	不是

因此，根据两步二叉树模型计算的结果，在该 6 个月美式看涨期权正确的执行策略下，在当前时刻的预期利润约为 5.9633 美元，这也正是根据该模型计算得到的该美式看涨期权的当前理论价格。

2. **参考答案及解析：**

两步二叉树模型涵盖 6 个月的时间，因此每个步进是涵盖 3 个月时间。首先计算股票每个步进（3 个月）上升系数和下降系数分别为：

$u = e^{\sigma\sqrt{t}} = e^{0.2 \times \sqrt{0.25}} \approx 1.1052 ; d = e^{-\sigma\sqrt{t}} = e^{-0.2 \times \sqrt{0.25}} \approx 0.9048$。

然后构造 6 个月股票价格的二叉树（每个步进为 3 个月）如下：

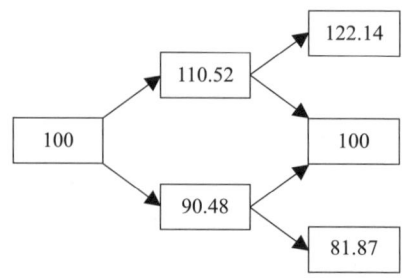

进一步计算该股票每 3 个月价格上涨的风险中性概率为：$p = \dfrac{e^{rt} - d}{u - d} = \dfrac{e^{0.05 \times 0.25} - 0.9048}{1.1052 - 0.9048} \approx 0.5378$。相应的，下跌的风险中性概率为：$1 - p \approx 0.4622$。根据上面的二叉树图，对于欧式看涨期权，只能在到期日执行，因此可列出下表：

节点股票价格（美元）	在此节点上执行该看涨期权获得利润（美元）	在此节点后执行该欧式看涨期权获得的预期利润贴现到此节点（美元）
122.14	21.14	/
100	0	/
81.87	0	/
110.52	/	$\dfrac{21.14 \times p + 0 \times (1-p)}{e^{r \times 0.25}} \approx 11.2279$
90.48	/	0
100	/	$\dfrac{11.2279 \times p + 0 \times (1-p)}{e^{r \times 0.25}} \approx 5.9633$

因此，根据两步二叉树模型计算的结果，该 6 个月欧式看涨期权的预期利润约为 5.9633 美元，这也正是根据该模型计算得到的该欧式看涨期权的当前理论价格。将本题和前一题比较，可以发现两题答案一样，都为 5.9633 美元。这并非巧合。进一步分析可以发现，对于美式看涨期权而言，在到期日执行期权总是比提前执行要好，因此用同样的定价方法对美式看涨期权和欧式看涨期权定价总是得到同样的结果。不过，值得一提的是，对于美式看跌期权而言，提前执行期权可能会是更好的策略，因此美式看跌期权和欧式看跌期权的价格很可能是不同的。

3. **参考答案及解析：**

由于该股票价格符合几何布朗运动，股票价格变化就符合以下公式：$S(t + \Delta t) - S(t) = rS(t)\Delta t + \sigma S(t)\varepsilon \sqrt{\Delta t}$

由此可以在 MATLAB 中列出如下程序：

```
clc;
clear all;
S0 = 100;
r = 0.05;
sigma = 0.2;
T = 0.5;
K = 101;
S(1) = S0;
```

```
dt = 0.001;%0.001;0.01;0.02;0.04;
for j = 1:10000 %1000;2000;4000;10000;
for i = 1:T/dt;
dW = sqrt(dt).×randn(1,1);
S(i+1) = S(i) + r×S(i)×dt + sigma×S(i)×dW;
end
lt(j) = max(S(end) - K,0);
S = zeros(1,i+1);
S(1) = S0;
end
option_value = mean(exp(-r×T).×lt)。
```

算得该欧式看涨期权当前理论价格约为6.38美元。

4. 参考答案及解析：

首先把 d_1 和 d_2 算出来。根据公式：

$$d_1 = \frac{\ln(S_0/K) + (r + \sigma^2/2)T}{\sigma\sqrt{T}} = \frac{\ln(100/101) + (0.05 + 0.2^2/2) \times 0.5}{0.2 \times \sqrt{0.5}}$$
$$\approx 0.1771$$

$$d_2 = \frac{\ln(S_0/K) + (r - \sigma^2/2)T}{\sigma\sqrt{T}} = d_1 - \sigma\sqrt{T} = 0.1771 - 0.2 \times \sqrt{0.5}$$
$$\approx 0.0357$$

在Excel中运用NORMSDIST命令算得：

$N(d_1) = N(0.1771) \approx 0.5703$

$N(d_2) = N(0.0357) \approx 0.5142$

$N(-d_1) = N(-0.1771) \approx 0.4297$

$N(-d_2) = N(-0.0357) \approx 0.4858$

代入相应的公式，可算得：

$C_0 = S_0 N(d_1) - Ke^{-rT}N(d_2) = 100 \times 0.5703 - 101 \times e^{-0.05 \times 0.5} \times 0.5142 = 6.3780$（美元）

因此，当前的欧式看涨期权理论价格为6.3780美元。

比较该答案和用二叉树模型方法给出的定价结果，发现用布莱克－斯科尔斯模型给期权定价出来的结果略高于用二叉树模型方法给出的结果。究其原因，由于二叉树模型是一个离散模型，具体到上题的二叉树模型定价中仅考虑了两个步进（每3个月一个步进），因此对期权的定价结果肯定和布莱克－斯科尔斯模型（连续模型）计算的有差异。布莱克－斯科尔斯模型考虑了服从某种分布的标的资产价格连续变化的情况,而二叉树模型仅考虑了服从某种分布的标的资产价格的离散性假设情况,因此运用布莱克-斯科尔斯模型对期权定价时,实际上是假设标的资产价格比在二叉树模型下有更高的波动性,那么其定价结果高于二叉树模型也就顺理成章了。在二叉树模型下,如果不断提高步进的次数,则其对期权的定价结果将不断逼近布莱克-斯科尔斯这类连续模型给出的定价结果。比较布莱克-斯科尔斯模型计算的结果和蒙特卡洛方法计算的结果,可以看到两者比较接近,这是因为只要蒙特卡洛方法时间步进数量足够多,步进区间足够短,其结果便更接近于布莱克-斯科尔斯连续模型给出的结果。不过蒙特卡洛方法由于是多条路径的平均效果,程序中还用到随机函数,所以每次执行的结果略有差异,但在本题中都非常接近于 6.38 美元。

5. **参考答案及解析**:

首先计算出该股票每个步进(3 个月)上升系数和下降系数,分别为:

$u = 1 + 4\% = 1.04$;$d = 1 - 3\% = 0.97$

然后计算该股票每 3 个月价格上涨的风险中性概率为:

$p = \dfrac{e^{rt} - d}{u - d} = \dfrac{e^{0.05 \times 0.25} - 0.97}{1.04 - 0.97} \approx 0.6083$,相应的,下跌的风险中性概率为 $1 - p \approx 0.3917$。

再构造 6 个月股票价格的二叉树(每个步进为 3 个月)如下:

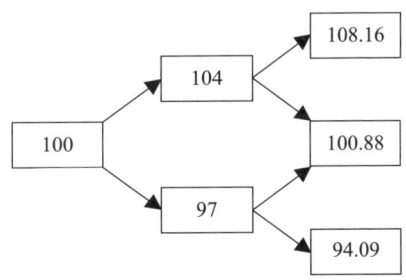

根据上面的二叉树图,对于欧式看涨期权,只能在到期日执行,因此可列出下表:

节点股票价格(美元)	在此节点上执行该看涨期权获得利润(美元)	在此节点后执行该欧式看涨期权获得的预期利润贴现到此节点(美元)
108.16	6.16	/
100.88	0	/
94.09	0	/
104	/	$\dfrac{6.16 \times p + 0 \times (1-p)}{e^{r \times 0.25}} \approx 3.7006$
97	/	0
100	/	$\dfrac{3.7006 \times p + 0 \times (1-p)}{e^{r \times 0.25}} \approx 2.2231$

因此，根据两步二叉树模型计算的结果，该 6 个月欧式看涨期权的预期利润约为 2.2231 美元，这也正是根据该模型计算得到的该欧式看涨期权的当前理论价格。

6. **参考答案及解析：**

该股票价格符合几何布朗运动，因此股票价格变化符合以下公式：$S(t+\Delta t) - S(t) = rS(t)\Delta t + \sigma S(t)\varepsilon \sqrt{\Delta t}$

由此可以在 MATLAB 中列出如下程序：

```
clc;
clear all;
S0 = 100;
r = 0.05;
sigma = 0.2;
T = 1;
K = 120;
S(1) = S0;
dt = 0.001;%0.01;0.02;0.04;0.001;
for j = 1:10000 %1000;2000;4000;10000;
for i = 1:T/dt;
dW = sqrt(dt).×randn(1,1);
S(i+1) = S(i) + r×S(i)×dt + sigma×S(i)×dW;
end
lt(j) = max(max(S) - K,0);
S = zeros(1,i+1);
S(1) = S0;
end
option_value = mean(exp(-r×T).×lt)
```

以上算得该期权当前理论价格约为 5.9 美元。

第七章 风险参数：希腊字母

一、单选题

1. 假设某期权的 Δ = 0.6，某投资者买入 100 份这样的期权，他需要（　　）来对冲该期权的 delta 风险。

　　A. 买入 60 股股票　　　　　　　　B. 卖空 60 股股票

　　C. 买入 100 股股票　　　　　　　 D. 卖空 100 股股票

2. 极度虚值的看跌期权，随着到期日的临近，其 delta 值将（　　）。

　　A. 始终小于 0，随着到期日的临近迅速趋向 0

　　B. 始终小于 0，随着到期日的临近迅速跌向 −1

　　C. 始终大于 0，随着到期日的临近迅速趋向 0

　　D. 开始大于 0，然后小于 0

3. 以下关于 gamma 和 delta 的说法，正确的是（　　）。

　　A. gamma 具有和 delta 相似的性质

　　B. gamma 值与 delta 值相等

　　C. gamma 是 delta 关于标的资产价格的偏导数

　　D. gamma 对期权价格的影响与 delta 一样

4. 投资者买入股票长期期权，卖出相同数量相同执行价格的短期期权组成日历价差期权，相当于构建一个 vega 的（　　）。

　　A. 多头头寸　　　　　　　　　　　B. 空头头寸

　　C. 风险中性头寸　　　　　　　　　D. 以上都不对

5. 假设某距离到期日还有 4 个月的股票看涨期权按照公历日计算的 theta 值为 −3.65 美元，这意味着（　　）。

　　A. 买入该期权每天大约损失 1 美分

　　B. 买入该期权每天大约损失 3.65 美元

　　C. 卖出该期权每天大约损失 1 美分

　　D. 卖出该期权每天大约损失 3.65 美元

6. 某指数化投资组合 S 的 delta = −300，gamma = −530，vega = −342，针对同一指数的期权 C1，dalta = 0.5，gamma = 1.5，vega = 0.8，另外一个期权 C2，delta = 0.6，

gamma = 0.3，vega = 0.4，应选择（　　）组合使得 delta、gamma 和 vega 同时达到中性状态。

　　A. 买入 1 份 S，同时卖空 304 份 C1 和 246 份 C2

　　B. 买入 1 份 S，同时卖空 246 份 C1 和 304 份 C2

　　C. 买入 2 778 份 C1，卖出 556 份 C2 的同时，需要再卖出 665 份标的资产

　　D. 买入 1 份 S，同时买入 246 份 C1 和 304 份 C2

　7. 看涨期权的多头，其 delta 值（　　）。

　　A. 大于 0 小于 1　　　　　　　　B. 大于 1

　　C. 小于 0　　　　　　　　　　　D. 大于 -1 小于 1

　8. 平值多头看涨期权的 delta 值近似为（　　）。

　　A. 0　　　　B. 1　　　　C. 0.5　　　　D. -1

　9. gamma 值在（　　）时最大。

　　A. delta 值接近 0 时　　　　　　B. delta 值接近 0.5

　　C. delta 值等于 1　　　　　　　 D. delta 值等于 -1

　10. vega 值用来衡量（　　）。

　　A. 时间变动的风险　　　　　　　B. 利率变动的风险

　　C. 价格变动的风险　　　　　　　D. 波动率变动的风险

　11. 平值期权的时间价值（　　）。

　　A. 越临近到期日衰减越快　　　　B. 越临近到期日衰减越慢

　　C. 均匀变动　　　　　　　　　　D. 保持不变

　12. 期权的风险参数描述了（　　）。

　　A. 其他影响因素不变时，期权价格的某一个影响因素的微小变动所引起的期权价格或相应希腊字母的变动

　　B. 其他影响因素不变时，期权价格的某一个影响因素的较大变动所引起的期权价格或相应希腊字母的变动

　　C. 所有因素同时变动时，期权价格的某一个影响因素的微小变动所引起的期权价格变动的绝对值

　　D. 所有因素同时变动时，期权价格的某一个影响因素的微小变动所引起的期权价格变动的相对值

　13. 一个平值空头看跌期权的 delta 值是（　　）。

　　A. 1　　　　　　　　　　　　　B. -1

　　C. -0.5　　　　　　　　　　　　D. 0.5

　14. 5 年期欧元债券期货的空头看涨期权的 delta 值为 -0.45，这意味着当 5 年期欧元债券期货价格上升 100 个基点，期权头寸的盈亏为（　　）。

A. 上升 0.45 欧元　　　　　　　　B. 下降 0.45 欧元

C. 下降 45 欧元　　　　　　　　　D. 上升 45 欧元

15. 如果一个期权头寸的 delta 值为 0，而 gamma 为一个很小的负数，该头寸的风险是（　　）。

A. 当资产价格有较大波动时，期权的出售方将面临较大的损失

B. 当资产价格有较大波动时，期权的购买方将面临较大的损失

C. 一旦资产价格稍有波动，期权的购买方即将面临较大的损失

D. 一旦资产价格稍有波动，期权的出售方即将面临较大的损失

16. 某投资公司持有货币看涨期权和看跌期权多头进行 delta 对冲交易，在（　　）情况下，投资效果最好。

A. 即期汇率小幅波动　　　　　　B. 即期汇率剧烈变动

C. 即期汇率不变　　　　　　　　D. 各种情况下投资收益一致

17. 上证 50ETF 价格为 2.856 元，行权价格为 2.85 元的看跌期权 delta = -0.4570，gamma = 2.4680，行权价格为 2.7 元的看跌期权 delta = -0.1426，gamma = 1.4022，某投资者购买了一张行权价格为 2.85 元的看跌期权，卖出两张行权价格为 2.7 元的看跌期权，上述两种期权到期日相同，则组合 delta 和 gamma 为（　　）。

A. 0.5996 和 3.8702　　　　　　B. -0.1718 和 -0.3364

C. -0.1718 和 3.8702　　　　　D. 0.5996 和 -0.3364

18. 某客户想要对冲正数的 vega，他可以选择的操作应该是（　　）。

A. 卖出标的指数　　　　　　　　B. 卖出看跌期权

C. 买入标的指数　　　　　　　　D. 买入看涨期权

二、多选题

1. 随着到期日的临近，绝对值越来越小的希腊字母有（　　）。

A. 实值看跌期权的 delta 值　　　B. 虚值看涨期权的 gamma 值

C. 实值看涨期权 theta 值　　　　D. 平值看跌期权 vega 值

2. 在执行价格附近绝对值达到最大值的希腊字母有（　　）。

A. gamma　　　　　　　　　　　B. delta

C. theta　　　　　　　　　　　　D. vega

3. 以下说法正确的有（　　）。

A. 随着时间的流逝，delta 值越来越大

B. 对于期权的买方，不论期权是实值还是虚值，theta 永远是负的

C. 买入跨式期权组合策略里面涉及的两个期权的 vega 值是一样的

D. gamma 值是 theta 值的镜像

4. 以下对于 vega 描述正确的有（　　）。

A. 相同标的、相同到期月份、相同执行价格的看涨期权与看跌期权 vega 符号相反

B. 期权多头的 vega 可能为负

C. vega 是期权价值对于标的资产波动率的一阶偏导

D. 标的资产价格越偏离行权价格，vega 越小

5. 在实务中，通过投资组合的当前 gamma 值来度量风险，下列说法正确的有（　　）。

A. gamma 可能随时间变化而变化

B. 组合中有 3 个月到期合约的 gamma 为 +100 和 6 个月到期合约的 gamma 为 -100，意味着组合将一直没有 gamma 风险

C. 未考虑波动率变化的 gamma 值计算可能存在偏差

D. delta 中性、gamma 非中性的头寸，随时可能偏离 delta 中性

三、判断题

1. 如果我们能够准确计算出某期权的 delta 值，就能完全对冲掉该期权的所有风险。（　　）

2. 因为 B-S 公式假定波动率是不变的，所以用 B-S 公式推导出来的 vega 是没有意义的。（　　）

3. 计算外汇期权的 rho 值的时候应考虑本币与外币两种利率。（　　）

4. 期权的 delta 值描述的是利率变动与期权价格之间的关系。（　　）

5. 看跌期权多头的 delta 值小于 0 大于 -1。（　　）

6. 多头看跌平值期权的 delta 值与多头看涨平值期权的 delta 值相等。（　　）

7. gamma 用来描述 delta 变化的风险。（　　）

8. gamma 值在极度虚值时最大。（　　）

9. 距离到期日时间越近，vega 值越大。（　　）

10. 期权的多头头寸价值会因为标的资产波动率的下降而上升。（　　）

11. 在合约快到期时平值期权的 theta 值最大。（　　）

12. 计算期权风险参数的目的是为了更好地进行期权头寸的风险管理。（　　）

13. 备兑卖出看涨期权策略每天能获得 theta 收益。（　　）

四、计算题

1. 某金融机构出售了 10 万股不支付股利股票的欧式看涨期权，假设股票价格为 49 美元，执行价格为 50 美元，无风险利率为 5%，股票价格波动率为每年 20%，距离

到期日还有 26 周。请问该期权组合的 delta、gamma、theta、vega、rho 值都是多少?

2. 某公司股票的看涨期权市价 10 欧元,其 delta 值为 0.65。如果该股票价格突然涨了 2 欧元,其期权价格大概是多少?

五、综合题

1. 试将左侧的期权与右侧的 delta 值一一对应,并说明理由。假设标的资产价格为 81 美元。

option	delta	
30 – day 75 Call	_____	+ 0.34
30 – day 75 Put	_____	− 0.43
30 – day 80 Call	_____	+ 0.71
30 – day 80 Put	_____	− 0.20
30 – day 85 Call	_____	+ 0.58
30 – day 85 Put	_____	− 0.29
90 – day 75 Call	_____	+ 0.80
90 – day 75 Put	_____	− 0.58
90 – day 80 Call	_____	+ 0.42
90 – day 80 Put	_____	− 0.66
90 – day 85 Call	_____	+ 0.57
90 – day 85 Put	_____	− 0.42

2. 利用下表中给出的各个期权风险参数值,回答以下问题:

期货价格:96.25　　　距离到期日时间:49 天

持有头寸:

买入 10 份期货合约	价格为	96.25
卖出 20 份执行价格为 95.00 的看跌期权	价格为	0.24
卖出 20 份执行价格为 95.50 的看跌期权	价格为	0.39
买入 40 份执行价格为 96.00 的看跌期权	价格为	0.58

请问:

(1) 该组合的 delta 值为多少?

(2) 该组合的 gamma 值为多少?

(3) 该组合的 vega 值为多少?

(4) 该组合的 theta 值为多少?

	95.00C	95.50C	96.00C	95.00P	95.50P	96.00P
97.00	2.11	1.69	1.31	0.11	0.19	0.31
delta	0.87	0.81	0.72	−0.13	−0.19	−0.28
gamma	0.12	0.16	0.19	0.12	0.16	0.19
vega	0.07	0.10	0.12	0.07	0.10	0.12
theta	−0.03	−0.03	−0.04	−0.03	−0.03	−0.04
96.75	1.90	1.50	1.14	0.15	0.25	0.39
delta	0.84	0.76	0.67	−0.16	−0.24	−0.33
gamma	0.14	0.17	0.20	0.14	0.17	0.20
vega	0.08	0.11	0.13	0.08	0.11	0.13
theta	−0.03	−0.04	−0.05	−0.03	−0.04	−0.05
96.50	1.69	1.31	0.98	0.19	0.31	0.48
delta	0.81	0.72	0.62	−0.19	−0.28	−0.38
gamma	0.16	0.19	0.22	0.16	0.19	0.22
vega	0.10	0.12	0.14	0.10	0.12	0.14
theta	−0.03	−0.04	−0.05	−0.03	−0.04	−0.05
96.25	1.49	1.14	0.83	0.24	0.39	0.58
delta	0.77	0.67	0.56	−0.23	−0.33	−0.44
gamma	0.17	0.21	0.22	0.17	0.21	0.22
vega	0.11	0.13	0.14	0.11	0.13	0.14
theta	−0.04	−0.05	−0.05	−0.04	−0.05	−0.05
	95.00C	95.50C	96.00C	95.00P	95.50P	96.00P
96.00	1.31	0.98	0.70	0.31	0.48	0.70
delta	0.72	0.62	0.50	−0.28	−0.38	−0.50
gamma	0.19	0.22	0.22	0.19	0.22	0.22
vega	0.12	0.13	0.14	0.12	0.13	0.14
theta	−0.04	−0.05	−0.05	−0.04	−0.05	−0.05
95.75	1.14	0.83	0.58	0.39	0.58	0.83
delta	0.67	0.56	0.45	−0.33	−0.44	−0.55
gamma	0.21	0.22	0.23	0.21	0.22	0.23
vega	0.13	0.14	0.14	0.13	0.14	0.14
theta	−0.05	−0.05	−0.05	−0.05	−0.05	−0.05
95.50	0.97	0.70	0.48	0.47	0.70	0.98
delta	0.62	0.50	0.39	−0.38	−0.50	−0.61
gamma	0.22	0.22	0.22	0.22	0.22	0.22
vega	0.13	0.14	0.13	0.13	0.14	0.13
theta	−0.05	−0.05	−0.05	−0.05	−0.05	−0.05
95.25	0.83	0.58	0.39	0.58	0.83	1.14
delta	0.56	0.45	0.34	−0.44	−0.55	−0.66
gamma	0.23	0.23	0.21	0.23	0.23	0.21
vega	0.14	0.14	0.13	0.14	0.14	0.13
theta	−0.05	−0.05	−0.05	−0.05	−0.05	−0.05

3. 假设在 2012 年 12 月,投资者拥有汉莎航空公司的股票和期权的状况如下:

头寸	价格（欧元）	数量	delta 值（点数/欧元）	gamma 值（点数/欧元）	Vega 值（点数/欧元）
股票	14.5	1 200 股	1	0	0
2013 年 4 月到期,执行价格为 13 欧元的看跌期权多头	0.4	15 份合约	-0.28	0.15	0.0213
2013 年 4 月到期,执行价格为 15 欧元的看跌期权空头	0.48	25 份合约	-0.36	-0.2	-0.0196

该股票期权合约的规模为 100 股。

请问:(1) 一旦汉莎航空公司的股价发生变化,该头寸会随之产生多大幅度的变化?

(2) 请计算头寸的 delta 值（点数/欧元）。

(3) 如果汉莎航空公司的股价上升 2.5 欧元,头寸价值将如何变化?

(4) 当该公司股价发生一个单位的变化,投资组合的 delta 值将产生多大变化?

(5) 试计算所持头寸的 vega 值（点数/欧元）。

(6) 如果市场波动加剧,当股价迅速波动 5%,头寸价值将如何变化?

4. 假设在 2012 年 12 月,投资者持仓如下表所示。2013 年 3 月到期的欧元 5 年期债券期货的价格为 106.05 欧元。

头寸	价格（欧元）	数量	delta 值（点数/欧元）	gamma 值（点数/欧元）
2013 年 3 月到期的欧元 5 年期债券期货多头头寸	106.05	30	1	0
2013 年 3 月到期执行价格为 104.50 欧元的 5 年期债券期货看跌期权多头	0.35	20	-0.24	0.45
2013 年 4 月到期执行价格为 105.50 欧元的 5 年期债券期货空头看涨期权	0.4	60	-0.45	-0.36

请问:(1) 当欧元 5 年期债券期货市场价格从 106.05 欧元涨到 107.05 欧元,投资者的头寸有何变化?

(2) 欧元 5 年期债券期货价格每涨 100 点,投资组合的 delta 值将如何变化?

5. 假设投资者拥有的债券组合状况如下:

债券组合现值	2 356 439.78 欧元
用 2013 年 3 月到期的欧元 10 年期债券期货进行对冲的对冲比例	-17.05

投资者可以用来对冲债券利率风险的期权如下：

	价格	delta 值
2013 年 3 月到期执行价格为 106 欧元的 10 年期债券期货看涨期权	0.85	0.45
2013 年 3 月到期执行价格为 105 欧元的 10 年期债券期货看跌期权	0.42	-0.28

（1）如果通过卖出看涨期权或者买入看跌期权来进行对冲，需要进行怎样的操作？

（2）两天后新的市场数据如下，应如何调整头寸？

债券组合现值	2 298 495.16 欧元
用 2013 年 3 月到期的欧元 10 年期债券期货进行对冲的对冲比例	-17.96

	价格	delta 值
2013 年 3 月到期，执行价格为 106 欧元的 10 年期债券期货看涨期权	0.62	0.35
2013 年 3 月到期，执行价格为 105 欧元的 10 年期债券期货看跌期权	0.61	-0.32

6. 某基金经理持有一个模拟 S&P500 指数的证券组合，该组合的价值为 360 000 000 美元，S&P500 指数值为 1 200，基金经理打算对冲掉证券组合的部分风险，使得接下来 6 个月内证券组合价值下跌不超过 5%，市场上无风险利率为 6%，该证券组合与 S&P500 指数的股息收益为 3%，S&P500 指数波动率为每年 30%。请问：

（1）如果该基金经理通过买入场内交易的欧式看跌期权对冲，他的成本为多少？

（2）如果他通过将证券组合的一部分购买无风险证券的方式对冲，他最初购买无风险证券的头寸是多少？

（3）如果他使用 9 个月期的指数期货来对冲，S&P500 指数的乘数为 250，最初的头寸是多少？

参考答案及解析

一、单选题

1. B 2. A 3. C 4. A 5. A 6. C 7. A 8. C
9. B 10. D 11. A 12. A 13. D 14. C 15. A 16. B
17. B 18. B

二、多选题

1. BD   2. AD   3. BD   4. CD   5. ACD

三、判断题

1. 错   2. 错   3. 对   4. 错   5. 对   6. 错   7. 对
8. 错   9. 错   10. 错   11. 错   12. 对   13. 对

四、计算题

1. 参考答案及解析：

本题中，s = 49，k = 50，r = 0.05，σ = 20%，t = 26/52 = 0.5。

代入 delta、gamma、theta、vega、rho 的计算公式，可以得到：

delta = 0.54；gamma = 0.06；rho = 11.83；theta = −3.93；vega = 13.75。

因为买入了 10 万股看涨期权，所以该期权组合的相应风险参数值为：

delta = 54 000；gamma = 6 000；rho = 1 183 000；theta = −393 000；vega = 1 375 000。

将各项参数代入公式：

$$d_1 = \frac{\ln(S_0/K) + (r + \sigma^2/2)T}{\sigma\sqrt{T}}$$

$$d_2 = \frac{\ln(S_0/K) + (r - \sigma^2/2)T}{\sigma\sqrt{T}} = d_1 - \sigma\sqrt{T},$$

算出 d_1 和 d_2 的值，然后查标准正态分布表，求得 $N(d_1)$ 和 $N(d_2)$。

代入公式：$\Delta_c = N(d_1)$

$$\Gamma_c = \Gamma_P = \frac{N'(d_1)}{S_0 \sigma \sqrt{T}}$$

$$\Theta_c = -\frac{S_0 N(d_1) \sigma'}{2\sqrt{T}} - rXe^{-rT} N(d_2)$$

$rho_c = XTe^{-rT} N(d_2)$

$Vega_c = Vega_p = S_0 \sqrt{T} N'(d_1)$

$N'(d_1) = \frac{1}{\sqrt{2\pi}} e^{-\frac{x^2}{2}}$

2. 参考答案及解析：

期权起初价格 + 股票价格变动 × delta 值 = 10 + 2 × 0.65 = 11.3。

五、综合题

1. 参考答案及解析：

（1）先区分期权是看涨期权还是看跌期权，右侧 delta 值为正还是为负。看涨期权的 delta 值为正，看跌期权的 delta 值为负。

（2）在看涨期权中找出执行价格在标的资产价格 81 美元附近的期权。本题中为 30 天期执行价格为 80 美元的看涨期权与 90 天期执行价格为 80 美元的看涨期权，分别对应的 delta 值为 0.58 与 0.57 中的一个。对于这两个期权而言，由于随着到期日的临近，实值期权的 delta 值会增加，那么 30 天期执行价格为 80 美元的看涨期权对应到 0.58 的 delta 值，90 天期执行价格为 80 美元的看涨期权对应到 0.57 的 delta 值。

（3）在剩下的看涨期权中找出实值程度最多的期权，对应最大的 delta 值。在这里有 30 天期执行价格为 75 美元的看涨期权与 90 天期执行价格为 75 美元的看涨期权两种，分别对应 delta 值为 0.8 或 0.71 中的一个。同样，随着到期日的临近，实值期权的 delta 值会增加，因此 30 天期执行价格为 80 美元的看涨期权对应到 0.58 的 delta 值，90 天期执行价格为 80 美元的看涨期权对应到 0.57 的 delta 值。

（4）剩下两个执行价格为 85 美元的看涨期权为虚值期权，其 delta 值大于 0 小于 0.5，对应到题中为 0.34 与 0.42。因为期权虚值期权的 delta 值随着到期日的临近而不断变小，所以 30 天期执行价格为 85 美元的看涨期权对应到 0.34 的 delta 值，90 天期执行价格为 85 美元的看涨期权对应到 0.42 的 delta 值。

（5）因为看跌期权的 delta 值等于和其有相同标的物与执行价格的看涨期权的 delta 值减一，所以可以找出题中相应看跌期权的 delta 值。

option	delta	
30 – day 75 Call	0.8	+0.34
30 – day 75 Put	−0.2	−0.43
30 – day 80 Call	0.58	+0.71
30 – day 80 Put	−0.42	−0.20
30 – day 85 Call	0.34	+0.58
30 – day 85 Put	−0.66	−0.29
90 – day 75 Call	0.71	+0.80
90 – day 75 Put	−0.29	−0.58
90 – day 80 Call	0.57	+0.42
90 – day 80 Put	−0.43	−0.66
90 – day 85 Call	0.42	+0.57
90 – day 85 Put	−0.58	−0.42

2. **参考答案及解析：**

每项资产的希腊字母值如下表：

$delta_{期货} = 1$

	delta	gamma	vega	theta
期货	1	0	0	0
95.00 看跌期权	-0.23	0.17	0.11	-0.04
95.50 看跌期权	-0.33	0.21	0.13	-0.05
96.00 看跌期权	-0.44	0.22	0.14	-0.05

组合 delta 值为：

$1 \times 10 + 0.23 \times 20 + 0.33 \times 20 - 0.44 \times 40 = 3.6$

组合的 gamma 值为：

$0.17 \times (-20) + 0.21 \times (-20) + 0.22 \times 40 = 1.2$

组合的 vega 值为：

$0.11 \times (-20) + 0.13 \times (-20) + 0.14 \times 40 = 0.8$

组合的 theta 值为：

$-0.04 \times (-20) - 0.05 \times (-20) + (-0.05) \times 40 = -0.2$

3. **参考答案及解析：**

15 份 2013 年 4 月到期执行价格为 13 欧元的看跌期权多头头寸的 delta 值为：

$15 \times 100 \times (-0.28) = -420$

25 份 2013 年 4 月到期，执行价格为 15 欧元的看跌期权空头头寸的 delta 值为：

$25 \times 100 \times (-0.36) = -900$

股票头寸的 delta 值为：$1\,200 \times 1 = 1\,200$

整个头寸的 delta 值为：$1\,200 - 420 + 900 = 1\,680$

所以：(1) 股票价格增加 1 欧元，头寸价值将增加 1 680 欧元。

(2) 头寸 delta 值为 1 680 欧元。

(3) 如果股票价格上涨 2.5 欧元，头寸将变动 $2.5 \times 1\,680 = 4\,200$（欧元），也就是将盈利 4 200 欧元。

(4) 头寸的 gamma 值为：$0 \times 1\,200 + 0.15 \times 15 \times 100 - 0.2 \times 25 \times 100 = -275$

因此，当股价上涨 1 欧元，头寸 delta 值将减少 275 欧元。

(5) 头寸的 vega 值为：

$1\,200 \times 0 + 15 \times 100 \times 0.021\,3 - 25 \times 100 \times 0.019\,6 = -17.05$（欧元）

(6) 如果股价波动率变化 5%，头寸价值减少 $17.05 \times 5 = 85.25$（欧元）。

4. **参考答案及解析：**

(1) 头寸的 delta 值为：$30 \times 1 \times 1\,000 - 20 \times 0.24 \times 1\,000 - 0.45 \times 60 \times 1\,000 =$

−1 800欧元,因此,当欧元5年期债券期货市场价格从106.05欧元涨到107.05欧元,头寸价值减少1×1 800=1 800(欧元)。

(2)头寸的gamma值为0×30×1 000+0.45×20×1 000−0.36×60×1 000 = −12 600(欧元)。因此当欧元5年期债券期货市场价格每涨100点,投资组合的delta值将减少12 600欧元。

5. **参考答案及解析:**

(1)期权的对冲比例=期货对冲比例/delta值,所以,看涨期权的对冲比例= −17.05/0.45 = −37.89

看跌期权的对冲比例= −17.05/(−0.28) = 60.89

可以卖出38份2013年3月到期,执行价格为106欧元的10年期债券期货看涨期权或者买入61份2013年3月到期,执行价格为105欧元的10年期债券期货看跌期权来进行对冲。

(2)当市场发生变化,新的对冲比例如下:

看涨期权的对冲比例= −17.96/0.35 = −51.31

看跌期权的对冲比例= −17.96/(−0.32) = 56.13

为了规避利率风险,需要额外再卖出52−38=14份2013年3月到期执行价格为106欧元的10年期债券期货看涨期权,或者平仓61−57=4份2013年3月到期执行价格为105欧元的10年期债券期货看跌期权。

6. **参考答案及解析:**

(1)因为希望预期下跌不超过5%,1 200×0.05=60,所以该基金经理要从市场上买入执行价格为1 200−60=1 140、s_0=1 200、r=0.06、波动率=30%、t=0.5、q=0.03的欧式看跌期权,通过B−S公式可以计算得到,期权价格为63.4元。

要对冲整个投资组合的风险需要花费:63.4×360 000 000/1 200=19 020 000美元。

(2)可以计算得到该期权的delta值= −0.3327,因此出售该证券组合的360 000 000×0.3327=119 772 000(美元)的投资组合并投资于无风险证券即可。

(3)9个月期货合约的delta值为$e^{(r-q)t}$=1.023,因此需要卖出的期货合约份数为:119 770 000/(1 200×250×1.023) = 390(份)。

第八章 期权的波动率

一、单选题

1. 某股票当前价格为 50 元，6 个月到期的执行价为 50 元的看涨期权价格为 12.5 元，隐含波动率为 90%，如果隐含波动率降为 50%，期权价格大概为（　　）元。
   A. 7.25　　　　　　B. 13　　　　　　C. 20　　　　　　D. 12.5

2. 某股票当前价格为 50 元，6 个月到期的执行价为 50 元的看涨期权价格为 4.5 元，隐含波动率为 30%，如果隐含波动率上升至 90%，期权价格将（　　）。
   A. 上升　　　　　　B. 不变　　　　　　C. 下降　　　　　　D. 无法确定

3. 假设标的 AB 的期权隐含波动率为 15%，历史波动率为 23%，下列选项（　　）是正确的。
   A. 该期权是便宜的　　　　　　B. 隐含波动率会上升
   C. 标的 AB 的波动率会下降　　　D. 以上都不正确

4. 下列（　　）对于波动率的阐述是正确的。
   A. 交易所决定隐含波动率
   B. 隐含波动率是未来标的波动率水平的正确反映
   C. 历史波动率是通过观察过去期权的价格而计算的
   D. 历史波动率与隐含波动率可能处在不同的水平

5. 某投资者想建立基于股票 KM 的看涨期权反向套利，当前股价为 580，10 月到期执行价为 590 的看涨期权的隐含波动率为 15%，delta 为 0.40；10 月到期执行价为 600 的看涨期权的隐含波动率为 14%，delta 为 0.20。构建得尔塔中性的组合方式为（　　）。

   A. 卖出 2 手 10 月到期执行价为 600 的看涨期权，买进 1 手 10 月到期执行价为 590 的看涨期权
   B. 买进 2 手 10 月到期执行价为 600 的看涨期权，卖出 1 手 10 月到期执行价为 590 的看涨期权
   C. 卖出 1 手 10 月到期执行价为 600 的看涨期权，买进 2 手 10 月到期执行价为 590 的看涨期权
   D. 买进 1 手 10 月到期执行价为 600 的看涨期权，卖出 2 手 10 月到期执行价为

590 的看涨期权

二、多选题

1. 下列（　　）策略将从波动率上升中获利。

   A. 买入看涨期权　　　　　　　B. 买入看跌期权

   C. 卖出跨式套利　　　　　　　D. 比率套利

2. 下列（　　）策略将从波动率下降中获利。

   A. 反套利　　　　　　　　　　B. 买入宽跨式套利

   C. 卖出跨式套利　　　　　　　D. 比率套利

3. 下列（　　）组合的 vega 是正的。

   A. 买入看涨期权　　　　　　　B. 买入跨式套利

   C. 卖出跨式套利　　　　　　　D. 反套利

4. 下列（　　）策略将从波动率上升中获利。

   A. 买入宽跨式套利　　　　　　B. 反套利

   C. 卖出跨式套利　　　　　　　D. 比率套利

5. 下面（　　）将使得当前不宜采取卖出波动率策略。

   A. 公司明天召开董事会

   B. 公司有重大事项宣布

   C. 网上传闻公司股票会被收购

   D. 明天法院将宣判影响公司发展的一项诉讼

6. 当波动率微笑存在时，下列（　　）是正确的。

   A. 虚值看跌期权比虚值看涨期权贵　　B. 虚值看涨期权比虚值看跌期权贵

   C. 虚值看涨期权比平值看涨期权贵　　D. 虚值看跌期权比平值看跌期权贵

7. 假设当前股票 A 的价格为 60 元，4 月到期执行价为 50 元的看涨期权的隐含波动率为 30%，4 月到期执行价为 55 元的看涨期权的隐含波动率为 35%，4 月到期执行价为 60 元的看涨期权的隐含波动率为 38%，请问下列（　　）表述是错误的。

   A. 存在正向的波动率斜率

   B. 存在反向的波动率斜率

   C. 建立看涨期权反套利策略较为合理

   D. 建立看跌期权比率套利策略较为合理

8. 当期权较为便宜时，买入跨式套利和建立反套利是合适的策略。下列（　　）将使投资者使用反套利而不会买入跨式套利。

   A. 存在反向波动率斜率

   B. 存在正向波动率斜率

C. 反套利的保证金要求比跨式套利的低

D. 反套利的杠杆更大，损益平衡点更接近当前值

9. 投资者在2011年10月对标普500指数期权进行了如下交易：以0.56美元买入11月到期执行价为130美元的看涨期权，以2.13美元的价格卖出11月到期执行价为125美元的看涨期权，以0.71美元的价格买入11月到期执行价为105美元的看跌期权，以1.16美元的价格卖出11月到期执行价为110美元的看跌期权，那么如下说法中（　　）是正确的。

A. 初始时刻有现金流出

B. 如果到期时标普500在110美元与125美元之间时，投资者将获利

C. 波动率下降对投资者有利

D. 波动率上升对投资者有利

10. 下列（　　）组合将从波动率倾斜回归到正常水平中获利。

A. 看涨期权组成的牛市套利　　　　B. 看跌期权组成的牛市套利

C. 看涨期权组成的比率套利　　　　D. 看涨期权组成的反套利

11. 指数期权的隐含波动率比单个股票期权的隐含波动率要低，但股票期权作为保险工具，成本比指数期权要便宜，造成这种情况的原因在于（　　）。

A. 经过波动率调整后，需要购买的指数期权数量更多，这使得购买保险的成本高于单个股票期权的成本

B. 经过波动率调整后，需要购买的指数期权数量更少，这使得购买保险的成本高于单个股票期权的成本

C. 指数期权存在反向的波动率斜率，虚值的指数看跌期权价格被大幅高估，而股票期权没有

D. 指数期权存在反向的波动率斜率，虚值的指数看跌期权价格被大幅低估，而股票期权没有

12. 下列关于四种波动率的表述，正确的有（　　）。

A. 历史波动率描述的是价格在过去的实际运动变化情况，可以很客观地衡量

B. 预期波动率是指既定价格分布的预期波动，它只有在预期价格分布是已知的情况下才能客观地衡量

C. 隐含波动率是期权价格反映的波动率，如果期权价格是已知的，那么其可以客观衡量

D. 未来波动率（实际波动率）反映的是实际价格的起伏，可以客观地衡量

13. 以下说法正确的有（　　）。

A. 隐含波动率更低时，看涨期权delta变化更敏感

B. 隐含波动率更高时，看涨期权delta变化更敏感

C. 隐含波动率更低时，看跌期权 delta 变化更敏感

D. 隐含波动率更高时，看跌期权 delta 变化更敏感

三、判断题

1. 波动率只有隐含波动率和历史波动率两种。（   ）
2. 股票的历史波动率是通过计算股票价格过去一段时间的变动而得到的。（   ）
3. 隐含波动率是通过期权价格反推导出来的。（   ）
4. 在其他因素不变的前提下，期权价值随着波动率的增大而上升，随着波动率的减小而下降。（   ）
5. 期权的买方将从波动率的上升中获利。（   ）
6. 期权的卖方将从波动率的上升中获利。（   ）
7. delta 衡量的是期权价格对标的资产价格的敏感性，vega 衡量的是期权波动率对标的资产价格的敏感性。（   ）
8. "波动率微笑"描述的是波动率与期权期限的关系。（   ）
9. 波动率曲面描述的是波动率与期权执行价的关系。（   ）
10. 外汇市场上存在的"波动率微笑"表明实际市场相对于理论上的对数正态分布，有更肥的尾部。（   ）
11. 所有期权的多头都有一个正的 vega，所有的期权空头都有一个负的 vega。（   ）
12. 平值期权比实值期权和虚值期权有更高的 vega。（   ）
13. 一个有 10% 波动率的股票表明股票在一年内有 2/3 的时间内在当前价 10% 的范围内波动。（   ）
14. 如果一只股票的交易价格为 100，波动率为 25%，则其日价格收益率标准差为 0.25%。（   ）
15. MT 公司股票的波动率为 40%，意味着在一年之中，MT 股价有 95% 的可能性会在其现有价格上下 40% 的范围内变动。（   ）
16. 期权的理论价格只不过是一种估量而已。（   ）
17. 大地公司的当前股价为 50 元。早上开盘时，一个 6 月到期执行价为 50 元的看涨期权交易价为 3 元，但到下午时，该期权的交易价是 5 元。如果用波动率解释，可以说期权价格的上涨是在预期波动率上升的过程中发生的。（   ）
18. 期权的"波动率微笑"描述的是不同执行价格之间期权隐含波动率的不同。（   ）

四、计算题

1. 股票 A 过去 20 个交易日的每日收益率为 u_i（$i = 1, 2, \cdots, 20$），已知 $\sum u_i =$

0.09531，$\sum u_i^2 = 0.00326$，请计算股票 A 价格的年波动率。

2. 已知当前 APT 公司的股票价格为 40 美元/股，根据历史数据测算出的年波动率为 30%，请计算一周、一个月股价变动百分比的标准差，以及一个标准差的实际变动金额。

3. 根据 KMP 公司股票过去 30 个交易日收盘价计算出的股价年波动率为 40%，当前股价为 35 美元/股，请计算在 95% 的可能性下一个月内股价最大波动范围。

4. 下表是标的 A 和标的 B 在最近 11 天内的收盘价，请计算它们的历史波动率。

天数	标的 A	标的 B
0	30	50
1	32	51.5
2	33.2	53.4
3	32.5	49.5
4	33.3	52.3
5	34.4	49.3
6	30.5	47.2
7	29.5	50.3
8	27	53.2
9	28.6	55.6
10	31.5	53.3
11	30	50

五、综合题

1. PMP 对冲基金认为未来股指的波动率将上升，计划构建波动率买入策略，当前指数为 1180，请为该基金设计两种方案。

（1）已知执行价为 1 200 的看涨期权 A 的 delta 值为 0.5，执行价为 1 200 的看跌期权 B 的 delta 值为 -0.5，如何构建买入跨式套利组合，实现波动率买入策略？

（2）已知执行价为 1 200 的看涨期权 A 的 delta 值为 0.5，执行价为 1 280 的看涨期权 C 的 delta 值为 0.2，如何构建看涨期权反向套利组合，实现波动率买入策略？

2. 某一期货公司有一个客户，他想就股票 TC 交易 3 个月的期权，当前 TC 股价为 35.05 元，且 TC 没有挂牌交易的期权，但该期货公司愿意直接与客户交易，该公司研究部门已对 TC 股票过去的交易情况进行了分析，并且预测在 3 个月内 TC 股价的分布如下：

TC 在 3 个月内的价格	TC 股价以这个价格交易的概率（%）
26.00	3
28.00	4
30.00	8
32.00	10
34.00	15
36.00	20
38.00	15
40.00	10

续表

TC 在 3 个月内的价格	TC 股价以这个价格交易的概率（%）
42.00	8
44.00	4
46.00	3

此客户还没有决定买哪种期权。现在你被邀请来为下列期权提供理论依据，所有的期权都在 3 个月内过期：执行价为 35 的看涨期权（简称 35 看涨期权）、40 的看涨期权和 45 的看涨期权。你还被邀请为如下的看跌期权找到理论依据：25 的看跌期权、30 的看跌期权和 35 的看跌期权。

参考答案及解析

一、单选题

1. A　　2. A　　3. D　　4. D　　5. B

二、多选题

1. AB　　2. CD　　3. ABD　　4. AB　　5. ABCD　　6. CD
7. BCD　　8. ABD　　9. BC　　10. ABCD　　11. AC　　12. ABC
13. AC

三、判断题

1. 错　　2. 对　　3. 对　　4. 对　　5. 对　　6. 错　　7. 错
8. 错　　9. 错　　10. 对　　11. 对　　12. 对　　13. 对　　14. 错
15. 错　　16. 对　　17. 对　　18. 对

四、计算题

1. 参考答案及解析：

日收益率标准差的估计值为：

$$\sqrt{\frac{0.00326}{19} - \frac{0.09531^2}{20 \times 19}} = 0.01215$$

年波动率为 $0.01215\sqrt{252} = 0.193$，即 19.3%。

2. 参考答案及解析：

一周股价变动百分比的标准差为：$0.3 \times \sqrt{\frac{1}{52}} = 0.0416$，即 4.16%，实际变动金额为 $40 \times 0.0416 = 1.664$ 美元。一个月股价变动百分比的标准差为 $0.3 \times \sqrt{\frac{1}{12}} = 0.0866$，即 8.66%，实际变动金额为 $40 \times 0.0866 = 3.464$ 美元。

3. 参考答案及解析：

一个月股价变动百分比的标准差为 $0.4 \times \sqrt{\frac{1}{12}} = 0.1155$，即 11.55%，一个标准差的变动金额为 $35 \times 0.1155 = 4.04$ 美元。

在 95% 的可能性下的股价最大波动范围为两个标准差，$(35 - 2 \times 4.04, 35 + 2 \times 4.04)$，即 $(26.92, 43.08)$。

4. 参考答案及解析：

标的 A 的波动率为 103.54%，标的 B 的波动率为 88.89%

	标的 A	波动率 A	标的 B	波动率 B
0	30		50	
1	32	6.45%	51.5	2.96%
2	33.2	3.68%	53.4	3.62%
3	32.5	-2.13%	49.5	-7.58%
4	33.3	2.43%	52.3	5.50%
5	34.4	3.25%	49.3	-5.91%
6	31.5	-8.81%	47.2	-4.35%
7	29.5	-6.56%	50.3	6.36%
8	27	-8.86%	53.2	5.61%
9	28.6	5.76%	55.6	4.41%
10	31.5	9.66%	53.3	-4.22%
11	30	-4.88%	50	-6.39%
均值		0.00%		0.00%
标准差		6.52%		5.60%
波动率		103.54%		88.89%

五、综合题

1. 参考答案及解析：

（1）$0.5A - 0.5B = 0$，解得 $A : B = 1 : 1$。

买入 N 手看涨期权 A，买入 N 手看跌期权 B，期权 A、B 的数量比率为 1:1，实现 delta 中性。

（2）$0.5A + 0.2C = 0$，解得 $A : C = -1 : 2.5$。

卖出 N 手看涨期权 A，买入 2.5N 手看涨期权 C，期权 A、C 的数量比率为 1:2.5，实现 delta 中性。

2. 参考答案及解析：

TC股价	概率	35看涨期权 价值	35看涨期权 预期价值	40看涨期权 价值	40看涨期权 预期价值	45看涨期权 价值	45看涨期权 预期价值	25看涨期权 价值	25看涨期权 预期价值	30看涨期权 价值	30看涨期权 预期价值	35看涨期权 价值	35看涨期权 预期价值
26	3	0	0	0	0	0	0	0	0	4	0.12	9	0.27
28	4	0	0	0	0	0	0	0	0	2	0.08	7	0.28
30	8	0	0	0	0	0	0	0	0	0	0	5	0.4
32	10	0	0	0	0	0	0	0	0	0	0	3	0.3
34	15	0	0	0	0	0	0	0	0	0	0	1	0.15
36	20	1	0.2	0	0	0	0	0	0	0	0	0	0
38	15	3	0.45	0	0	0	0	0	0	0	0	0	0
40	10	5	0.5	0	0	0	0	0	0	0	0	0	0
42	8	7	0.56	2	0.16	0	0	0	0	0	0	0	0
44	4	9	0.36	4	0.16	0	0	0	0	0	0	0	0
46	3	11	0.33	6	0.18	1	0.03	0	0	0	0	0	0
总预期价值			2.4		0.5		0.03		0		0.2		1.4

254

第九章 金融期权的用途

一、单选题

1. 假设投资组合全部是由苹果公司的股票构成的，你希望避免股票价格下跌可能造成的损失，为了完全规避价格波动的风险，投资者需要购买（   ）。
   A. 苹果看跌期权				B. S&P500 指数看跌期权
   C. 苹果看涨期权				D. S&P500 指数看涨期权

2. 衡量单个股票价格相对股票指数波动性的指标是（   ）。
   A. alpha 指数				B. beta 指数
   C. 波动率				D. 相关性系数

3. 某投资者所持有的股票目前的交易价格为 70 美元，他希望在股票上涨至 80 美元的时候盈利离场，以下（   ）可以帮他实现这一目标。
   A. 买入执行价格为 80 美元的股票看涨期权
   B. 买入执行价格为 80 美元的股票看跌期权
   C. 卖出执行价格为 80 美元的股票看涨期权
   D. 卖出执行价格为 80 美元的股票看跌期权

4. 以下期权组合中，（   ）相当于持有对应的标的资产。
   A. 买入一份看涨期权，同时卖出一份相同执行价格及相同到期时间的看跌期权
   B. 卖出一份看涨期权，同时买入一份相同执行价格及相同到期时间的看跌期权
   C. 买入一份看涨期权，同时买入一份相同执行价格及相同到期时间的看跌期权
   D. 卖出一份看涨期权，同时卖出一份相同执行价格及相同到期时间的看跌期权

5. 以下期权组合中，（   ）相当于做空相应的标的资产。
   A. 买入一份看涨期权，同时卖出一份相同执行价格及相同到期时间的看跌期权
   B. 卖出一份看涨期权，同时买入一份相同执行价格及相同到期时间的看跌期权
   C. 买入一份看涨期权，同时买入一份相同执行价格及相同到期时间的看跌期权
   D. 卖出一份看涨期权，同时卖出一份相同执行价格及相同到期时间的看跌期权

6. delta 是期权相对于其标的资产的套期保值比率，如果某个特定的标普 500 指数期货期权的 delta 为 0.6，这表明（   ）。
   A. 标普 500 股指期货上升 10 个点，该股指期货期权仅仅上升 6 个点

B. 标普500股指期货上升10个点，该股指期货期权仅仅下降6个点

C. 该标普500股指期货期权上升10个点，股指期货仅仅上升6个点

D. 该标普500股指期货期权上升10个点，股指期货仅仅下降6个点

7. 某投资经理持有一个市价为9 000万美元的股票组合。为了在市场下跌时对该股票组合提供保护，投资经理希望在这半年中所持的头寸市价不低于8 700万美元，假设该股票组合头寸和S&P500指数的beta = 1。请问投资经理该选择以下（　　）方案。

A. 买入1 000份执行价格为870美元的S&P500看涨期权

B. 卖出1 000份执行价格为870美元的S&P500看涨期权

C. 买入1 000份执行价格为870美元的S&P500看跌期权

D. 卖出1 000份执行价格为870美元的S&P500看跌期权

8. 2013年3月，英国某外贸企业为对冲英镑兑美元汇率的上涨风险，以1.5021的汇率买入CME的11月英镑兑美元期货（GBP/USD），同时买入相同规模的11月到期的英镑兑美元期货的看跌期权，执行价格为1.5093，权利金为0.02英镑/美元。如果11月初，英镑兑美元期货价格下跌到1.4980，企业执行期权。该策略的损益为（　　）英镑/美元（不计交易成本）。

A. -0.0012   B. -0.0107

C. -0.0128   D. -0.0285

9. 保持上题的假设，如果11月初，英镑兑美元期货价格上涨到1.7823英镑/美元，此时英镑兑美元期货看跌期权的权利金为0.001英镑/美元，企业对期货合约和期权合约全部平仓。该策略的损益为（　　）英镑/美元。

A. 0.1326   B. 0.2612

C. 0.3012   D. 0.3198

10. 假设某机构投资者有市值3 000万元的现货投资组合，其与沪深300指数的贝塔系数为1.2，沪深300指数目前点位3000点，沪深300股指期权的合约乘数为100元/点，该机构决定买入平值的看跌期权为投资组合套保，权利金为50点，delta为0.52。用等量对冲的方式建立套期保值头寸，投资者需要买入看跌期权的数量是（　　）手。

A. 120   B. 150

C. 220   D. 230

11. 假设某机构投资者有市值3 000万元的现货投资组合，其与沪深300指数的贝塔系数为1.2，沪深300指数目前点位3000点，沪深300股指期权的合约乘数为100元/点，该机构决定买入平值的看跌期权为投资组合套保，权利金为50点，delta为-0.52。用delta中性对冲的方式建立套期保值头寸，投资者需要买入看跌期权的数量

是（　　）手。

A. 200　　　　　　　　　　B. 210
C. 220　　　　　　　　　　D. 230

12. 继续上题，一个月后看跌期权的 delta 值变为 -0.6，在 delta 中性对冲套期保值策略下，投资者需要（　　）。

A. 再买入 30 手看跌期权　　　B. 再买入 50 手看跌期权
C. 平仓 30 手看跌期权　　　　D. 平仓 50 手看跌期权

13. 继续上题，如果套期保值投资者以动态 delta 中性对冲的方式建立套保头寸，以下说法正确的是（　　）。

A. 期权价格与标的资产价格收益曲线的非线性，导致了期权 delta 是不断变动的，但是 gamma 保持不变
B. 为了使期现组合 delta 更趋于中性，在静态 delta 中性对冲的基础上，根据建仓后期权 delta 变化不断调整期现比例，这就是动态 delta 中性对冲策略
C. 由于期权 delta 是时时变动的，我们在实际中要不断调整仓位来实现任何时刻期限组合的 delta 中性
D. 投资者只能通过调整期权的持有量来实现期现组合的 delta 中性

14. 下列（　　）策略的风险最大。

A. 买入牛市价差期权组合　　　B. 卖出看涨期权
C. 买入看涨期权　　　　　　　D. 卖出看跌期权

二、多选题

1. 对持有股票并卖出看跌期权的投资者来说，他对市场的走势判断正确的有（　　）。

A. 预计股票价格将维持稳定　　B. 预计股票价格将上涨
C. 预计股票价格将下跌　　　　D. 预计股票价格将宽幅震荡

2. 假设股票价格稳定不变，采用下列（　　）投资策略能为持有的股票投资组合带来额外的回报。

A. 买入相应的股票看涨期权　　B. 卖出相应的股票看涨期权
C. 买入相应的股票看跌期权　　D. 卖出相应的股票看跌期权

3. 以下（　　）策略可用以替代对应的股票多头头寸。

A. 买入股票的看涨期权　　　　B. 买入股票的看跌期权
C. 卖出股票的看涨期权　　　　D. 卖出股票的看跌期权

4. 塑料企业 E 签订的外贸进口合同用于支付的货币为欧元（合同期一般为 3 个月），而企业自身的外汇储备主要为美元定活期存款，2012 年下半年欧元/美元指数一

直处于上升趋势，因此企业希望通过套期保值操作来规避欧元相对美元汇率的变化所带来的汇率风险，该企业可以进行（　　）套期保值操作。

  A. 买入欧元/美元期货　　　　　　B. 买入欧元/美元看涨期权
  C. 买入欧元/美元看跌期权　　　　D. 卖出欧元/美元看涨期权

三、判断题

  1. 投资者担心欧元兑美元的汇率会上涨，所以通过买入欧元/美元看涨期权来规避欧元兑美元上涨的风险。（　　）

  2. 股票投资者想通过买入股票的看涨期权以代替股票的直接购入，不过期权时间价值的衰减将会让投资者遭受损失，因此使用看涨期权作为股票替代品的时候，投资者应当选择实值甚至深度实值看涨期权。（　　）

  3. 作为实值看跌期权的空头，投资者将被要求在经纪账户中存入一定量的保证金，因此通过卖出实值看跌期权来替代股票的直接购入的方式不具备杠杆作用。（　　）

  4. 投资者可以通过卖出看跌期权的方式来为自己的股票设置止盈价位。（　　）

  5. 通过期权组合我们可以合成相应的标的资产头寸，例如通过买入一份看涨期权，同时卖出一份相同执行价格及相同到期时间的看跌期权，可以合成相应标的资产的空头头寸。（　　）

  6. 在利用股票看跌期权为所持股票套期保值时，选择执行价格越高的看跌期权，股票头寸获得的保护就越大。（　　）

  7. 买入外汇看跌期权的方式对所持有外汇进行套期保值，投资者将不再承担任何市场风险。（　　）

  8. 投资者在买入相应的外汇看跌期权为自己所持有的货币套期保值的时候，他可以同时卖出相应的外汇看涨期权来降低套期保值的成本，前提是他愿意放弃所持货币的部分上涨盈利空间。（　　）

  9. 投资者希望通过买入股指看跌期权来对冲所持股票组合的市场风险时，他不能简单地通过相等市值的方式确定期权套保头寸，而是需要先计算股票组合头寸相对于股指的 beta 值，这与应用股指期货对股票组合进行套保的思路一致。（　　）

  10. 某股票相对于股票指数的 beta 值为 0.8，这表明股票指数变动的速度是该股票价格变动速度的 0.8 倍。（　　）

  11. 买入虚值看跌期权为所持现货头寸套保，相当于为现货头寸上了一份保险，虚值程度越深，投资者所需要支付的保险金就越低，当然愿意承担的风险也就越大。（　　）

  12. 相对于交易所交易标准期权合约，场外期权可以理解成根据投资者需求为投

资者量身定做的非标准合约。（ ）

13. 一般情况下，股市熊市时伴随着增长的隐含波动率，牛市时伴随着下降的隐含波动率。（ ）

14. 市场上扬时，期权的看跌－看涨比率也上涨，当看多情绪变得极为强烈的时候，市场达到了顶部，看跌－看涨比率也达到顶部。在此之后，市场下跌，看跌－看涨比率回落，直到开始新一轮的周转。（ ）

15. 由于期权的买入方风险有限而收益无限，使用期权进行套期保值总是比期货套保更适合。（ ）

16. 与期货套期保值不同，期权套期保值中不涉及基差风险。（ ）

17. 在股市熊市中，卖出期货对股票头寸进行套期保值的效果要比买入看跌期权套保的效果好。（ ）

18. 用期权对标的资产进行套保时，用等市值对冲的方式并不能完全对冲现货标的的市场风险，除非期权的 delta 值为 1。（ ）

19. 股票 XYZ 当前的市价为 65 美元/股，投资者认为股价下跌至 60 美元/股是最佳的入场点，于是他选择卖出执行价格为 60 美元的 XYZ 的看跌期权。如果该期权被执行，投资者便需要以每股 60 美元的价格购入 XYZ 股票，正好实现了投资者最佳入场点的计划，事实上，所赚取的权利金收入使得投资者的成本低于 60 美元/股；如果直到到期日，XYZ 股票价格始终维持在 60 美元/股之上，XYZ 看跌期权将不名一文地过期了，投资者便赚取了出售看跌期权的权利金。（ ）

四、计算题

投资者持有一个股票投资组合，具体情况如下：

数量	股票	买入价格（美元）	当前市价（美元）	beta 值	总市值（美元）
1 900	X	52.41	60.33	0.89	114 627
1 200	Y	74.38	69.52	1.24	83 424
900	Z	36.53	32.95	0.87	29 655
投资组合总市值					227 706

投资者希望购买股票指数的看跌期权来对他所持有的股票组合头寸进行套期保值，该期权的乘数为每点 10 欧元，目前股票指数为 3120 点，请问需要买入多少手的看跌期权？

五、综合题

1. 一个投资者拥有 100 股 XYZ 股票，XYZ 股票价格为 52 美元，为对冲股票的市场风险，他以 2 美元的价格买进了一手 10 月到期执行价为 50 美元看跌期权（100

股）。请按照下表给出投资者所持组合的盈利情况，并画出投资者所持组合的到期损益图。

期权到期时的盈利结果

XYZ 到期价格（美元）	股票头寸盈利（美元）	看跌期权盈利（美元）	总盈利（美元）
30			
40			
50			
54			
60			
70			
80			

2. 某投资经理持有价值 100 万欧元的 3 年期国债期货的最便宜交割券，该国债期货当前的交易价格为 106.5 欧元，投资经理希望利用期权头寸对冲掉期货价格低于 105 欧元的风险，同时为了降低对冲成本，他愿意放弃部分获利的机会。请利用下述期权为该投资经理设计出合适的风险对冲方案。

期权信息：

2013 年 12 月到期执行价格为 105 欧元的 3 年期国债期货看涨期权@1.04

2013 年 12 月到期执行价格为 105 欧元的 3 年期国债期货看跌期权@0.25

2013 年 12 月到期执行价格为 106 欧元的 3 年期国债期货看涨期权@0.72

2013 年 12 月到期执行价格为 106 欧元的 3 年期国债期货看跌期权@0.60

2013 年 12 月到期执行价格为 107 欧元的 3 年期国债期货看涨期权@0.23

2013 年 12 月到期执行价格为 107 欧元的 3 年期国债期货看跌期权@0.98

3. 你预计未来几个月后法国的股市会大幅反弹，并计划建立一个可控风险的期权多头头寸，以便在 CAC40 指数上涨时获利。现在市场情况如下表，请问如何应用金融工具来实现指数上涨时获利，同时风险可控的目标呢？

头寸	价格
2013 年 9 月到期的 CAC40 指数期货	4 396.50
2013 年 9 月到期执行价格为 4 400 的 CAC40 指数看涨期权	245.60
2013 年 9 月到期执行价格为 4 400 的 CAC40 指数看跌期权	244.60

4. 2013 年 6 月，投资者持有 2 500 股 XYZ 公司的股票。他认为这只股票的长期潜在走势应该不错，但是未来的几个星期该股票的走势有很大的不确定性。目前市场情况如下：

头　　寸	价格（欧元）	合约乘数
XYZ 股票	46.90	
2013 年 6 月到期执行价格为 42 欧元的 XYZ 股票看涨期权	5.85	100
2013 年 6 月到期执行价格为 42 欧元的 XYZ 股票看跌期权	0.63	100
2013 年 6 月到期执行价格为 44 欧元的 XYZ 股票看涨期权	4.28	100
2013 年 6 月到期执行价格为 44 欧元的 XYZ 股票看跌期权	1.06	100
2013 年 6 月到期执行价格为 50 欧元的 XYZ 股票看涨期权	0.71	100
2013 年 6 月到期执行价格为 50 欧元的 XYZ 股票看跌期权	4.81	100

（1）该投资者应该选择上述表格中的哪种期权合约来对冲所持股票头寸的市场风险？并将股价下跌时的损失控制在 10 000 欧元内？

（2）需要买入/卖出多少期权合约来对冲呢？

（3）请完成期权合约到期时的头寸盈亏表。

（4）如果投资者预计短期股价回调的可能性较大，投资者认为即便股价出现上涨，其上涨的幅度也不会太大，这样的情况下，为了增加投资组合的盈利，投资者该如何操作？

5. 某投资者目前持有价值 150 万美元的投资组合，其价值与 S&P500 指数的波动有关，根据测算大致如下：

S&P500	组合价值（万美元）
1 800	110
1 810	120
1 820	129
1 830	137
1 840	144
1 850	150
1 860	155
1 870	159
1 880	162
1 890	164
1 900	165

请计算组合的美元 delta 和 gamma，解释其经济意义，并说明如何利用 S&P500 的衍生工具进行风险对冲。

参考答案及解析

一、单选题

1. A 2. B 3. C 4. A 5. B 6. A 7. C 8. C
9. B 10. A 11. D 12. C 13. B 14. B

二、多选题

1. AB 2. BD 3. AD 4. AB

三、判断题

1. 对 2. 对 3. 错 4. 错 5. 错 6. 对 7. 错
8. 对 9. 对 10. 错 11. 对 12. 对 13. 对 14. 错
15. 错 16. 错 17. 对 18. 对 19. 对

四、计算题

参考答案及解析：

首先，投资组合的 beta 值是个股 beta 值的加权平均，即 $beta = \dfrac{0.89 \times 114\ 627 + 1.24 \times 83\ 424 + 0.87 \times 29\ 655}{227\ 706} = \dfrac{102\ 018 + 103\ 446 + 25\ 800}{227\ 706} \approx 1.02$。

需要买入看跌期权的数量可以通过下列公式计算：数量 $= \dfrac{227\ 706 \times 1.02}{3\ 120 \times 10} \approx 7$（手）。

所以，为了对所持股票组合进行套期保值，该投资者需要买入 7 手 EURO STOXX 50 指数看跌期权。

五、综合题

1. 参考答案及解析：

期权多头亏损有限，但收益无限。

XYZ 到期价格（美元）	股票头寸盈利（美元）	看跌期权盈利（美元）	总盈利（美元）
30	-2 200	+1 800	-400
40	-1 200	+800	-400

续表

XYZ 到期价格（美元）	股票头寸盈利（美元）	看跌期权盈利（美元）	总盈利（美元）
50	-200	-200	-400
54	+200	-200	0
60	+800	-200	+600
70	+1 800	-200	+1 600
80	+2 800	-200	+2 600

损益图：

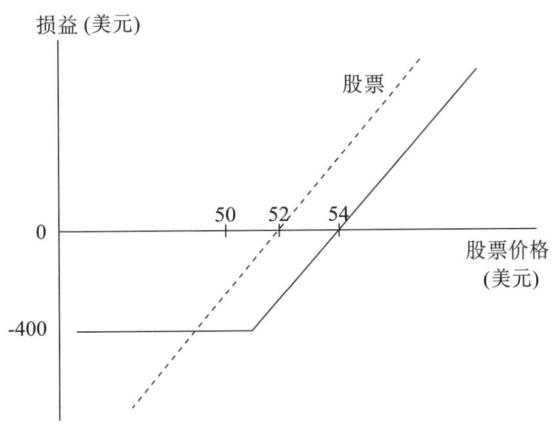

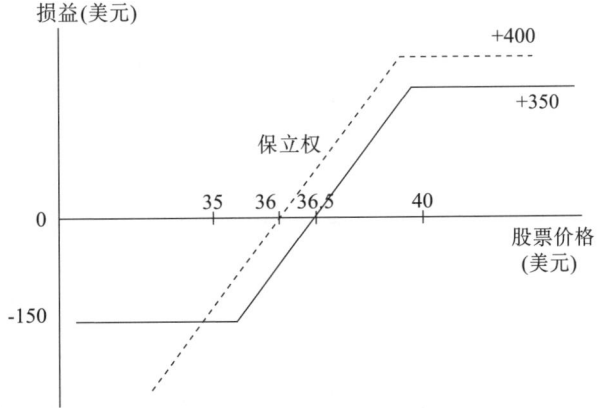

2. **参考答案及解析：**

买入 10 手 2013 年 12 月到期执行价格为 105 欧元的 3 年期国债期货看跌期权，同时卖出 10 手 2013 年 12 月到期执行价格为 107 欧元的 3 年期国债期货看涨期权，成本 $=(0.25-0.23)\times 100$ 万$/100=200$（欧元）。

因为投资经理是为了对冲债券价格下跌的风险，所以他需要买入看跌期权，执行价格的选择是根据投资经理能够承受的最低债券价格 105 欧元决定的。为了降低成本，投资者可以卖出一定数量的看涨期权，这里选择执行价格为 107 欧元的看涨期权，它的权利金与 105 欧元的看涨期权比较接近，卖出该期权所获得的权利金收入基本能覆盖买入期权的成本，从而实现了以较低的成本（200 欧元）对冲债券价格跌至 105 欧元下方的风险，不过卖出看涨期权的操作使得投资经理不再拥有债券上涨至 107 欧元上方后的潜在收益。

3. **参考答案及解析：**

最简单的方式是投资者买入 CAC40 指数看涨期权，不过我们观察到，通过买入看涨期权的同时卖出看跌期权的方式合成期货多头头寸与实际中期货多头存在 4.5 点的差价，因此以买入指数期货并同时卖出指数看涨期权的方式合成看跌期权会有更好的收益，实际情况如下：

期权合约到期时的 CAC40 指数	指数期货	指数期权	合成的看涨期权多头	实际的看涨期权多头
4 800	+403.5	-244.60	+158.90	+154.40
4 700	+303.50	-244.60	+58.90	+54.40
4 600	+203.50	-244.60	-4 110	-45.60
4 500	+103.50	-244.60	-141.10	-145.60
4 400	+3.50	-244.60	-214.10	-245.60
4 300	-96.50	-144.60	-214.10	-245.60
4 200	-196.50	-44.60	-214.10	-245.60
4 100	-296.50	+55.40	-214.10	-245.60
4 000	-396.50	+155.40	-214.10	-245.60

因此合约到期时，合成的看涨期权多头头寸比实际的看涨期权多头头寸有 4.5 点的优势。

4. **参考答案及解析：**

（1）为了对冲所持股票价格下行的风险，投资者可以买入 XYZ 股票的看跌期权。为了让损失控制在 10 000 欧元以内，单股股票的损失需要控制在 4 欧元以内，购买期权的成本不能超过 4 欧元，同时，当前 XYZ 股价为 46.9 欧元。因此，买入看跌期权的执行价格不能低于 42.9 欧元。综上，投资者可以选择执行价格为 44 欧元的看跌期权，该期权的价格为 1.06 欧元。

（2）买入看跌期权合约的数量 = 投资组合的股票数量/合约乘数 = 2 500/100 = 25，即投资者可以买入 25 份 XYZ 股票的看跌期权。

（3）由于买入了看跌期权，投资者的总亏损被控制在了 9 900 欧元之内（见下表）。

股票到期时价格（欧元）	期权头寸盈亏（欧元）	股票头寸盈亏（欧元）	总盈亏（欧元）
42	+2 350	−12 250	−9 900
43	−150	−9 750	−9 900
44	−2 650	−7 250	−9 900
45	−2 650	−4 750	−7 400
46	−2 650	−2 250	−4 900
47	−2 650	+350	−2 300
48	−2 650	+2 750	+100

（4）在预期近期股价不会大涨的情况下，投资者可以选择卖出一定量的看涨期权，投资者可以卖出25份执行价格为50欧元的XYZ股票看涨期权，投资者可以因此获得每股0.71欧元的收益，在股价不突破50.71欧元/股的情况下投资者均能因卖出看涨期权的操作而增加收益，不过投资者也放弃了股价出现大涨时的潜在收益，因为在股价超过50欧元后，股票头寸的收益将用以弥补期权头寸的损失。

5. 参考答案及解析：

（1）目前S&P500价格为1 850，delta = (155 − 144)/(1 860 − 1 840) = 0.55

因此，S&P500在1 850附近，每波动1点，将会导致组合价值同向波动1 × 0.55 × 10 000 = 5 500（美元）。

（2）以此方法可以求得每个价位的delta值如下：

S&P500	美元 delta
1 810	9 500
1 820	8 500
1 830	7 500
1 840	6 500
1 850	5 500
1 860	4 500
1 870	3 500
1 880	2 500
1 890	1 500

可以通过任意两个delta的变化量计算出美元gamma，例如：
gamma = (5 500 − 6 500)/(1 850 − 1 840) = −100（美元）。

我们发现，在任意价格上，美元gamma值都是−100美元。

其经济意义是：S&P500每波动1点，其价格的增幅就减慢100美元。

（3）由于目前的头寸是多delta空gamma的，而期权多头具有正gamma，可以通过期权多头进行gamma对冲，并利用期货合约对组合的delta进行进一步对冲。

第十章 期权风险类型及风险管理

一、单选题

1. 期权的代理风险是指（　　）。
A. 经纪公司代理交易的风险
B. 卖方可能无法履约的风险
C. 投资者在进行期权交易时，由于人为操作错误或计算机系统故障而引发的风险
D. 投资者在参与金融期权时选择了不适当的期权中介机构，从而给自己带来损失的风险

2. 期权的操作风险是指（　　）。
A. 经纪公司代理交易的风险
B. 卖方可能无法履约的风险
C. 投资者在进行期权交易时，由于人为操作错误或计算机系统故障而引发的风险
D. 下错单引发的风险

3. 投资者为了避免操作风险，需要在市场行情剧烈波动时或周围有干扰时要保持高度集中的注意力以及（　　）。
A. 熟练掌握交易软件的操作方法　　B. 防止出现下单方向的错误
C. 防止下单中选错期权合约的类型　　D. 防止下单中选择错误的要素

4. 期权的（　　）决定了期权价格波动往往很大，投资结果不确定性程度较高。
A. 风险性　　　B 杠杆性　　　C. 单边性　　　D. 复杂性

5. 期权交易涉及的流动性风险主要有两种类型：一种是与特定的产品或市场有关，被称为市场流动性风险；另一种是（　　）。
A. 与交易者的投资技能有关，被称为资金流动性风险
B. 与交易者的交易水平有关，被称为资金流动性风险
C. 与交易者的资金充分与否有关，被称为资金流动性风险
D. 与交易者的资金充分与否有关，被称为投资者流动性风险

6. 下列（　　）是影响流动性风险的因素。
A. 未平仓合约的数量与合约的种类
B. 未平仓合约的数量

C. 合约的种类

D. 投资者的止损策略

7. 经纪商的风险包括信用风险、流动性风险、法律风险、操作风险、市场风险和（　　）。

A. 人力风险　　　B. 亏损风险　　　C. 爆仓风险　　　D. 系统风险

8. 经纪商的信用风险是由于（　　）造成的。

A. 交易所的信用原因　　　　　　B. 自身的信用不够

C. 客户的信用原因　　　　　　　D. 所在国家的政治风险

9. 为了防范法律风险，经纪商需要（　　）并做好员工的培训工作。

A. 签订完备的合同

B. 与客户签订完备的合同，核实客户的身份

C. 核实客户的身份

D. 购买先进的系统

二、多选题

1. 以下（　　）属于期权投资者面临的主要风险。

A. 代理风险　　　　　　　　　　B. 操作性风险

C. 合约的违约风险　　　　　　　D. 流动性风险

2. 以下（　　）属于期权经纪商面临的主要风险。

A. 信用风险　　B. 流动性风险　　C. 法律风险　　D. 操作风险

三、判断题

1. 中介机构提供的信息都是最专业的信息，可以百分之百相信。（　　）

2. 某些期权经纪公司打着合规经营的旗号，对投资者的交易有诸多限制，严重影响了投资者的盈利能力。（　　）

3. 期权合约不仅有看涨、看跌之分，而且合约要素较为丰富，因此出现操作风险的可能性相对期货交易更大。（　　）

4. 期权合约的违约风险来源于期权买方可能无法履约的情况。（　　）

5. 通常场外交易的期权由于对卖方保证金的要求非常严格，很少出现违约风险。（　　）

6. 作为期权的买方，其投资收益没有不确定性。（　　）

7. 严格遵守止损和止盈纪律是保证投资者能够长期生存于资本市场的重要法则。（　　）

8. 由于期权的买方已经全额支付了全部的权利金，期权的买方面临的流动性风险

主要就是市场流动性风险。												( )

9. 进行场外市场期权交易的风险比进行场内市场期权交易的风险没大多少。
												( )

10. 投资者的流动性风险与经纪商无关。						( )

11. 金融期权的代理风险主要是指投资者在参与金融期权交易时选择了不适当的期权中介机构，从而给自己带来损失的风险。				( )

12. 投资者在进行期权交易时，由于人为操作错误或计算机系统故障而引发的风险被称为代理风险。								( )

13. 选择好的期权经纪公司，是规避期权代理风险的有效防控手段。	( )

14. 对期权合约违约风险的管控方式主要在于保证金或者抵押物（抵押金）等的收取，或者对某些"裸期权"交易的限制。				( )

15. 期权经纪商面临的风险可以分为信用风险、流动性风险、法律风险、操作风险、市场风险和系统风险。							( )

16. 期权经济商面临的流动性风险主要来自投资者因为市场流动性或者资金流动性的原因而给经纪商带来的损失。						( )

参考答案及解析

一、单选题

1. D   2. C   3. A   4. B   5. C   6. A   7. D   8. C   9. B

二、多选题

1. ABCD   2. ABCD

三、判断题

1. 错   2. 对   3. 对   4. 错   5. 错   6. 错   7. 对
8. 对   9. 错   10. 错   11. 对   12. 错   13. 对   14. 对
15. 对   16. 对

金融期权综合试卷

一、单选题

1. 关于 BS 期权定价模型说法错误的是（　　　）。

A. 假定证券价格遵循几何布朗过程，即 μ 和 σ 为常数

B. 市场是完全的，证券交易和价格变动是连续的，并且在衍生证券有效期内没有现金收益支付

C. 在实证检验中，B－S 公式倾向于低估方差高的期权，高估方差低的期权

D. 风险收益偏好状态不会对衍生证券价值产生影响

2. 在其他因素不变的情况下，如果股票价格上升，则此股票的看跌期权价格（　　），它的看涨期权价格（　　　）。

A. 下跌；上涨　　　　　　　　　B. 下跌；下跌

C. 上涨；下跌　　　　　　　　　D. 上涨；上涨

3. 市场上有两种期权，其参数如下表所示（假定无风险利率为 6%，期权标的资产不支付红利）：

看涨期权	T	X	期权价格	标的资产
A	1	50	10	45
B	1	50	7	45

下列说法正确的是（　　　）。

A. $\sigma_A = \sigma_B$　　　　　　　　　B. $\sigma_A < \sigma_B$

C. $\sigma_A > \sigma_B$　　　　　　　　　D. 数据不足，无法比较

4. 股票价格为 50 美元，无风险年利率为 10%，基于这个股票，执行价格均为 40 美元的欧式看涨期权和欧式看跌期权的价格相差 7 美元，都将于 6 个月后到期。这其中是否存在套利机会，套利空间为（　　　）。

A. 不存在套利机会　　　　　　　B. 存在套利，套利空间为 4.9

C. 存在套利，套利空间为 5.95　　D. 存在套利，套利空间为 6.95

5. 拥有无红利支付的美式看涨期权多头的投资者有可能采取下列（　　　）行动。

A. 一旦有钱可赚，就立即执行期权

B. 当股价跌到执行价格以下时，购买补偿性的看跌期权

C. 当期权处于深度实值时，投资者可以提前执行期权

D. 对于投资者而言，提前执行该期权可能是不明智的

6. 衡量期权相对于标的资产价格变动敏感度的希腊字母是（　　）。

　　A. delta　　　　　B. gamma　　　　C. theta　　　　　D. vega

7. 其他条件相同的欧式看涨期权与看跌期权的 delta 之差为（　　）。

　　A. 0　　　　　　　　　　　　　　　B. 1

　　C. -1　　　　　　　　　　　　　　 D. -1 与 1 之间的不确定数

8. 看跌期权的 gamma 与期权实虚值状态，剩余期限的关系是（　　）。

　　A. 期权处于平值时 gamma 小，剩余期限长时大

　　B. 期权处于平值时 gamma 大，剩余期限长时大

　　C. 期权处于平值时 gamma 小，剩余期限长时小

　　D. 期权处于平值时 gamma 大，剩余期限长时小

9. （　　）是 gamma 的镜像，性质与 gamma 相反。

　　A. delta　　　　　B. gamma　　　　C. theta　　　　　D. vega

10. 随着到期日的临近，（　　）期权的 vega 减小最快。

　　A. 平值期权　　　B. 虚值期权　　　C. 实值期权　　　D. 都一样

11. 某投资者想买入 NUT 这家公司的股票，当前股价为每股 71 美元，但是他希望以略低于股票当前市价的价格买入股票，4 月到期的期权 39 天后过期。那么卖出（　　），最符合他的需求。

　　A. 4 月到期执行价格为 60 美元的看跌期权，期权价格 0.10 美元

　　B. 4 月到期执行价格为 65 美元的看跌期权，期权价格 0.60 美元

　　C. 4 月到期执行价格为 70 美元的看跌期权，期权价格 2.20 美元

　　D. 4 月到期执行价格为 75 美元的看跌期权，期权价格 5.15 美元

12. 某投资经理目前拥有一个价值为 640 万元的股票投资组合，且该组合和纳斯达克 100（NDX）指数跟踪得很紧，组合中有 10 万元是现金。而他本人对市场是极度看空的，认为今后两个月市场会有严重下跌。假设当前 NDX 点数为 1675 点，合约乘数为 100，它对应的 3 月到期执行价为 1675 点看跌期权价格为 4.1 元，如果想完全套保，那么至少需要（　　）手期权合约。

　　A. 37　　　　　　B. 38　　　　　　C. 39　　　　　　D. 40

13. 卖出执行价格为 1.2250 美元的芝加哥商业交易所（CME）的 7 月欧元/美元看涨期权，权利金为 0.015 欧元/美元；同时买进执行价格为 1.2250 美元的 CME 的 9 月欧元/美元看涨期权，权利金为 0.020 欧元/美元，该套利是（　　）。

　　A. 水平套利　　　B. 跨式套利　　　C. 垂直套利　　　D. 转换套利

14. 对于买进跨式套利适合的行情、风险及潜在盈利的说法正确的是（   ）。

   A. 高波动率、风险无限、盈利无限

   B. 低波动率、风险有限、盈利无限

   C. 高波动率、风险有限、盈利无限

   D. 低波动率、风险无限、盈利有限

15. 买入1份较低执行价格的看涨期权，卖出1份较高执行价格的看涨期权的套利是（   ）。

   A. 牛市看涨期权垂直套利　　　　B. 牛市看跌期权垂直套利

   C. 熊市看涨期权垂直套利　　　　D. 熊市看跌期权垂直套利

16. 考虑一牛市看涨期权套利策略，执行价格为25美元的看涨期权市价为4美元，执行价格为40美元的另一看涨期权价格为2.5美元。如果在到期日股价上升为50美元，期权在到期日的净利润为（   ）美元。

   A．8.50　　　　B．13.50　　　　C．16.50　　　　D．23.50

17. 蝶式差价组合可以通过（   ）来构造。

   A. 购买一份较低协议价格的看涨期权和卖出三份较高协议价格的看涨期权

   B. 购买一份较高协议价格的看涨期权和卖出三份较低协议价格的看跌期权

   C. 购买一份较低协议价格的看涨期权，卖出一份较高协议价格的看跌期权，分别购买和卖出一份协议价格介于前两者之间的看涨期权和看跌期权

   D. 购买一份较低协议价格的看涨期权，购买一份较高协议价格的看涨期权，卖出两份协议价格介于前两者之间的看涨期权

18. 以下（   ）期权交易策略在股价大涨和大跌时的收益是对称的。

   A. 对角组合　　B. 跨式组合　　C. 条式组合　　D. 带式组合

19. 以下期权交易策略中，（   ）在期初时不需要现金投入。

   （1）用看涨期权构造的牛市差价组合

   （2）用看涨期权构造的熊市差价组合

   （3）用看跌期权构造的牛市差价组合

   （4）用看跌期权构造的熊市差价组合

   A. （1）和（2）　　　　　　　　B. （2）和（3）

   C. （2）和（4）　　　　　　　　D. 以上都正确

20. 对于以股票为标的的不受红利保护的欧式看涨期权而言，下面（   ）情况不一定会降低该期权的价格。

   A. 期权的有效期限缩短　　　　B. 标的股票派发红利

   C. 股票价格的波动率减小　　　D. 股票价格下跌

21. 给定一份协议价格为80的欧式看涨期权，到期期限为1年。标的资产的价格

为 90，一年期连续复利的无风险年利率为 5%。那么，该期权的价格下限是（   ）。

    A. 14.61　　　　B. 13.90　　　　C. 10.00　　　　D. 5.90

22. 下列有关期权合约的头寸中，（   ）面临的风险相对最大。

    A. 看涨期权的多头　　　　　　　　B. 看跌期权的多头

    C. 看涨期权的空头　　　　　　　　D. 看跌期权的空头

23. 证券 A 的当前价格为 100 元，一年后 A 的价格可能为 110 元，也可能为 95 元。连续复利的无风险年收益率为 7%。另一种有价证券 B，它在一年后的价格可能为 105 元，也可能为 90 元，那么它的价格应该最接近于（   ）元。

    A. 92　　　　　　B. 95　　　　　　C. 98　　　　　　D. 99

24. 作为做市商，许多投资者在向你卖出期权，而你总头寸的 delta 接近于零，你会采取（   ）的策略。

    A. 卖出期货合约　　　　　　　　　B. 买入看跌期权

    C. 卖出波动率期货　　　　　　　　D. 保持头寸不变

25. 3 月 17 日，某投资者买入 5 月某股票的看涨期权，权利金为 18.25 美元，执行价格为 280 美元，当时 5 月该股票的市场价格为 290.5 美元。请问该看涨期权的时间价值为（   ）美分。

    A. 18.25　　　　B. 8.25　　　　C. 10.5　　　　D. 7.75

26. 某投资者做一个 5 月 XYZ 股票的卖出蝶式期权组合，他卖出一个执行价格为 260 美元的看涨期权，收入权利金 25 美元。买入两个执行价格为 270 美元的看涨期权，付出权利金 18 美分。再卖出一个执行价格为 280 美元的看涨期权，权利金为 17 美元。则该组合的最大收益和风险各为（   ）。

    A. 6 美元和 5 美元　　　　　　　　B. 6 美元和 4 美元

    C. 8 美元和 5 美元　　　　　　　　D. 8 美元和 4 美元

27. 某投资者做 XYZ 股票期权的熊市看涨垂直套利，他买入执行价格为 850 美元的 XYZ 股票看涨期权，权利金为 14 美元，同时卖出执行价格为 820 美元的看涨期权，权利金为 18 美元。该期权投资组合的盈亏平衡点为（   ）美元。

    A. 826　　　　　B. 834　　　　　C. 838　　　　　D. 824

28. 某投资者以 100 点的权利金卖出一张 3 月份到期的执行价格为 10200 点的恒生指数看涨期权，同时他以 150 点的权利金买入一张 3 月份到期的执行价格为 10000 点的恒生指数看涨期权。那么该投资者的盈亏平衡点（不考虑其他费用）为（   ）点。

    A. 10000　　　　B. 10050　　　　C. 10100　　　　D. 10225

29. 卖出看跌期权的风险和收益关系是（   ）。

    A. 损失有限，收益无限　　　　　　B. 损失有限，受益有限

C. 损失无限，收益无限　　　　　　D. 损失无限，收益有限

30. 中国某大豆进口商，在5月份即将从美国进口大豆，为了防止价格上涨，2月10日该进口商在CBOT买入40手执行价格为660美分/浦式耳5月大豆的看涨期权，权利金为10美分，当时CBOT 5月大豆的期货价格为640美分/浦式耳。当期货价格涨到（　　）美分/浦式耳时，该进口商达到盈亏平衡点。

A. 640　　　　B. 650　　　　C. 670　　　　D. 680

31. 就看涨期权而言，当期权标的物的价格（　　）期权的执行价格时，内涵价值为零。

A. 小于等于　　　　　　　　　　　B. 大于或等于
C. 只有大于　　　　　　　　　　　D. 只有等于

32. 对于买入跨式期权组合、卖出跨式期权组合，对于看涨期权、看跌期权的操作，下列说法正确的是（　　）。

A. 不同执行价格　　　　　　　　　B. 不同到期日
C. 买卖方向相同　　　　　　　　　D. 标的物不同

33. 投资者做卖出飞鹰式期权套利组合，卖出1份执行价格为260美分的看涨期权，收入权利金16美分。买入两份执行价格分别为270美分和280美分的看涨期权，付出权利金9美分和4美分。再卖出一份执行价格为290美分的看涨期权，权利金为2美分。该组合的最大收益为（　　）美分。

A. 6　　　　B. 4　　　　C. 5　　　　D. 8

34. 生产制造商、仓储商和加工商为了回避已购进原材料价格下跌的风险，常用的保值手段除了卖出期货合约以外，还可以使用买进看跌期权或（　　）。

A. 卖出看跌期权　　　　　　　　　B. 买进看涨期权
C. 卖出看涨期权　　　　　　　　　D. 购买期货

35. 期权的水平套利组合之所以能够获利，是利用（　　）之间权利金关系变化构造套利组合并获利的。

A. 相同标的和到期日但不同执行价格的期权合约
B. 相同标的和执行价格但不同到期日的期权合约
C. 相同执行价格和到期日但是不同标的期权合约
D. 相同执行价格、到期日和标的的期权合约

36. 投资者甲报价15美分，卖出执行价格为900美分/浦式耳的5月大豆看涨期权，同时投资者乙报价11美分/浦式耳，买进执行价格为900美分/浦式耳的5月大豆看涨期权。如果前一成交价为13美分/浦式耳，则该交易的最终撮合成交价格为（　　）美分/浦式耳。

A. 15　　　　B. 11　　　　C. 13　　　　D. 12

37. 甲投资者在1月28日，以12.5美分/浦式耳的价格购买10手执行价格870美分/浦式耳的3月大豆看跌期权，进入2月份中下旬之后，该期权合约即将到期，甲预计在期权最后交易日之前，期货价格只会在874美分/浦式耳左右波动，而此时该期权报价为8美分/浦式耳。假定所有手续费为1美分/手，那么甲应该（　　）。

A．提前申请执行该期权

B．卖出该期权合约平仓

C．等待持有至到期

D．再以市价买进该执行价格的期权合约

38. 目前绿豆的期货价格为每张38 100元，某投机商预测近期绿豆价格有上涨的趋势，于是他决定采用牛市看涨期权套利，即以每张130元的权利金价格购入执行价格为每张38 300元9月到期的绿豆看涨期权，又以每张90元的价格卖出执行价格为38 400元的相同到期日的绿豆看涨期权。该组合的损益平衡点为（　　）元。

A．38 190　　　　B．38 230　　　　C．38 340　　　　D．38 370

二、多选题

1. 影响期权价格的主要因素有（　　）。

A．标的资产市场价格　　　　　　B．期权协议价格

C．有效期　　　　　　　　　　　D．标的资产价格波动率

2. 下列公式正确的有（　　）。

A．期权价格 = 内涵价值 + 时间价值

B．期权的权利金 = 内涵价值 + 时间价值

C．期权价格 = 期权的权利金

D．内涵价值 = 时间价值

3. 关于期权价值的说法正确的有（　　）。

A．期权价值可以分为内在价值和时间价值两部分

B．期权的时间价值恒大于零

C．平值期权和虚值期权的时间价值总是大于或者等于0

D．美式期权的时间价值总是大于等于0

4. 关于期权的执行价格，下列说法正确的有（　　）。

A．对于看涨期权，执行价格越高，相应的期权价格越低

B．对于看跌期权，执行价格越高，相应的期权价格越高

C．执行价格与标的资产价格的相对差额决定了期权内涵价值的大小

D．当标的资产价格低于执行价格时，期权的内涵价值为零

5. 关于期权到期日剩余时间，下列说法正确的有（　　）。

A. 剩余时间越长，其时间价值越大

B. 期权的时间价值与期权的剩余期限成正比，并随着期权到期日的临近而加速衰减

C. 期权在到期日时，时间价值为零

D. 看涨期权与看跌期权的价格与期权到期日剩余时间均成正向相关关系

6. 其他条件相同，平值期权的（　　）相较于虚值期权和实值期权最大。

　　A. delta　　　　　　B. gamma　　　　　　C. theta　　　　　　D. vega

7. 其他条件相同，看涨期权与看跌期权的（　　）是一样的。

　　A. delta　　　　　　B. gamma　　　　　　C. theta　　　　　　D. vega

8. delta 是不断变化的，利用 delta 套保需要根据不断变化的 delta 调整头寸，通常 delta 的变化跟（　　）因素相关。

　　A. 标的资产价格　　　　　　　　　B. 隐含波动率

　　C. 剩余期限　　　　　　　　　　　D. 无风险利率

9. 其他条件相同，下列（　　）组合的 gamma 值必定为正。

　　A. 牛市价差组合多头　　　　　　　B. 熊市价差组合多头

　　C. 跨式组合多头　　　　　　　　　D. 宽跨式组合多头

10. 一些基金经理常用 Covered Call 策略来增强组合收益。当他们采用 Covered Call 策略时，（　　）。

　　A. delta 为正　　　　　　　　　　B. gamma 为正

　　C. theta 为正　　　　　　　　　　D. vega 为正

11. 在已知标的资产历史价格和期权价格的时候，下面（　　）是可以客观衡量的。

　　A. 历史波动率　　　　　　　　　　B. 预期波动率

　　C. 隐含波动率　　　　　　　　　　D. 未来波动率

12. 假定某股票的当前价格是 32.45 美元，下面所列的期权中属于实值期权的有（　　）。

　　A. 1 月到期执行价为 30 美元的看涨期权

　　B. 2 月到期执行价为 35 美元的看跌期权

　　C. 1 月到期执行价为 30 美元的看跌期权

　　D. 2 月到期执行价为 35 美元的看涨期权

13. 亚式期权相对于普通香草型期权（　　）。

　　A. 具有较低的价格　　　　　　　　B. 具有较小的 delta 的绝对值

　　C. 具有较低的时间价值　　　　　　D. 具有较低的内在价值

14. 5 月 17 日，日经指数大跌 7%，持有下列（　　）头寸暴露的投资者可能承

受较大的损失。

  A. delta 多头、gamma 空头　　　　B. delta 空头、gamma 多头
  C. gamma 多头、vega 多头　　　　D. gamma 空头、vega 空头

15. 有些时候在行情大跌之前可以在市场上发现一些端倪，以下（　　）情况可能是较好的判断依据。

  A. 隐含波动率显著上升　　　　　B. 隐含波动率显著下降
  C. 波动率期货大幅上涨　　　　　D. 期权持仓量大幅上升

16. 在期权投资策略中，跨式组合与宽跨式组合相比的特点是（　　）。

  A. 多头的最大亏损值更大　　　　B. 多头具有更高的胜率
  C. 权利金相对更高　　　　　　　D. 具有更大的 gamma

17. 投资者在 3 月 20 日以 320 点的权利金，购买一张执行价格为 13900 点的恒生指数看涨期权，同时他又以 150 点的权利金，购买同样执行价格的恒生指数看跌期权，即该投资者做了一个跨式套利（Straddle）。那么该套利组合的盈亏平衡点是（　　）点。

  A. 13430　　　B. 13340　　　C. 14730　　　D. 14370

18. 假定 6 月份，豆油的期货价格为 5 300 元/吨，某投机商预测近期豆油价格有上涨的趋势，于是，决定采用买空看跌期权套利，即以 110 元/吨的价格买进执行价格为 5 300 元/吨 10 月到期的豆油看跌期权合约，以 170 元/吨的价格卖出执行价格为 5 400 元/吨相同的到期日的豆油看跌期权，则最大利润和最大亏损分别为（　　）。

  A. 最大利润为 60 元　　　　　　B. 最大利润为 50 元
  C. 最大亏损为 40 元　　　　　　D. 最大亏损为 30 元

19. 某一期权标的物市价是 57 元，投资者购买一个执行价格为 60 元的看涨期权，权利金为 21/8 元，然后购买一个执行价格为 55 元的看跌期权 11/2 元，则这一宽跨式期权组合的盈亏平衡点为（　　）元。

  A. 621/8　　　B. 635/8　　　C. 513/8　　　D. 561/2

20. 某投资者在 800 美分/蒲式耳的价位卖出了 20 手大豆的空头合约，此时市场价格已经跌倒 780 美分/蒲式耳，空头合约如果现在平仓，则可以获利。但是投资者想先锁定利润，他应该（　　）。

  A. 买入看涨期权　　　　　　　　B. 卖出看涨期权
  C. 买入看跌期权　　　　　　　　D. 卖出看跌期权

三、综合题

1. 假设某投资者持有的期权组合由如下头寸构成，组合构建日标的资产价格为 100，所有期权在一个月后到期：

（1）请绘制该期权组合的盈亏结构图。

（2）根据盈亏图，找出该期权组合在到期日的最大盈利、最大亏损、盈亏平衡点。

（3）分析此期权组合在什么样的市场行情下能获得正收益。

	期权类型	执行价格	期权费	头寸方向
头寸1	看涨期权	95	10	买入
头寸2	看涨期权	100	5	卖出
头寸3	看涨期权	100	5	卖出
头寸4	看涨期权	110	2	买入

2. 某期权组合投资的交易如下图所示，根据图我们知道：

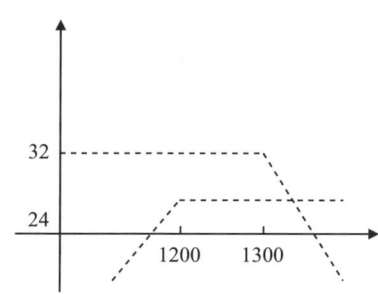

（1）该图是属于（　　）。

A. 卖出宽跨式套利　　　　　　B. 水平套利

C. 买入跨式套利　　　　　　　D. 垂直套利

（2）该图套利最大盈利为（　　）。

A. 30　　　　B. 42　　　　C. 56　　　　D. 70

（3）在该图中，当标的资产价格在（　　）区间时，该套利一定盈利（不计手续费）。

A. （1 356，+∞）　　　　　　B. （1 144，1 356）

C. （1 144，1 332）　　　　　D. （-∞，1 332）

3. 某投资者是一个投资海外市场的投资经理，他刚看到他的投资组合中的股票部分下跌了11%，从2 000万美元跌到了1 780万美元。他对短期的预测是标普500指数（S&P500）在今后2—3个月里会反弹4%—5%，他想从这个反弹中获利，以弥补他的损失。他的股票投资组合是跟踪S&P500的。下面列举了一些S&P500正在交易的期权（SPX），而S&P500当前点位为1080点。10月到期的期权还有55天到期，11月到期的期权还有83天到期。

执行价（点）	10月份看涨（美元）	11月看涨（美元）
1075	27.20	33.60
1085	21.90	28.20
1095	17.40	23.60
1105	13.40	19.40
1115	10.40	15.80
1125	7.70	11.80

（1）请为该投资者设计一个策略，使用这个策略，他就可以从其对市场的预测中获利。

（2）如果在期权到期时S&P500当前的点位是1125，而投资者没有将所持的期权组合进行平仓，这个策略对他的投资组合会有什么影响？

（3）如果使用的是美式期权，而不是欧式的SPX期权，该策略的表现会有什么不同？

4.假设一个证券组合由100份看涨期权的空头和60份标的资产多头组成，其中该看涨期权的delta为0.6，gamma为1.5，vega为1.2。市场上同时还有两种期权在交易，其中期权A的delta为0.5，gamma为2，vega为1.5；期权B的delta为0.4，gamma为0.8，vega为1。

（1）在题目中，如何利用期权A和期权B同时实现原给定证券组合的delta中性、gamma中性和vega中性。

（2）利用delta中性策略对证券组合进行套期保值有什么缺点？

（3）为什么要引入delta-gamma中性保值策略？

5.某个股票现价为50美元。有连续2个时间步，每个时间步的步长为3个月，每个单步二叉树的股价或者上涨6%，或者下跌5%。无风险年利率为5%（连续复利）。执行价格为51美元，有效期为6个月的欧式看涨期权的价值为多少？

参考答案及解析

一、单选题

1. C 2. A 3. C 4. B 5. D 6. A 7. B 8. D 9. C
10. A 11. C 12. B 13. A 14. C 15. C 16. B 17. D 18. B

19. B	20. A	21. B	22. C	23. B	24. D	25. D	26. B	27. D
28. D	29. B	30. C	31. A	32. C	33. C	34. C	35. B	36. C
37. B	38. C							

二、多选题

1. ABCD	2. ABC	3. ABCD	4. ABC	5. ABCD	6. BD
7. BD	8. ABCD	9. CD	10. AC	11. AC	12. AB
13. ABC	14. AD	15. ACD	16. ABCD	17. AD	18. AC
19. BC	20. AD				

三、综合题

1. 参考答案及解析：

（1）数字法：

$(0,1,1,1)+(0,0,-1,-1)+(0,0,-1,-1)+(0,0,0,1)=(0,1,-1,0)$

（2）图形法：

如果图形发生折角，位置一定在执行价格。我们可以计算头寸中每个执行价格的盈亏结果，然后以线段将这些结果连接。只要所有的期权都在相同的时间到期，我们可以绘制任何头寸的到期盈亏结构。

先绘制坐标轴体系，在横轴上标出3个执行价格；计算在3个执行价格处期权组合的盈亏（不考虑期权费），标注在图上，将其用线条连接；计算小于最低执行价格、高于最高执行价格时期权组合盈亏，并用线条表示；计算期权费支出，并据此将图形向下平移。

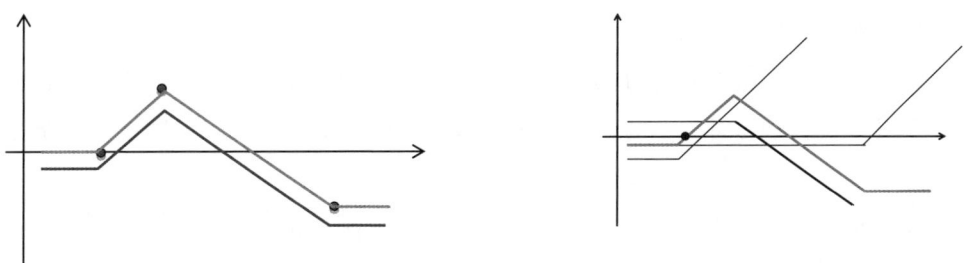

（3）从盈亏结构图中可以看出，组合最大盈利对应标的价格100，组合最大亏损对应标的价格大于110时；左盈亏平衡点为执行价格95加上期权费支出2，右盈亏平衡点与其关于标的价格100对称（见下表）。

最大盈利	5
最大亏损	-5
左盈亏平衡点	97
右盈亏平衡点	103

在价格波动较小时，无论上涨或下跌，该期权组合总能获得正的收益；正收益区间在两个盈亏平衡点之间，即97—103。

2. 参考答案及解析：

（1）卖出一个看涨期权的同时卖出一个看跌期权，且二者执行价格不同，故为卖出宽跨式套利，所以选A。

（2）当两个期权都不行权时，盈利最大，且为所获权利金之和，所以选C。

（3）下限 = 1 200 - 24 - 32，上限 = 1 300 + 24 + 32，所以选B。

3. 参考答案及解析：

（1）由于该投资者是预测后市反弹，且幅度有限，因此可采用牛市看涨期权套利策略，即买入一个较低执行价的看涨期权，卖出一个较高执行价的看涨期权。投资者预测S&P500在未来2—3月中有望反弹4%—5%，即S&P500指数将落入1123—1134点这个区间，因此他可以选择卖出执行价格1125点的看涨期权，其中：

策略一：买入1095看涨期权的数量 = 1780万/1095/100 ≈ 162 手

卖出看涨期权的数量 = 162 × 23.6/11.8 = 324 手

因此，买入164手11月1095看涨期权，同时卖出324手11月1125看涨期权。构造这个策略几乎不用支付任何成本，一旦S&P500反弹至1095点至1125点之间，投资者将获得收益。

策略二：买入1085看涨期权的数量 = 1 780万/1085/100 ≈ 164

卖出看涨期权的数量 = 164 × 28.2/11.8 ≈ 391

买入164手11月1085看涨期权，同时卖出391手11月1125看涨期权。构造这个策略几乎不用支付任何成本，一旦S&P500反弹至1085点至1125点之间，投资者也将获得收益。

（2）在到期时：SPX期权是现金结算的；如果期权是虚值，将不会被执行，因此无影响；如果是实值，他们会导致现金的流入和流出，而不会打断投资计划。

（3）如果使用的是美式期权，那么卖出的期权可能会提前行权，这就可能会打断这个策略。

4. 参考答案及解析：

（1）给定证券组合的delta为：$-100 \times 0.6 + 60 \times 1 = 0$。

给定证券组合的gamma为：$-100 \times 1.5 + 60 \times 0 = -150$。

原证券组合的vega为：$-100 \times 1.5 + 60 \times 0 = -150$。

假设需要 N_1 份期权 A 和 N_2 份期权 B 可以实现原给定证券组合的 gamma 中性和 vega 中性，则：

$-150 + N_1 \times 2 + N_2 \times 0.8 = 0$ (Gamma Neutral)

$-120 + N_1 \times 1.5 + N_2 \times 1 = 0$ (Vega Neutral)

解得：$N_1 = 67.5$，$N_2 = 18.75$。

因此我们需要买入 67.5 份期权 A 和 18.75 份期权 B 来实现证券组合的 gamma 和 vega 中性。此时证券组合的 delta 值变为 $67.5 \times 0.5 + 18.75 \times 0.4 = 41.25$。

因此需要卖出 41.25 份标的资产来让组合重新变成 delta 中性。

综上，为了使原证券组合同时实现 delta 中性、gamma 中性、vega 中性，我们需要买入 67.5 份期权 A，买入 18.75 份期权 B，同时卖出 41.25 份标的资产。

（2）delta 中性策略的缺点：期权的价格与标的资产价格的关系是一条曲线，而不是直线，因此当 S 变动较大时，用 delta 估计出的期权价格的变动量与期权价格的实际变动量就会有所偏差。

（3）gamma 值可以较好地衡量 delta 中性保值法的这种偏差。引入 delta - gamma 中性保值策略后，这种偏差会大大减小。

5. **参考答案及解析**：由题意可得：$u = 1.06$，$d = 0.95$。

则风险中性概率 $p = \dfrac{e^{rT} - d}{u - d} = \dfrac{e^{0.25 \times 0.05} - 0.95}{1.06 - 0.95} = 0.5689$。

计算股价二叉树图的结果如下：

在最高的终节点，期权的价值为 $56.18 - 51 = 5.18$；在其他情形下，期权价值均为 0。因而，该期权的价值为：

$5.18 \times 0.5689^2 \times e^{-0.05 \times 0.5} = 1.635$

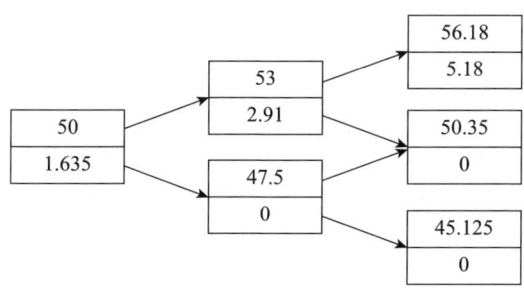

场外衍生品练习题

第一章 场外衍生品概述

一、单选题

1. 场外市场与场内交易所市场相比，具有（ ）特点。
    A. 标准化的合约
    B. 主要交易品种为期货和期权
    C. 多为分散的无形市场，以行业自律为主
    D. 交易以公开竞价为主

2. 场外衍生品市场可以根据投资者的不同需求设计不同的产品，满足投资者个性化的风险管理、投资等需求。早期的交易采用（ ）模式，交易在交易双方之间完成，交易双方仅凭各自的信用或者第三方信用作为履约担保，面临巨大的信用风险。
    A. 非标准化的双边清算   B. 标准化的双边清算
    C. 中央对手方清算   D. 净额结算

3. 在证券交割过程中，（ ）以原始市场参与人的法定对手方身份介入交易结算，充当原买方的卖方和原卖方的买方，并保证交易执行。
    A. 商业银行   B. 经纪商
    C. 中央对手方   D. 做市商

4. （ ）成立于1985年，主要致力于促进场外衍生品市场的高效、稳健的发展，建立了强大的金融监管框架，目的在于降低交易对手信用风险，增加市场透明度。
    A. CME   B. 国际掉期与衍生品协会
    C. 经济合作与发展组织   D. 国际清算银行

5. 银行间市场清算所股份有限公司，简称"上海清算所"于2009年11月28日在上海正式成立，主要为银行间市场提供清算服务。在该清算服务中，上海清算所为

（　　）。

  A. 担保方   B. 交易对手方

  C. 中央对手方   D. 第三方清算服务者

二、多选题

1. 根据国际互换和衍生产品协会（ISDA）的定义，信用衍生产品是用来分离和转移信用风险的各种工具和技术的统称，（　　）产品是信用衍生产品。

  A. 信用违约互换   B. 信用远期

  C. 总收益互换   D. 信用联系票据

2. ISDA协议为国际场外衍生产品交易提供标准的协议文本以及附属文件，包括（　　）。

  A. 主协议   B. 定义文件

  C. 信用支持文档   D. 交易确认书

3. 中国外汇交易中心暨全国银行间同业拆借中心是我国银行间（　　）的具体组织者和运行者。

  A. 外汇市场   B. 货币市场   C. 债券市场   D. 证券市场

4. 2009年3月16日，中国人民银行和国家外汇管理局同意中国银行间市场交易商协会发布新的《中国银行间市场金融衍生产品交易主协议》（NAFMII主协议），覆盖（　　）等大部分种类的金融衍生产品，具有广泛的适用性。

  A. 利率类   B. 债券类   C. 外汇类   D. 信用类

三、判断题

1. 传统的场外市场通常由一个或多个交易商（相当于做市商）组成，为市场参与者提供买卖报价，报价和协商实际交易的价格往往还是通过电话等通信工具（比如MSN、QQ等）来确定，整个交易过程中仅有两个市场参与者直接参与，因此，也被称为"双边交易"市场。（　　）

2. 以做市商为核心的标准双边清算模式完全消除了交易者之间的信用风险。

（　　）

3. 在中央对手方清算模式中，买方和卖方的法定对手方是中央交易对手。（　　）

4. ISDA主协议规定，在场外交易中，双方计算出各自的合约价值后，按照总额进行结算。（　　）

5. 我国银行间市场是典型的场内交易所市场。（　　）

参考答案及解析

一、单选题

1. C   2. A   3. C   4. B   5. C

二、多选题

1. ABCD   2. ABC   3. ABC   4. ABCD

三、判断题

1. 对   2. 错   3. 对   4. 错   5. 错

第二章 远期合约

一、单选题

1. 3×6 的远期利率协议（FRA）的多头等价于（ ）。

A. 3 个月后借入资金为 6 个月的投资融资

B. 6 个月后借入资金为 3 个月的投资融资

C. 在 3 个月内借入贷款的一半，剩下的一半在 6 个月后借入

D. 3 个月后借入资金为 3 个月的投资融资

2. 人民币远期利率协议计息基准中的 A/365F 是指（ ）。

A. 实际天数/实际天数　　　　B. 实际天数/365

C. 实际天数/360　　　　　　　D. 实际天数/365（固定）

3. 外汇交易报价中的基点，一个基点是指（ ）。

A. 百分之一　　　　　　　　　B. 千分之一

C. 万分之一　　　　　　　　　D. 十万分之一

4. T1 时刻的一年期零息利率为 3%，两年期为 3.5%，则第二年的远期利率为（ ）。

A. 3%　　　B. 3.5%　　　C. 4%　　　D. 4.5%

5. 当境内远期结汇价高于境外远期售汇价（NDF 通常也被称为购汇价）时，企业可以进行（ ）套利。

A. 境内（DF）远期结汇 + 境外 NDF 远期购汇

B. 境内（DF）远期售汇 + 境外 NDF 远期结汇

C. 境内（DF）远期结汇 + 境外 NDF 远期结汇

D. 境内（DF）远期售汇 + 境外 NDF 远期售汇

二、多选题

1. 期货合约与远期合约的不同点主要表现在（ ）方面。

A. 标的资产　　B. 结算方式　　C. 流动性　　D. 定价方式

2. 关于 FRA 市场报价 "7 月 13 日美元 FRA 6×9M 8.02% ~ 8.07% 中的 8.02% ~ 8.07%" 的正确解释有（ ）。

A. 8.02%是银行的买价，若与询价方成交，则意味着银行在结算日支付8.02%利率给询价方，并从询价方处收取参照利率

B. 8.02%是银行的卖价，若与询价方成交，则意味着银行在结算日从询价方处收取8.02%利率，并支付参照利率给询价方

C. 8.07%是银行的卖价，若与询价方成交，则意味着银行在结算日从询价方处收取8.07%利率，并支付参照利率给询价方

D. 8.07%是银行的买价，若与询价方成交，则意味着银行在结算日支付8.07%利率给询价方，并从询价方处收取参照利率

3. 期货合约的标的资产（　　）都已经由交易所事前确定。

A. 品质　　　　　　　　B. 交易单位规模

C. 交割日期　　　　　　D. 交割价格

4. 人民币远期利率协议交易的基本要素有（　　）。

A. 名义本金　　B. 基准日　　C. 合同利率　　D. 合约期

5. 成熟的人民币NDF交易市场有（　　）。

A. 中国香港　　B. 英国　　C. 新加坡　　D. 美国

6. 人民币远期利率协议作用有（　　）。

A. 有利于企业进行套期保值

B. 帮助银行进行利率风险管理

C. 有利于发现利率市场价格

D. 帮助银行进行汇率风险管理

7. 2013年2月25日人民币NDF与人民币外汇远期牌价如下表：

		7天	1个月	3个月	6个月	9个月	12个月
人民币远期（DF）	买入	6.2155	6.2208	6.2399	6.2612	6.2805	6.3028
	卖出	6.2567	6.264	6.2837	6.3101	6.3344	6.3597
NDF	买入	6.2870	6.2888	6.2942	6.3038	6.3136	6.3218
	卖出	6.2887	6.2902	6.2964	6.3068	6.3166	6.3258

根据表中数据，存在的NDF和人民币境内远期外汇之间的套利机会有（　　）。

A. 7天的境内（DF）远期售汇＋境外NDF远期结汇

B. 1个月的境内（DF）远期售汇＋境外NDF远期结汇

C. 3个月的境内（DF）远期售汇＋境外NDF远期结汇

D. 7天的境内（DF）远期结汇＋境外NDF远期售汇

8. 以下关于远期合约信用风险的描述，正确的有（　　）。

A. 随着到期日临近，信用风险会增加

B. 在远期合约有效期内，信用风险的大小很难保持不变

C. 如果标的资产的价格超过了合约价格,而且继续保持上升,那么多头面临的信用风险在逐渐增大

D. 远期合约信用风险的大小可以用合约价值来衡量

9. 假设存在沪深 300 指数远期合约,若其他条件保持不变,下列表述中正确的有( )。

A. 如果利率上升,远期价格将下跌

B. 远期价格直接取决于沪深 300 指数现货的价格

C. 如果到期期限较长,远期价格将上升

D. 如果在合约期内,沪深 300 标的股票的红利支付增加,远期价格将下跌

三、判断题

1. 期货合约和远期合约一样,都有信用风险。   (   )
2. 人民币 NDF 交易是离岸交易。   (   )
3. 企业可以使用人民币远期利率协议进行汇率管理。   (   )
4. 人民币外汇交易中的售汇交易是指外汇收入所有者将外汇卖给外汇指定银行。

(   )

5. 点数报价法是指以远期汇率加升水、贴水的点数报出汇率的方法。   (   )

四、综合题

1. A 公司计划在 3 个月后贷款 5 000 万元人民币,为期 6 个月。为了避免人民币利率借贷风险,A 公司与 B 银行进行了 3×9M 的 FRA 交易,协议利率为 8.3%,参考利率为 Shibor。假设到期时对应的 Shibor 为 8.8%,请计算这笔 FRA 交易的结算金额,并指出是谁支付。

2. A 公司和 B 银行签订了 1 年期的人民币 NDF 远期结汇交易,金额为 100 万美元,价格为 8.6250,假设到期外管局中间价为 8.7100,请计算此笔 NDF 交易的结算金额,并请指明谁支付。

3. 假设连续复利的零息利率如下表所示,计算第 2 年、第 3 年的远期利率。

期限(以年计)	利率(年化,%)
1	5.0
2	6.0
3	7.0

4. 当中国境内的 XYZ 公司采用远期合约对已知的未来发生的美元现金流进行对冲时,不存在汇率风险。而当采用期货合约来对冲此外汇现金流时,按市场定价的方式会使公司有一定的风险暴露。请解释这种风险,为什么用远期和期货会产生不一样

的对冲效果，当出现以下4种情况时，公司使用期货合约和远期合约哪种形式更好（在分析过程中，假设远期价格等于期货价格）？

（1）在合约的期限内，美元迅速贬值；

（2）在合约的期限内，美元迅速升值；

（3）美元先升值，然后贬值到其初始水平；

（4）美元先贬值，然后升值到其初始水平。

参考答案及解析

一、单选题

1. D　　2. D　　3. C　　4. C　　5. A

二、多选题

1. BCD　　2. AC　　3. ABC　　4. ABCD　　5. AC　　6. ABC
7. ABC　　8. BCD　　9. BCD

三、判断题

1. 错　　2. 对　　3. 错　　4. 错　　5. 错

四、综合题

1. 参考答案及解析：

结算金额 $S = \dfrac{L(R_M - R_K)(T_2 - T_1)}{1 + R_M(T_2 - T_1)}$

当 S > 0，FRA 卖方支付买方结算金额；

当 S < 0，FRA 买方支付卖方结算金额。

到期后 Shibor 为 8.8%，参考利率大于协议利率。因此，B 银行支付给 A 公司。

结算金额为 = [5 000 × (8.8% - 8.3%) × 6/12]/(1 + 8.8% × 6/12) = 11.97 万元

2. 参考答案及解析：

计算公式：

结算金额 = 交易本金 × $\dfrac{\text{汇率决定日外管局中间价} - \text{NDF 价格}}{\text{汇率决定日外管局中间价}}$

= 1 000 000 × (8.7100 − 8.6250)/8.7100 = 9 758.90（美元）

因为 A 公司进行的是结汇交易，所以 A 公司需要支付给 B 银行9 758.90美元。

3. **参考答案及解析：**

$$r_F = \frac{r^*(T^* - t) - r(T - t)}{T^* - T}$$

第 2 年的远期利率为：$r_2 = (6\% \times 2 - 5\% \times 1)/(2 - 1) = 7\%$

第 3 年的远期利率为：$r_3 = (7\% \times 3 - 6\% \times 2)/(3 - 2) = 9\%$

4. **参考答案及解析：**

因为假设远期价格等于期货价格，所以总的来说在远期合约下的损益应该与期货合约下的损益相等。然而，现金流的时间点却有区别。考虑了货币的时间价值之后，期货合约的价值可能高于也可能低于远期合约的价值，因为有逐日盯市的条款存在。参与远期合约提供了时间点对应的完美对冲（不考虑信用风险的情况下），而期货合约则因为现金流变化而不那么完美无瑕。

（1）此情形下远期合约的对冲效果最为理想，公司为期货合约或远期合约的多头，因此对冲工具上会有一定的损失，在远期合约中，亏损会最终一次性兑现，而在期货合约中，亏损会以每天累积的形式出现。如果按折现的角度考虑，远期合约更佳。

（2）此情形下期货合约的对冲效果更好一些，因为避险工具在美元迅速升值的情况下表现为盈利。同样的逻辑，远期合约上的盈利须在到期后一次性兑现，而期货合约则是在过程中逐步兑现，所以时间价值更高。

（3）在此情形下选择期货合约更好，因为会向企业提供开始为正的现金流，然后才提供负的现金流，支出相对延后。

（4）在此情形下应该选择远期合约进行对冲，这是因为若选择期货合约，在初期将产生负的现金流，然后才会产生正的现金流。

第三章 互 换

一、单选题

1. 交换两种货币本金的同时交换固定利息的互换是（　　）。
   A. 利率互换　　　　　　　　B. 固定换固定的利率互换
   C. 货币互换　　　　　　　　D. 本金变换型互换

2. 本金在开始时较小，之后随着时间的推移按照事先确定的方式逐渐增大的互换是指（　　）。
   A. 本金变化型互换　　　　　B. 过山车型互换
   C. 本金过渡型互换　　　　　D. 本金增长型互换

3. 标准型的利率互换是指（　　）。
   A. 浮动利率换浮动利率　　　B. 固定利率换固定利率
   C. 固定利率换浮动利率　　　D. 本金递增型互换

4. 对固定利率债券的持有人来说，如果利率的走势上升，他将错失获取更多收益的机会，这时他可以（　　）。
   A. 利用利率互换将固定利率转换成浮动利率
   B. 利用货币互换将固定利率转换成浮动利率
   C. 做空货币互换
   D. 做多交叉型货币互换

5. 对于浮动利率债券的发行人来说，如果利率的走势上升，则发行成本会增大，这时他可以（　　）。
   A. 作为利率互换的买方　　　B. 作为利率互换的卖方
   C. 作为货币互换的买方　　　D. 作为货币互换的卖方

6. 以下主要用来锁定短期资金成本的人民币 IRS 是（　　）。
   A. 定贷利率 IRS　　　　　　B. o/n Shibor IRS
   C. 3M Shibor IRS　　　　　 D. 定存利率 IRS

7. 签订互换合约时的估值要确保（　　）。
   A. 固定端价值为 0　　　　　B. 初期合约价值为 0
   C. 浮动端价值为 0　　　　　D. 以上说法均不对

8. 利率互换的卖方价值为（　　）。

A. $V_{swap} = V_{fix} - V_{fl}$　　　　　　　　B. $V_{swap} = V_{fl} - V_{fix}$

C. 0　　　　　　　　　　　　　　　　D. 以上说法都不对

9. 关于利率互换的计息区间，下列说法错误的是（　　）。

A. 两条"腿"有相同的计息区间

B. 对于标准的互换，每个区间的终止日也是支付日

C. 支付日必须是工作日

D. 前一个区间结束之后的下一个工作日就是下一个区间的开始日

10. 在利率互换市场进行单边交易时，如果预计未来利率将上升，则投资者（　　）。

A. 作为 IRS 的卖方

B. 付浮动收固定

C. 作为 IRS 的买方

D. 买入短期 IRS 的同时卖出长期 IRS

11. 如果判断利率互换收益率曲线会变陡，即期限利差会扩大，则可以（　　）。

A. 买入长期 IRS，买入短期 IRS

B. 买入长期 IRS，卖出短期 IRS

C. 买入短期 IRS，卖出长期 IRS

D. 卖出长期 IRS，卖出短期 IRS

12. 如果套利交易者预期互换与债券的利差（利差 = 互换利率 − 债券到期收益率）会扩大，则可以（　　）。

A. 买入 IRS，买入债券　　　　　　　　B. 卖出 IRS，卖出债券

C. 买入 IRS，卖出债券　　　　　　　　D. 卖出 IRS，买入债券

13. 如果利率互换市场中，经纪中介发布成交情况时，均以 Tkn 表示时，则说明（　　）。

A. 均以双方协商价成交　　　　　　　　B. 均以 bid 价成交

C. 多方情绪高涨　　　　　　　　　　　D. 空方情绪高涨

14. 利率互换交易的现金流错配风险是指（　　）。

A. 市场成交量不足或缺乏愿意交易的对手，导致未能在理想的价格点位或交易时刻完成买卖的风险

B. 对手方违约的风险

C. 建仓交易和平仓交易并不是同时发生，前后两头的浮动端现金流不一定匹配，由此可能带来前端参考利率的现金流出（流入）不能被后端的现金流入（流出）抵销的风险

D. 建仓交易和平仓交易并不是同时发生，中间的浮动端现金流不一定匹配的风险

15. 货币互换期末交换本金时的汇率等于（　　）。
   A. 期末的市场汇率　　　　　　　B. 期初的市场汇率
   C. 期初的约定汇率　　　　　　　D. 期初的约定利率

16. 关于货币互换与利率互换的不同点，下列说法错误的是（　　）。
   A. 利率互换只涉及一种货币，货币互换涉及两种货币
   B. 货币互换违约风险更大
   C. 利率互换需要交换本金，而货币互换不用
   D. 货币互换多了一种汇率风险

17. 收入本币、付出外币的那一方持有的货币互换的价值可以表示为（　　）。
   A. $P_{ccs} = R_F P_F - P_D$　　　　　　B. $P_{ccs} = P_D - R_F P_F$
   C. $P_{ccs} = R_F - P_D - P_F$　　　　　D. $P_{ccs} = P_F - R_F P_D$

18. 关于股票互换，下列说法正确的是（　　）。
   A. 需要交换名义本金
   B. 股票收益的支付方肯定需要支付现金
   C. 计算股票收益时仅需要考虑股票价格变化
   D. 其中一方支付的收益金额可按照固定或浮动利率计算

二、多选题

1. 互换的标的可以来源于（　　）市场。
   A. 外汇　　　B. 权益　　　C. 货币　　　D. 债券

2. 签订互换协议时需要确定支付现金流的（　　）。
   A. 日期　　　　　　　　　　　B. 计算方法
   C. 确定的支付额度　　　　　　D. 币种

3. 最为常见的互换类型包括（　　）。
   A. 利率互换　　B. 货币互换　　C. 股权互换　　D. 商品互换

4. 互换市场的参与者包括（　　）。
   A. 政府　　　B. 公司　　　C. 金融机构　　D. 个人

5. 利率互换的用途包括（　　）。
   A. 降低融资成本　　　　　　　B. 管理资产负债，对冲利率风险
   C. 构造产品组合　　　　　　　D. 提高收益

6. 标准型利率互换的估值方式包括（　　）。
   A. 拆分成相反方向的1份固定利率债券和1份浮动利率债券头寸组合进行估值
   B. 拆分成相反方向的2份固定利率债券和1份浮动利率债券头寸组合进行估值

C. 拆分成一系列远期利率协议的组合进行估值

D. 组合估值

7. 利率互换的估值方式包括（   ）。

A. 签订互换合约时的估值，估值要确保初期合约价值为 0

B. 利率互换合约签订后交易过程中互换合约的估值

C. 拆分成一系列远期利率协议的组合进行估值

D. 组合估值

8. 利率互换的组合交易策略包括（   ）。

A. 基差交易　　　　　　　　B. 曲线利差交易

C. 方向性交易　　　　　　　D. 投机交易

9. 利率互换交易主要的风险包括（   ）。

A. 信用风险　　　　　　　　B. 流动性风险

C. 现金流错配风险　　　　　D. 利率风险

10. 货币互换交易是（   ）。

A. 期初按约定汇率交换两种货币

B. 期末按市场汇率交换两种货币

C. 期末本金与利息交换方向相同

D. 期初本金与利息交换方向相同

11. 人民币利率互换浮动端的参考利率包括（   ）。

A. 7 天回购利率　　　　　　B. 隔夜 Shibor

C. 3 个月 Shibor　　　　　　D. 定存、贷款利率

12. 利率互换的估值，需要准备的条件包括（   ）。

A. 估值的日期：例如 2013 年 3 月 16 日

B. 估值要用的贴现因子计算收益率曲线

C. 重置利率的历史数据

D. 远期利率估算收益率曲线

13. 利率互换的估值步骤包括（   ）。

A. 产生一系列的计息日期，计算区间天数

B. 获得每个区间的利率（已发生重置的用历史数据，未发生的用估算出的远期利率）

C. 计算现金流

D. 现金流乘以支付日的贴现因子得到区间 PV，把所有区间的 PV 加起来即可得到估值

14. 货币互换的每个付息周期包括的构成要件有（   ）。

A. 定价日　　　B. 起息日　　　C. 付息日　　　D. 生效日

15. 股票收益互换潜在客户包括（　　）。
A. 专业二级市场投资机构　　　B. 大宗交易的机构
C. 金融机构　　　D. 一般企业客户

三、判断题

1. 互换与掉期都是 Swap，因此是同一个概念。（　　）
2. 互换以短期为主，而掉期一般是一年以上的中长期交易。（　　）
3. 互换只能用于标准化交易。（　　）
4. 中国进行利率互换交易适用银行间交易商协会发布的 NAFMII 主协议。（　　）
5. 利率互换单边交易中，投资者如果预期未来利率将上升，将进行的操作是收固定利率付浮动利率。（　　）
6. 利率互换与债券组合套利即基差策略中做多利差（利差 = 互换利率 – 债券到期收益率）是作为 IRS 的买方收浮动利率付固定利率的同时卖出债券。（　　）
7. 利率互换与债券组合套利做空利差时，投资者的收益取决于互换浮动端利率与国债回购利率之差。（　　）
8. 互换市场的信用风险只存在于到期日附近。（　　）
9. 货币互换期末本金交换方向与利息交换方向相同。（　　）
10. 所谓股票互换，就是简单地交换两只股票，进行实物交换。（　　）

四、综合题

1. 一份本金为 10 亿美元的利率互换还有 10 个月的期限。这笔互换规定以 6 个月的 Libor 交换 12% 年利率（每半年计一次复利）。市场上对 6 个月的 Libor 所有期限的利率的平均报价为 10%（连续复利）。两个月前 6 个月的 Libor 为 9.6%。请问上述互换支付浮动利率的那一方价值为多少？支付固定利率的那一方价值为多少？

2. A、B 方达成名义本金为 2 500 万美元的互换协议。A 方每年支付固定的利率 8.29%，每半年支付一次（180/360）利息，从 B 方获得浮动利率 Libor + 30bps。当前，6 个月的 Libor 为 7.35%，则 A 方的净支付是多少？

3. 假设日元和美元的利率期限结构都是平直的，日元年利率为 4%，美元年利率为 9%。一家美国的金融机构进行货币互换，它每年以日元收取年利率为 5% 的利息，以美元支付年利率为 8% 的利息，以两种货币表示的本金分别为 1 000 万美元和 12 亿日元，互换将持续 3 年。现在的汇率为：1 美元 = 110 日元。如果该金融机构期初本金支付是收美元付日元，那么该金融机构持有的货币互换头寸价值为多少？

4. A 公司和 B 公司如果要在金融市场上借入 5 年期本金为 2 000 万美元的贷款，

需支付的年利率分别为：

公司	固定利率	浮动利率
A 公司	12.0%	Libor + 0.1%
B 公司	13.4%	Libor + 0.6%

A 公司需要的是浮动利率贷款，B 公司需要的是固定利率贷款。请设计一个利率互换，其中银行作为中介获得的报酬是 0.1% 的利差，而且要求互换对双方有同样的吸引力。

5. X 公司希望以固定利率借入美元，而 Y 公司希望以固定利率借入日元，而且本金用即期汇率计算价值很接近。市场对这两个公司的借款报价如下：

公司	日元	美元
X 公司	5.0%	9.6%
Y 公司	6.5%	10.0%

请设计一个利率互换，其中银行作为中介获得的报酬是 50 个 BP，而且要求互换对双方有同样的吸引力。

参考答案及解析

一、单选题

1. C   2. D   3. C   4. A   5. A   6. B   7. B
8. A   9. D   10. C   11. B   12. A   13. C   14. C
15. C   16. C   17. B   18. D

二、多选题

1. ABCD   2. ABD   3. AB   4. ABC   5. ABCD
6. AC   7. AB   8. AB   9. ABCD   10. AC
11. ABCD   12. ABCD   13. ABCD   14. ABC   15. ABCD

三、判断题

1. 错   2. 错   3. 错   4. 对   5. 错   6. 错   7. 错

8. 错　　9. 对　　10. 错

四、综合题

1. **参考答案及解析：**

根据题目提供的条件可知，Libor 的收益率曲线的期限结构是平的，都是 10%（每半年一次复利）。互换合约中隐含的固定利率债券的价值为 $6e^{-0.3333 \times 0.1} + 106e^{-0.8333 \times 0.1} = 103.33$ 百万美元。互换合约中隐含的浮动利率债券的价值为 $(100 + 4.8)e^{-0.3333 \times 0.1} = 101.36$ 百万美元。因此，互换对支付浮动利率的一方的价值为 $103.33 - 101.36 = 1.97$ 百万美元，对支付固定利率的一方的价值为 -1.97 百万美元。

2. **参考答案及解析：**

A 方支付固定利率收浮动利率，因此 A 方的净支付是 $2\,500 \times (8.29\% - 7.35\% - 0.30\%) \times 180/360 = 8$（万美元）

3. **参考答案及解析：**

$$日元债券 = 12 \times \left(\frac{0.05}{1.04} + \frac{0.05}{1.04^2} + \frac{1.05}{1.04^3}\right) = 12.3330 \text{（亿日元）}$$

$$美元债券 = 0.1 \times \left(\frac{0.08}{1.09} + \frac{0.08}{1.09^2} + \frac{1.08}{1.09^3}\right) = 0.097469 \text{（亿美元）}$$

$$互换价值 = \frac{12.3330}{110} - 0.097469 = 0.01465 \text{（亿美元）}$$

该金融机构持有的货币互换的价值是 146.5 万美元。同样，该金融机构的交易对手方持有的货币互换的价值即为 -146.5 万美元。

4. **参考答案及解析：**

A 和 B 两个公司在固定利率贷款上的利差为 1.4%，在浮动利率贷款上的利差是 0.5%。所以，A 公司在固定利率贷款市场有明显的比较优势，B 公司在浮动利率贷款市场上有明显的比较优势。

如果 A 公司采用浮动利率贷款，B 公司采用固定利率贷款，则双方的利息成本之和是 Libor + 0.1% + 13.4% = Libor + 13.5%。如果 A 公司采用固定利率贷款，B 公司采用浮动利率贷款，则双方的利息成本之和是 Libor + 0.6% + 12.0% = Libor + 12.6%。可见，第一种情境中，利息成本之和比第二种情境中的利息成本之和高出 0.9%。

若扣除银行中介费 0.1%，双方共享降低的成本是 0.8%，各自获得 0.4% 的融资成本。通过利率互换可以实现融资成本降低的目的。

为了满足双方既定的融资需求（A 公司需要浮动利率贷款，B 公司需要固定利率贷款），又降低融资成本，可以制订以下方案：

首先，A 公司采用固定利率贷款，成本为 12.0%，B 公司采用浮动利率贷款，成本为 Libor + 0.6%；

其次，A 公司与 B 公司签订利率互换协议，A 公司从 B 公司收取 12.4%，向 B 公司支付 Libor。

最后，双方均向银行支付撮合费用 0.05%。

所以，A 公司的成本 = Libor + 0.05% + 12.0% − 12.4% − 0.05% = Libor − 0.4%，

B 公司的成本 = 12.35% + Libor + 0.6% − Libor − 0.05% = 12.9%

5. **参考答案及解析：**

X 公司在日元市场上有比较优势，但它想借入美元，Y 公司在美元市场上有比较优势，但它想借入日元。这为互换交易发挥作用提供了基础。两个公司在日元贷款上的利差为 1.5%，在美元贷款上的利差为 0.4%，因此，双方在互换合作中的年总收益为 1.5% − 0.4% = 1.1%。因为银行要求收取 0.5% 的中介费，这样 X 公司和 Y 公司将分别获得 0.3% 的合作收益。互换后，X 公司实际以 9.6% − 0.3% = 9.3% 利率借入美元，而 Y 实际以 6.5% − 0.3% = 6.2% 利率借入日元。合适的协议安排如图所示：

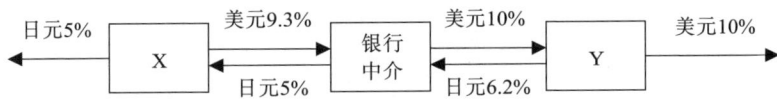

第四章　场外期权

一、单选题

1. 下图（　　）是买进看跌期权的损益图。

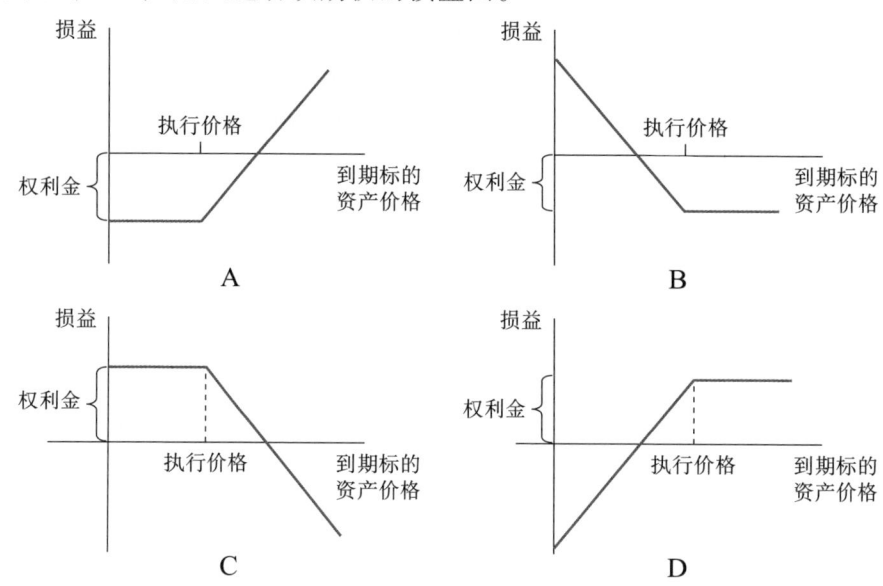

2. 如果看涨期权的 delta 为 0.4，则意味着（　　）。

A. 标的资产价格每变动 1 元，期权的价格变动 0.4 元

B. 期权剩余时间每变动 1 天，期权的价格变动 0.4 元

C. 标的资产价格每变动 1%，期权的价格变动 0.4%

D. 隐含波动率每变动 1%，期权的价格变动 0.4 元

3. 若 S 表示标的资产的价格，X 表示期权的执行价格，则卖出看跌期权在到期日支付的现金为（　　）（注：不考虑期初收取的权利金，期权到期现金结算）。

A. Max［0，(S − X)］　　　　　　B. Max［0，(X − S)］

C. Min［0，(S − X)］　　　　　　D. Min［0，(X − S)］

4. 某个投资者在铜价格为 5 815 元/吨的时候卖出了一个执行价格为 5 800 元/吨的看涨期权，权利金为 53 元/吨，然后卖出了一个执行价格为 5 800 元/吨的看跌期权，权利金为 32 元/吨，则投资者的期权组合的盈亏平衡点为（　　）元/吨。

A. 5 747 和 5 832　　　　　　B. 5 736 和 5 847

C. 5 715 和 5 885　　　　　　　　D. 5 730 和 5 847

5. 持有同一执行价格的利率上限的长头寸和利率下限的短头寸的组合，总成本为零的组合是（　　）。

A. 利率双限　　　　　　　　　　B. 利率上限

C. 部分参与利率上限期权　　　　D. 跨式套利

6. 我国银行间外汇市场交易最活跃的衍生品为（　　）。

A. 外汇掉期　　　　　　　　　　B. 外汇远期

C. 外汇期权　　　　　　　　　　D. 货币掉期

7. 下列不属于场外商品期权的标的资产的是（　　）。

A. 债券　　　　B. 铜　　　　C. 海运费　　　　D. 天然气

8. 人民币外汇期权交易期权费支付日为（　　）。

A. 成交日当天　　　　　　　　　B. 成交日后的第 1 个营业日

C. 成交日后的第 2 个营业日　　　D. 成交日后的第 1 个自然日

9. 利率互换期权的权利金在交易后的两个交易日支付的结算方式是（　　）。

A. 即期结算　　B. 远期结算　　C. 年金结算　　D. 双方约定

二、多选题

1. （　　）上涨会引起执行价格为 6.5800 的美元看涨/人民币看跌期权交易价格的上涨。

A. USD/CNY 即期汇率　　　　　B. USD/CNY 汇率的波动率

C. 剩余期限　　　　　　　　　　D. 美国国债短期利率升高

2. 下列（　　）头寸在标的资产价格上涨时是盈利的。

A. 看涨期权多头　　　　　　　　B. 看跌期权多头

C. 看涨期权空头　　　　　　　　D. 看跌期权空头

3. 对利率上限期权的定价方法有（　　）。

A. Black – Scholes 模型　　　　　B. 利率期权的组合

C. 债券期权的组合　　　　　　　D. 二叉树模型

4. 某企业面临利率上涨的风险，希望能够在没有或者很少的避险成本下，将利率风险控制在一定范围内，该企业应该采用的策略有（　　）。

A. 购买利率上限期权　　　　　　B. 购买利率下限期权

C. 建立无成本的利率双限期权　　D. 建立部分参与利率上限期权

5. 某客户从事外贸业务，预计未来 3 个月将收到一笔美元收入，该客户面临美元贬值的汇率风险，希望能够在一定程度上控制风险。客户预计未来一段时间内美元相对人民币贬值的可能性较高，则该客户在银行客户零售市场上应该采用的交易策略有

(   )。

   A. 买入 3 个月期的美元看涨/人民币看跌期权

   B. 买入 3 个月期的美元看跌/人民币看涨期权

   C. 建立 USD/RMB 看跌风险逆转期权组合

   D. 建立 USD/RMB 看涨风险逆转期权组合

6. 下列选项中属于奇异期权的有（   ）。

   A. 欧式期权　　　　　　　　　　B. 亚式期权

   C. 障碍期权　　　　　　　　　　D. 美式期权

7. 下列期权组合策略中可能有两个盈亏平衡点的是（   ）。

   A. 牛市价差策略　　　　　　　　B. 熊市价差策略

   C. 蝶式策略　　　　　　　　　　D. 跨式策略

8. 下列（   ）策略属于卖期保值策略。

   A. 买入看涨期权　　　　　　　　B. 买入看跌期权

   C. 卖出看涨期权　　　　　　　　D. 卖出看跌期权

9. 下列关于利率互换期权的说法正确的有（   ）。

   A. 利率互换期权的标的资产是利率合约

   B. 期权到期时，买方有权以事先约定的固定利率进行利率互换

   C. 期权到期时，若买方提出行权，则利率互换合约生效，即交易刚刚开始

   D. 在签订利率互换期权合约时，买方向卖方支付一定的权利金

10. 投资者（   ），将面临信用风险。

   A. 买入看涨期权　　　　　　　　B. 买入看跌期权

   C. 卖出看涨期权　　　　　　　　D. 卖出看跌期权

三、判断题

1. 期权是一种权利，即期权的买方能够在未来的特定时间或者一段时间内按照事先约定好的价格买入或者卖出某种约定好的商品的权利。（   ）

2. 虚值期权的权利金仅包含时间价值，而不包含内涵价值。（   ）

3. 奇异期权大部分在交易所内交易。（   ）

4. 部分参与利率上限期权由不同执行价格的利率上限期权和利率下限期权构成。（   ）

5. 利率双限期权由一个利率上限多头和一个利率下限空头组成。（   ）

6. 利率上限期权可以拆分成一系列零息债券看涨期权来进行估值。（   ）

7. USD/EUR 的看涨期权本质上可以看作 EUR/USD 的看跌期权。（   ）

8. 外汇看跌风险逆转期权组合和外汇看涨风险逆转期权组合可以是零成本期权组

合。 ( )

9. 人民币外汇期权费一般由交易双方约定计算期权费金额的比率,表示方式有两种:非基准货币百分比和基点。 ( )

10. 我国银行间市场交易的人民币外汇期权为美式期权。 ( )

四、综合题

1. 某公司订购价格为 10 000 000 欧元的机器,预计半年后付款,该公司的主营收入为人民币,面临巨大的汇率风险,该公司为了控制自己的汇率风险,决定购买 EUR/CNY 的看涨期权,已知当前的汇率 EUR/CNY 为 7.8829,请采用扩展 Black - Scholes 模型计算期权的价格。合约情况如下:合约期限为半年,金额为 10 000 000 欧元,约定的行权价格为 7.8829,假设欧元的无风险利率为 0.5%,人民币的无风险利率为 2.5%,汇率的波动率为 7%。

2. 2012 年 3 月 1 日,银行 A 通过银行间市场外汇交易中心的交易系统向银行 B 买入一笔金额为 10 000 000 美元的对于人民币的看涨期权,该期权的期限为 3 个月,双方约定期权费率为 2.00 个基点,隐含波动率为 3.5000%,行权价格为 6.2015,约定差额交割。2012 年 6 月 1 日,人民币兑美元的汇率中间价变为 6.1356,银行 A 在 15:00 之前是否会选择行权,请解释原因。

3. 某外贸企业之前已经购买了 1 个 3 个月期限的执行价在 7% 的利率下限期权可供选择,后来公司为了节约避险成本,决定采用利率双限期权来避险,请问企业应该如何进行操作?

4. 请描述外汇看跌风险逆转期权组合的到期损益图。

5. 某客户为中国从事外贸业务的企业,预计未来 3 个月将有一笔 1 000 万美元的业务收入,请问该客户面临什么样的汇率风险?该客户应该如何管理自己的风险?

6. 公司 A 发行了 5 年期的浮动利率债券,规模为 10 000 000 元人民币,为了避免未来利率上升造成借款成本增加,决定购入利率上限期权规避利率风险。

<u>公司 A 的债券为:</u>

金额:10 000 000 元人民币

期限:5 年

利率:一年期 Libor + 0.5%

<u>公司购入的利率上限期权为:</u>

金额:10 000 000 元人民币

期限:5 年

基准利率:一年期 Libor

上限利率:6.0%

费用：0.5%

预期未来 5 年内一年期 Libor 水平（%）为 4.0、5.0、6.0、7.0、8.0。试分析其交易结果。

参考答案及解析

一、单选题

1. B 2. A 3. B 4. C 5. C 6. A 7. A 8. C 9. A

二、多选题

1. ABC 2. AD 3. BC 4. CD 5. BC 6. BC 7. CD
8. BC 9. BCD 10. AB

三、判断题

1. 对 2. 对 3. 错 4. 错 5. 对 6. 错 7. 对
8. 对 9. 对 10. 错

四、综合题

1. 参考答案及解析：

人民币外汇期权为标准的欧式期权，采用扩展的 Black – Scholes 模型定价，由合约情况可知，期限 $T=0.5$，执行价格 $K=7.8829$，当前即期汇率 $S_0=7.8829$，本币的无风险利率 $r=2.5\%$，外币的无风险利率 r_f（以外币计）$=0.5\%$，波动率 $\sigma=7\%$，代入扩展的 Black – Scholes 公式中：

$$d_1 = \frac{\ln(S_0/K) + (r - r_f + \sigma^2/2)T}{\sigma\sqrt{T}}$$

$$= \frac{\ln(7.8829/7.8829) + (0.025 - 0.005 + 0.00245) \times 0.5}{0.0495} = 0.2268$$

$$d_2 = d_1 - \sigma\sqrt{T} = 0.2268 - 0.0495 = 0.1773$$

$$p = Ke^{-rT}N(-d_2) - S_0 e^{-r_f T}N(-d_1)$$

$$= 7.8829 \times e^{-0.025 \times 0.5} N(-0.1773) - 7.8829 \times e^{-0.005 \times 0.5} N(-0.2268)$$

$$= 0.1185$$

因此，期权费率为 0.1722 基点，期权费金额 = 10 000 000 × 0.1185 = 118.5 万元人民币

2. 参考答案及解析：

A 银行买入美元看涨期权，执行价格为 1 美元 = 6.2015 元人民币，期权到期时汇率变为 1 美元 = 6.1356 元人民币，美元相对人民币贬值，所以买方不会行权，期权无价值过期。正确做法：A 银行最终选择不行权。

3. 参考答案及解析：

利率双限期权是指投资者同时拥有结算时间相同的、基准利率相同的一个利率上限期权和一个利率下限期权，但是利率下限期权的执行价必须比利率上限期权的执行利率低。投资者可以有两种形式：

（1）买入利率下限期权，同时卖出利率上限期权；

（2）卖出利率下限期权，同时买入利率上限期权。

该贸易企业已经购买了一个执行价为 7% 的利率下限期权，因此，只能选择卖出更高执行利率的利率上限期权。

4. 参考答案及解析：

外汇看跌风险逆转期权组合，是指客户针对未来的实际结汇需求，买入一个执行价格较低（以一单位外汇折合人民币计量执行价格，以下同）的外汇看跌期权，同时卖出一个执行价格较高的外汇看涨期权（见下图）。

（1）如果期权到期时，汇率低于较低执行价格时，则买入外汇看跌期权到期时有价值被执行，则收益金额为 $K_1 - S$；

（2）如果期权到期时，汇率高于较低执行价格，低于较高执行价格时，则买入外汇看跌期权到期时无价值过期，卖出的外汇看涨期权没有价值，不被执行，则到期损益为 0；

（3）如果期权到期时，汇率高于较高执行价格时，则买入外汇看跌期权到期时无价值过期，卖出的外汇看涨期权有价值，被执行，则到期损益为 $S - K_2$。

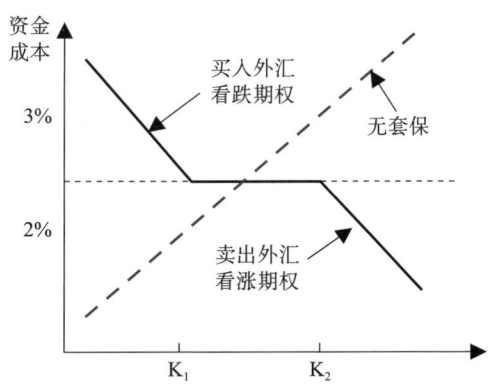

5. 参考答案及解析：

（1）客户预计未来3个月有一笔1 000万美元的外币收入，客户面临美元在未来3个月贬值的汇率风险，即人民币升值的风险。

（2）目前，银行针对外贸企业管理外汇风险提供了很多工具可以选择。

远期结售汇业务：客户可以在外汇指定银行签订远期合同，约定在未来3个月按照约定的汇率办理1 000万美元的结汇业务，通过外汇远期合同，客户可以在无成本的情况下锁定汇率风险，但客户也放弃了未来3个月美元升值带来的收益。如果客户预期未来3个月人民币将升值，则可以采用该策略。

买入美元看跌期权：客户可以在有外汇期权业务的银行购买以一单位美元折合人民币计量执行价格的看跌期权，通过购买期权，客户可以锁定部分的汇率风险，同时享有未来3个月美元升值带来的收益，但购买期权需要期权费，客户需要支付一定的成本。

建立看跌风险逆转期权组合：外汇看跌风险逆转期权组合指客户针对未来3个月的1 000万美元的结汇需求，买入一个执行价格较低（以一单位美元折合人民币计量执行价格）的外汇看跌期权，同时卖出一个执行价格较高（以一单位美元折合人民币计量执行价格）的外汇看涨期权。这样客户可以在无避险成本的情况下，承担一定范围内的汇率风险；在范围外通过放弃一部分的美元升值的收益获得美元贬值风险的保护。

建立外汇看涨风险逆转期权：外汇看涨风险逆转期权组合指客户针对未来的实际购汇需求，卖出一个执行价格较低的外汇看跌期权，同时买入一个执行价格较高的外汇看涨期权。

注：卖出USD/CNY看涨期权：如果客户认为在未来的一段时间内外汇波动不明显，购买外汇期权来规避风险的成本过高，可以通过卖出外汇期权来获得一定程度的保护。但目前国内禁止银行向客户开展卖出外汇期权的业务。

6. 参考答案及解析：

（1）公司借款的实际成本：

一年期Libor	债券 一年期Libor+0.5%	利率上限期权		实际筹资成本
		交付费用	收取利息差额	
4.0	4.5	0.5	0.0	5.0
5.0	5.5	0.5	0.0	6.0
6.0	6.5	0.5	0.0	7.0
7.0	7.5	0.5	1.0	8.0
8.0	8.5	0.5	2.0	9.0

（2）公司筹资成本曲线图：

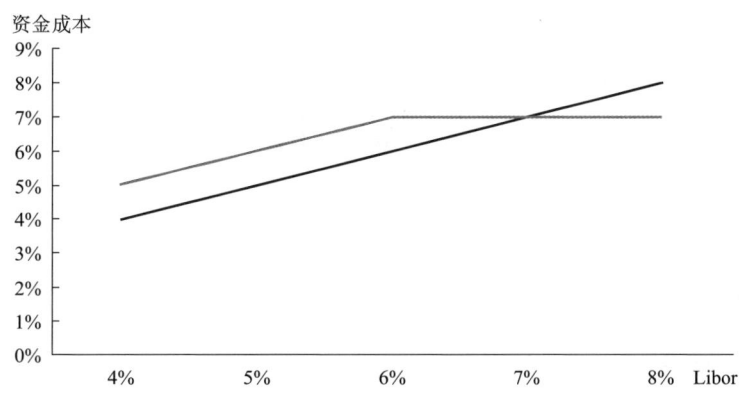

（3）交易的结果是：当基准利率（一年期 Libor）超过上限利率（6%）时，公司 A 可以收到利息差额，即使利率上涨到 8%，公司 A 也能将利率固定在 7% 的水平上。

第五章 信用衍生品

一、单选题

1. （　　）是直接衡量个体信用风险价值的指标。
   A. 债券期限　　　　　　　　　B. 债券收益率
   C. 债券发行量　　　　　　　　D. 债券信用利差

2. （　　）是用来计算某评级内公司的累计违约概率和边际违约概率。
   A. 信用利差　　　　　　　　　B. 一年期评级转移矩阵
   C. 平均累计违约率　　　　　　D. 债券收益率

3. 某公司第1年至第5年后发生违约的边际概率分别为1%、1.5%、2%、3%和4%，那么公司5年内发生违约的概率为（　　）。
   A. 4%　　　　　　　　　　　　B. 11.5%
   C. 11.0%　　　　　　　　　　 D. 无法计算

4. 假定我们有一个由100个参考实体所构成的组合，每一个参考实体的违约概率为每年1%，考虑第n次信用违约互换。如果n=1，那么在其他条件不变的情况下，当违约相关性上升时，第1次违约互换合约的价格将会（　　）。
   A. 上升　　　B. 下降　　　C. 不变　　　D. 无法判断

5. （接上题）当n=50时，在其他条件不变的情况下，当违约相关性上升时，第50次违约互换合约的价格将会（　　）。
   A. 上升　　　B. 下降　　　C. 不变　　　D. 无法判断

6. 假设某个名义额为1 000万元、期限为3年的CDS合约的风险调整后的息期为2.5，当前该CDS参考实体的信用利差为120个基点，若信用利差变为145个基点，则CDS买方的损益为（　　）元。
   A. 亏损12 500　　　　　　　　B. 亏损50 000
   C. 盈利12 500　　　　　　　　D. 盈利62 500

7. 某投资人持有100万元某公司发行的一年期债券，假如该公司一年内违约的概率为3%，回收率为70%，该债券一年的期望损失为（　　）元。
   A. 7 000　　　B. 9 000　　　C. 3 000　　　D. 4 500

8. 当投资者认为参考实体的信用变差，那么投资者可以（　　）规避信用风险。

A. 买入 CDS B. 卖出 CDS
C. 买入利率互换 D. 卖出利率互换

9. CDS 买卖双方收付的现金流为（ ）。

A. 买方定期支付现金流，违约发生时卖方支付现金流

B. 卖方定期支付现金流，违约发生时买方支付现金流

C. 买方定期支付现金流，违约发生时共同支付现金流

D. 买方定期支付现金流，违约发生时不产生现金流

10. CDS 中买方定期支付的现金流由 CDS 的（ ）决定。

A. CDS 名义本金 B. 信用利差
C. 违约概率 D. 回收率

11. CDO 的资产发生亏损时，下面（ ）分块最先承担损失。

A. 优先块 B. 次优先块 C. 股本块 D. 无所谓

12. 下列关于信用风险缓释凭证，说法错误的是（ ）。

A. 属于我国首创的信用衍生工具

B. 类似于场外发行的债券，实行"集中登记、集中托管、集中清算"

C. 由银行或者其他创设机构创设，需经过"金融衍生产品专家"召开专题会议决定是否接受创设登记，但是如果在中国证监会备案，即可在银行间市场交易流通

D. 可以由创设机构买入自身创设的 CRMW，并予以注销

13. 合成 CDO 与现金流 CDO 的差异主要体现在（ ）方面。

A. 发起方式 B. 资产形成方式
C. 分块方式 D. 市场投资结构

14. 如果基于花旗银行某优级债的 CDS 信用利差大大高于同一债务的平价违约互换利差，投资者可以采用的套利策略是（ ）。

A. 买入债券的同时卖出 CDS B. 买入债券的同时买入 CDS
C. 卖出债券的同时买入 CDS D. 卖出债券的同时卖出 CDS

15. 信用曲线反映了整个市场对不同期限债务信用水平的预测，随着信用曲线发生变化，投资者会采用不同的投资策略。如果某债务不同期限的 CDS 信用曲线变得更为陡峭，下列策略中，投资者应该采用（ ）。

A. 买入短期 CDS 的同时卖出长期 CDS

B. 买入短期 CDS 的同时买入长期 CDS

C. 卖出短期 CDS 的同时卖出长期 CDS

D. 卖出短期 CDS 的同时买入长期 CDS

16. 如果投资者同时持有 20 个公司相应的债务，其平均信用利差为 15，为了对冲

其信用风险，该投资者可以分别购买每个公司债务的 CDS 合约，也可以购买一个以这种债券组合为参考债务的第一违约 CDS 合约。经过分析，他决定购买第一违约 CDS 合约。以这 20 种债券组合为参考债务的第一违约 CDS 合约的信用利差最可能为（   ）。

    A. 300   B. 310   C. 320   D. 290

17. 当 CDS 买方账户出现盈利时，作为卖方出售新的以同样债务为参考债务的 CDS 合约，使得账面浮赢最终兑现，这种平仓方式属于（   ）。

    A. 卖出 CDS 合约   B. 签订反向合约

    C. 解除现有合约   D. 转移现有合约

18. 信用衍生品在进行现金支付的时候，需要对买卖双方同时计算应付的费用，下列不属于买卖双方需结清的费用的是（   ）。

    A. 固定支付的现金流   B. 即期支付的现金

    C. 交易手续税费   D. 应计利息

19. 假设某公司发行 5 年期面值为 1 000 万元的零息债，约定到期一次性偿还本金。该公司在 5 年内的违约率为 10%，回收率为 40%，市场无风险利率为 2%，则信用利差为（   ）个基点。

    A. 103   B. 176   C. 82   D. 218

二、多选题

1. 下列属于我国市场推出的信用衍生工具的有（   ）。

    A. CDS   B. TRS   C. CRMA   D. CRMV

2. 下列关于我国信用衍生品市场和信用衍生产品，说法正确的是（   ）。

    A. 我国信用衍生品的交易主要在银行间市场进行，属于典型的场外市场

    B. 参与我国信用衍生品市场的交易需要交易双方签订相应的"交易主协议"，产品要符合信用衍生品交易的定义文件

    C. 我国信用衍生产品目前包括两类：信用风险缓释合约（CRMV）和信用风险缓释凭证（CRMA）

    D. 信用风险缓释凭证属于我国首创的信用衍生工具

3. 某信用违约互换付费为每半年一次，付费溢价为 60 个基点，本金为 3 亿元，交割方式为现金。假设违约发生在 4 年零 2 个月后，而信用违约互换价格的计算方所估计的最便宜可交割债券在刚刚违约时的价格等于面值的 40%，下列关于 CDS 出售方的现金流和支付时间的说法，正确的有（   ）。

    A. 违约前出售方每半年收入 90 万元

    B. 违约时出售方收入 30 万元

C. 违约时出售方支出 1.8 亿元

D. 违约前出售方每半年收入 60 万元

4. 通常 CDO 包括（　　）要素。

　A. 基础资产　　　B. 发行目的　　　C. 信用结构　　　D. 分档结构

5. 下列关于 CDO 的分类中，说法正确的是（　　）。

　A. 依据基础资产的不同，CDO 分为 CLO、CBO、CFO、CDO of ABS、CDO of RMBS、CDO 平方等

　B. 依据发行目的不同，CDO 分为资产负债表 CDO 和套利型 CDO

　C. 依据管理方式不同，CDO 分为盯市型 CDO 和现金流型 CDO

　D. 依据信用结构不同，CDO 分为有管理的 CDO 和静态 CDO

6. CDO 的周期划分主要包括（　　）。

　A. 募集期　　　　B. 封闭期　　　　C. 再投资期　　　D. 偿还期

7. 某投资者认为因经济环境恶化和同业竞争加剧，A 公司的经营受到影响，那么下列策略中，该投资者可能会采用（　　）。

　A. 卖出 A 公司的债券

　B. 买入 A 公司的债券

　C. 卖出以 A 公司债券为参考债务的 CDS

　D. 买入以 A 公司债券为参考债务的 CDS

8. 通过考察 CDS 信用曲线变化来制定投资策略时，有时会出现即使判断对了 CDS 信用曲线变化的方向，但因为制定策略时的失误不仅没有赚取相应的收益反而遭受了损失，这主要是因为没有考虑下列（　　）因素。

　A. 时间　　　　　　　　　　　B. 对息票的敏感度

　C. 违约风险　　　　　　　　　D. 盈亏平衡点

9. 作为 TRS 的买方可以获得卖方相应资产的全部收益，投资者之所以投资 TRS 而不是直接买入相应资产，可能的原因包括（　　）。

　A. TRS 买方可能没有足够的资金直接购买资产

　B. TRS 买方直接借贷成本比较高

　C. 可能出于监管的原因，TRS 买方无法直接投资这种资产

　D. 使得资产还在 TRS 买方资产负债表中，有助于保持着与有关客户的业务往来

10. 依据 ISDA 对信用衍生品定义的标准文件（2003 版）对信用事件的明确定义，信用事件包括（　　）。

　A. Bankruptcy　　　　　　　　B. Obligation Acceleration

　C. Failure to Pay　　　　　　　D. Restructuring

三、判断题

1. 组合的违约风险是组合内各个债务的违约风险相加。（　）

2. CDS 的清算模式是双边交易清算模式。（　）

3. 为了对优先块进行保护，同时顾及后偿块，CDO 中通常会采用针对资产覆盖率的 IC 检验和针对利率覆盖率的 OC 检验。（　）

4. CRMW 是典型的场外衍生工具，在银行间市场交易商之间签订，适合于现行的银行金融衍生品市场的运行框架，在交易和清算方面与其他场外金融衍生产品相同。（　）

5. 总收益互换（Total Return Swap）中，可以用于交换的总收益包括本金、利息、预付费用，但不包括因资产价格的有利变化带来的资本利得。（　）

6. 从发行目的看，CDO 根据证券化的交易动机和资产来源可以分为资产负债表 CDO 和套利型 CDO。前者主要是为资产负债表"瘦身"，后者主要为赚取资产收益和利息的差价。（　）

7. 在 CDO 中，无论是股本档的投资人还是债券档的投资人，都希望 CDO 投资资产的相关性比较高，这样可以获得更好的收益。（　）

8. 在 CDO 的设计中，为了吸引不同类型的投资者，CDO 的分档可分为不同风险档位的产品以分别出售，其中为了吸引更多投资者投资有较高收益的部分，股权档所占比例也最高，通常在 70% 左右。（　）

9. 标准 CDS 的违约事件通常包括破产、支付违约和重组事件，其中重组事件是不同地区 CDS 的主要区别。（　）

10. 随着次贷危机的爆发，信用衍生品的发展逐渐趋于简单化和基本化，一些复杂的信用衍生品在市场中的比重越来越小。（　）

四、综合题

1. 某公司债券的到期收益率为 7%，此时市场上无风险利率为 5%。如果在违约发生的情况下，债券的预期回收率为 40%，那么在债券到期前没有违约的前提下，该债务每年违约概率 p 的估计值是多少？

2. （接上题）假设债券的面值为 100 元，期限为 5 年，每年支付 6% 的利息，每半年支付一次，此时债券的价格为 95.34 元，无风险债券的价格为 104.09 元，那么如果投资者持有名义本金为 100 元的债券，在债券期限内的预计违约损失是多少？假设每年的违约概率相同，并且如果违约，违约发生在每年年中的付息日之前（即 0.5 年、1.5 年、2.5 年、3.5 年、4.5 年），那么每年的违约概率是多少？其中，从违约年份贴现到现在的贴现因子分别为 0.9753、0.9277、0.8825、0.8395、0.7985。

3. 假如某评级公司对公司债券的评级分为 A、B 和 C 三类，其一年期评级转移矩阵如下表：

期初评级	A	B	C	违约
A	0.7	0.2	0.05	0.05
B	0.1	0.6	0.2	0.1
C	0.20	0.25	0.35	0.3

假设某公司发行了 100 万元的两年期债券，该债券获得的评级为 B 级，回收率为 30%，那么该债券两年内的累计违约概率是多少，两年的期望损失又是多少？

4. 假设银行 A 和证券 B 在 2010 年 3 月 1 日签订了以公司 C 优等债务为参考债务的 5 年期信用违约互换，名义本金为 1 亿元人民币。双方约定证券 B 每年按季度向银行 A 支付费用（后端支付，按照 30/360 计算费用），如果公司 C 发生违约，那么银行 A 将以现金交割的方式向证券 B 支付其损失。当时 C 公司优等债务的信用利差为 80 个基点。

（1）从 2010 年到 2013 年之间，公司 C 都没有违约，每年证券 B 需要向银行 A 支付多少费用？2011 年 9 月 1 日证券 B 向银行 A 支付多少人民币？

（2）如果 2013 年 10 月 1 日公司 C 发生债务违约，那么买卖双方应该如何结清相应的费用？假设回收率为 35%。

5. 假定：(a) 5 年期无风险债券的收益率为 7%；(b) 5 年期公司 X 所发行的债券的收益率为 9.5%；(c) 一个 5 年期对于公司 X 的信用保护溢价为每年 150 个基点。

（1）请问此这时是否在理论上存在套利机会？

（2）当信用违约互换的溢价由 150 个基点变为 300 个基点时，理论上的套利机会如何变化？

（3）在实际中，理论上存在的套利机会可能不存在，请问可能的原因是什么？

参考答案及解析

一、单选题

1. D 2. B 3. C 4. B 5. B 6. D 7. B 8. A
9. A 10. B 11. C 12. C 13. B 14. D 15. D 16. D
17. B 18. C 19. A

二、多选题

1. CD   2. ABD   3. ABC   4. ABCD   5. AB   6. ACD
7. AD   8. ABCD   9. ABC   10. ABCD

三、判断题

1. 错   2. 错   3. 错   4. 错   5. 错   6. 对   7. 错
8. 错   9. 对   10. 对

四、综合题

1. 参考答案及解析：

在估计公司债务违约概率时，不仅可以参考评级公司对相关债务历史违约概率的估计，还可以通过该债务的收益率与无风险利率之间的关系进行估计。如果债券的收益率高于无风险利率，那么高出的部分可以看作对公司债务违约风险的补偿，也可以看作信用利差的估计值。由信用利差的估计值 $s = p(1 - R)$ 可以得到对违约概率的估计：

$$p = \frac{s}{1-R} = \frac{0.02}{1-0.4} = 3.33\%$$

2. 参考答案及解析：

如果债券没有违约风险，那么债券的收益应该等于无风险收益，即获得的收益为 104.09 元，现在债券价格仅为 95.34 元，所以预计的违约损失为 104.09 - 95.34 = 8.75（元）。

依据题目，在每次可能的违约时点，相应无风险债券都有相应的价值，而回收额表示违约时能收到的价值，两者相减就是相应的违约损失，将其贴现到现在得到损失现值。由于每年违约概率相同，所有不同时点上预期损失现值的总和就可得到相应的损失总额。具体结果见下表：

时刻（年）	无风险价值（元）	回收额（元）	违约损失（元）	贴现因子	预期损失的现值
0.5	106.73	40	66.73	0.9753	65.08p
1.5	105.97	40	65.79	0.9277	61.20p
2.5	105.17	40	65.17	0.8825	57.52p
3.5	104.34	40	64.34	0.8395	54.01p
4.5	103.46	40	63.46	0.7985	50.67p
总计					288.48p

其中，无风险价值的计算表示在违约当时无风险债券的价值为违约时剩余现金流的贴现值。例如，在 4.5 年时发生违约，此时无风险债券的价值为：$3+103\exp(-0.05\times 0.5)=103.46$（元）；再如，在 3.5 年时发生违约，此时无风险债券的价值为：
$3+3\times\exp(-0.05\times 0.5)+3\times\exp(-0.05\times 1)+103\times\exp(-0.05\times 1.5)=104.34$（元）。

由于违约时回收率为 40%，意味着有 40 元的收益，在 4.5 年和 3.5 年违约时，损失分别为 $103.46-40=63.46$（元）和 $104.34-40=64.34$（元），现值为 $63.46\times 0.7985=50.67$（元）和 $64.34\times 0.8359=54.01$（元）。

由于总预期的损失为 288.48p，该数值等于 8.75，那么我们可得到违约概率 $p=8.75/288.48=3.03\%$。

3. **参考答案及解析：**

该公司债券的评级为 B，则第 1 年的违约概率为 0.1，第 1 年没有违约而第 2 年违约概率为 $0.1\times 0.05+0.6\times 0.1+0.2\times 0.3=0.125$，那么公司在两年内的累计违约概率为：

$0.1+0.1\times 0.05+0.6\times 0.1+0.2\times 0.3=0.225$

由于该债券的回收率为 30%，则损失率为 $1-30\%=70\%$，两年的期望损失为：
$1\,000\,000\times 0.225\times(1-30\%)=157\,500$（元）

4. **参考答案及解析：**

（1）因为信用利差为 80 个基点，所以每年应支付：1 亿 $\times 0.008=80$（万元）。

同时，因为按季度支付相应的费用，所以每个季度支付 80 万元 $\div 4=20$ 万元。

（2）如果公司 C 发生债务违约，由于费用属于后端支付，这意味着 2013 年 9 月 1 日支付的费用属于 2013 年 6 月 1 日到 9 月 1 日之间的费用，而 9 月 1 日到 10 月 1 日之间的费用没有支付，这时也要求证券 B 向银行 A 支付相应的费用，约为 20 万 $\times 30\div 90=6.67$ 万元。同时银行 A 因公司 C 违约，需要向证券 B 支付相应的补偿。这时因为回收率为 35%，所以证券 B 的实际损失为 1 亿 $\times(1-35\%)=0.65$（亿元），这也是 A 银行需要向证券 B 支付的补偿额。

5. **参考答案及解析：**

（1）当 CDS 的溢价为 150 个基点时，套利者可以通过购买该公司发行的债券同时购买 CDS 来实现套利，如果套利者以无风险利率融资（如做空无风险债券），可以锁定大约 100 个基点的利润。

$9.5-1.5-7=1.0$，即 100 个基点

（2）当信用利差是 300 个基点时，套利者可以抛空公司债券，卖出 CDS 同时购买无风险债券进行套利，这时可以锁定 50 个基点的利润。

$3+7-9.5=0.5$，即 50 个基点

（3）这里的套利机制并不完美，因为：

①这里假定了公司债券和无风险债券按照面值付息，而且利率曲线是水平的，其实在实际中无风险债券的价格在违约或者不违约的情况下可能比面值高或者低；

②最便宜可交割债券的期权具有不确定性；

③完美对冲下需要 CDS 能够保护其参考实体的债券的全价，包括应计利息，而不仅仅是面值；

④此处假设市场参与者可以做空公司债券并以无风险利率融得资金。

第六章 场外商品衍生品

一、单选题

1. 西得克萨斯中质原油（WTI）期货合约是（ ）交易所的品种。
   A. 伦敦国际石油交易所　　　　　　B. 纽约商品交易所
   C. 东京工业品交易所　　　　　　　D. 上海期货交易所

2. 2011年1月，中国的一家钢厂出价125.00美元/公吨购买2011年3月的铁矿石掉期CFR（62%）。2010年3月31日，铁矿石掉期交易到期时，铁矿石价格上涨为132美元/公吨，则该钢厂此笔铁矿石交易的盈亏为（ ）。
   A. 盈利7美元/公吨　　　　　　　　B. 亏损7美元/公吨
   C. 盈利11.29美元/公吨　　　　　　D. 亏损11.29美元/公吨

3. 国际黄金的市场基准价格为（ ）。
   A. 苏黎世黄金价格　　　　　　　　B. 美国COMEX黄金价格
   C. 伦敦定价盘　　　　　　　　　　D. 上海期货交易所黄金价格

4. 某石油消费公司面临石油价格上涨的风险，希望采用零成本区间来避险，则该企业应（ ）。
   A. 买入低执行价Caps，卖出高执行价Floors
   B. 买入高执行价Caps，卖出低执行价Floors
   C. 买入低执行价Caps，买入高执行价Floors
   D. 卖出低执行价Caps，卖出高执行价Floors

二、多选题

1. 下面（ ）是场外商品衍生品。
   A. 铁矿石掉期　　　　　　　　　　B. 远期运价协议
   C. 石油期权　　　　　　　　　　　D. 远期股票合约

2. 新加坡纸货市场的主要参与者有（ ）。
   A. 经纪商　　　　　　　　　　　　B. 运输公司
   C. 商业参与者　　　　　　　　　　D. 基金

3. 全世界的石油定价一般都是参考两种基准原油：（ ）。

A. 西得克萨斯轻质原油（WTI） B. 北海布伦特原油（Brent）
C. IPE 重柴油 D. NYMEX 取暖油

4. 常用的铁矿石价格指数有（　　）。

A. 普氏指数 B. TSI 指数
C. MBIO 指数 D. TIS 指数

5. 波罗的海干散货运价指数 BDI 指数是（　　）指数的平均值。

A. 海岬型干散货船期租 B. 巴拿马型干散货船期租
C. 大灵便型干散货船期租 D. 灵便型干散货船期租

6. 目前主要的 FFA 交易清算的交易所有（　　）。

A. 挪威期货和期权清算所（NOS） B. 伦敦清算所（LCH）
C. 新加坡交易所（SGX） D. 芝加哥商品交易所（CME）

7. 石油生产者可以采用（　　）进行风险管理。

A. 卖出石油期货 B. 卖出石油互换
C. 买入石油看跌期权 D. 买入石油看涨期权

8. 以下关于 CAPS 的说法，正确的有（　　）。

A. 未来油品消费建立最高购买价，当价格上涨时提供完全保护
B. 本质上相当于买入看涨期权
C. 一般是由石油消费的终端用户所购买
D. 一般是由油品生产商所购买

9. 进行黄金租赁交易，重要的利率指标有（　　）。

A. Gofo B. Gold Lease Rate
C. Libor D. Shibor

10. 航空公司面临巨大的燃油价格波动风险，应采取的措施有（　　）。

A. 期权上限 B. 双限期权
C. 敲出式期权 D. 三相衣领期权

三、判断题

1. 目前，交易的铁矿石掉期报价中包含海运费。（　　）

2. 石油消费的终端用户可以通过双限期权（Collars）套保，即买入上限期权（Caps）的同时买入下限期权（Floors）。（　　）

3. 在全球场外黄金衍生品市场中，作为黄金生产企业融资的一种渠道而兴起的黄金租赁业务指的是，企业以租赁的方式向商业银行租用黄金，到期后归还黄金，并以现金方式支付租赁利息的业务模式。在融资的过程中，黄金租赁利率（Gofo Lease Rate）往往高于 Libor 利率。（　　）

4. 当黄金远期利率高于市场 Libor 利率时，投资者可以借入黄金进行套息交易。
（　）
5. Collars 是指买入 Caps 的同时买入 Floors。（　）
6. 黄金租赁利率指的是黄金远期利率。（　）

四、综合题

1. 2013 年 2 月伦敦黄金价格为 1 720 美元/盎司，1 年期 Libor 利率为 5%，对应的 Gofo 利率为 4%；一投资者从汇丰银行那里借入 1 000 盎司黄金，并立即在市场卖出，筹资 1 720 000 美元，然后存入银行。3 个月后，黄金价格大幅下跌，价格为 1 380 美元/盎司，请计算该投资者的收益。

2. 2011 年 6 月 WTI 原油价格为 82 美元/桶，2011 年 9 月到期的执行价格为 88 美元/桶的看涨期权，权利金为 8 美元；2011 年 9 月到期的执行价格为 98 美元/桶的看涨期权，权利金为 5 美元。A 航空公司预计未来原油价格会上涨，因此和 B 银行做了一笔牛市看涨期权价差组合交易。请指出 A 航空公司的具体期权交易，画出 A 航空公司的期权交易到期损益图并解释。

3. 2012 年 4 月 16 日，LME 铜价格为 7 210 美元/吨，某公司以 150 美元/吨的价格卖出执行价为 7 700 美元/吨的 7 月看涨期权，同时以 170 美元/吨的价格卖出执行价为 6 600 美元/吨的 7 月看跌期权，求该公司期权头寸的盈亏平衡点，并画出到期损益图。

4. 钢厂为了锁定成本，签订了铁矿石掉期合同，合同内容如下：

买方	钢厂
卖方	铁矿石交易商
产品	铁矿石 CFR 中国掉期（62%）
数量	60 000 公吨（120 手）
合约价格	132 美元/公吨
结算日期	2012 年 3 月 31 日
结算原则	合约月份现货价格的平均值

铁矿石掉期交易到期时，铁矿石现货价格为 139 美元/公吨，铁矿石掉期价格跟随铁矿石价格上涨，结算价格为 142 美元/公吨。试计算钢厂最终买入铁矿石的价格为多少？

参考答案及解析

一、单选题

1. B 2. A 3. C 4. B

二、多选题

1. ABC 2. ABCD 3. AB 4. ABC 5. ABCD 6. ABCD
7. ABC 8. ABC 9. ABC 10. BCD

三、判断题

1. 对 2. 错 3. 错 4. 错 5. 错 6. 错

四、综合题

1. **参考答案及解析：**

投资者的收入包括两部分：黄金价格下跌带来的收益和黄金租赁带来的收益。其中，黄金价格下跌的收益为：$(1\,720 - 1\,380) \times 1\,000 = 340\,000$（美元）。

黄金租赁的收益为：$1\,720 \times 1\,000 \times (5\% - 4\%) \times 3/12 = 4\,300$（美元）。

投资者的总收益为：$340\,000 + 4\,300 = 344\,300$（美元）。

需注意：因为整个黄金租赁业务为期1年，所以投资者在3个月黄金价格大幅下跌时买入黄金止盈，那么黄金租赁利息方面的收入只能得到3个月的利息收入。

2. **参考答案及解析：**

A航空公司的期权交易为牛市看涨期权价差组合交易，即买入执行价格为88美元/桶的期权，卖出执行价格为98美元/桶的看涨期权。A航空公司的牛市看涨期权价差组合到期损益图如下：

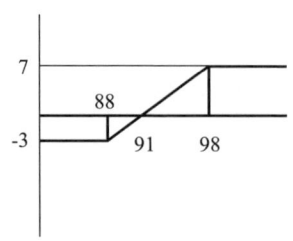

如上图所示，当石油价格小于等于 88 美元/桶时，A 航空公司的最大损益为 5 - 8 = -3（美元/桶）；当石油价格大于等于 98 美元/桶时，A 航空公司的最大损益为 98 - 88 - 8 + 5 = 7（美元/桶）。

3. **参考答案及解析：**

该公司卖出期权，收入期权费用为：150 + 170 = 320 美元/吨

该公司期权头寸的盈亏平衡点为：

上方：7 700 + 320 = 8 020（美元/吨）

下方：6 600 - 320 = 6 280（美元/吨）

盈亏平衡图如下：

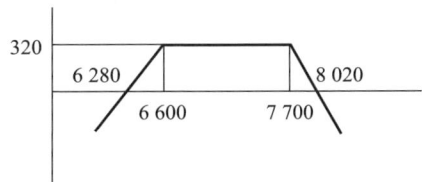

4. **参考答案及解析：**

因为到期结算价格高于合约价格，钢厂买入铁矿石掉期合同盈利，数额为：142 - 132 = 10（美元/公吨），钢厂买入现货价格为 139 美元/公吨，所以，钢厂最终买入铁矿石的成本价格为：139 - 10 = 129（美元/公吨）。

第七章 场外衍生品的监管

一、单选题

1. 在美国的监管中，如果衍生品既没有被定义为"证券"，也没有被定义为"商品"，那么下面（　　）监管这类衍生品。

   A. 美国证券交易委员会（SEC）

   B. 美国商品期货交易委员会（CFTC）

   C. SEC 和 CFTC 同时监管

   D. 不受联邦机构监管

2. 从美国金融监管的发展历史看，监管的路径形式是（　　）。

   A. 最初监管，再放松，再监管

   B. 最初没有监管，后监管，再放松，再监管

   C. 一直监管

   D. 一直放松

3. 下列不属于 CFTC 管辖的是（　　）。

   A. 场外市场期权交易　　　　B. 证券基准互换

   C. 政府证券期货　　　　　　D. 信用违约互换

4. 下列（　　）不是主要监管商业银行。

   A. 财政部货币监理署　　　　B. 联邦储备理事会

   C. 联邦存款保险公司　　　　D. 国家信贷管理局

5. 下面（　　）为信用违约互换提供了标准定义文件和协议文件。

   A. 金融衍生品政策委员会　　B. 美国联邦会计准则委员会

   C. 国际互换与衍生品协会　　D. 国际资本市场协会

6. 多德–弗兰克法案是（　　）年签署的。

   A. 2010　　B. 2011　　C. 2012　　D. 2009

7. 欧盟委员会必须随着市场的发展，每（　　）年向欧洲议会汇报是否有必要将三个欧洲监管机构合为一家。

   A. 2　　　B. 3　　　C. 4　　　D. 5

8. 欧盟改革后，下列（　　）不属于金融监管机构。

A. 欧洲银行署　　　　　　　　　B. 欧洲保险和职业年金管理署

C. 欧洲证券和市场管理署　　　　D. 欧洲信托监管局

9. 金融危机后欧盟委员会为了加强对场外衍生产品交易的监管而推出的关于建立中央对手方清算制度和设置交易记录库的监管条例是（　　）。

A.《欧洲市场基础设施监管条例》　　B.《多德－弗兰克法案》

C.《金融工具市场指引》　　　　　　D.《投资服务指引》

10.《OTC衍生品、中央对手方和交易存管机构条例》是（　　）年颁布并强制实施的。

A. 2010　　　　B. 2011　　　　C. 2012　　　　D. 2013

11. 中国香港证券及期货自律监管机构的是（　　）。

A. 中国香港政府

B. 香港金融管理局

C. 香港证券及期货事务监察委员会

D. 香港联合交易所

12. 以下不涉及美国衍生品监管的是（　　）。

A.《期货交易法》

B.《金融工具市场指引》

C.《商品期货现代化法》

D.《多德－弗兰克华尔街改革与消费者保护法案》

13. 美国对于场外衍生品市场监管的资本充足性监管通常有两个要求，一是（　　）资本金要求，二是（　　）。

A. 最低；合理确定资本与风险的关系

B. 最低；合理确定保证金与风险关系

C. 最高；合理确定资本与风险关系

D. 最高；合理确定保证金与风险关系

14.《多德－弗兰克法案》的第（　　）章详细规定了场外衍生品的监管制度。

A. 五　　　　　B. 六　　　　　C. 七　　　　　D. 八

15. 在新加坡，负责金融业监管的主要部门是（　　）。

A. 新加坡金融管理局　　　　B. 新加坡货币发行署

C. 新加坡国际企业发展局　　D. 新加坡贸工部

16. 新加坡场外衍生品监管中，目前负责对场外原油互换监管的部门是（　　）。

A. 新加坡金融管理局　　　　B. 新加坡货币发行署

C. 新加坡国际企业发展局　　D. 新加坡贸工部

17. 对于中国香港金融体系的监管，下列描述不正确的是（　　）。

A. 中国香港金融业的监管体系与新加坡的类似，属于央行统管型的，主要由香港金融管理局负责

B. 中国香港金融业的监管框架主要包括政府、监管机构和行业自律协会三个层次

C. 中国香港金融市场监管注重与国际合作、信息披露以及对投资者的教育等内容

D. 中国香港金融业的格局和监管属于混业经营、分业监管，与美国类似，但又比美国的监管简单而又有效率

18. 下列欧洲监管法律中，（　　）属于纲领性文件，目的是加快金融立法现代化，促进欧洲金融市场一体化。

A. FSAP
B. MiFID
C. EMIR
D. 上述答案都不对

19. 场外衍生品进行场内清算，将交易所或清算组织作为中央对手方充当交易中买方的卖方或者卖方的买方，这种制度上的变化主要是为了降低参与者所面临的（　　）。

A. 系统风险　　B. 操作风险　　C. 法律风险　　D. 对手方风险

二、多选题

1. 下列关于《多德-弗兰克法案》的描述，正确的有（　　）。

A. 该法案调整了监管机构的职责，增设了金融稳定监督委员会，负责监测和处理威胁国家金融稳定的系统性风险

B. 该法案加强了对金融机构的监管

C. 该法案建立了更加全面的消费者利益保护机制

D. 该法案赋予美联储更大的监管职责，同时金融市场也将受到更严格的监管

2. 《2010年华尔街透明度和问责法案》加强了对场外衍生品市场的监管，对《商品交易法》《证券交易法》等做了重要修改。该法案主要内容包括（　　）。

A. 划分了场外衍生品基本属性，对场外衍生品的定义和注册进行了规定

B. 确立了场外衍生品的监管权力和监管内容，对交易商提出了资本金和保证金要求

C. 提出了交易的基本准则，对交易商提出了仓位限制、税收待遇、资产隔离、清算交易和报告要求等

D. 该法案还涉及海外问题、反欺诈和反市场操作等方面的规定

3. 依据2013年1月新加坡金融管理局发布的《新加坡金融市场基础设施监管》文件，新加坡资本市场的基础设施主要包括（　　）。

A. 中央存托有限公司（CDP）

B. 新加坡交易所（SGX）

C. 新加坡商品交易所清算公司（SMXCC）

D. 新加坡外汇衍生品清算有限公司（SGX-DC）

4. 下列有关我国场外衍生品发展现状，描述正确的有（　　）。

A. 我国场外金融衍生品市场以银行间市场为主，产品包括债券远期、人民币外汇远期、远期利率协议、利率互换和信用风险缓释工具等

B. 我国场外商品衍生品市场主要以大宗商品电子交易市场为主，通过第三方物流的发展和电子商务平台的搭建，采用中远期网上交易形式

C. 我国场外金融衍生品市场主要受中国银监会监管，部分交易主体受到中国证监会监管

D. 我国场外商品衍生品市场监管较为严格，主要受到《大宗商品电子交易规范》约束

5. 下列有关欧洲金融工具市场指引（MiFID）的说法中，不正确的有（　　）。

A. MiFID是次贷危机前，欧盟市场涉及场外衍生品的最主要的法律法规性指引文件

B. MiFID主要包括市场准入、金融工具与投资服务、交易等的相关规定，并对投资者保护和监管机构进行了相关规定

C. 在市场准入方面，MiFID规定了投资公司的准入原则，其中投资公司不包括中介组织

D. MiFID规定了其监管的金融工具所包含的范围，该范围包括不通过被监管市场或者MTF交易，不通过清算所清算、以实物结算的与商品挂钩的衍生品合约

6. 次贷危机后，很多国家都通过制定更为严格的法律或者制度对场外衍生品进行监管，下列关于新的监管体系对金融市场影响的说法正确的有（　　）。

A. 随着场外衍生品清算统一化、场内化，场外衍生品变得更为标准，市场运行会更加健康

B. 随着监管的严格，对金融机构参与场外衍生品有诸多限制，会导致场外衍生品市场逐渐失去吸引力

C. 监管强调交易方的资本充足率和低杠杆率，使得高杠杆产品逐渐退出市场，容易发挥市场场外衍生品的基础市场功能

D. 随着市场透明度的增加，参与机构更加容易衡量自身面临的风险和市场整体风险，市场运行会更加平稳

7. 下列对EMIR所要求义务的描述，正确的有（　　）。

A. 为某些场外衍生品建立专门的中央清算中心

B. 对不在中央清算中心清算的衍生品提出必要的风险缓释要求

C. 对中央对手方制定相关规定，包括严格的组织、商业管理和审慎要求

D. 对交易存托机构制定相关规定，包括提供市场相关数据，并向公众和相关监管当局公布

8. 下列关于新加坡场外衍生品监管的描述，正确的有（　　）。

A. 新加坡场外衍生品的监管部门主要包括两个：新加坡金融管理局和新加坡国际企业发展局

B. 商品期货目前由新加坡国际企业发展局进行监管

C. 商品互换目前由新加坡金融管理局进行监管

D. 金融期货目前由新加坡金融管理局进行监管

9. 下列关于三个欧洲监管署（ESAs）的功能，说法正确的有（　　）。

A. ESAs 主要由以法兰克福为基地的欧洲银行署（EBA）、以巴黎为基地的欧洲保险和职业年金管理署（EIOPA）和以伦敦为基地的欧洲证券和市场管理署（ESMA）组成

B. ESAs 设立于欧洲中央银行下，取代了原有的三个监管委员会，互相协调，并与各国监管机构配合，从事机构层面的微观审慎监管并履行金融消费者保护的职责

C. 新的 ESAs 并不是要取代各国的监管机构，而是要与各国监管当局协调配合，并在涉及跨国监管、统一标准、解决争议、执行欧盟法律和处理紧急情况时发挥主导作用

D. ESAs 的核心职责是保护投资者。为保护投资者利益，ESAs 有权对金融机构、金融产品或金融业务（如"裸卖空"）展开调查，评估风险，并在必要时发布警告

10. 美国监管的主要法案中，涉及严格监管的法案主要包括（　　）。

A. 《1913 年联邦储备法》

B. 《1933 年银行法》

C. 《1999 年金融服务现代化法案》

D. 《多德－弗兰克华尔街改革与消费者保护法案》

三、判断题

1. 金融监管的中心目标是银行业监管。（　　）

2. 欧美新法案都要求所有场外衍生品交易必须通过清算中心进行清算。（　　）

3. 美国衍生品监管的政府监管，主要分为功能性监管和机构性监管两类。（　　）

4. 在美国，如果一个衍生品被认定为"证券"，那么就要受到 CFTC 的监管。（　　）

5. 《欧洲市场基础设施监管条例》规定，最晚在 2011 年末所有的标准化场外衍

生产品合约都应该通过交易所或者电子交易平台达成交易，并且通过中央对手方来进行清算。（   ）

6. 美国对于场内和场外衍生品的监管模式相同。（   ）

7. 关于监管的理论主要分为两类：放松监管和严格监管。（   ）

8. 因为监管违背了自由市场的精神，所以不需要监管机构或者相关法律来约束市场投资机构的行为。（   ）

9. 从经济发展和监管的角度看，一般来讲，经济发展好，监管环境更严，经济发展不好，监管环境更为宽松。（   ）

10. 美国金融业的监管比较规范，目前都由美国联邦政府对整个金融行业进行监管。（   ）

11. 从美国整个金融业监管模式上看，属于混业监管。（   ）

12. 在机构型监管中，对证券公司、期货公司和投资银行进行监管的部门为美联储。（   ）

13. 《商品期货现代化法案》的目的之一就是为场外衍生品交易提供更为宽松的环境，稳定场外衍生产品的法律地位。（   ）

14. 欧盟委员会必须随着市场的发展，每3年向欧洲议会汇报是否有必要将3个欧洲监管机构合为一家。（   ）

15. 所有场外衍生品均应通过中央对手方清算，标准化的场外衍生品合约应向交易存管机构报告。（   ）

16. 在市场准入方面，MiFID不仅规定了市场准入要求，而且规定了投资公司的准入原则。（   ）

17. 欧洲新的金融监管框架由一个设立于欧洲中央银行下的欧洲系统风险委员会和三个欧洲监管署构成。（   ）

18. 欧洲监管署的职责是保护投资者。（   ）

19. 新加坡场外市场的唯一监管部门是金融管理局。（   ）

参考答案及解析

一、单选题

1. D 2. B 3. B 4. D 5. C 6. A 7. B 8. D
9. A 10. C 11. D 12. B 13. A 14. C 15. A 16. C

17. A 18. A 19. D

二、多选题

1. ABCD 2. ABCD 3. ACD 4. ABC 5. CD 6. ACD
7. ABCD 8. AD 9. BCD 10. ABD

三、判断题

1. 错 2. 错 3. 对 4. 错 5. 错 6. 错 7. 对
8. 错 9. 错 10. 错 11. 错 12. 错 13. 对 14. 对
15. 错 16. 错 17. 对 18. 对 19. 错

场外衍生品综合试卷

一、单选题

1. 收入本币、付出外币的那一方持有的货币互换的价值可以表示为（   ）。
   A. $P_{ccs} = R_F P_F - P_D$
   B. $P_{ccs} = P_D - P_F R_F$
   C. $P_{ccs} = R_F - P_D - P_F$
   D. $P_{ccs} = P_F - R_F P_D$

2. 如果看涨期权的 Delta 为 0.4，则意味着（   ）。
   A. 标的资产价格每变动 1 元，期权的价格变动 0.4 元
   B. 期权剩余时间每变动 1 天，期权的价格变动 0.4 元
   C. 标的资产价格每变动 1%，期权的价格变动 0.4%
   D. 隐含波动率每变动 1%，期权的价格变动 0.4 元

3. 下列（   ）属于中国证监会推进的以证券公司为主导的资产支持证券。
   A. 信贷资产支持证券
   B. 企业资产支持证券
   C. 房地产资产支持证券
   D. 信用卡资产支持证券

4. 下列关于部分参与利率上限期权的说法错误的一项是（   ）。
   A. 利率上限期权的执行利率 = 利率下限期权的执行利率
   B. 利率上限期权的面值 > 利率下限期权的面值
   C. 利率上限期权权利金支出 = 利率下限期权权利金收入
   D. 参与比率 = 1 − 上限面值/下限面值 × 100%

5. 考虑两份参数设置方面条款相同的欧洲美元期货合约与远期利率协议，下列关于二者的结算风险，表述正确的是（   ）。
   A. 二者的风险不分伯仲，有时候前者大，有时候前者小
   B. 二者的结算风险在同等程度
   C. 欧洲美元期货合约结算风险大
   D. 远期利率协议结算风险大

6. （   ）条件下，且其他参数一致，美式看涨股票期权的价格等于欧式看涨期权的价格。

A. 股票从 t 到到期日 T 时刻连续支付红利

B. 从 t 到到期日 T 时刻利率变化是非随机的

C. 从 t 到到期日 T 时刻不支付红利

D. 从 t 到到期日 T 时刻的利率变化服从均值回复过程

7. 标准利率互换中收入浮动利率一方与下列（　　）有相同的利率风险。假定以下资产的期限与此标准互换相同。

A. 固定利率债券的空头　　　　　B. 浮动利率债券的空头

C. 浮动利率债券的多头　　　　　D. 固定利率债券的多头

8. 人民币外汇期权交易期权费支付日为成交日后第（　　）个营业日。

A. 0　　　　B. 1　　　　C. 2　　　　D. 5

9. 中国企业资产支持证券和信贷资产支持证券在下列（　　）方面形式类似。

A. 管理方式　　B. 发起人　　C. 产品结构　　D. 交易市场

10. 中国银行与招商银行进行一笔普通利率互换，其基本条款如下：名义本金为50亿元人民币；互换的固定利率部分是6%，与当前的市场利率相同；互换的浮动利率部分是 Shibor + 150BP。当前的无风险利率为3%，那么此互换的初始价值为（　　）。

A. 50 亿元人民币　　　　　　　B. 4 500 万元人民币

C. 0　　　　　　　　　　　　　D. 600 万元人民币

11. 2006 年 2 月 9 日，国家开发银行与（　　）的第一笔人民币利率互换交易正式生效。

A. 中国银行　　B. 工商银行　　C. 光大银行　　D. 华夏银行

12. 1×4 的远期利率协议（FRA）的多头等价于下列（　　）。

A. 1 个月后借入资金为 4 个月的投资融资

B. 4 个月后借入资金为 1 个月的投资融资

C. 在 1 个月内借入贷款的一半，剩下的一半在 4 个月后借入

D. 1 个月后借入资金为 3 个月的投资融资

13. 下列（　　）不属于利率互换的正确应用。

A. 在国际市场博取收益

B. 降低融资成本

C. 管理资产负债，对冲利率风险

D. 构造产品组合

14. 利率互换支付的浮动利率大多是货币市场利率，通常以（　　）报出，例如国际上的 Libor 和中国的 Sibor 都采用这一天数计算惯例。

A. ACT/180　　B. ACT/360　　C. ACT/365　　D. ACT/ACT

15. 人民币利率互换交易的参考利率应为经中国人民银行授权全国银行间同业拆借中心发布的银行间市场具有基准性质的市场利率或人民银行公布的参考利率。常用的参考利率不包括（　　）。

　　A. 上海银行间同业拆放利率

　　B. 7天回购定盘利率

　　C. Shibor

　　D. 人民币一年定期存款参考利率

16. 起息日是利率互换开始计息的日期。一般在成交日的（　　）交易日。

　　A. 前一周最后一个　　　　　　B. 当周第一个

　　C. 后一个　　　　　　　　　　D. 前一个

17. 利率互换有到期日，但有时互换合约的其中一方可能希望处理掉手中的头寸，但他不能通过（　　）这种方式来提前终止合约。

　　A. 在市场中平仓结束交易

　　B. 通过现金支付提前结束合约

　　C. 通过签订方向相反的互换合约实现风险对冲

　　D. 在市场上寻找替代者

18. 以下（　　）不是利率互换交易的主要风险之一。

　　A. 信用风险　　　　　　　　　B. 政策风险

　　C. 流动性风险　　　　　　　　D. 现金流错配风险

19. 铁矿石掉期合同签订（如下表）时，现货价格为103.00美元/公吨。其中，钢厂希望能锁定成本，对冲一笔供应平板钢材的大单，而铁矿石贸易商希望能降低可能因为铁矿石价格下跌而导致的库存价值的下降。

买方	钢厂
卖方	铁矿石交易商
产品	铁矿石CFR中国掉期（62%）
数量	60 000公吨（120手）
合约价格	105.50美元/公吨
结算日期	2010年3月31日
结算原则	合约月份现货价格的平均值

铁矿石掉期交易到期时，铁矿石价格上涨为106.00美元/公吨，铁矿石掉期价格跟随铁矿石价格上涨，结算价格为109.00美元/公吨。钢厂的总盈亏为（　　）美元/公吨。

　　A. 3.5　　　B. -3　　　C. 0.5　　　D. -0.5

20. 接上题，铁矿石贸易商的总盈亏为（　　）美元/公吨。

　　A. -3.5　　　B. 3　　　C. 0.5　　　D. -0.5

21. 资产支持证券中，信用评级公司的作用主要是（　　）。

A. 对资产池中资产的违约风险进行测量

B. 对资产池中资产组合的市场风险进行测量

C. 对资产支持证券发起人的信用风险进行测量

D. 对资产支持证券进行外部信用增级

22. 某银行拟将其部分房贷进行资产证券化，其运作流程是（　　）。
①资产转让；②信用评级；③信用增级；④构建资产池；⑤证券发行和资产转让支付；⑥证券发行售后管理和服务

A. ④①②③⑤⑥　　　　　　　　B. ④①③②⑤⑥

C. ①④②③⑤⑥　　　　　　　　D. ①④③②⑤⑥

23. 假设某公司发行 5 年期面值为 100 万元的零息债，约定到期一次性偿还本金。该公司在 5 年内的违约率为 10%，回收率为 40%，市场无风险利率为 3%，则信用利差为（　　）。

A. 124 个基点　　　　　　　　B. 176 个基点

C. 82 个基点　　　　　　　　　D. 218 个基点

24. 某公司第 1 年至第 5 年后发生违约的边际概率分别为 1%、1.5%、2%、3% 和 4%。那么公司 5 年内发生违约的概率为（　　）。

A. 4%　　　B. 11.5%　　　C. 11.0%　　　D. 无法计算

25. 假设某公司第 1 年和第 3 年发生违约的边际概率分别为 5% 和 8%，3 年内的累计违约率为 15%，则该公司第 2 年发生违约的概率为（　　）。

A. 2%　　　B. 2.75%　　　C. 3%　　　D. 3.75%

26. 假如某评级公司对公司债券的评级分为 A、B 和 C 三类，其 1 年期评级转移矩阵如下表：

期初评级	A	B	C	违约
A	0.8	0.1	0.05	0.05
B	0.1	0.6	0.2	0.1
C	0.05	0.3	0.35	0.3

假设某公司发行了 100 万元的两年期债券，该债券获得的评级为 B 级，回收率为 30%，则该债券两年的期望损失为（　　）元。

A. 88 500　　　B. 157 500　　　C. 45 000　　　D. 105 000

27. 假设某个名义额为 500 万元、期限 5 年 CDS 合约的风险调整后的息期为 4，当前该 CDS 参考实体的信用利差为 150 个基点，若信用利差变为 175 个基点，则 CDS 买方的损益为（　　）元。

A. 亏损 12 500　　　　　　　　B. 亏损 50 000

C. 盈利 12 500　　　　　　　　D. 盈利 50 000

28. 假设当前市场上某公司的 CDS 利差为 120BP，而平价违约互换的利差达到了 170BP，这时投资者可以采取的操作是（　　）。

   A. 卖出该公司的债券，卖出该公司的 CDS
   B. 卖出该公司的债券，买入该公司的 CDS
   C. 买入该公司的债券，卖出该公司的 CDS
   D. 买入该公司的债券，买入该公司的 CDS

29. 以下关于抵押债务凭证（CDO）的表述，不正确的一项是（　　）。

   A. 若资产发生损失，先由 AAA 级债券的本金承担，AAA 级全部损失后，再依次类推，最后由股本块承担
   B. 若资产盈利，首先支付给 AAA 级档，若有剩余支付，再依次支付给其余档，最后支付给股权档
   C. 优先档从基础资产信用风险的低相关性中获益
   D. 股权档从基础资产信用风险的高相关性中获益

30. 以下（　　）不属于我国信用风险缓释工具的特点。

   A. 设计结构简单，属于最为基础的一类信用衍生品合约
   B. 市场交易商定期报告其衍生品头寸，凭证创设机构定期披露其财务状况，并通过清算所进行集中托管、清算
   C. 通过中央对手方进行交易，减少交易中的对手方风险
   D. 控制交易商持有的单一债务信用缓释工具净买入/卖出余额与该标的债务总余额的比例

31. 逐月结算的 180CST 燃料油 2011 年上半年敲出掉期报价如下：

   敲出掉期水平：USD375/MT　　　　敲出触发点：USD450/MT

   A 航空公司和 B 投资银行进行了交易，到期时，如果 180CST 燃料油现货月均价（设为 P）高于或等于 USD450/MT，则下列说法正确的是（　　）。

   A. A 航空公司需要支付 375 - P 给 B 投资银行（P≤335）
   B. B 投资银行需要支付 P - 335 给 A 航空公司（335 < P < 400）
   C. 双方无须任何支付
   D. 需要其他条件

32. 普氏（PLATTS）公开市场每天公布的价格是（　　）。

   A. 当天装船的燃料油的现货价格
   B. 15 天后交货的价格
   C. 20 天后交货的价格
   D. 30 天后交货的价格

33. Brent 差额合约如 CFDs 和"纸货"塔皮斯（Tapis）是以（　　）为基础的。
   A. 现货　　　B. 远期　　　C. 期货　　　D. 互换

34. 2013 年 4 月 9 日我们买入执行价为 120 美元/桶的看涨期权 A，卖出执行价为 80 美元/桶的看跌期权 B，卖出执行价为 140 美元/桶的看涨期权 C，三个期权标的资产均为 WTI 原油期货 08 合约，到期日为 2013 年 7 月 18 日。当下 WTI 原油期货 08 合约的价格为 94.08 美元/桶。其中，期权 A 的价格为 0.298 美元/桶；期权 B 的价格为 0.095 美元/桶；期权 C 的价格为 0.046 美元/桶。请问拥有此投资组合的成本为（　　）美元。
   A. 148　　　B. 150　　　C. 157　　　D. 168

35. 反向敲出期权比常规性的期权更难进行对冲，原因在于（　　）。
   A. 不能用 Black – Scholes 模型来进行定价
   B. 反向敲出期权的 gamma 值一直在相关的价格范围内不断变动
   C. 反向敲出期权的市场流动性较差
   D. 在障碍水平附近，反向敲出期权变动比较大

36. 假设：金价为 1 200 美元/盎司，Libor 为 5%，Gofo 利率为 4%，期限为 12 个月。一投资者从伦敦黄金协会做市商成员那里借入 1 000 盎司黄金，并立即在市场卖出，筹资 1 200 000 美元，然后存入银行。12 个月后，如果金价维持 1 200 美元/盎司，则 Gold Lease Rate 为（　　）。
   A. 1%　　　B. 2%　　　C. 3%　　　D. 4%

37. 普式铁矿石指数目前包括对（　　）铁含量和 63.5/63% 铁含量品位、高品位 65% 和低品位 58% 铁含量的统一价格评估。
   A. 62%　　　B. 60%　　　C. 64%　　　D. 58%

38. 关于成交价平均价期权，以下说法正确的是（　　）。
   A. 该期权是根据 LME 每月官方收盘价设计的期权合约
   B. 该期权合约的结算日为合约月份到期前一个月的第二个工作日
   C. 如果该期权处于获利状态，客户需要自行宣布执行
   D. 该期权比普通期权便宜

39. CDS 买卖双方收付的现金流为（　　）。
   A. 买方定期支付现金流，违约发生时卖方支付现金流
   B. 卖方定期支付现金流，违约发生时买方支付现金流
   C. 买方定期支付现金流，违约发生时共同支付现金流
   D. 买方定期支付现金流，违约发生时不产生现金流

40. 假设某公司的大部分负债是浮动利率票据，到期期限为 3 年，按季度结息。目前该公司并不担心接下来 4 个月内利率的变动，但是其很担心 4 个季度之后的利率

变动情况，能对冲此项担忧的是（　　）。

A. 进行期限跨度为 3 年的按季度支付的付浮动利率并收固定利率的互换

B. 进行期限跨度为 3 年的按季度支付的付固定利率并收浮动利率的互换

C. 做空期限 1 年的互换卖权

D. 做多期限 1 年的互换买权

二、多选题

1. 下列关于欧式期权、美式期权、百慕大期权说法，正确的有（　　）。

A. 欧式期权为市场上常见的互换期权，买方仅能在期权到期日执行期权

B. 美式期权的买方可以在期权到期日之前的任意时点执行期权

C. 百慕大期权介于欧式期权和美式期权之间，买方仅能在约定的期权有效期内的特定时点执行期权，决定是否进入事先约定好的利率互换合约

D. 因为百慕大期权可以由欧式期权加美式期权的组合替代，所以在市场上并不流行

2. 场外股权类期权常见的投资策略包括（　　）。

A. 组合投资以降低风险　　　　B. 套利

C. 资产配置　　　　　　　　　D. 结构化产品设计

3. 利率互换期权按照标的资产的利率互换合约收付利率类型可以划分为（　　）。

A. 支付固定利率的利率互换期权（Payer's Swaption）

B. 欧式利率互换期权（European Swaption）

C. 收取固定利率的利率互换期权（Receiver's Swaption）

D. 美式利率互换期权（American Swaption）

4. 利率互换期权的应用十分广泛，主要有（　　）。

A. 对冲预期的利率风险

B. 利用利率走势进行投机

C. 提前锁定未来利率，降低风险

D. 提供了一种已有利率互换提前终止的方法

5. 可以通过（　　）方式在远期合约到期前终止头寸。

A. 和原来合约的交易对家再建立一份方向相反的合约

B. 和另外一个交易商建立一份方向相反的合约

C. 提前执行该远期合约，进行交割

D. 和此远期合约的交易对手商定以现金结算的方式进行终止

6. 如果公司 A 发行规模为 1 亿元的浮动利率债券，该公司可以采用（　　）规避利率风险。

A. 利率互换　　　　　　　　B. 利率上限

C. 利率下限　　　　　　　　D. 总收益互换

7. 假定你进入了一笔货币互换交易之中，并且你的头寸是需要收入欧元同时支付日元，以下（　　）情况中，这笔互换对你是有正的收益的。

A. 日元贬值，欧元升值

B. 日元贬值，欧元贬值，日元贬值幅度相对更大

C. 日元升值，欧元贬值

D. 日元升值，欧元升值，日元升值幅度相对更大

8. 从交易品种上看，人民币利率互换浮动端参考利率的选取主要有（　　）。

A. 银行间质押式回购利率

B. 境外人民币债券回购利率

C. 上海银行间同业拆放利率

D. 央行参考利率

9. 主要有（　　）参与人民币利率互换业务。

A. 商业银行　　　B. 期货公司　　　C. 中央银行　　　D. 证券公司

10. 人民币利率互换市场的发展仍处于成长阶段，存在的问题有（　　）。

A. 基础法律不健全，抵销、质押的法律地位没有保障

B. 货币市场基础不牢

C. 目前利率互换的套期会计没有得到普遍采用，即使利用利率互换对冲利率风险仍然会增加资产组合的风险权重，对资产负债表产生不利影响

D. 金融机构内部管理，如对产品的认识、内部管理架构、人才、技术等有差距

11. 关于资产证券化与传统融资方式的差别，描述正确的有（　　）。

A. 资产证券化方式发行的债券，是以证券化的资产池为限，与公司其他资产无关

B. 资产支持证券由资金需求者直接发行

C. 资产支持证券的信用等级仅取决于资产池和信用担保，与资产原始权益人的信用等级无关

D. 资产证券化中未来的收入流大小是相对确定的

12. 以下（　　）属于信用事件。

A. 债务加速到期　　　　　　B. 债务延缓支付

C. 债务违约　　　　　　　　D. 重组

13. 根据信用评级得到的累计违约率具有（　　）特点。

A. 同一个等级下，随着期限的加长，累计违约率通常是非下降的

B. 同一个等级下，随着期限的加长，累计违约率通常是下降的

C. 违约率存在明显的周期性

D. 同一个期限内，随着评级的下降，违约率也逐渐上升

14. 从债务本身来看，影响回收率的主要因素有（　　）。

A. 债权人对持有的债务是否有优先权

B. 债务是否有抵押

C. 债务的利息和偿付期

D. 债务人资产的市场价值

15. 某公司为补充流动资金，在市场上发行了一定量的债券。此外，以该公司为标的的CDS交易也比较活跃，若看多该公司的信用，可以选择的操作是（　　）。

A. 卖出该公司的债券　　　　　B. 卖出该公司的CDS

C. 买入该公司的债券　　　　　D. 买入该公司的CDS

16. 资产证券化的参与主体包括（　　）。

A. 特殊目的载体（SPV）

B. 服务人与受托管理人

C. 信用增级机构与信用评级机构

D. 保荐人

17. 以下（　　）事件会引发信用衍生品的偿付。

A. 债务人与债权人对债务所涉及的法律文件的修改，包括利息或者本金的减少、利息或者本金的推迟支付等

B. 公司按照法律程序进行破产登记，包括无法偿还债务、清算人的制定以及债权人的安排等

C. 债务违约导致的债务人的提前偿付债务

D. 债务的拒付行为或者延期支付的行为

18. 以下（　　）情况会导致同类企业违约相关性上升。

A. 宏观经济整体受到金融危机冲击

B. 食品行业受到安全性问题冲击

C. 某企业管理层受到违规处罚

D. 某企业因为经营不善出现业绩下降

19. 在2008年的次贷危机之后，全球信用衍生品市场经历的变化和调整有（　　）。

A. 市场成交量萎缩

B. 杠杆比率较低的信用衍生品减少

C. 建立清算中心和中央对手方系统

D. 结构简单的产品占比降低

20. 在2013年6月初，某线材加工厂甲为了改造生产线，与银行乙签订了为期5

年的贷款协议。为了规避该企业违约的风险，银行乙向对冲基金丙购买了一份关于甲的 CDS 合约。在该例中，对冲基金丙是（   ）。

A. 参考实体　　　B. 保护空头　　　C. 转移风险　　　D. 看多信用

三、综合题

1. 基本条件假设如下：

（1）3 年期无风险债券的收益率为 6.5%；

（2）3 年期公司 × 所发行的债券的收益率为 9%；

（3）一个 3 年期对于公司 × 的信用保护溢价为每年 180 个基点。

请分析是否存在套利机会？当信用违约互换的溢价由 180 个基点变为 320 个基点时，套利机会如何变化？请至少列出两个原因来说明这里的套利机会并不完美。

2. 2010 年 6 月 WTI 原油价格为 82 美元/桶，A 航空公司预计未来原油价格会上涨，因此和 B 银行做了一笔熊市看涨期权组合交易，具体如下：

买入 2010 年 9 月到期的执行价格为 98 美元/桶的看涨期权，权利金为 8 美元/桶；

卖出 2010 年 9 月到期的执行价格为 108 美元/桶的看涨期权，权利金为 5 美元/桶；

交易数量为：100 000 桶。

（1）2010 年 9 月到期时，石油价格为 100 美元/桶，计算 A 航空公司和 B 银行的盈亏。

（2）2010 年 9 月到期时，石油价格为 80 美元/桶，计算 A 航空公司和 B 银行的盈亏。

（3）试分析到期时原油价格对 A 航空公司的影响。

3. 假设当前的无风险利率曲线水平，年利率为 4%。在 3 月 1 日某银行购买了一张名义额为 100 万元、5 年期的 CDS 合约，每季度支付，最近的支付日为 3 月 20 日，尚余 20 个支付日，在 CDS 有效期中的任一年均可能发生违约。假设回收率为 30%，每年的边际违约率为 3%。请问：

（1）该 CDS 的利差是多少？（按连续复利计算）

（2）按照 ISDA2009 年的交易规则，若该参考实体为投资级，则买方需要向卖方支付的费用是多少？（提示：包括固定支付现金流、即期支付现金和卖方返还三部分，为简化计算，假设每月 30 天，每季度 90 天）

（3）假设 CDS 利差变为 150BP，风险调整后的息期为 4.5，则该银行的损益是多少？

4. 假设连续复利下零息收益率曲线为水平结构，为每年 7%，在一个 5 年期 CDS 合约中如果出现违约，则只可能在年中发生，回收率初设为 30%，并且在无前期违约条件下违约的条件概率为每年 3%。

（1）估计信用违约互换的溢价。在计算中假定 CDS 付费为每年 1 次。

（2）假设此 CDS 溢价为面值的 150 个基点，则该 CDS 对于信用买入方的价格为多少？

（3）假定此题中的 CDS 为两点式信用违约互换，则计算出的溢价是多少？

5. 假设 RMB/USD 的即期和远期汇率如下表所示：

即期汇率	6.80
180 天远期	6.56
360 天远期	6.38

当以下两种情况出现，会给套利者创造什么样的机会？

（1）情况 1：360 天期，执行价格为 6.15（RMB/USD）的欧式看涨期权，价格为 0.1 元人民币；

（2）情况 2：180 天期，执行价格为 6.65（RMB/USD）的欧式看跌期权，价格为 0.3 元人民币。

参考答案及解析

一、单选题

1. B	2. A	3. B	4. D	5. D	6. C	7. A	8. C
9. C	10. C	11. C	12. D	13. A	14. B	15. D	16. C
17. A	18. B	19. C	20. D	21. A	22. B	23. A	24. C
25. B	26. B	27. D	28. D	29. A	30. C	31. C	32. B
33. D	34. C	35. D	36. A	37. A	38. D	39. A	40. D

二、多选题

1. ABC	2. ABCD	3. AC	4. ABD	5. ABD
6. AB	7. AB	8. ACD	9. AD	10. ABCD
11. ACD	12. ABCD	13. ACD	14. ABD	15. BC
16. ABC	17. ABCD	18. AB	19. AC	20. BD

三、综合题

1. **参考答案及解析：**

当 CDS 的溢价为 180 个基点时，套利者可以通过购买该公司发行的债券同时购买 CDS 来实现套利，如果套利者可以利用无风险利率融资（如做空无风险债券），则可锁定大约 70 个基点的利润：$9 - 1.8 - 6.5 = 0.7$，即 70 个基点。

当信用利差是 320 个基点时，套利者可以抛空公司债券，卖出 CDS 同时购买无风险债券进行套利，这时可以锁定 70 基点的利润：$3.2 + 6.5 - 9 = 0.7$，即 70 个基点。

请注意，以上的计算均假设不存在交易费用。

这里的套利机制并不完美，因为：

第一，这里假定了公司债券和无风险债券按照面值付息，而且利率曲线是水平的。在实际中无风险债券的价格在违约或者不违约的情况下可能比面值高或者低。

第二，最便宜可交割债券的期权具有不确定性。

第三，完美对冲下需要 CDS 能够保护其参考实体的债券的全价，包括应计利息，而不仅仅是面值。

第四，此处假设市场参与者可以做空公司债券并以无风险利率融得资金。

2. **参考答案及解析：**

（1）A 航空公司需支付 B 银行 $(C_1 - C_2 + X_1 - S) \times$ 数量 $= (8 - 5 + 98 - 100) \times 100\,000 = 100\,000$（美元）。A 航空公司若在现货市场以 100 美元/桶的价格买入 100 000 桶原油，加上支付 B 银行的 100 000 美元，相当于以 101 美元/桶的价格买入 100 000 桶原油。

（2）A 航空公司需支付给 B 银行：$(C_1 - C_2) \times$ 数量 $= (8 - 5) \times 100\,000 = 300\,000$（美元）。A 公司在现货市场以 80 美元/桶的价格买入原油，A 航空公司需支付给 B 银行 300 000 美元，相当于以 83 美元/桶的价格买入。

（3）到期时，当原油价格在 X_1、X_2，即 98 美元/桶至 108 美元/桶之间时，A 航空公司可以用 $C_1 - C_2$，即 $8 - 5 = 3$（美元/桶）的成本将购买原油的价格锁定在 $X_1 + C_1 - C_2$，即 $98 + 8 - 5 = 101$（美元/桶）上，但是，如果到期时原油价格大于 108 美元/桶，或者低于 98 美元/桶，A 航空公司依然得接受石油价格的波动风险。

3. **参考答案及解析：**

（1）5 年中每一年的边际违约率均为 3%，则 5 年内的累计违约率为：

$1 - (1 - 3\%)^5 = 14.13\%$

按照连续复利计算，该 CDS 的利差为：$-\ln[1 - 14.13\% \times (1 - 30\%)]/5 = 2.08\%$，即该 CDS 的利差为 208BP。

（2）根据 ISDA 在 2009 年更改的交易规则，对参考实体为投资级的，固定费用为

100BP，故买方需要支付的季度固定费用为：

1 000 000×0.0108×90/360 = 2 700（元）

由于当前 CDS 利差为 208BP，即需要多付出 108BP 的一次性费用，将每季度多支付的 108BP 以 4% 的无风险利率贴现到交易日当日，如下：

1 000 000×0.0108×90/360×[1/(1+4%)/4]+1/[1+4%/4]^2+…+1/[1+4%/4]^20]×[1+4%/4]^(60/90) = 48 723.12（元）

由于在第 1 季度付费时多付了两个月的费用，故卖方返还：

1 000 000×0.0208×60/360 = 3 466.67（元）

（3）利差从 208BP 缩小为 150BP，该银行亏损，亏损额为：

1 000 000×(0.0208−0.015)×4.5 = 26 100（元）

4. 参考答案及解析：

按条件概率可得下表：

时间（年）	违约概率	不违约概率
1	0.03	0.97
2	0.0291 =（0.97×0.03）	0.9409 =（0.97−0.0291）
3	0.0282 =（0.9409×0.03）	0.9127 =（0.9409−0.0282）
4	0.0274 =（0.9127×0.03）	0.8853 =（0.9127−0.0274）
5	0.0266 =（0.8853×0.03）	0.8587 =（0.8853−0.0266）

假设每一期支付的费率为 S，则有：

时间（年）	不违约概率	预期支出	折算因子（连续复利）	预期支出的现值
1	0.9700	0.9700S	0.9324 =（$1/e^{0.07}$）	0.9044S =（0.9700S×0.9324）
2	0.9409	0.9409S	0.8694 =（$1/e^{0.07×2}$）	0.8180S =（0.9409S×0.8694）
3	0.9127	0.9127S	0.8106 =（$1/e^{0.07×3}$）	0.7398S =（0.9127S×0.8106）
4	0.8853	0.8853S	0.7558 =（$1/e^{0.07×4}$）	0.6691S =（0.8853S×0.7558）
5	0.8587	0.8587S	0.7047 =（$1/e^{0.07×5}$）	0.6051S =（0.8587S×0.7047）

预期收益的现值加总为 3.7364S（上表中最后一列加总）。

违约只可能发生在年中，因此 CDS 的买方的预期收益如下表（设本金为 1 美元）：

时间	违约概率	回收率	预期获赔额	折算因子	预期获赔额现值
0.5	0.03	0.3	0.0210 = (0.03×0.7)	0.9656 = (1/e^{0.07×0.5})	0.0203 = 0.0210×0.9656
1.5	0.0291	0.3	0.0204 = (0.0291×0.7)	0.9003 = (1/e^{0.07×1.5})	0.0183 = 0.0204×0.9003
2.5	0.0282	0.3	0.0198 = (0.0282×0.7)	0.8395 = (1/e^{0.07×2.5})	0.0166 = 0.0198×0.8395
3.5	0.0274	0.3	0.0192 = (0.0274×0.7)	0.7827 = (1/e^{0.07×3.5})	0.0150 = 0.0192×0.7827
4.5	0.0266	0.3	0.0186 = (0.0266×0.7)	0.7298 = (1/e^{0.07×4.5})	0.0136 = 0.0186×0.7298
加总					0.0838

而就算发生违约，也会有半年以上的时间需要支付 CDS 费用，则有：

时间	违约概率	应付费用	折算因子（计算同上表）	应付费用现值
1	0.03	0.0150S = (0.03/2×S)	0.9656	0.0145S = (0.0150S×0.9656)
2	0.0291	0.0146S = (0.0291/2×S)	0.9003	0.0131S = (0.0146S×0.9003)
3	0.0282	0.0141S = (0.0282/2×S)	0.8395	0.0118S = (0.0141S×0.8395)
4	0.0274	0.0137S = (0.0274/2×S)	0.7827	0.0107S = (0.0137S×0.7827)
5	0.0266	0.0133S = (0.0266/2×S)	0.7298	0.0097S = (0.0133S×0.7298)
合计				0.0598S

由于买卖双方预期收益必须均等，则 S 可以由下式推算：

① $3.7364S + 0.0598S = 0.0838$，得到 $S = 0.0221$，即 221 个基点。

② 如果是 150 个基点，那么对信用买入方而言，将 $S = 0.0150$ 代入①中最后结果的等式，并用右侧减去左侧，则得到对于买方的价值是：

$0.0838 - (3.7364 + 0.0598) \times 0.0150 = 0.0269$

因此，对于本金额中的每 1 美元，此 CDS 对买方的价值为 0.0269 美元。

③ 如果是两点式信用违约互换，则对于①题中买方的预期收益表变为：

时间	违约概率 （从①题可得）	预期获赔	折算因子 （同上计算）	预期获赔现值
0.5	0.030	0.03 = (0.03×1)	0.9656	0.0290 = (0.03×0.9656)
1.5	0.0291	0.0291 = (0.0291×1)	0.9003	0.0262 = (0.0291×0.9003)
2.5	0.0282	0.0282 = (0.0282×1)	0.8395	0.0237 = (0.0282×0.8395)
3.5	0.0274	0.0274 = (0.0274×1)	0.7827	0.0214 = (0.0274×0.7827)
4.5	0.0266	0.0266 = (0.0266×1)	0.7298	0.0194 = (0.0266×0.7298)
合计				0.1197

在 CDS 刚开始发行时，买方、卖方的预期收益必须相等，则 CDS 的溢价可由下式得到：

$$3.7364S + 0.0598S = 0.1197$$

则 $S = 0.0315$，即 315 个基点。

5. **参考答案及解析：**

（1）买入 360 天期的看涨期权同时做空 360 天期的远期合约。

如果令 S_t 为到期时的即期汇率，看涨期权可以得到 $\max(S_t - 6.15, 0) - 0.1$；而远期合约的空头可以得到 $6.38 - S_t$。

因此，总的策略收益为 $\max(S_t - 6.15, 0) - 0.1 + 6.38 - S_t$，或者 $\max(S_t - 6.15, 0) + 6.28 - S_t$，即当到期时即期汇率 $S_t > 6.15$ 时，本策略获益 $6.28 - 6.15 = 0.13$ 元。而当 $S_t < 6.15$ 时，策略收益为 $6.28 - S_t$，因此，可以始终保持获得一个正的套利收益。

（2）套利者买入 180 天期看跌期权并且做多 180 天期远期合约，仍然假设 S_t 为到期时的即期 RMB/USD 汇率。

看跌期权头寸的损益为 $\max(6.65 - S_t, 0) - 0.3$，远期合约的头寸损益为 $S_t - 6.56$，组合的损益为 $\max(6.65 - S_t, 0) - 0.3 + S_t - 6.56$ 或 $\max(6.75 - S_t, 0) + S_t - 6.26$。

即：当 $S_t > 6.65$ 时，组合收益为 $S_t - 6.26$；

当 $S_t < 6.65$ 时，组合收益为 $6.65 - 6.26 = 0.39$（元）。

同样，套利者通过如此操作，实现了始终为正的组合收益。

结构化产品练习题

第一章 概述

一、单选题

1. 一份完全本金保护型的股指联结票据的面值为 10 000 元，期限为 1 年，发行时 1 年期无风险利率为 5%。如果不考虑交易成本等费用因素，则该票据有（   ）元可用于建立金融衍生工具头寸。

    A. 476.19   B. 500   C. 625   D. 487.71

2. 一份具有看跌期权空头的收益增强型的股指联结票据，期限为 1 年，面值为 10 000 元，当前市场中的 1 年期无风险利率为 2.05%。票据中的看跌期权的价值为 430 元。那么，在不考虑交易成本的情况下，该股指联结票据的票面息率应该近似于（   ）。

    A. 2.05%   B. 4.3%   C. 6.35%   D. 6.44%

3. 从发行者的角度看，为了对冲反向可转换债券中嵌入的期权，经常进行的操作是持有（   ）。

    A. 看跌期权空头   B. 看跌期权多头
    C. 看涨期权空头   D. 看涨期权多头

4. 某投资银行设计了具有看涨期权空头的股指联结票据，以便在股票市场下跌时获得相对较高的收益率。但是，投资者的风险厌恶程度较高，不愿意接受这个没有保本条款的产品。这时，投资银行应该增加（   ）工具，在实现一定程度保本的同时，又能在股票市场上升中不承担损失。

    A. 更高执行价的看涨期权空头   B. 更低执行价的看涨期权空头
    C. 更高执行价的看涨期权多头   D. 更低执行价的看涨期权多头

5. 某投资银行要设计一款完全保本的股指联结票据，使其能在股票市场上涨的时候获利,在发行时的利率水平比较高。为了提高预期收益,较为合理的设计是( )。

A. 加入看跌期权空头　　　　　　B. 加入看跌期权多头

C. 提高看涨期权的执行价　　　　D. 降低看涨期权的执行价

6. 结构化产品的期权结构能带来负偏特征的是( )。

A. 看涨期权多头结构

B. 看跌期权多头结构

C. 一个看涨期权多头以及一个更高执行价的看涨期权空头

D. 看涨期权空头结构

7. 结构化产品的信用增强功能由下列( )提供。

A. 创设者　　　B. 发行者　　　C. 投资者　　　D. 套利者

二、多选题

1. 下列金融工具中属于结构化产品的有( )。

A. 优先股　　　　　　　　　　B. 中央银行票据

C. 可赎回债券　　　　　　　　D. 可转换债券

2. 投资者通过充分、科学的研究,预期股票市场未来有较大可能大幅上涨。这时,投资者可以通过以下( )金融工具来从股市上涨中获利。

A. 大额可转让定期存单　　　　B. 股指期货多头

C. 含股指期权多头的保本票据　D. ETF股票指数基金

3. 某投资银行想设计一款完全保本的股指联结票据,在发行时的利率水平比较低,导致无法获得足够的资金来建立看涨股指期权多头头寸。解决这个问题比较合理的方法有( )。

A. 将期权头寸由多头改为空头

B. 加入执行价更高的看涨期权的空头头寸

C. 调低票据的参与率

D. 将看涨期权多头改为看跌期权空头

4. 结构化产品的发行者在规避其发行的结构化产品中的市场风险时,下列( )方法是合理有效的。

A. 场外市场对冲　　　　　　　B. 二级市场对冲

C. 自有资产对冲　　　　　　　D. 提取损失准备金

5. 从投资者的角度看,区间浮动利率票据中嵌入的期权包括( )。

A. 利率封顶期权空头　　　　　B. 利率封顶期权多头

C. 利率封底期权空头　　　　　D. 利率封底期权多头

6. 结构化产品的二级市场中的做市商通常由（　　）机构扮演。

A. 创设者　　　　　　　　　B. 发行者

C. 投资者　　　　　　　　　D. 自营套利者

7. 在一款完全保本型的、嵌入看涨期权多头的结构化产品的设计中，如果市场利率较低，导致可用于建立期权头寸的资金比较少，这时可用（　　）方法以使期权头寸可以建立。

A. 加入执行价更高的看涨期权的空头头寸

B. 降低产品的参与率

C. 缩短产品的到期期限

D. 加入看跌期权的空头头寸（执行价等同于看涨期权）

8. 创设一款完全保本型的、嵌入看跌期权多头的结构化产品，（　　）客观的市场因素将影响到产品的参与率。

A. 无风险利率水平　　　　　B. 看跌期权价格

C. 发行者信用等级　　　　　D. 投资者的风险偏好

三、判断题

1. 收益增强型的结构化产品无法实现部分保本条款。　　　　　　　　　（　　）
2. 完全保本型的结构化产品不产生定期利息。　　　　　　　　　　　　（　　）
3. 结构化产品的发行者通常会通过各种方式对冲掉产品中的市场风险。（　　）
4. 完全保本型的结构化产品不能含有期权空头。　　　　　　　　　　　（　　）
5. 投资者运用结构化产品的最主要目的是进行市场风险对冲和规避。　（　　）
6. 发行者在结构化产品的运作过程中起到了较明显的信用增强作用。　（　　）
7. 某上市公司发行的可转换债券嵌入的金融衍生工具是股票看跌期权。（　　）
8. 结构化产品的期限比较短，通常在 1~3 年之间。　　　　　　　　　（　　）
9. 相对于普通的股票和债券而言，结构化产品的二级市场流动性通常比较低。

（　　）

10. 结构化产品市场的发展强烈依赖于普通的金融衍生工具市场的发展。（　　）

四、综合题

1. 某款以某个股票价格指数为标的物的结构化产品的收益计算公式如下所示：

收益 = 面值 × [80% + 120% × max(0，- 指数收益率)]

根据这个收益条款，回答以下问题：

（1）产品中嵌入了什么期权？

（2）产品的保本比例是多少？产品的参与率是多少？

（3）假设产品以面值发行，那么相对期初、期末时指数上涨或下跌了多少才能使投资者不承受亏损？

2. 某家信用评级为 AAA 级的商业银行目前发行 3 年期有担保债券的利率为 4.26%。现该银行要发行一款保本型结构化产品，其中嵌入了一个看涨期权的多头；产品的面值为 100，而目前 3 年期的看涨期权的价值为产品面值的 12.68%；银行在发行产品过程中，将收取面值的 0.75% 作为发行费用，且产品按照面值发行。根据这些信息，回答如下关于产品设计的问题：

（1）如果将产品设计成为 100% 保本，那么产品的参与率是多少？
（2）如果将产品的杠杆设定为 120%，那么保本的比例是多少？

参考答案及解析

一、单选题

1. A   2. D   3. A   4. C   5. D   6. D   7. B

二、多选题

1. CD   2. BCD   3. BC   4. ABC   5. AD   6. AB   7. AB
8. ABC

三、判断题

1. 错   2. 错   3. 对   4. 错   5. 错   6. 对   7. 错
8. 对   9. 对   10. 对

四、综合题

1. 参考答案及解析：

（1）产品中嵌入的期权主要体现在公式中的 max(0，-指数收益率) 这一项。具体而言，如果指数上涨，则指数收益率大于零，而 max(0，-指数收益率) 则等于零；反之，如果指数下跌，则指数收益率小于零，而 max(0，-指数收益率) 则等于"-指数收益率"，这是一个大于零的数。所以，只有指数下跌时，期权到期时的价值才大于零。所以，这是一个欧式看跌期权。

（2）保本比例是产品的投资回收额的最小值与面值的比率。在本产品中，如果指数的收益率小于零,那么其中嵌入的期权在到期时的价值就是零,而产品的收益就等于"面值×80%",所以,保本率是80%。

在这款结构化产品中,参与率体现在嵌入期权的收益的放大或缩小。其中,期权的收益体现在"max(0,指数收益率)×120%",相当于将期权的收益放大到期权价值的120%。所以,这款产品的参与率就是120%。

(3)投资者在期末不承受亏损,则到期收益至少是产品的面值,因此有如下方程:面值=面值×[80%+120%×max(0,−指数收益率)],即80%+120%×max(0,−指数收益率)=1。

从而有max(0,−指数收益率)=16.67%。

因此,指数收益率=−16.67%。也就是说,只有指数下跌16.67%甚至下跌得更多时,投资者才不会承受亏损。

2. **参考答案及解析:**

(1)如果产品设计成为100%保本,那么债券的价值就是:

$100/(1+4.26\%)^3 = 88.24$

所以,用于建立债券头寸的资金是面值的88.24%,再扣除发行费用0.75%,100%−88.24%−0.75%=11.01%,即剩下的资金是面值的11.01%,可用于建立期权的头寸。

而期权的价值是面值的12.68%,所以参与率(即杠杆水平)为:

$11.01\% \div 12.68\% = 86.83\%$

(2)如果将产品的杠杆设定为120%,即参与率为120%,那么需要用于建立期权头寸的资金是面值的:

$120\% \times 12.68\% = 15.22\%$

再扣除发行费用0.75%,则剩有100%−15.22%−0.75%=84.03%,可用于建立债券的头寸。这些资金在期末时的价值为$84.03\% \times (1+4.26\%)^3 = 95.23\%$,所以,产品的保本比例在95%左右。

第二章 结构化产品中嵌入的奇异期权

一、单选题

1. 根据两值期权的特征,一个欧式看涨期货期权(标的期货为 S,执行价格为 K)可以看作( )两种两值期权的结合。
   A. K 单位 Cash – or – nothing Call 和 S 单位 Asset – or – nothing Call 的结合
   B. K 单位 Asset – or – nothing Call 和 S 单位 Cash – or – nothing Call 的结合
   C. K 单位 Cash – or – nothing Put 和 S 单位 Asset – or – nothing Call 的结合
   D. K 单位 Asset – or – nothing Call 和 S 单位 Cash – or – nothing Put 的结合

2. 属于多维期权的是( )。
   A. 亚式期权　　　　　　　　B. 回溯期权
   C. 彩虹期权　　　　　　　　D. 选择者期权

二、多选题

1. 结构化产品嵌入了下列( )期权后就具有了路径依赖特征。
   A. 欧式看跌期权空头
   B. 亚式看涨期权多头
   C. 回溯(Lookback)看涨期权多头
   D. 两值看涨期权空头

2. 奇异期权的主要类型有( )。
   A. 路径依赖　　B. 时间依赖　　C. 多维期权　　D. 高阶期权

3. 强式路径依赖的期权类型包括( )。
   A. 亚式期权　　B. 回溯期权　　C. 美式期权　　D. 障碍期权

4. 亚式期权比障碍期权更易保值的原因有( )。
   A. 亚式期权越接近到期日,回报波动越大
   B. 亚式期权越接近到期日,保值比例越接近零
   C. 资产价格接近障碍水平时,障碍期权的 Δ 却是不连续的
   D. 亚式期权越接近到期日,回报越确定

三、判断题

1. 基于某个资产价格的欧式向下敲出期权的价值与基于该资产期货价格的欧式向下敲出期权价值相等（该期货合约到期日与期权到期日相同）。（ ）

2. 障碍期权通常比普通期权便宜，购买者可以使用它们来为某些非常特定的具有类似性质的现金流保值。（ ）

3. 弱式路径依赖期权包括美式期权、障碍期权。（ ）

四、综合题

1. 考虑一个欧式折扣看跌期权（European Rebate Put），其特征如下：如果股票价格在期权到期前下跌超过10%，期权到期时支付 $\max(X-S,0)$，否则到期时需支付期权最初成本的20%。这个期权合约可以如何进行分解？

2. 分析障碍期权的性质。

参考答案及解析

一、单选题

1. A 2. C

二、多选题

1. BC 2. ABCD 3. AB 4. BCD

三、判断题

1. 错 2. 对 3. 对

四、综合题

1. **参考答案及解析：**

该期权具有以下两个特征：（1）如果期权下跌超过10%，到期时需支付 $\max(X-S_T,0)$，这等于一个向下敲入看跌期权；（2）如果期权下跌不到10%，则到期时需支付期权最初成本的20%，即支付现金，这等于一个向下敲出看涨期权。因此，这个期权的价值可以分解为：

$$f(S,t) = f_1(S,t;X,T;0.9S) + f_2[S,t;S-0.2f(S,t),T,0.9S]$$

即一个以 0.9S 为障碍水平，执行价格为 X 的向下敲入看跌期权和一个以 0.9S 为障碍水平，执行价为 $S-0.2f(S,t)$ 的向下敲出看涨期权之和。这两个期权都在 T 时刻到期。

2. **参考答案及解析：**

障碍期权是路径依赖期权，它们的回报以及它们的价值要受到资产到期前遵循的路径的影响。但是障碍期权的路径依赖的性质是较弱的，因为我们只需要知道这个障碍是否被触发，而并不需要了解关于路径的其他任何信息，关于路径的信息不会成为我们定价模型中的一个新增独立变量，如果障碍水平没有被触发，障碍期权到期时的损益情况仍然和常规期权是相同的。因此障碍期权属于弱式路径依赖。

障碍期权通常比普通期权便宜，购买者可以使用它们来为某些非常特定的具有类似性质的现金流保值。

第三章 结构化产品的定价与风险评估

一、单选题

1. 某银行发行规模为 500 万元的零息债券,期限为 4 年,市场利率为 8%。假定以半年付息计算,则该债券的实际利息是( )元。
   A. 1 200 000   B. 1 200 411   C. 1 346 549   D. 1 600 000

2. 下列是关于具有向上敲入看涨期权多头结构的、以股票价格指数为标的物的结构化产品的风险简析,其中错误的是( )。
   A. 标的物价格的上涨将使该结构化产品升值
   B. 波动率的放大将使该结构化产品升值
   C. 利率上升既能导致结构化产品升值,有些情况下也能导致结构化产品价值下跌
   D. 发行者信用等级下降,那么二级市场中的产品的收益率将下降

3. 某指数跟踪型资产管理机构以 5% 的利率融入期限为 1 年的贷款 100 万元,投资于具有看跌期权的股指联结票据。对此,以下说法不正确的是( )。
   A. 该机构运用了某种程度的杠杆
   B. 不存在利率风险
   C. 股市下跌的风险受到一定程度的回避
   D. 该机构原有资产组合的风险/收益特征并没有改变

二、多选题

1. 某个完全保本型股指联结票据由零息债券和股指看涨期权构成,面值为 100,期限为 2 年,当时利率水平为 5.409%,期权的执行价为 102。在期权交易市场中,3 个月到期的、执行价为 102 的看涨期权在( )的价格区间上会出现明显的套利机会。
   A. 高于 5.24   B. 高于 6.76
   C. 高于 9.98   D. 高于 10.02

2. 适用于评估债券的利率风险的指标是( )。
   A. 久期   B. 凸性   C. 利率波动率   D. vega

3. 结构化产品的二级市场定价机制包括( )。

A. 交易所撮合成交定价　　　B. 产品做市商报价
C. 发行者回购定价　　　　　D. 资产互换和套利定价

4. 某银行发行了一款期限为 5 年的股指联结票据，该票据嵌入了股指看涨期权。该银行通过场内市场交易来对冲期权的风险。该银行发行这款产品面临的主要风险是（　　）。

A. 利率风险　　　　　　　　B. 股票市场风险
C. 汇率风险　　　　　　　　D. 跟踪误差风险

三、判断题

1. 结构化产品的定价要反映产品中嵌入的各个组成部分的价值之间所具有的相关性。　　　　　　　　　　　　　　　　　　　　　　　　　　　　　　（　　）

2. 结构化产品风险对冲的困难会提高产品的价格。　　　　　　　　（　　）

3. 当市场利率比较低时，以面值发行的、票面息率高于同期市场利率的结构化产品的风险比较低。　　　　　　　　　　　　　　　　　　　　　　　　（　　）

4. 发行者在二级市场中回购其所发行的结构化产品时，能够给市场提供流动性，促进定价效率。　　　　　　　　　　　　　　　　　　　　　　　　　（　　）

5. 久期度量的是利率的二阶风险。　　　　　　　　　　　　　　　（　　）

6. 久期衡量的是固定收益证券的价格对市场利率变动的敏感性。　（　　）

7. 期权定价中，通常使用标的物价格的标准差代替波动率。　　　（　　）

8. 结构化产品定价时，除了要反映产品各个组成部分的价值之外，还要反映交易成本或发行费用。　　　　　　　　　　　　　　　　　　　　　　　　（　　）

9. 对于被动管理的资产组合而言，主要的风险是跟踪误差。　　　（　　）

四、综合题

1. 某款结构化产品由一份固定利率债券和一份欧式看涨期权构成，产品的面值为 1 000 元，期限为 1 年。其中的欧式看涨期权以某股价指数为标的，执行价格为 1200 点，指数当前价为 1050 点，每个指数点相当于 1 元。当前的 1 年期国债收益率为 5%。其中的固定利率债券为零息债券。根据这些信息，回答以下问题：

（1）根据 Black – Scholes 期权定价公式，如果指数的波动率为 15%，那么该期权的价值是多少？

（2）如果该结构化产品以面值发行，那么投资者的投资中有多少比例的资金用于构建固定利率债券？

（3）根据当前的无风险利率，发行者若以面值发行这款结构化产品，将获得多少收益？

2. 某款结构化产品的主要条款如下表所示：

期限	1年（××年1月1日到××年1月1日）
标的物	ABC股价指数
发行价格	100%（按面值发行）
面值	1 000元
敲出事件	敲出事件定义为：在产品发行后至产品到期前的一年之内，指数的上涨幅度达到或超过敲出水平
敲出水平	140%
本金保护	100%
参与率	100%

根据以上信息回答下列问题：

（1）画出产品的收益图。

（2）如果产品附加一个条款，即当敲出事件发生时，产品到期，且投资者获得的持有期收益率是8%。在此情况下，请画出产品的收益图。

（3）在第（2）问设定的情况下，如果产品中的敲出期权的价值是12.35元，那么，在不考虑交易成本的情况下，某从事套利的交易员将套利的无风险利率水平设定为9.35%，该交易员的设定正确吗？

参考答案及解析

一、单选题

1. C   2. D   3. B

二、多选题

1. CD   2. AB   3. BCD   4. AD

三、判断题

1. 对   2. 对   3. 错   4. 对   5. 错   6. 对   7. 错
8. 对   9. 对

四、综合题

1. 参考答案及解析：

（1）根据欧式看涨期权的 Black – Scholes 定价公式，

$$C = SN(d_1) - Ke^{-r(T-t)}N(d_2)$$

$$d_1 = \frac{\ln\left(\frac{S}{K}\right) + \left(r + \frac{1}{2}\sigma^2\right)(T-t)}{\sigma\sqrt{T-t}}$$

$$d_2 = d_1 - \sigma\sqrt{T-t}$$

那么，$d_1 = [\ln(1050/1200) + (0.05 + 0.15 \times 0.15/2) \times 1]/(0.15 \times \sqrt{1}) = -0.481876$

$d_2 = d_1 - 0.15 \times \sqrt{1} = -0.631876$

$C = 1050 \times N(d_1) - \exp(-0.05 \times 1) \times 1200 \times N(d_2) = 29.65$（元）

即看涨期权的价值为 29.65 元。

（2）在 1 000 元的面值中，要用 29.65 元建立期权头寸，剩余的用于建立固定利率债券的资金额为 1 000 – 29.65 = 970.35（元）。

（3）为了实现保本，发行者需要用适量的资金以建立固定利率债券的头寸，保证该债券在 1 年后的价值为 1 000 元。根据当前的利率，1 000 元的现值为 1 000 ÷ (1 + 5%) = 952.38 元。而可用的资金则是 970.35 元，所以，余下的资金为：

970.35 – 952.38 = 17.97（元）

这就是发行者在发行这款结构化产品所获的收益。

2. 参考答案及解析：

（1）横轴表示指数的当前值与期初值的比例，纵轴表示产品的收益率（见下图）。

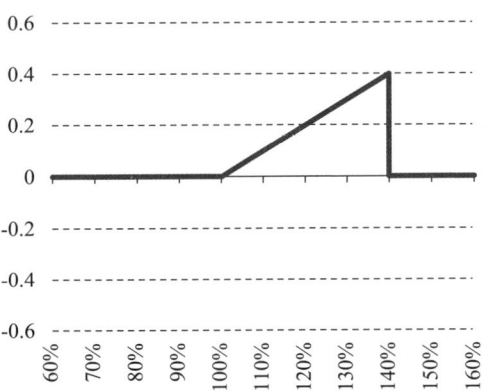

(2) 横轴表示指数的当前值与期初值的比例,纵轴表示产品的收益率(见下图)。

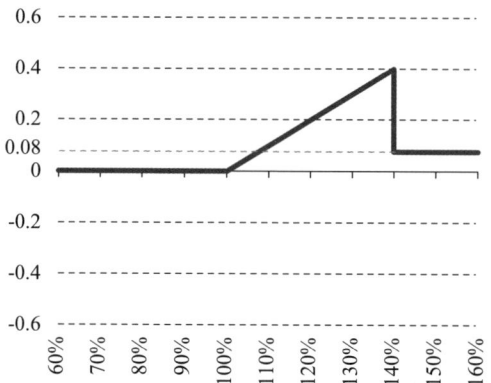

(3) 该交易员的设想是,产品用于建立无风险债券头寸的资金 = 1 000 - 12.35 = 987.65 元,而在产品敲出后的收益是 1 080 元,所以 1 年期的收益率为:

(1 080 - 985.65) ÷ 985.65 = 9.57%,

所以当市场利率低于 9.57%,就可以用市场利率借入资金并买入该产品并同时将其中的敲出期权对冲,从而获得套利收益。

这样设想的错误所在是没有考虑到产品在指数下跌时的收益是 1 000 元,所以产品的最低收益并不是 1 080 元。

第四章　股权类结构化产品

一、单选题

1. 与可转换债券相比，可交换债券的最显著特征是（　　）。
   A. 含有基于股票的期权
   B. 期权的头寸是空头
   C. 标的股票是发行者之外的第三方股票
   D. 杠杆效应更高

2. 与本金保护型相比，收益增强型的股指联结票据中嵌入的期权通常是（　　）。
   A. 看涨期权　　B. 看跌期权　　C. 期权多头　　D. 期权空头

3. 对发行者而言，可转换优先股比可转换债券更有优势的一点是（　　）。
   A. 利息支付可以展期　　　　　B. 嵌入看跌期权
   C. 没有股本稀释效应　　　　　D. 风险比可转换债券高

4. 在强制转换债券中，投资者持有的期权是（　　）。
   A. 看涨期权多头
   B. 看跌期权多头
   C. 看涨期权空头和更高执行价看涨期权多头
   D. 看涨期权空头和更低执行价看涨期权多头

5. 与可转换债券相比，股指联结票据发行者要做的额外工作主要是（　　）。
   A. 支付债券的利息　　　　　B. 对冲产品嵌入期权的风险
   C. 支付债券本金　　　　　　D. 发行新股

6. LYONs中的赎回权可以看作（　　）。
   A. 发行者持有的利率封底期权　　B. 投资者持有的利率封底期权
   C. 发行者持有的利率封顶期权　　D. 投资者持有的利率封顶期权

7. 某个收益增强型的股指联结票据中的收益计算公式是收益 = 面值 + 面值 × [1 - (指数终值 - 指数初值) ÷ 指数初值]，为了保证投资者的最大亏损仅限于全部本金，需要加入的期权结构是（　　）。
   A. 执行价为指数初值的看涨期权多头
   B. 执行价为指数初值2倍的看涨期权多头

C. 执行价为指数初值 2 倍的看跌期权多头

D. 执行价为指数初值 3 倍的看涨期权多头

二、多选题

1. 投资者利用股票联结票据进行股票投资，相当于利用了（　　）。
A. 杠杆投资　　　　　　　　　B. 股票期货
C. 股指期权　　　　　　　　　D. 股票期权

2. 与普通的指数基金相比，股指联结票据还有（　　）特征。
A. 指数投资　　　　　　　　　B. 最小投资额度降低
C. 可选择参与率　　　　　　　D. 可以做空股指

3. 股指联结票据的功能体现在（　　）。
A. 辅助实现资产配置策略　　　B. 增强投资收益
C. 满足投资者特定的风险/收益需求　　D. 实现更大范围的分散化投资

4. 为了对冲完全保本型的股票联结票据的利率风险，发行者可以（　　）。
A. 买入相应期限、规模相当的零息债券
B. 通过利率互换将浮动利率换成固定利率
C. 匹配相应期限的贷款
D. 匹配相应规模的贷款

5. 股指联结票据的收益增强结构的实现方法包括（　　）。
A. 牛熊结构　　　　　　　　　B. 逆向可转换结构
C. 期权空头结构　　　　　　　D. 看跌期权多头结构

三、判断题

1. 传统的股权类结构化产品主要被用来降低融资成本。　　　　　　　（　　）
2. 认股权证属于股权类结构化产品。　　　　　　　　　　　　　　　（　　）
3. 对投资者而言，可转换债券的风险要高于可转换优先股的风险。　　（　　）
4. 对发行者而言，发行股指联结票据的一个前提是能有效地对冲其中的股票市场风险。　　　　　　　　　　　　　　　　　　　　　　　　　　　　（　　）
5. 相对于普通的权证而言，具有牛市价差期权结构的股票联结票据的股本稀释效应更低。　　　　　　　　　　　　　　　　　　　　　　　　　　　（　　）
6. 可转换债券的总价值减去债券票面价值得到的是期权价值。　　　　（　　）
7. 流动收益股权票据（LYONs）是期权与零息债券的组合。　　　　　（　　）
8. 通过期权空头可以增强股指联结票据的收益，该收益表现为更高的票面息率。
　　　　　　　　　　　　　　　　　　　　　　　　　　　　　　　（　　）

9. 融合了优先股在融资来源长期稳定方面的优点以及债券在利息避税方面的优点的股票联结票据是可转换信托优先股。（   ）

10. 对发行者而言，可转换债券的风险除了利率、股票风险之外，还有不转换风险。（   ）

四、综合题

1. 某款股指类结构化产品的主要条款如下表所示：

发行者	德国某个信用评级为 AAA 级的银行
发行对象	中国境内的资产规模达到或超过 500 万元人民币的投资者
产品标的	ABC 股票价格指数
期限	1 年
票面息率	12.8%
发行价格	100%（面值发行）
产品赎回价值	面值 ×[1 -（指数期末值 - 指数期初值）÷指数期初值]
最大赎回价值	100%
最小赎回价值	0

在产品发行时，该银行发行的 1 年期债券的到期收益率为 8%。

根据上述信息，回答下列问题：

（1）从产品结构的角度解释：既然发行者可以以 8% 的利率发债，为什么还要承担 12.8% 的票面息率？

（2）产品中嵌入了哪些期权？对每类期权而言，投资者处于空头还是多头？

（3）画出产品的收益图。

2. 现有一款反向可转换票据，其结构由零息债券和向下敲入看跌期权的空头（Short Down-and-in Put）构成，且该期权的标的物是 X 股票、Y 股票和 Z 股票。票据的主要条款如下表所示：

期限	1 年
票据面值	1 000 元
执行价格	标的股票在票据发行日的收盘价
敲入水平	标的股票在票据发行日的收盘价的 70%
票据票面息率	12%
票据赎回	与期初相比： ①三只股票在 1 年内任何交易日的跌幅均小于 30%，则投资者收回 100% 的本金并获得 12% 的票面息率 ②三只股票中有一只或一只以上的股票在 1 年之内的任何交易日的跌幅等于或大于 30%，且在票据到期时至少有一只股票的价格低于期初的价格，则投资者将获得表现最差的股票（转股价格以票据发行时的股票价格计算）以及 12% 的票面息率

在票据发行时，X、Y、Z 三只股票的市场价格分别是 80.5 元、45.2 元和 28.6 元。票据以面值发行。根据这些信息，回答以下问题：

（1）为了简化表述，假设票据嵌入期权的标的物只有一只股票，在此情况下，请画出票据的收益图。

（2）如果在期末时，X、Y、Z 三只股票的价格分别是 68.96 元、42.48 元和 15.36 元，其中股票 Y 在这一年内的下跌过程中触及了敲入水平。在这种情境下，请算出投资者的投资收益。

（3）分别评估股票价格的变动和波动率的变动对票据价值的影响。

参考答案及解析

一、单选题

1. C 2. D 3. A 4. C 5. B 6. A 7. D

二、多选题

1. AD 2. CD 3. ABCD 4. AB 5. ABC

三、判断题

1. 对 2. 错 3. 错 4. 对 5. 对 6. 对 7. 对
8. 对 9. 对 10. 对

四、综合题

1. **参考答案及解析：**

（1）根据产品赎回价值条款和最大价值条款，当指数上涨时，产品赎回价值低于面值，投资者受损；当指数下跌时，产品赎回价值最高限于面值。这是典型的看涨期权空头结构，即投资者处于看涨期权的空头头寸。空头头寸使得投资者获得期权费。该期权费反映在票面息率上，使得产品的票面息率高于市场同期利率。

（2）根据上一段的分析，投资者处于看涨期权的空头地位。同时，根据最小赎回价值，处于空头的投资者的最大损失只限于全部的本金，即当指数进一步上涨超过 100% 时，投资者并不需承担更大的损失。因此，最小赎回价值对应于一个看涨期权，执行价为指数期初值的两倍，投资者处在该期权的多头头寸。

（3）横轴为指数涨跌幅，纵轴是赎回价值，赎回价值为100表示按面值全额赎回（见下图）。

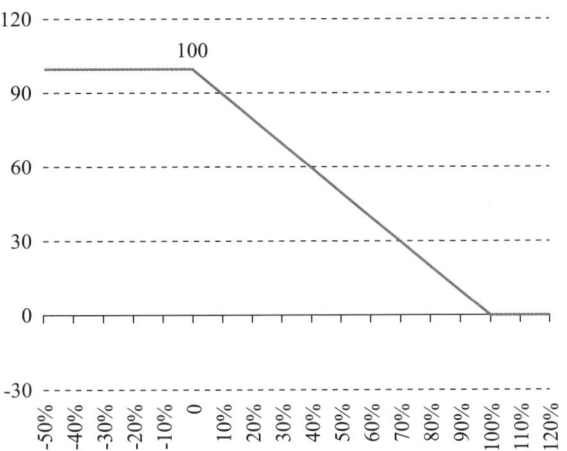

2. **参考答案及解析：**

（1）横轴是标的股票的期末价格与期初价格的比例，纵轴表示票据的收益率，虚线表示当敲入事件发生时的收益率，而实线表示敲入事件发生时票据的收益率（见下图）。

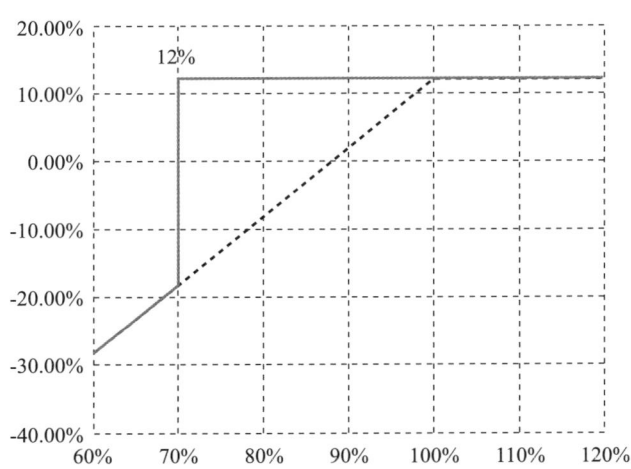

（2）因为股票Y触及了敲入水平，所以应该执行转股。在三只股票中：

X的跌幅是$(68.96 - 80.5)/80.5 = -14.34\%$

Y的跌幅是$(42.48 - 45.2)/45.2 = -6.02\%$

Z的跌幅是$(15.36 - 28.6)/28.6 = -46.29\%$

Z股票的跌幅是最大的，根据票据赎回条款，票据应转为Z股票。根据Z的期初价格，1 000元面值可以转换为$1\,000 \div 28.6 = 34.97$股。所以，在转股的时候，要转成34股Z股票，剩余的0.97元以现金的形式返还给投资者。

综合而言，投资者收回的资金分为：

Z股票价值 = 34 × 15.36 = 522.24（元）

现金 = 股票剩余 + 利息 = 0.97 × 15.36 + 1 000 × 12% = 134.90（元）

总共收回的资金 = 522.24 + 134.90 = 657.14（元），即投资收益率为(657.14 − 1 000)/1 000 = −34.29%。

（3）股票价格对票据价值的影响主要体现在对其中期权价值的影响。因为投资者处在看跌期权空头头寸，所以当股票价格上涨的时候，票据的价值将上涨；反之，如果股票的价格下跌，票据的价值将下跌。

股票的波动率也将影响期权的价值。因为投资者处于期权的空头头寸，所以当波动率上升的时候，表明产品更有可能触及敲入价格水平，降低了票据的价值；反之，波动率下降的时候，表明产品触及敲入价格水平的可能性降低，票据的价值会提高。

第五章 利率类结构化产品

一、单选题

1. 下面对债券认购权证描述错误的是（　　）。
   A. 债券认购权证是标的物价格的看涨期权，在市场利率下降时，债券认购权证持有人将执行
   B. 债券发行者可通过卖出债券认购权证获得期权费，达到降低融资成本的目的
   C. 为了对冲债券认购权证发行者的利率风险，发行者可参与触发式利率互换期权
   D. 债券认购权证必须依托于现有债券，即债券发行者在发行债券的同时发行债券认购权证

2. 发行者 abc 银行发行了价值 10 亿美元、支付固定利率 7% 的指数分期偿还债券。该债券执行分期偿还所参照的利率为 6 个月 Libor，并且在发行后 2 年内将不执行偿还条款。目前 6 个月 Libor 为 4%，具体分期偿还条款如下：
   （1）当 6 个月 Libor 不高于 4% 时，债券偿还本金比例为 100%；
   （2）当 6 个月 Libor 不高于 5% 时，债券偿还剩余本金比例为 50%；
   （3）当 6 个月 Libor 不高于 6% 时，债券偿还剩余本金比例为 10%；
   （4）当 6 个月 Libor 不高于 7% 时，债券偿还剩余本金比例为 0。
   选择当 6 个月 Libor 为 5.5% 时，债券偿还本金比例为（　　）。
   A. 50%　　　　B. 10%　　　　C. 25%　　　　D. 30%

3. 某银行签订了一份期限为 10 年的协议，约定支付 3.5% 的固定利率，收到 6 个月 Libor 利率，但是当该 Libor 利率高于 7% 时，仅有 60BP 收入。可将此交易拆分为（　　）。
   A. 即期利率互换和数字利率封顶期权
   B. 远期利率互换和数字利率封顶期权
   C. 即期利率互换和数字利率封底期权
   D. 远期利率互换和数字利率封底期权

4. 某银行发行了为期 5 年，总价值为 1 亿欧元的逆向浮动利率票据，票面息率为 16%，即 3 个月 Euribor，每半年付息一次。以下（　　）操作可以达到完全对冲风险的效果。

A. 签订一份价值 1 亿欧元的 5 年期互换协议，收取固定利率 8%（每半年付息一次），支付 3 个月 Euribor

B. 签订一份价值 1 亿欧元的 5 年期互换协议，收取固定利率 8%（每半年付息一次），支付 3 个月 Euribor，同时购买 8% 的利率封底期权

C. 签订一份价值 1 亿欧元的 5 年期互换协议，收取固定利率 16%（每年付息一次），支付 3 个月 Euribor，同时购买 16% 的利率封顶期权

D. 签订一份价值 1 亿欧元的 5 年期互换协议，收取固定利率 16%（每年付息一次），支付 3 个月 Euribor，同时购买 16% 的利率封底期权

5. 某银行于 2012 年 8 月 1 日发行了期限为 7 年、票面息率为 5% 的债券，购买者有权在 3 年后将债券回售给发行方。当出现以下（　　）情况时，债券投资者会执行债券的（　　）隐含期权。

A. 市场利率上升至 6%；投资者执行嵌入的看涨期权

B. 市场利率上升至 6%；投资者执行嵌入的看跌期权

C. 市场利率下降至 4%；投资者执行嵌入的看涨期权

D. 市场利率下降至 4%；投资者执行嵌入的看跌期权

6. 利率封顶期权（Interest Rate Cap）的卖方等同于（　　）。

A. 卖出对应债券价格的看涨期权

B. 买入对应债券价格的看涨期权

C. 卖出对应债券价格的看跌期权

D. 买入对应债券价格的看跌期权

7. 某投资者投资一款美元利率挂钩理财产品，收益情况如下：

（1）第 1 个收益期：年率为 5.00%

（2）第 2 个收益期：若 3M Libor 等于或高于 1.50%，且 6M Libor 等于或高于 1.6%，则年率为 5.50%；否则，年率为 1.00%

（3）第 3 个收益期：若 3M Libor 等于或高于 1.50%，且 6M Libor 等于或高于 1.65%，则年率为 6%；若 3M Libor 低于 1.50%，年率为 1.00%

那么，投资者预期（　　）。

A. 利率上升，收益率曲线变陡峭

B. 利率上升，收益率曲线变平坦

C. 利率下降，收益率曲线变陡峭

D. 利率下降，收益率曲线变平坦

8. 对投资者而言，下列债券（　　）的利率风险最大。

A. 票面息率 5% 的 10 年期可赎回债券

B. 票面息率 5% 的 10 年期可回售债券

C. 票面息率5%的15年期可回售债券

D. 票面息率5%的10年期普通债券

二、多选题

1. 下列选项中，对可赎回债券结构特征描述正确的有（　　）。

A. 可赎回债券可设定赎回保护期

B. 可赎回债券可设定多个赎回日期

C. 可赎回债券可设定多个赎回价格

D. 可赎回债券可赎回价格只能有一个

2. 可赎回债券的投资策略和投资价值包括（　　）。

A. 可赎回债券要比同等条件下普通债券收益率更高，因此可采用买入并持有策略

B. 投资者可以组合可赎回债券与不可赎回债券进行配对交易，当两者之间的差值超过合理区间时，投资者可进行套利操作，即相对价值投资策略

C. 可赎回债券凸性总为正，因此可通过投资可赎回债券增加组合中的正凸性

D. 可赎回债券凸性可能为负，因此可用于进行利率风险管理，对冲资产组合中的正凸性

3. 可赎回债券和可售回债券的主要区别体现在（　　）。

A. 期权持有人不同，可赎回债券中嵌入的看涨期权的持有人为债券发行者，可回售债券中嵌入的期权的持有人为债券投资者

B. 债券票面息率高低不同，可赎回债券支付票面息率相对较高，可回售债券的票面息率相对较低

C. 债券久期和凸性特征不同，当市场利率低于可赎回债券票面息率时，债券久期将小于普通债券，凸性将为负；当市场利率高于可回售债券票面息率时，债券久期将小于普通债券

D. 债券有效期风险与市场利率的关系不同，当市场利率低于可赎回债券票面息率时，债券的有效期将缩短；当市场利率高于可回售债券票面息率时，债券的有效期将缩短

4. 以下对于票面息率为15% – Libor 的逆向浮动利率票据描述中错误的有（　　）。

A. 该逆向浮动利率票据是固定利率债券与利率期权的组合

B. 该逆向浮动利率票据是固定利率债券与利率远期合约的组合

C. 该逆向浮动利率票据是固定利率债券与利率互换的组合

D. 投资者可通过买入票面息率为7.5%的固定利率债券，以及收取固定利率7.5%、支付浮动利率Libor 的利率互换合约构成该逆向浮动利率票据

5. 对于一个票面息率为Libor，利率上下限分别为12%和7%的区间浮动利率票

据，下列选项正确的有（　　）。

A. 该区间浮动利率票据可通过卖出浮动利率票据、买入利率上下限构成

B. 该区间浮动利率票据可通过卖出浮动利率票据、买入利率封底期权和卖出利率封底期权构成

C. 在该票据中，利率封顶期权的执行价格为7%

D. 在该票据中，利率封顶期权的执行价格为12%

6. 下列选项中，对于逐级偿还浮动利率票据描述正确的有（　　）。

A. 逐级偿还浮动利率票据也被称为去杠杆化浮动利率票据

B. 由于杠杆比例的存在，去杠杆化FRN的票面息率变动幅度通常将大于指定的固定期限利率指标

C. 逐级偿还浮动利率票据可被拆分为固定利率债券与嵌入的收益率曲线互换合约的结合

D. 逐级偿还浮动利率票据可被拆分为固定利率债券与CMT浮动利率票据的组合

7. 当采用传统的Black–Scholes模型对债券嵌入期权的估值时会产生偏差，以下（　　）说明了产生偏差的原因。

A. Black–Scholes模型假设标的物服从几何布朗运动（对数正态分布），但债券价格分布并不符合对数正态分布

B. Black–Scholes期权定价模型假设波动率是常数，但对于债券产品来说，随着到期日的临近，债券价格波动率也会逐步减小

C. 股票价格的运动接近随机游走，可是债券随着到期日临近，价格会趋于面值

D. Black–Scholes模型假设交易可以连续进行，债券交易不满足该假设

8. 随着金融衍生工具市场的快速发展，利率类结构化产品的推陈出新，各类创新品种不断出现，以满足投资者对于利率风险暴露的不同要求。我们根据不同产品的主要特征，可将利率类结构化产品分为（　　）。

A. 指数分期偿还债券

B. 以固定期限国债或互换协议利率为标的物的产品

C. 利率联结票据

D. 可赎回或回售债券

9. 利率联结票据是可以基于特定产品或指数，并根据投资者的风险/收益要求构建的创新性金融产品，可被分为两大类：结合远期的利率类结构化产品和结合期权的利率类结构化产品。以下属于结合远期的利率类结构化产品的有（　　）。

A. 封顶浮动利率票据

B. 逆向/反向浮动利率票据

C. 区间浮动利率票据

D. 超级浮动利率票据

10. 美国市场已将CMT（固定期限国债）利率作为金融市场的基准利率，其他许多国家则采用CMS（固定期限互换协议）利率作为基准利率。采用CMS主要出于以下（　　）原因。

A. CMS利率在许多市场上已被作为市场利率方向的主要指标

B. CMS市场的流动性高于其他固定收益产品市场的流动性

C. CMS利率具有较高的信誉度

D. CMS利率具有固定期限的独特性

11. 随着互换期权市场广度和深度的加深，越来越多的债券发行者或投资者通过组合传统债券与互换期权等金融衍生工具构建合成可赎回债券。下列（　　）属于合成可赎回债券的合理构建方式。

A. 购买长期债券，卖出收取固定利率的互换期权

B. 购买浮动利率票据，投资于收取固定利率、支付浮动利率的互换，并卖出收取固定利率的互换期权

C. 买入短期债券，卖出支付固定利率的互换期权

D. 买入短期债券，同时买入支付固定利率的互换期权

12. 可回售债券对于投资者来说具有以下（　　）吸引点。

A. 买入可回售债券的投资者可执行买入并持有的策略，获取比普通债券高的票面息率

B. 可回售债券在利率走势不利于投资者时，提供了一定程度的保护

C. 可回售债券满足了投资者对于长期债务或权益联结交易信用评级提升的要求

D. 投资者可利用可回售债券的负凸性进行风险管理

13. 投资者根据对利率走势和收益率曲线变化的预判，会选择投资于不同的利率结构化产品。在下述不同的利率环境中，投资者选择正确的有（　　）。

A. 当市场出现反向收益率曲线，并且预期货币市场短期利率将下降时，选择延期逆向浮动利率票据

B. 预期收益率曲线呈现阶梯式变化，并希望最大化地从收益率曲线结构变化中获利，选择阶梯式浮动利率票据

C. 当市场出现正向收益率曲线，并且预期货币市场短期利率将上涨时，选择超级浮动利率票据

D. 当Libor整体处于低位，且预期Libor将保持在低位震荡，选择逆向浮动利率票据

三、判断题

1. 中国市场利率类结构化产品包括含赎回权债券、含回售权债券、可调整票面息

率债券、可提前偿还债券以及其他特殊条款债券。（　　）

2. 可赎回债券的隐含期权可被理解为对标的债券的看涨期权，或是对市场利率的看跌期权，赎回价格即是期权的执行价格。（　　）

3. 隐含期权在赋予债务发行者可赎回债券权利的同时，也改变了传统债券的价格与收益率曲线图，以及久期和凸性等风险衡量指标的特征。（　　）

4. 可回售债券的有效期和支付票息的次数与市场利率呈现正向关系。当市场利率下降时，可回售债券的有效期将缩短，票息支付次数也会减少。（　　）

5. 债券认购权证有两种主要的结构形式，第一种是独立发行的债券认购权证，即所发行的债券认购权证并不针对任何已发行的债券；第二种形式是依托于现有债券的债券认购权证。（　　）

6. 当债券认购权证被执行时，债务发行者买入的互换期权将同样被执行，这样的期权结构也被称为触发式利率互换期权。（　　）

7. 嵌入远期的利率结构化产品包括逆向/反向浮动利率票据、超级浮动利率票据和上限浮动利率票据等。（　　）

8. 对于投资于逆向浮动利率票据的投资者来说，参照的浮动利率与他们的投资收益成正比。（　　）

9. 指数分期偿还债券是指存量本金总额按照约定计划分期偿还的一种债券，分期偿还计划通常与某一指标挂钩，债券未来现金流、到期收益率和到期日等都不再确定。（　　）

10. 指数分期偿还债券与我国当前市场上出现的分期偿还债券本质一样，只是名称不同。（　　）

四、综合题

1. 某投资银行目前持有总价值约 1 亿美元、支付 1 年期 Libor 的浮动利率债券。该银行研究认为，未来 3 年内 Libor 将出现稳步走低，并确定卖出持有的浮动利率债券。为了在 Libor 持续下滑的过程中获取利润，该银行决定买入同等价值的逆向浮动利率票据。

（1）请说明逆向浮动利率票据属于利率类结构化产品中的哪一类。请简述该类结构化产品的基本概念和所包含的产品。

（2）假定当前市场有支付固定利率 5%、每年付息一次的 3 年期债券，以及收取 4% 固定利率和支付 1 年期 Libor 的 3 年期互换合约。请说明投资银行该如何构建逆向浮动利率票据。

（3）假定投资银行于 2010 年 1 月 1 日构建票面息率为 6% 的 1 年期 Libor 的逆向浮动利率票据，其中固定利率债券面值为 1 亿美元，折现率为 6%。请根据下表测试出每期投资银行收取的利息,以及该逆向浮动利率票据的当前价格。

时间	Libor	利息率	利息收入
2011 年 1 月 1 日	6.20%		
2012 年 1 月 1 日	6.00%		
2013 年 1 月 1 日	5.00%		

2. abc 银行发行了价值为 10 亿美元、支付固定利率 7% 的指数分期偿还债券。该债券执行分期偿还所参照的利率为 6 个月 Libor,并且在发行后 2 年内不执行偿还条款。目前 6 个月 Libor 为 4%,具体分期偿还条款如下:

①当 6 个月 Libor 不高于 4% 时,债券偿还本金比例为 100%;
②当 6 个月 Libor 不高于 5% 时,债券偿还剩余本金比例为 50%;
③当 6 个月 Libor 不高于 6% 时,债券偿还剩余本金比例为 10%;
④当 6 个月 Libor 不高于 7% 时,债券偿还剩余本金比例为 0。

(1) 请阐述指数分期偿还债券的概念。
(2) 请计算当 6 个月 Libor 为 5.5% 时,债券偿还本金比例。
(3) 请说明指数分期偿还债券和我国当前市场上的分期偿还债券的主要区别。

3. 根据定价方式的不同,我们可以将利率类结构化产品分为两个类别。第一类是将结构化产品进行拆分,可针对每一个拆分后的单一利率类产品进行定价的结构化产品;第二类利率结构化产品的主要特征是嵌入期权的价值依赖于对应债券的价值变化,如可赎回债券和可回售债券等。

(1) 请说明在针对利率结构化产品嵌入期权的定价过程中,我们为什么不能简单地采用 Black – Scholes 期权定价模型。
(2) 针对嵌入期权的定价方式,市场主要采用哪些方式?
(3) 假定发行者 A 发行了为期 3 年、票面息率为 6.5% 的可赎回债券,该债券每年付息一次,并可在 1 年后每个付息日以价格 100 被发行者赎回。目前市场利率为 6%,假设每次利率上升或下降幅度为 10%。请测算可赎回债券价格。

4. 可赎回债券是传统债券与看涨期权的结合体,它赋予了发行者在特定时间按照某个约定价格从债券持有人手中将债券全部或部分赎回的权利。由于可赎回条款的存在,在市场利率显著低于可赎回债券的票面息率时,债券发行者可将债券赎回,并参照目前市场较低的利率重新发行债券,这将减少发行者的融资成本。为了弥补可赎回债券持有人面临的现金流不确定性风险,可赎回债券比相同条件下的普通债券的收益率要高。

(1) 请说明可赎回债券的价格特征。
(2) 可回售债券也是由普通债券与嵌入期权组合而成的。不同于可赎回债券,可回售债券中嵌入的期权赋予债券持有人以约定的价格、在约定的一个或多个时间点将债券回售给发行者的权利。请对比可赎回债券与可回售债券的区别。

（3）一个有效期 3 年、支付 5% 固定利率的普通债券的当前价格为 98.16 元。同等条件下的一个可赎回债券价格则为 91.76 元。请计算可赎回债券中包含的嵌入期权的价值。

5. CMT/CMS 利率主要用于描述某一特定期限债券的利率水平。例如，美国财政部每日公布的收益率曲线就是由不同期限国债的利率水平组成的。而 CMT 结构化产品通常是由浮动利率票据与收益曲线掉期或针对两个 CMT 利率的收益率价差期权这两个部分组成。

（1）请列举 CMT 结构化产品的三种主要类型。

（2）如果当前市场利率整体偏低，且收益率曲线极度陡峭。投资银行 A 认为目前是买入去杠杆化浮动利率票据的较好时机。因此，该银行买入了有效期为 5 年、最低和最高票面息率分别为 4.6% 和 20% 的去杠杆化浮动利率票据。请解释该去杠杆化浮动利率票据可由哪两种成分组合构成。

（3）假定上述去杠杆化浮动利率票据的票面息率计算公式为：票面息率 =（10 年期固定期限国债收益率 × 0.5）+ 1.45%。请根据下表中 Libor 的变化计算出对应 10 年固定期限国债收益率的盈亏平衡点，以及去杠杆化浮动利率票据的收益率。

Libor	盈亏平衡点 （10 年期 CMT）	去杠杆化 FRN 收益率	Libor – CMT 的价差 （单位为基点）

参考答案及解析

一、单选题

1. D   2. D   3. A   4. C   5. B   6. C   7. A   8. D

二、多选题

1. ABC   2. ABD   3. ABCD   4. AB   5. AD   6. ACD
7. ABC   8. ABCD   9. BD   10. ABD   11. ABC   12. BC
13. ABC

三、判断题

1. 对　　2. 对　　3. 对　　4. 错　　5. 对　　6. 对　　7. 错
8. 错　　9. 对　　10. 错

四、综合题

1. **参考答案及解析**：

（1）逆向浮动利率票据属于利率联结票据。利率联结票据是根据指定的利率水平或特定债券价格，来决定最终票面息率或返还的本金。利率联结票据是可以基于特定产品或指数，并根据投资者的风险收益要求构建的创新性金融产品。利率联结票据可分为两大类：

①嵌入远期的利率结构化产品，包括逆向/反向浮动利率票据（inverse/reverse FRNs）、超级浮动利率票据（Superfloater Notes）和Libor延期重设票据（Delayed Libor Set）等。

②嵌入期权的利率结构化产品，包括上限浮动利率票据（Capped FRNs）和区间浮动利率票据（Collared FRNs）等。

（2）逆向浮动利率票据可由固定收益债券和利率互换合约组合构成。为了从Libor持续走低中赚取利润，投资银行应持有Libor的空头头寸。因此，为了构建逆向浮动利率票据，该银行应该买入支付票面息率为3%的债券，同时参与一份支付浮动利率1年期Libor、收取固定利率3%的互换合约。通过这样的组合，投资银行构建了一个票面息率为6%的1年期Libor的逆向浮动利率票据。

（3）如下表所示，根据折现公式计算，利息收入折现后分别为 −188 679、0 和 839 619 美元，加上固定利率债券到期后本金折现值83 961 928 美元，该逆向浮动利率票据的总价值为84 612 868 美元。

时间	Libor	利息率	利息收入
2011年1月1日	6.20%	−0.20%	−200 000
2012年1月1日	6.00%	0.00%	0
2013年1月1日	5.00%	1.00%	1 000 000

2. **参考答案及解析**：

（1）指数分期偿还债券是指存量本金总额按照约定计划分期偿还的一种债券，分期偿还计划通常与某一指数如Libor、CMT等相关。由于债券本金偿还与Libor或CMT等指标挂钩，债券未来现金流、到期收益率和到期日等都不再确定。典型的指数分期偿还债券的设计为：一旦市场利率高于约定的指标利率触发点，债券的寿命延长；一旦市场利率低于约定的指标利率触发点，债券还本时间将显著缩短。

（2）当参照利率落于两个调整比例之间时，使用线性内插法计算债券应偿还本金的比例。在6个月Libor为5.5%时，债券偿还本金比例为：

（50% +10%）×［5.5%/（5% +6%）］=30%

（3）首先，分期偿还债券的分期偿还条款是在发行债券时已经约定好的，在不考虑包含的可赎回或可回售条款的情况下，该债券的现金流和到期日等都十分确定，不存在提前支付风险。但指数分期偿还债券的本金偿付的规模和速度却是挂钩于参考利率，因此不确定债券的现金流和到期日，提前支付的风险较大。

其次，分期偿还债券可以看作若干偿还期不同的定期偿还债券的组合，而指数分期偿还债券却是支付固定利率债券与嵌入期权的组合。

最后，因为分期偿还债券投资者并没有向发行者卖出期权，所以分期偿还债券凸性为正；指数分期偿还债券的凸性却可为负。另外，分期偿还债券发行的主要目的在于减轻发行者一次性还本付息的压力。

3. **参考答案及解析：**

（1）对嵌入看涨或看跌期权进行定价时，我们必须考虑到债券自身的特征。

首先，Black – Scholes 期权定价模型假设标的物服从几何布朗运动（对数正态分布）。由于债券价格变动由复杂的利率变动而决定，即使利率变动符合对数正态分布，债券价格分布也不一定符合对数正态分布，这一点不符合传统的期权定价模型的要求。

其次，Black – Scholes 期权定价模型假设波动率是常数，但对于债券产品来说，随着到期日的临近，债券波动率也会逐步减小。只有在债券到期日和债券期权合约到期日之间有较大的时间间隔时，我们才能假设波动率是常数。

最后，股票价格的运动接近随机游走，可是债券在临近到期日会趋于面值。

由于债券的以上特征，对于嵌入期权的估值采用传统的 Black – Scholes 模型将会产生偏差。

（2）对于嵌入期权的定价方式，市场主要采用以下方式：

①蒙特卡洛（Monte Carlo）模拟。这种方法先根据一定的利率动态模型建立风险中性世界中利率的各种演变路径，然后通过求各条路径利率衍生工具价值的平均值来定价。

②二叉树法或三叉树法。这种方法通过离散的利率树图描述利率的动态过程，然后从后面回推金融衍生工具的价格。

③有限差分法（Finite Difference Methods）。这种方法通过将偏微分方程离散化来求利率衍生工具的价格。

（3）我们首先根据二叉树定义测算出在不同情境下对应市场利率的情况。

因为我们已经知道在第3年之后，该可赎回债券将会偿还本金100，支付利率6.5%，所以我们可以测算出第2年在不同条件下的债券价格。但由于可赎回条款的存在，我们将计算出的债券价格与面值100进行比较，取两者中的最小值，由此可得到不同情境下的债券价格。采用同样的方式可最终推算出该可赎回债券价格，具体过程如下图所示（r=市场利率，P=债券价格，C=票面息率）。根据以上步骤，我们可以测算出该可赎回债券价格为 100.26。

利率变动情况：

第 1 年利率为：$r_1 = 6\%$

第 2 年利率为：

$r_{21} = r_1(1 + 10\%) = 6.6\%$；$r_{22} = r_1(1 - 10\%) = 5.4\%$

第 3 年利率为：

$r_{31} = r_{21}(1 + 10\%) = 7.26\%$；$r_{32} = r_{21}(1 - 10\%) = 5.94\%$；$r_{33} = r_{22}(1 - 10\%) = 4.86\%$

可赎回债券价格：

第 3 年年初：

$$p_{31} = \min\left(0.5 \times \frac{100 + 6.5}{1 + 7.26\%} + 0.5 \times \frac{100 + 6.5}{1 + 7.26\%},\ 100\right) = 99.29$$

$$p_{32} = \min\left(0.5 \times \frac{100 + 6.5}{1 + 5.94\%} + 0.5 \times \frac{100 + 6.5}{1 + 5.94\%},\ 100\right) = 100$$

$$p_{33} = \min\left(0.5 \times \frac{100 + 6.5}{1 + 4.86\%} + 0.5 \times \frac{100 + 6.5}{1 + 4.86\%},\ 100\right) = 100$$

第 2 年年初：

$$p_{21} = \min\left(0.5 \times \frac{99.29 + 6.5}{1 + 6.6\%} + 0.5 \times \frac{100 + 6.5}{1 + 6.6\%},\ 100\right) = 99.57$$

$$p_{22} = \min\left(0.5 \times \frac{100 + 6.5}{1 + 5.4\%} + 0.5 \times \frac{100 + 6.5}{1 + 5.4\%},\ 100\right) = 100$$

可赎回债券价格：

$$p_1 = 0.5 \times \frac{99.57 + 6.5}{1 + 6.0\%} + 0.5 \times \frac{100 + 6.5}{1 + 6.0\%} = 100.26$$

同样，可以计算不含有赎回权的债券价格为：

$p_{non} = 101.35$。

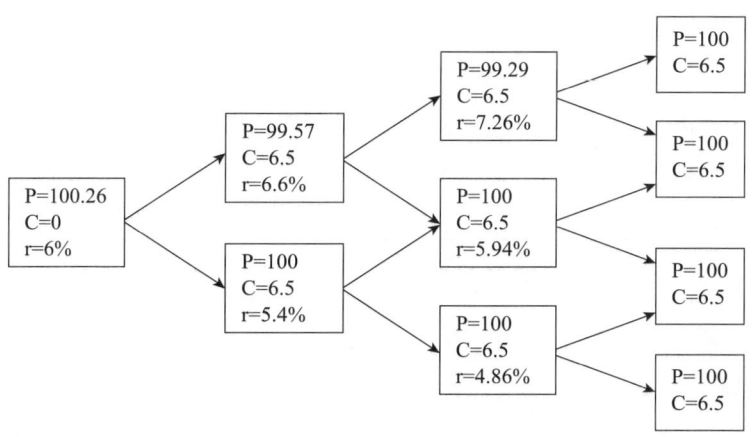

4. 参考答案及解析：

（1）隐含期权在赋予债务发行者可赎回债券权利的同时，也改变了传统债券的价格与收益率曲线图。由于债券持有人卖出了隐含期权，可赎回债券的价值可表示为同等条件下普通债券的价值与隐含看涨期权期权费的差值，公式表示为：

可赎回债券价值 = 普通债券价值 − 隐含期权的期权费

在市场利率高于可赎回债券的票面息率时，可赎回债券价格特征与普通债券基本一致。债券价格随着利率的上升而下降，呈现出反向关系，并且债券交易价格将低于面值。同时，由于卖出的隐含期权的期权费下降，可赎回债券的持有者的收益将强于同等条件下持有普通债券所能获得的收益。当市场利率回落并显著低于可赎回债券票面息率时，债券发行者可通过执行看涨期权赎回原有债券，并以目前市场较低的利率再次融资，降低融资成本。因此，在市场利率逐步下降的过程中，由于公式中的普通债券价值和隐含期权的期权费都会上涨，可赎回债券价格涨幅将小于普通债券。

（2）可赎回债券与可回售债券的区别见下表。

不同点	可赎回债券	可回售债券
期权持有人不同	可赎回债券的发行者有权在赎回日以约定价格买回债券，因此嵌入期权的持有人为债券发行者	可回售债券的持有人有权在可回售日以约定价格将债券售回给发行者，因此嵌入期权的持有人为债券投资人
债券票面息率的高低	可赎回债券的发行者为了持有嵌入期权，需要支付相应期权费，支付的期权费以较高的票面息率来体现	可回售债券的持有人为了买入嵌入期权，需要向发行者支付期权费。期权费通常被用于冲抵债券票面息率，因此可回售债券票面息率相对较低
债券有效期风险不同	当市场利率高于可赎回债券票面息率时，债券发行者通常不会执行嵌入的看涨期权，债券可持有至到期日；当市场利率低于可赎回债券票面息率时，债券发行者执行嵌入期权，债券的有效期将缩短	当市场利率高于可回售债券票面息率时，债券持有人执行嵌入看跌期权，债券的有效期将缩短；当市场利率低于可回售债券票面息率时，债券持有人通常不会执行嵌入的看涨期权，债券可持有至到期日
债券久期和凸性特征不同	当市场利率高于可赎回债券票面息率时，债券久期与普通债券相同；当市场利率低于可赎回债券票面息率时，债券久期将小于普通债券。可赎回债券凸性小于同等条件下的普通债券	当市场利率高于可回售债券票面息率时，债券久期将小于普通债券；当市场利率低于可回售债券票面息率时，债券久期与普通债券相同。可回售债券凸性大于同等条件下的普通债券

（3）根据公式：可赎回债券价值 = 普通债券价值 − 隐含期权的期权费

因此，嵌入期权的价格为：98.16 − 91.76 = 6.4（元）。

5. 参考答案及解析：

（1）CMT结构化产品主要包括基于CMT的浮动利率债券（CMT‑FRNs）、基于

CMT 的收益率曲线票据（CMT Yield Curve Notes）和 CMT 期权票据（CMT Option Notes）。虽然在这三类结构化产品的基础上还衍生出了许多其他结构化产品，但基本原理仍然没有变化。

（2）该去杠杆化浮动利率票据可被拆分为以下两种形式：

①固定利率债券与嵌入收益率曲线互换合约的结合，其中嵌入收益率曲线互换合约的名义本金等于债券发行总额与约定杠杆比例的乘积；

②固定利率债券与 CMT 浮动利率票据的组合，其中固定利率债券发行总额与资产组合整体价值的比例为 1 减去杠杆比例，CMT 浮动利率票据的总额在整体资产组合中的占比为杠杆利率。

（3）如下表所示。

Libor	盈亏平衡点 （10 年期 CMT）	去杠杆化 FRN 收益率	Libor - CMT 的价差 （单位为基点）
5.00	7.10	5.00	210.00
5.50	8.10	5.50	260.00
6.00	9.10	6.00	310.00
6.50	10.10	6.50	360.00
7.00	11.10	7.00	410.00

第六章 信用类结构化产品

一、单选题

1. 下列选项中对担保债务凭证描述错误的是（　　）。
   A. 根据结构特征，担保债务凭证可分为现金型担保债务凭证和合成型担保债务凭证
   B. 担保债务凭证有利于发行者对资产负债表进行管理
   C. 所有的担保债务凭证都需要进行融资
   D. 根据设立目的，担保债务凭证可分为资产负债表型担保债务凭证和套利型担保债务凭证

2. 在信用违约互换市场上，当信用利差保持在320个基点的位置小幅波动且投资者预期信用利差可能会进一步扩大时，以下（　　）操作可以获利。
   A. 买入执行价格为300个基点的信用利差支付期权
   B. 卖出执行价格为300个基点的信用利差支付期权
   C. 买入执行价格为300个基点的信用利差收取期权
   D. 卖出执行价格为300个基点的信用利差收取期权

3. 在设计信用担保凭证时，有时评级机构要求在产品中嵌入利率互换产品，其原因是（　　）。
   A. 现金流不匹配　　　　　　　　B. 次级档的投资者有信用风险
   C. 股权档的投资者有信用风险　　D. 优先档的投资者有信用风险

4. 通常情况下，资产支持证券的违约风险要大于抵押支持证券，其原因在于（　　）。
   A. 大多数资产支持证券由浮动收益率贷款担保，而大多数抵押支持证券由固定收益率贷款担保
   B. 大多数资产支持证券由固定收益率贷款担保，而大多数抵押支持证券由浮动收益率贷款担保
   C. 大多数资产支持证券由非摊销证券担保，这比摊销证券的风险更高
   D. 大多数抵押支持证券由传统实物资产担保，其价值相对而言更为稳定

5. 以下关于套利驱动的现金担保债务凭证的说法中，不正确的是（　　）。

A. 担保债务凭证池通常仅选取固定利率债券，但是却从凭证池中同时发行浮动收益率产品和固定收益率产品
B. 评级机构一般要求担保债务凭证产品中嵌入利率互换产品
C. 担保债务凭证中的优先档通常都占70%~80%，甚至更高的比重
D. 担保债务凭证中的股权档通常都占0~10%，甚至更低的比重

6. 考虑下表中资产支持证券池，若整个资产池的价值为220 000 000美元，则超额抵押金额是（　　）美元，当投资组合的损失达到（　　）美元时优先档的投资者会遭受损失。

优先档	120 000 000美元
次级档A	70 000 000美元
次级档B	10 000 000美元
总价值	200 000 000美元

A. 40 000 000；80 000 000
B. 20 000 000；80 000 000
C. 40 000 000；100 000 000
D. 20 000 000；100 000 000

二、多选题

1. 担保债务凭证最早出现在20世纪80年代的美国金融市场。然而，一直到20世纪90年代中期，担保债务凭证才开始大量发行，进入高速发展阶段。经过多年的发展，该产品已成为信用类结构化产品中的重要成员之一。以下有关担保债务凭证结构的说法正确的有（　　）。

A. 特殊目的机构不仅是担保债务凭证的发行者，也是构建整个担保债务凭证的核心
B. 特殊目的机构是一个破产隔离实体，它将向担保债务凭证发起人购买各类资产，作为发行担保凭证的抵押资产
C. 特殊目的机构将从购买担保凭证的投资者处定期收到抵押资产对应的利息或其他收入，并支付给担保债务凭证发起人
D. 为了提高买入的抵押资产的信用评级，或为了满足投资者特定的风险/收益需要，特殊目的机构可以参与金融衍生工具交易，改变原有抵押资产的收益结构

2. 以下（　　）是信用联结票据的作用。

A. 投资者通过交易信用联结票据可参与一些未被允许进入的市场或投资范围
B. 可投资于目前不能在市场中直接获得的产品
C. 有助于投资者分散投资组合中的信用风险
D. 可提高投资组合的收益

3. 以下（　　）金融衍生工具属于信用衍生工具。

A. 总收益互换合约 B. 信用违约互换

C. 利率封顶期权 D. 信用联结票据

4. 信用联结票据可分为（   ）。

A. 信用联结结构化票据（Credit-Linked Structured Notes）

B. 信用风险缓释工具（CRMW）

C. 合成债券（Synthetic Bond）

D. 信用资产证券化（Credit Portfolio Securitization）

5. 根据《中国银行间金融衍生品市场交易定义文件》中的描述，信用事件的定义是指交易双方约定的如下（   ）事件。

A. 破产

B. 支付违约，指参考实体在适用的宽限期届满前未支付的到期债务金额累计超过交易双方约定的起点金额

C. 债务加速到期，指因参考实体的违约导致债务在原到期日之前到期的情形。在债务加速到期情形中，交易双方可约定参考实体的最低违约金额，只有超过该最低违约金额的行为才被认定为发生债务加速到期

D. 债务违约，指因参考实体发生除支付违约外的其他违约导致债务可能被宣告提前到期的情形

6. 以下选项中（   ）属于信用违约挂钩票据创新产品。

A. 总收益互换票据

B. 本金偿还类信用违约挂钩票据

C. 可赎回类信用违约挂钩票据

D. 首次违约类信用违约挂钩票据

7. 合成债券与重新包装信用联结票据的区别在于（   ）。

A. 重新包装信用联结票据设立目的是为了满足投资者希望投资于某类风险资产的需要，或是满足投资者定制化的风险/收益组合；合成债券设立的主要驱动力则主要来自发行者通过合成债券的发行，规避或管理自身的信用风险

B. 由于重新包装信用票据是为了满足部分客户的产品定制化需求，相对来说规模比较小；合成债券由于是模拟市场已有的产品，所以针对的客户群较为广泛，发行的规模也相对较大

C. 合成债券定制化特征更为明显

D. 重新包装信用票据在二级市场上交易较为困难，合成债券由于针对的是所有投资者，在二级市场上的流动性较好

8. 以下选项中对于现金型担保债务凭证、基于信用联结票据型担保债务凭证和结合信用违约互换的担保债务凭证之间的区别描述正确的有（   ）。

A. 现金型担保债务凭证会导致抵押资产从发起方资产负债表中被剥离，其他两类担保债务凭证均不会对发起方资产负债表中的对应资产产生影响

B. 现金型担保债务凭证的发起方能达到释放监管资本的目的

C. 现金型和基于信用联结票据的担保债务凭证可将对应票据或信用联结票据卖给投资者，因此具备融资功能；结合信用违约互换的担保债务凭证不一定具备融资功能

D. 只有现金型担保债务凭证是通过特殊目的机构发行的，合成型担保债务凭证主要是通过发起人直接发行

9. 在给债务担保凭证定价时，以下（　　）因素会对投资组合的损失概率分布造成影响。

A. 投资组合的违约概率

B. 投资组合回收率的期望值

C. 投资组合中各公司信用优劣情况的相关系数

D. 到期日

10. 在债务担保凭证组合中，不同档位的资产之间具有相关性，以下说法正确的有（　　）。

A. 各层级之间的相关性越高，股权档的预期损失就越低，优先档的预期损失就越高

B. 各层级之间的相关性越高，股权档的预期损失就越高，优先档的预期损失就越低

C. 各层级之间的相关性越低，股权档的预期损失就越低，优先档的预期损失就越高

D. 各层级之间的相关性越低，股权档的预期损失就越高，优先档的预期损失就越低

11. 造成信用违约互换利差和资产互换利差之间产生正基差的驱动因素有（　　）。

A. 投资者在出售违约保险时同时出售了选择 CTD 的权利

B. 投资者在出售违约保险时同时买入了选择 CTD 的权利

C. 信用违约互换市场对坏消息的反应比现券市场更加灵敏

D. 信用违约互换市场对好消息的反应比现券市场更加灵敏

12. 对于单一卖方 CDS 的敲出期权来说，在到期时的收益公式为（　　）。

A. 敲出支付期权：$\max[(K-S_T)\times DVO1_T, 0]$

B. 敲出支付期权：$\max[(S_T-K)\times DVO1_T, 0]$

C. 敲出收取期权：$\max[(K-S_T)\times DVO1_T, 0]$

D. 敲出收取期权：$\max[(S_T - K) \times DVO1_T, 0]$

13. 某抵押资产池为新兴市场债券的信用担保凭证产品，向投资者提供两种投资方式：现金信用担保凭证和合成信用担保凭证。以下说法正确的有（   ）。

A. 在合成信用担保凭证中，初级债券投资者从投资组合中的优质债券获利，并为信用违约互换支付保险费用

B. 在合成信用担保凭证中，初级债券投资者从信用违约互换的保险费用中获取收入

C. 现金信用担保凭证的缺点在于需要较长的过渡期以及为优先档寻求融资

D. 现金信用担保凭证的优点在于需要较短的过渡期，不需要为优先档寻求融资

14. 在进行信用违约互换的曲线交易时，可以采用的计算公式有（   ）。

A. 预期损失 = 利差 × 利差久期

B. 预期损失 = 预付费用 + 固定利息 × 利率久期

C. 预期损失 = 全部预付费用

D. 预期损失 = 预付费用 + 利差 × 利差久期

三、判断题

1. 总收益互换作为信用衍生工具的重要组成部分，在形式上与利率互换较为相似。（   ）

2. 目前，我国资本市场中没有信用违约互换或其他相对应的信用衍生工具。（   ）

3. 我国信贷资产证券化工作是从 2012 年 9 月开始的，国开行发行了规模为 101.6644 亿元的"2012 年第一期开元信贷资产支持证券"。（   ）

4. 在信用违约挂钩票据创新产品中，首次违约类票据产品的风险通常比本金偿还类风险要低。（   ）

5. 特定交易机构创设的合成债券通常是模拟市场中已经存在的债券产品。（   ）

6. 点心债券是在中国香港发行的、以人民币计价的债券。点心债券属于合成债券。（   ）

7. 广义的信用资产组合证券化产品概念是指将一系列传统金融产品与金融衍生工具进行打包，在进行重新包装之后，以产品的形式投放市场。（   ）

8. 通常来说，一个典型的担保债务凭证包括组合期、循环期和偿付期三个生命周期。（   ）

9. CDO 平方的基础资产（或成为抵押资产）只能是现金型 CDO 分档构成，而不能由合成型 CDO 分档构成。（   ）

四、综合题

1. 某银行 B 于 2011 年 4 月发行了期限为 2 年、总额为 5 亿美元的信用违约挂钩票据。该票据每半年支付 6 个月 Libor 加 50 个基点的利息。本金偿还金额与 A 公司所发行债券的表现相联系。如果票据到期未发生信用事件,且信用利差高于 280 基点、小于 320 基点时,支付债券面值和信用利差的盯市价值;如果票据到期未发生信用事件,但是信用利差小于 280 基点或高于 320 基点时,支付债券面值的 80%;如果票据到期发生信用事件,则该票据停止支付利息,并根据违约偿还比率支付本金(假设违约偿还比率为 40%)。2011 年 4 月~2013 年 4 月的 6 个月 Libor 如下表所示:

2011 年 4 月	2011 年 10 月	2012 年 4 月	2012 年 10 月	2013 年 4 月
0.4305%	0.6194%	0.7284%	0.6359%	0.4254%

(1)简述信用事件的类型。
(2)该票据内含哪几个基本产品?
(3)若 2013 年 4 月票据到期时,A 公司的信用利差为 284 个基点,应支付的本金为多少?(假设该公司的利率久期为 12 个基点,利差久期为 17.5 个基点,初始信用利差为 300 个基点)
(4)若投资者认为该公司发生信用事件的可能性较小,但是信用利差波动率较高,如何对该项投资进行对冲?
(5)若 A 公司于 2013 年 1 月发生信用事件,则银行 B 在整个债券生命期间内支付给投资者的金额是多少?

2. 假定发起方德意志银行拥有一项价值为 1 500 亿欧元的债券组合,由信用评级不同的 500 家公司发行的债券组成,每家公司的债券价值为 3 亿欧元。德意志银行将每笔债券与对应的信用衍生工具相结合,构成了一个信用联结票据资产池,并将 A、B、C、D 四档信用联结票据出售给特殊目的机构,由该机构将这些票据作为抵押资产,向市场投资者发行分档债务凭证,其余部分依然由德意志银行持有。该资产池的票面息率整体上可以达到 8% 的水平。产品结构如下表所示:

分级	金额(亿欧元)	评级	占比(%)	回收率(%)	票面息率(%)
O	1 230	超级优先级	82.00	50	5
A	78	AAA	5.20	40	6
B	78	AA	5.20	40	7
C	27	A	1.80	40	8
D	27	BBB	1.80	30	10
E	60	NR	4.00	20	剩余利息

（1）德意志银行将信用联结票据出售给特殊目的机构可以起到什么作用？是否可以对资产负债表进行剥离？

（2）若资产池当期支付的利率为7%，则德意志银行持有产品的收益率是多少？

（3）若经济情况恶化，资产池的当期利率下降至4.5%，则四档信用联结票据投资者可以获得的利息是多少？

（4）假设在当期，有5家BBB评级的公司发生违约，资产池的当期收益率为5%，则德意志银行的本金与利息金额是多少？

3. 某投资银行发行一项价值5亿美元的担保债务凭证，其抵押物的剩余期限为10年，其票面息率为10年期国债利率加235个基点，每年付息一次。其中，3.5亿美元为优先档，支付1年期Libor加120个基点的浮动利率；1.2亿美元的中间档，支付国债利率加130个基点。该投资的管理人又发起了价值3.5亿美元的利率互换业务，支付国债利率加175个基点，收取Libor。假设在发行此担保债务凭证时，10年期的国债利率为6%。请计算：

（1）该凭证从抵押品以及互换对手方处获得的利息。

（2）该凭证向优先档和中间档投资者以及互换对手方支付的利息总额。

（3）股权档的净现金流量及收益率。

参考答案及解析

一、单选题

1. C   2. D   3. A   4. D   5. A   6. D

二、多选题

1. ABD   2. ABCD   3. AB   4. ACD   5. ABCD   6. BCD
7. ABD   8. ABC   9. ABCD   10. AD   11. AC   12. BC
13. BC   14. ABC

三、判断题

1. 对   2. 错   3. 错   4. 错   5. 对   6. 错   7. 对
8. 对   9. 错

四、综合题

1. 参考答案及解析：

（1）信用事件的类型包括：

①破产。

②支付违约，是指参考实体在适用的宽限期届满前未支付的到期债务金额累计超过交易双方约定的起点金额。

③债务加速到期，指因参考实体的违约导致债务在原到期日之前到期的情形；在债务加速到期情形中，交易双方可约定参考实体的最低违约金额，只有超过该最低违约金额的行为才可认定为发生债务加速到期。

④债务违约，指因参考实体发生除支付违约外的其他违约导致债务可能被宣告提前到期的情形。

⑤偿付变更，指参考实体与其债务的持有人达成的，或由参考实体宣布的适用于参考实体所有债务的持有人的下述行为：降低应付利率水平或减少应付利息，减少应偿还的本金数额或溢价，推迟本息偿付日期，变动受偿顺序，改变本息偿付币种。上述偿付变更涉及的金额应不低于交易双方约定的起点金额。但参考实体在正常经营过程中因监管、财会或税务调整采取上述行为，或上述行为不是因为参考实体的资信或财务状况恶化，则不构成偿付变更行为。

（2）包括：普通浮动利率债券；信用价差远期；信用违约互换。

（3）偿还本金 = 面值 × [1 + 利差久期 × (初始信用利差 − 最终信用利差)]

　　　　　　= 5 × [1 + 0.175% × (300 − 284)]

　　　　　　= 5.14（亿美元）

（4）买入执行价格为 280 基点的信用价差看跌期权；或者买入执行价格为 320 基点的信用价差看涨期权。

（5）银行支付的利息为：

2011 年 10 月：5 × (0.6194% + 0.5%) = 0.05597（亿美元）

2012 年 4 月：5 × (0.7284% + 0.5%) = 0.06142（亿美元）

2012 年 10 月：5 × (0.6359% + 0.5%) = 0.056795（亿美元）

利息共计 0.174185（亿美元）。

违约后，支付本金：5 × 40% = 2（亿美元）

总共支付：2 + 0.174185 = 2.174185（亿美元）

2. 参考答案及解析：

（1）为了监管资本缓释和融资。当满足某些监管条例要求的情况下，可以释放一定的监管资本；出售信用联结票据时可以获得融资。此项产品并非现金型债务担保凭证，因此并不会对资产负债表产生影响，资产保留在表内。

（2）整个资产池产生利息 1 500 × 7% = 105（亿欧元），其中：

O 档：1 230 × 5% = 61.5（亿欧元）

A 档：78 × 6% = 4.68（亿欧元）

B 档：78 × 7% = 5.46（亿欧元）

C 档：27 × 8% = 2.16（亿欧元）

D 档：27 × 10% = 2.7（亿欧元）

E 档：105 - 61.5 - 4.68 - 5.46 - 2.16 - 2.7 = 28.5（亿欧元）

德意志银行持有本金 1 230 + 60 = 1 290（亿欧元），收到利息 61.5 + 28.5 = 90（亿欧元），因此收益率为：90/1 290 × 100% = 6.98%。

（3）整个资产池产生利息 1 500 × 4.5% = 67.5（亿欧元），其中：

O 档：1 230 × 5% = 61.5（亿欧元）

A 档：78 × 6% = 4.68（亿欧元）

B 档：67.5 - 6.15 - 4.68 = 1.32（亿欧元）

C 档：0

D 档：0

（4）5 家 BBB 级公司发生违约，每家公司债券价值 3 亿欧元，回收率为 30%，则可回收金额为：

5 × 3 × 30% = 4.5（亿欧元）

损失金额为：5 × 3 × (1 - 30%) = 10.5（亿欧元）

资产总额为：1 500 - 10.5 = 1 488.5（亿欧元）

总共利息为：1 488.5 × 5% = 74.425（亿欧元）

O 档：1 230 × 5% = 61.5（亿欧元）

A 档：78 × 6% = 4.68（亿欧元）

B 档：78 × 7% = 5.46（亿欧元）

C 档：27 × 8% = 2.16（亿欧元）

D 档：74.425 - 61.5 - 4.68 - 5.46 - 2.16 = 0.625（亿欧元）

E 档：0

德意志银行持有本金：1 230 + 60 - 10.5 = 1 279.5（亿欧元），收到利息 61.5 亿欧元。

3. 参考答案及解析：

（1）在没有信用事件发生的情况下，由该抵押品产生的利息为 10 年期国债利率加 235 个基点，即：

(0.06 + 0.0235) × 500 000 000 = 41 750 000（美元）

从利率互换对手方处收到的利息为 350 000 000 × Libor 美元。

综上，担保债务凭证从抵押品以及互换对手方处收到的利息为 41 750 000 + 350 000 000 × Libor 美元。

（2）优先档收取的利率是 Libor + 120BP，则获得的利息为 350 000 000 × (Libor + 0.012) 美元。

中间档收取的是国债利率 + 130BP，则获得的利息为 120 000 000 × (0.06 + 0.013) = 8 760 000（美元）。

在互换端，向对手方支付的利息为国债利率 + 175BP，则支付的利息为 (0.06 + 0.0175) × 350 000 000 = 27 125 000（美元）。

综上，担保债务凭证向优先档和中间档以及对手方支付的利息为 350 000 000 × (Libor + 0.012) + 8 760 000 + 27 125 000 美元。

（3）股权档金额 = 500 000 000 − 350 000 000 − 120 000 000
   = 30 000 000（美元）

净现金流为：

总利息收入 − 总利息支出 = 41 750 000 + 350 000 000 × Libor − [350 000 000 × (Libor + 0.012) + 8 760 000 + 27 125 000] = 1 665 000（美元）

如果没有信用事件发生，不考虑管理费用和其他费用的情况下，每年可向股权档支付的现金流为 1 665 000 美元，收益率为 1 665 000/30 000 000 = 5.55%。

第七章 汇率类结构化产品

一、单选题

1. 关于指数货币期权票据，说法错误的是（   ）。
   A. 将本金的偿还额度挂钩于某一货币汇率的走势，从而提供较高的票面息率
   B. 可以降低整体的融资成本
   C. 投资者可以获得汇率变动收益
   D. 投资者的需求驱动

2. 在对双货币票据进行风险对冲时，不会使用的工具是（   ）。
   A. 外汇互换   B. 利率互换
   C. 外汇远期合约   D. 利率期货

二、多选题

1. 汇率类结构化产品主要有（   ）结构。
   A. 汇率期权   B. 双货币票据
   C. 指数货币期权票据   D. 汇率远期

2. 双货币票据可以用于（   ）资本市场。
   A. 扩大可投资品的范围   B. 绕开收入和资本利得的相应监管
   C. 高收益   D. 远期汇率的货币化

3. 指数货币期权票据（ICON）中可能包括（   ）金融衍生工具特征。
   A. 互换   B. 期货   C. 期权   D. 远期

4. 双货币票据可以拆分成（   ）两个重要组成成分。
   A. 利率期货   B. 可转换债券
   C. 固定利率的债券   D. 货币互换协议

5. 以下（   ）属于国内金融市场中常见的汇率类理财产品。
   A. 区间触发型产品   B. 挂钩一篮子货币票据
   C. 收益分享型产品   D. ICON 指数货币期权票据

6. 挂钩一篮子货币票据的结构化理财产品中，关于定义到期收益率的说法正确的有（   ）。

A. 到期收益率挂钩于一篮子货币中表现最差的
B. 到期收益率挂钩于一篮子货币中表现最好的
C. 到期收益率挂钩于一篮子货币中波动最大的
D. 到期收益率挂钩于一篮子货币中的平均表现

7. 下面说法正确的有（   ）。

A. 对于英镑/美元正向双货币票据，英镑是发行货币，发行者将持有一个长期外汇远期合约来对冲美元敞口，创造出一个合成的美元负债
B. 在日元/澳元反向双货币票据结构的发行中，日元是发行货币，发行者将使用一系列的澳元/日元衍生工具来对冲澳元的利息，从而创造出日元的负债结构
C. 对于英镑/美元正向双货币票据发行，英镑是发行货币，发行者将持有一个长期外汇远期合约来对冲美元敞口，创造出一个合成的英镑负债
D. 在日元/澳元反向双货币票据结构的发行中，日元是发行货币，发行者将使用一系列的澳元/日元衍生工具来对冲澳元的利息，从而创造出澳元的负债结构

8. 关于双货币票据发行利率的影响因素，下列说法错误的有（   ）。

A. 对于英镑/美元正向双货币票据，英镑是基础货币，以英镑计价的远期利率水平对票据发行利率没有影响
B. 对于英镑/美元正向双货币票据，英镑是基础货币，英镑/美元远期汇率对票据发行利率没有影响
C. 对于英镑/美元正向双货币票据，英镑是基础货币，预期英镑相对于美元升值，票据发行利率会升高
D. 对于英镑/美元负向双货币票据，英镑是基础货币，预期英镑相对于美元升值，票据发行利率会降低

9. 有一个挂钩一篮子货币的票据，其到期收益取决于一篮子货币中表现最差的，下列说法错误的有（   ）。

A. 票据的价格和一篮子货币之间的相关性没有关系
B. 一篮子货币之间的相关性越高，票据价格越高
C. 一篮子货币之间的相关性越高，票据价格越低
D. 一篮子货币种类越多，票据价格越高

10. 有一个挂钩一篮子货币的票据，其到期收益取决于一篮子货币中表现最好的，下列说法错误的有（   ）。

A. 票据的价格和一篮子货币之间的相关性没有关系
B. 一篮子货币之间的相关性越高，票据价格越高
C. 一篮子货币之间的相关性越高，票据价格越低
D. 一篮子货币种类越多，票据价格越高

11. 有一个挂钩一篮子货币的票据，其到期收益取决于一篮子货币平均表现，下列说法错误的有（   ）。

  A. 票据的价格和一篮子货币之间的相关性没有关系

  B. 一篮子货币之间的相关性越高，票据价格越高

  C. 一篮子货币之间的相关性越高，票据价格越低

  D. 一篮子货币种类越多，票据价格越高

12. 有一个挂钩一篮子货币的票据，其到期收益取决于一篮子货币平均表现，参与率为80%，并且保本80%，下面说法错误的是（   ）。

  A. 票据的价格和一篮子货币之间的相关性没有关系

  B. 一篮子货币之间的相关性越高，票据价格越高

  C. 一篮子货币之间的相关性越高，票据价格越低

  D. 一篮子货币种类越多，票据价格越高

三、判断题

1. 汇率类结构化产品是与外汇汇率相联结的一大类产品。（   ）
2. 汇率类结构化票据只是本金偿还额度跟汇率变化相关。（   ）
3. 汇率类结构化票据一定具有期权性质。（   ）
4. 正向双货币票据是指利息而不是本金的货币和最初投资的货币一致。（   ）
5. 反向双货币票据的汇率风险敞口主要集中在本金上。（   ）
6. 双货币票据结构中不能够引入指数货币期权票据（ICON）的结构。（   ）
7. 指数货币期权票据（ICON）结构的支付额度的变化可以体现在本金上，也可以体现在息票支付上。（   ）
8. 目前我国金融市场上的汇率类结构化产品主要是双货币票据。（   ）
9. 从当前我国金融市场上的汇率类结构化产品总的市场占比来说，外资行处于领先地位。（   ）
10. 区间触发型产品将票据的收益率与汇率在设定区间内的天数挂钩。（   ）

四、综合题

2008年10月20日，中信泰富突然发出盈利警告，指出为了对澳洲西澳大利亚州铁矿项目进行投资，投资货币是澳元，需要对冲货币风险，集团与汇丰及法国巴黎银行，签订多份累计目标可赎回远期合约，但由于汇率大幅波动预计全年业绩将录得亏损。累计目标可赎回远期合约的英文原名是 Accumulated Target knock-out Forward Contracts，产品结构是当澳元汇率高于0.87美元时，中信泰富以低于市场价的0.87美元每天买入1个单位外汇而获利，但当澳元汇率高于一定范围时（高于0.87美元），此

条款失效;但当汇率下降到 0.87 美元以下时,则中信泰富必须每天以 0.87 美元的高价买入 2 个单位外汇。请问:

(1) 澳元相对美元汇率向哪个方向变动致使中信泰富亏损?

(2) 累计目标可赎回远期合约含有什么期权?

(3) 发行此产品的投行如何进行对冲?

参考答案及解析

一、单选题

1. D   2. D

二、多选题

1. BC   2. ABCD   3. CD   4. CD   5. ABC   6. ABD

7. BC   8. BD   9. ABD   10. AC   11. ABCD   12. ACD

三、判断题

1. 对   2. 错   3. 错   4. 对   5. 错   6. 错   7. 对

8. 错   9. 错   10. 错

四、综合题

参考答案及解析:

(1) 当澳元相对于美元贬值时,中信泰富会出现亏损。

(2) 累计目标可赎回远期合约含有买入一个执行价为 0.87 美元的看涨期权,卖出两个执行价为 0.87 美元的看跌期权,和一个向上敲出期权。

(3) 发行此产品的投行买入执行价 0.87 美元的看涨期权则可对冲掉其风险。

第八章　商品类结构化产品

一、单选题

1. 20世纪70年代至80年代，一大批商品关联的结构化产品得到了迅速发展，对这类结构化产品的需求主要目的是（　　）。

   A. 投机性　　　　　　　　　　　　B. 抵御通胀
   C. 资产配置　　　　　　　　　　　D. 分散风险

2. 2011年国内宏观经济不景气，但通货膨胀预期居高不下，股票市场和债券市场都持续下跌，出现股债双杀局面，上市公司×铜业需要在市场上融资，最佳融资工具是（　　）。

   A. 发行固定债券偿付产品　　　　　B. 发行可变债务偿付产品
   C. 增发股票　　　　　　　　　　　D. 发行商品挂钩的结构化票据

二、多选题

1. 对商品联结证券的需求主要来自以下（　　）方面。

   A. 投机性　　　　　　　　　　　　B. 抵御通胀
   C. 获得商品价格风险头寸　　　　　D. 商品作为独立的资产类别

2. 以下（　　）是国际通用的大宗商品指数。

   A. S&P 500 Index　　　　　　　　　B. ML High – Yield Index
   C. GSCI　　　　　　　　　　　　　D. CRB

3. 投资者购买一份商品挂钩的结构化产品，可能获得以下（　　）风险敞口特性。

   A. 互换　　B. 期货　　C. 期权　　D. 远期

4. 在商品指数的设定中，可能基于（　　）思路来计算权重。

   A. 经济权重　　　　　　　　　　　B. 等权重
   C. 市场权重　　　　　　　　　　　D. 优化权重

5. 商品组合加入投资组合中，可以达到以下（　　）效果。

   A. 真实收益波动性降低
   B. 组合总体波动性降低

C. 产生的总收益可以比拟债券和股票收益

D. 可以作为一个抗通胀的工具

6. 关于商品联结债券，下面说法正确的是（　　）。

A. 商品联结债券可以用来对冲商品价格风险

B. 商品联结债券可以利用大宗商品进行融资，减少融资成本

C. 商品联结债券可以提高商品市场的定价效率

D. 由于商品流动性较低，商品联结债券具有价格发现功能

7. 关于可变债务偿付，下面说法正确的有（　　）。

A. 同等情况下，可变债务偿付的价格比固定债券偿付高

B. 可变债务偿付的融资成本比固定债券偿付低

C. 可变债务偿付的发行方面临的风险比固定债券偿付大

D. 可变债务偿付的发行方面临的下跌风险是无限的

8. 关于商品挂钩的结构化票据，下面说法错误的有（　　）。

A. 商品挂钩的结构化票据没有融资功能

B. 商品挂钩的结构化票据就是对商品的证券化，会提高标的物的信用等级

C. 商品挂钩的结构化票据是为了满足投资者投资的需求，所以会增加商品的需求

D. 商品挂钩的结构化票据与可变债务偿付相比，不含有期权

三、判断题

1. 商品投资可以看作一个独立的资产类别。（　　）
2. 投资运营商品类的公司的股权获得的只是商品价格的风险头寸。（　　）
3. 如果商品期货处于贴水市场，卖出商品合约将获得展期收益。（　　）
4. 商品和其他金融资产类别的一大区别是很多商品的价格具有均值回归的属性。
（　　）
5. 商品价格的收益呈现出负偏性。（　　）
6. 商品类结构化产品可以分为商品联结债券和商品挂钩的结构化票据两大类。
（　　）
7. 可变债务偿付的融资交易里面往往隐含着期权或权证。（　　）
8. 固定债券偿付的融资交易指的是最后本金偿还的现金额度固定。（　　）
9. 从我国金融市场上商品类结构化产品占理财产品的市场份额来说，外资行在设计商品类结构化产品时更加积极。（　　）
10. 我国现在存在着比较成熟的商品远期、商品互换市场。（　　）

四、综合题

1. 当前，铜生产商 A 为了生产经营，准备发行一个二年期的铜关联债券，每份债

券到期日之后给付 25 吨的铜，并且每年年末给付 1.9 吨的铜，融资额度为 3 亿元人民币，当前铜的价格为 48 000 元/吨，那么：

(1) 铜关联债券的发行数量是多少？

(2) 如果这家生产商在铜关联债券发行之前已经在期货市场上对铜进行了对冲，那么在发行铜关联债券后是否要调整期货持仓，如何调整？（上海期货交易所阴极铜期货标准合约的交易单位为每手 5 吨）

(3) 假设铜关联债券以平值发行，那么生产商 A 的融资成本是多少？

2. 当前，铜生产商 B 为了生产经营准备发行一个半年期的铜关联债券，每份铜关联债券标的铜的数量为 25 吨，在到期日，投资者可以选择获得相应数目的铜或者按照所对应的初始本金面值。此铜关联债券折价 3% 发行，融资额度为 3 亿元人民币，当前铜的价格为 48 000 元/吨，那么：

(1) 所需要的发行数量是多少？最低年化融资成本是多少？什么情况下年化融资成本达到 8%？

(2) 该铜关联债券内含什么期权？

(3) 如果这家生产商在铜关联债券发行之前已经在期货市场上对铜进行了对冲，那么如何对债券进行对冲？（上海期货交易所阴极铜期货标准合约的交易单位为每手 5 吨，假设铜期权合约的交易单位也为每手 5 吨）

参考答案及解析

一、单选题

1. B 2. B

二、多选题

1. ABCD 2. CD 3. CD 4. ABCD 5. ABCD 6. AB
7. ABC 8. BCD

三、判断题

1. 对 2. 错 3. 错 4. 对 5. 错 6. 对 7. 对
8. 错 9. 对 10. 错

四、综合题

1. 参考答案及解析：

（1）铜关联债券的发行数量 = 融资额度/（铜的价格×每份债券铜的数量） = 300 000 000/（48 000×25） = 250（份）

（2）因为铜关联债券包含了铜的远期合约，所以需要减少铜期货的空头持仓，减少手数 = 融资额度/（铜的价格×铜标准合约的交易单位） = 300 000 000/（48 000×5） = 1 250（手）。

（3）由于债券是按照面值平值发行，那么生产商的融资成本为：每年利息/面值 = 1.9/25×100% = 7.6%。

2. 参考答案及解析：

（1）每份铜关联债券融资额度 = 铜的价格×每份债券铜的数量×（1 − 折价率） = 48 000×25×（1 − 3%） = 1 164 000（元）

铜关联债券的发行数量 = 融资额度/每份铜关联债券融资额度 = 300 000 000/1 164 000 = 258（份）

最低年化融资成本为：[1/（1 − 折价率） − 1]×2 = [1/（1 − 3%） − 1]×2 = 6.2%

年化融资成本为8%下的铜关联债券的折价率为：

1 − 1/（年化融资成本/2 + 1） = 1 − 1/（8%/2 + 1） = 3.85%

此时折价率大于最低年化融资成本，这说明债券到期时铜的价格要高于48 000元/吨，此时投资者会选择铜进行交割，此时铜的价格为：

48 000×（1 − 3%）/（1 − 3.85%） = 48 424.3（元/吨）

（2）该铜关联债券内含铜的看涨期权。

（3）因为生产商B在债券发行前已经对铜进行了对冲，所以需要平仓一部分期货空头，同时买入铜的看涨期权。

平仓期货空头数量为 = 258×5 = 1 290（手）

买入铜的看涨期权数量为 = 258×5 = 1 290（手）

结构化产品综合试卷

一、单选题

1. 以下（　　）产品不属于结构化产品。
   A. 期货期权
   B. 可转换公司债券
   C. 信用价差挂钩票据
   D. 双货币票据

2. 某投资者投资一款100%本金保障、期限为2年的结构化理财产品，该产品挂钩3只股票，每季度最后交易日为估值日观察挂钩股票篮子中3只股票的平均持有收益率，于每年度最后交易日触发赎回条款，若篮子平均持有收益率等于或高于触发水平140%，则到期赎回100%本金及触发票息9%；否则到期收益根据如下公式计算：

   期末支付 = 投资本金 × (100% + 参与率 × 平均表现率)

   其中，平均表现率 = 期间估值日三只股票的平均持有收益率的算数平均数 - 100%。如果市场情况如下表所示，则投资者的年收益率是（　　）。

   A. 21%　　　　B. 20.4%　　　　C. 10.5%　　　　D. 10.2%

估值日	篮子平均值（%）
1	120
2	130
3	140
4（触发估值日1）	135
5	135
6	130
7	115
8（触发估值日2）	135

3. 某投资银行向投资者出售了一款区间浮动利率票据（Collared Floating Rate Notes），最低利率是0.5%，最高利率是2%，挂钩利率是欧元3月期EURIBOR。那么该投资银行相当于是向投资者（　　）。

   A. 卖出了一个利率封顶期权，买入了一个利率封底期权

B. 卖出了一个利率封顶期权，卖出了一个利率封底期权

C. 买入了一个利率封顶期权，买入了一个利率封底期权

D. 买入了一个利率封顶期权，卖出了一个利率封底期权

4. 不能解释亚式期权比障碍期权更易保值的原因是（　　）。

A. 亚式期权越接近到期日，回报波动越大

B. 亚式期权越接近到期日，保值比例 Δ 越接近零

C. 资产价格接近障碍水平时，障碍期权的 Δ 却是不连续的

D. 亚式期权越接近到期日，回报越确定

5. 属于高阶期权的有（　　）。

A. 亚式期权　　　　　　　　B. 彩虹期权

C. 资产交换期权　　　　　　D. 复合期权

6. 对于障碍期权的性质和特征，下列说法正确的有（　　）。

A. 是强式路径依赖期权

B. 是弱式路径依赖期权

C. 无论障碍水平是否触发，损益是相同的

D. 关于路径的信息会成为影响定价的因素

7. 需要评估和监测的结构化产品的风险不包括（　　）。

A. 市场风险　　　　　　　　B. 现金流风险

C. 流动性风险　　　　　　　D. 模型风险

8. 与非结构化产品相比，以下（　　）不是影响结构化产品定价需要特别考虑的因素。

A. 发行者对结构化产品的信用增强效果

B. 对结构化产品各组成部分进行分别交易的能力

C. 结构化产品标的物的预期收益

D. 产品嵌入的各个组成部分之间的相关性

9. 某投资银行发行一款挂钩安硕新华富时 A50 中国指数基金的保本理财产品，在到期日，客户除获得 100% 本金保证外，还可依据挂钩标的物表现获得如下收益：

若挂钩标的物在观察期间内未曾发生触发事件，客户到期所得为：Max[0.54%，40%×（期末价格/初始价格 −1）]；

若挂钩标的物在观察期间内曾发生触发事件，则客户到期所得为 0.54%。

其中，触发事件指在观察期间内的任何一个评价日挂钩标的物收盘价大于或等于初始价格的 140%。那么，理论上该投资者在投资期可获得的最大收益率是（　　）。

A. 16%　　　B. 15.99%　　　C. 0.54%　　　D. 10.4%

10. 股指联结票据为投资者提供了更有优势的投资选择。关于这些优势表现，以

下说法不正确的是（　　）。

A. 避税效果　　　　　　　　　　B. 简化了跨境投资

C. 资产配置策略　　　　　　　　D. 固定收益

11. 对于结构化浮动利率票据的发行者来说，以下说法不正确的是（　　）。

A. 发行封顶浮动利率票据等于卖出浮动利率票据 + 买入利率封顶期权

B. 发行封底浮动利率票据等于卖出浮动利率票据 + 买入利率封底期权

C. 发行区间浮动利率票据等于卖出浮动利率票据 + 买入利率封顶期权 + 卖出利率封底期权

D. 发行区间浮动利率票据等于卖出浮动利率票据 + 买入利率区间期权

12. 逆向浮动利率票据的结构分解成分不包括（　　）。

A. 一个固定利率债券

B. 一个利率互换（投资者收取固定利率，支付浮动利率）

C. 一个利率封顶期权

D. 一个利率封底期权

13. 投资者投资一款美元利率挂钩理财产品，收益情况如下：

第 1 个收益期：年率为 5.00%。

第 2 个收益期：若 3M Libor 等于或高于 1.50%，且 6M Libor 等于或高于 1.6%，则年率为 5.50%；否则，年率为 1.00%。

第 3 个收益期：若 3M Libor 等于或高于 1.50%，且 6M Libor 等于或高于 1.65%，则年率为 6%；或若 3M Libor 低于 1.50%，年率为 1.00%。

那么，投资者预期（　　）。

A. 利率上升，收益率曲线变陡峭　　B. 利率上升，收益率曲线变平坦

C. 利率下降，收益率曲线变陡峭　　D. 利率下降，收益率曲线变平坦

14. 以下（　　）因素不会使信用违约互换（CDS）的定价上升。

A. 发起方的信用评级下降　　　　B. 资产回收率下降

C. 投资者信用评级下降　　　　　D. 发起方的远期违约风险上升

15. 重新包装信用联结票据（Repackaged Credit – Linked Notes）的构成不包括（　　）。

A. 普通债券　　　　　　　　　　B. 信用违约互换

C. 信用违约期权　　　　　　　　D. 信用价差远期合约

16. 某信用结构化产品内容如下：如果所有参考实体到期如期履约，客户将获得 100% 的投资本金，并获得年收益率 2.8% ~ 3.1%；如果任一参考实体由于破产，支付违约和偿付变更可能造成无法如期履约，客户将无法获得任何投资利息并且只能取回 30% 的投资本金。产品挂钩国家开发银行股份有限公司及其继承实体国银金融租赁

有限公司。以下（　　）情况会造成投资者损失。

A. 国家开发银行股份有限公司的盈利水平上升

B. 银行存款利率上升

C. 国家开发银行股份有限公司与国银金融租赁公司的资产相关性上升

D. 国银金融租赁公司的信用评级上升

17. 某汇率挂钩型保本浮动收益类产品约定，投资者在持有产品到期的前提下可以获得本金安全保证，并且获得最低 1.89% 的投资收益；产品投资标的物为欧元/美元的汇率，如果欧元/美元的最终汇率报收一定数值，则收益率为"33.33% × 欧元/美元的升值幅度 +1.89%"，这个附加收益率的上限是 7.125%。该产品属于（　　）。

A. 区间触发型产品

B. 区间累积型汇率挂钩产品

C. 收益分享型汇率挂钩产品

D. 既是区间触发型产品，也是收益分享型汇率挂钩产品

18. 在正向双货币票据中，汇率风险主要集中于票据未来现金流的（　　）。

A. 初期　　　B. 中期　　　C. 末期　　　D. 中期和末期

19. 某黄金挂钩的投资产品内容如下：若在一年投资期内黄金价格每天均处于起始价格上下各 70 美元的限定范围内，到期可获取 8% 的投资收益；若一年投资期内黄金价格曾超出起始价格上下各 70 美元的限定范围，可获取从产品起始日至第一次超出限定范围日这段时间以 4% 年收益按日计算的投资收益。投资该产品的投资者的预期是（　　）。

A. 黄金价格将上涨

B. 黄金价格的波动幅度缩小

C. 黄金价格的波动幅度扩大

D. 黄金价格的波动幅度将维持一定的区间

20. 以下（　　）权重计算方式不属于商品指数的权重计算方式。

A. 等权重　　　　　　　　B. 经济权重

C. 流通市值权重　　　　　D. 优化权重

21. 某银行签订了一份期限为 10 年的协议，支付 3.5% 的固定利率，收到 6 个月 Libor，但是当 Libor 利率高于 7% 时，仅有 60BP 收入。可将此交易拆分为（　　）。

A. 即期利率互换和数字利率封顶期权

B. 远期利率互换和数字利率封顶期权

C. 即期利率互换和数字利率封底期权

D. 远期利率互换和数字利率封底期权

22. 某银行发行了为期 5 年，总价值为 1 亿欧元的逆向浮动利率票据，票面息率

为16%的3个月Euribor,每半年付息一次。以下（　　）操作可以达到完全对冲风险的效果。

A. 签订一份价值1亿欧元的5年期互换协议,收取固定利率8%（每半年付息一次）,支付3个月Euribor

B. 签订一份价值1亿欧元的5年期互换协议,收取固定利率8%（每半年付息一次）,支付3个月Euribor,同时购买8%的利率封底期权

C. 签订一份价值1亿欧元的5年期互换协议,收取固定利率16%（每年付息一次）,支付3个月Euribor,同时购买16%的利率封顶期权

D. 签订一份价值1亿欧元的5年期互换协议,收取固定利率16%（每年付息一次）,支付3个月Euribor,同时购买16%的利率封底期权

23. 目前市场上CMT远期利率为3.0%,6个月Euribor为2.4%。投资者认为,未来3年内CMT远期利率与6个月Euribor之间的价差为20BP。以下（　　）情况时,投资者会选择购买5年期CMT浮动利率票据而并非Euribor浮动利率票据。

A. 3年后的CMT远期利率为2.7%,6个月Euribor为2.5%

B. 3年后的CMT远期利率为2.8%,6个月Euribor为2.3%

C. 5年后的CMT远期利率为2.7%,6个月Euribor为2.5%

D. 5年后的CMT远期利率为2.8%,6个月Euribor为2.3%

24. 某银行于2012年8月1日发行期限为7年,票面息率为5%的债券,购买者有权在3年后将债券回售给发行方。当出现以下（　　）情况时,债券投资者会执行债券的（　　）隐含期权。

A. 市场利率上升至6%；投资者执行嵌入的看涨期权

B. 市场利率上升至6%；投资者执行嵌入的看跌期权

C. 市场利率下降至4%；投资者执行嵌入的看涨期权

D. 市场利率下降至4%；投资者执行嵌入的看跌期权

25. 下列因素中（　　）不是使用Black-Scholes定价模型为利率结构化产品定价面临的主要问题。

A. 债券价格运动接近随机漫步过程

B. 债券价格分布很难符合对数正态分布

C. 利率变动很难符合对数正态分布

D. 债券波动率不是常数

26. 根据信用类结构化产品的构成特点,下列（　　）产品不属于信用联结结构化产品。

A. 总收益互换票据　　　　　　　B. 信用价差挂钩票据

C. 信用资产证券化　　　　　　　D. 信用价差挂钩票据

27. 某 CPPI 投资经理有可操作资金 100 万元，其保本下限为 90 万元。该投资经理可投资的风险资产可能遭受的最大损失为 80%，则该 CPPI 可投资风险资产的最大金额为（　　）万元。

A. 10　　　　B. 12.5　　　　C. 15　　　　D. 17.5

28. 2012 年 3 月，某公司为名义本金 10 000 000 美元购买执行价格为 1300BP 的支付期权，标的物为 5 年期的 iTraxx Crossover 指数。目前 iTraxx Crossover 指数为 1150 点，2012 年 6 月到期的该期权市场报价为 392 美分，远期利差久期为 2.92。当 iTraxx Crossover 指数为（　　）点时，可以从此期权中获利。

A. 908　　　　B. 1161　　　　C. 1434　　　　D. 1534

29. 下列（　　）不是评级机构对债务担保凭证评级时主要考虑的因素。

A. 抵押资产组合的信用风险

B. 抵押资产组合的压力测试

C. 抵押资产组合的信用增强措施

D. 抵押资产组合再融资的可能性和成本

30. 某 SPV 向投资者发行总额为 100 亿元的优先档、中间档和股权档三类担保债务凭证，各分档信息如下：

优先档：总额 76 亿元，票面息率为 7%；

中间档：总额 18 亿元，票面息率 12%；

股权档：总额 6 亿元，获取剩余利息收入。

若此担保债务的抵押资产当期支付的利息率为 6%，则中间档可获得的利息额为（　　）亿元。

A. 2.16　　　　B. 1.08　　　　C. 0.68　　　　D. 1.68

31. 下面说法正确的是（　　）。

A. 在正向双货币结构中，外汇风险只存在利息收入中，而不是最后的本金中；带有可回售条款的正向双货币结构会减少发行人的融资成本

B. 在反向双货币结构中，外汇风险只存在最后的本金中，而不是利息收入中；带有可回售条款的正向双货币结构会增加发行人的融资成本

C. 在正向双货币结构中，外汇风险只存在最后的本金中，而不是利息收入中；带有可回售条款的正向双货币结构会减少发行人的融资成本

D. 在反向双货币结构中，外汇风险只存在利息收入中，而不是最后的本金中；带有可回售条款的正向双货币结构会增加发行人的融资成本

32. 某欧洲本土银行为了获得较低的融资利率发行了 5 年期双货币票据，票据投资初始本金和票面息率为欧元计价，偿还本金则是采用美元计价支付，银行希望能够将该票据中风险完全对冲掉。下面正确的操作是（　　）。

A. 在外汇市场中建立一个美元/欧元的 5 年期的远期合约，以一定的远期汇率卖出

B. 在外汇市场中建立一个欧元/美元的 5 年期的远期合约，以一定的远期汇率卖出

C. 在外汇市场中建立一个美元/欧元的 5 年期的远期合约，以一定的远期汇率卖出；在利率市场中建立一个欧元固定利率对美元 Libor 的利率互换合约，约定支付参考 Libor 的美元浮动利息，并获取欧元固定利息

D. 在外汇市场中建立一个欧元/美元的 5 年期的远期合约，以一定的远期汇率卖出；在利率市场中建立一个欧元固定利率对 Euribor 的利率互换合约，约定支付参考 Euribor 的欧元浮动利息，并获取欧元固定利息

33. 某个美国本土公司，其主要业务在美国，希望获得低于美元 Libor 的融资利率，于是这个美国公司在日本发行了双货币结构票据。票据为了迎合投资者需要，以澳元支付息票，发行人希望能够将该票据的风险完全对冲掉。下面正确的操作是（　　）。

A. 在利率市场中建立一个澳元固定利率对美元 Libor 的利率互换合约，约定支付参考 Libor 的美元浮动利息，并获取澳元固定利息

B. 在利率市场中建立一个日元固定利率对美元 Libor 的利率互换合约，约定支付参考 Libor 的美元浮动利息，并获取日元固定利息

C. 在外汇市场中建立一个美元/日元的远期合约，以一定的远期汇率买入；在利率市场中建立一个澳元固定利率对美元 Libor 的利率互换合约，约定支付参考 Libor 的美元浮动利息，并获取澳元固定利息

D. 在外汇市场中建立一个日元/美元的远期合约，以一定的远期汇率卖出；在利率市场中建立一个日元固定利率对美元 Libor 的利率互换合约，约定支付参考 Libor 的美元浮动利息，并获取日元固定利息

34. 下面关于货币联结票据的说法，错误的是（　　）。

A. 市场上的调研发现，货币联结票据的交易更多的是由发行方驱动，而不是投资者的需求驱动的，发行方可以通过增加更多汇率方面的风险敞口来进一步降低其借贷的融资成本

B. 指数货币期权票据 ICON 是这样一个结构，它在包含一个固定利息的票据结构的同时，也拥有一个货币的期权。最初的 ICON 发行人是日本的长期信用银行。ICON 发行人给予投资者一个比通常情况更高的票面息率，但投资者的代价是要赋予发行者一个货币的选择期权

C. Mini – max 票据中只有其支付额度的利率水平在一个特定的区间内浮动的情况下才关联汇率水平并开始浮动

D. 货币联结票据的结构通常隐含着货币远期或货币期权的头寸，而这些隐含的货币远期和期权头寸转而在市场上被对冲掉，以帮助发行人实现交易中的汇率风险免疫

35. 利率封顶期权（Interest Rate Cap）的卖方等同于（   ）。
A. 卖出对应债券价格的看涨期权
B. 买入对应债券价格的看涨期权
C. 卖出对应债券价格的看跌期权
D. 买入对应债券价格的看跌期权

36. 下列说法正确的是（   ）。
A. 由商品的生产或消费企业所发行的商品联结债券，它本质上是企业基于商品的一种套期保值的交易行为
B. 商品投资可以带来多元化的好处和效果，因为它的收益能力和其他传统资产组合的收益能力相关性很低，但由于其高波动性，并不会降低组合总体的波动性
C. 商品投资现在作为一个独立的资产类别受到关注，究其原因是它具有独特的投资属性
D. 商品价格和通胀高度相关，所以商品联结债券可作为一个抗通胀的工具

37. 不属于商品联结债券发行原因的是（   ）。
A. 商品联结债券可以对未来销售或者购买相关商品进行一个有效对冲
B. 商品联结债券可以作为商品生产者利用大宗商品资源进行融资的手段
C. 商品联结债券其实是将部分潜在收益和风险转让给投资者
D. 由于商品流动性较低，商品联结债券具有价格发行功能

38. 关于固定债券偿付的融资交易的优点，下列说法正确的是（   ）。
A. 因为发行方所支付的实际上与发行者所持有的商品头寸相关，所以可以减少发行者现金流的波动性
B. 相比起纯粹的衍生工具来说，固定债券偿付的对冲方式时间更长，更加有效，交易弹性也更大
C. 由于通常采用不可追索的结构，固定债券偿付在一定程度上可以在信用增强的前提下减少融资的成本
D. 票据发行方不能增加嵌入衍生工具的交易特性来调整融资成本

39. 关于商品指数，下列说法错误的是（   ）。
A. 相比实际的商品价格，用商品期货合约来作为商品价格指数的标的物，具有更好的流动性，价格也相对透明
B. 宽基指数建立在对所有具有经济体量的商品上，受天气因素的影响比较
C. 商品价格指数的权重分布方法有经济权重、等权重、市场权重、优化权重等
D. 非杠杆指数通常假定：投资到现金或实物商品资产中；投资到期货合约但基本不使用杠杆，即用完全的现金投资，而不运用保证金融资的行为

40. 与本金保护型相比，在收益增强型的股指联结票据中嵌入的期权通常是（　　）。

　　A. 看涨期权　　　B. 看跌期权　　　C. 期权多头　　　D. 期权空头

二、多选题

1. 结构化产品的一般特征有（　　）。

　　A. 固定投资期限　　　　　　　　B. 本金保护
　　C. 计算收益需基于特定公式　　　D. 高杠杆

2. 结构化产品是金融市场创新的重要体现，被金融机构广泛使用，以下（　　）是结构化产品的功能。

　　A. 高流动性　　　B. 客制化　　　C. 信用增强　　　D. 面额套利

3. 在评估结构化产品的过程中，应该要确保结构化产品风险的评估符合一定的框架，使得在该框架下不同产品的风险都能一致地融合到投资者的总体资产组合管理过程中。评估结构化产品的风险的技术类似于那些用在固定收益证券组合投资管理的技术，包括（　　）。

　　A. 久期分析

　　B. 市场价格敏感性分析

　　C. 现金流分析

　　D. 情景分析

4. J. P. 摩根公司根据当时相对陡峭的收益率曲线，发行了区间浮动利率票据（Collared Floating Rate Notes）。该产品的基本条款如下表所示：

区间浮动利率票据的主要条款

发行者	J. P. Morgan
规模	2亿美元次级浮动利率票据
到期时间	10年（2002年8月19日）
利率	美元3月期Libor（伦敦银行同业拆出利率）
最低利率	5%
最高利率	10%
投资回报方式	期末一次付清
看涨期权	无
面额	5 000美元，10 000美元
手续费	0.5%（管理和包销0.25%；销售0.25%）

　　根据上述区间浮动利率票据的主要条款，以下说法正确的是（　　）。

A. 以6月期美元Libor为标的物、执行价为10%的利率封顶期权，投资者作为该

期权的买入方，发行者作为卖出方

　　B. 以6月期美元Libor为标的物、执行价为10%的利率封顶期权，投资者作为该期权的卖出方，发行者作为买入方

　　C. 以6月期美元Libor为标的物、执行价为5%的利率封底期权，投资者作为该期权的买入方，发行者作为卖出方

　　D. 以6月期美元Libor为标的物、执行价为5%的利率封底期权，投资者作为该期权的卖出方，发行者作为买入方

5. 随着金融市场的发展，在过去的20多年，股权类结构化产品市场经历了从传统阶段到现代阶段的变迁，以下说法正确的有（　　）。

　　A. 传统的股权类结构化产品依赖于传统的股票衍生工具，这些产品的标的物大多都是单个个股

　　B. 发行传统的股权类结构化产品是向上市公司提供股权资本融资机会的一个手段，是客制化融资策略的一部分

　　C. 现代的股权类结构化产品的标的物大多都是股票市场价格指数，其存在的主要目的是满足投资者以及资产组合管理者的资产管理需要，而非发行者的融资需要

　　D. 现代的股权类结构化产品对发行者而言也是一种利率套利工具

6. 传统的股票联结票据所嵌入的期权通常都是以发行人自身的股票或者发行人的母公司的股票作为标的物。如果对这个特征进行变化，以第三方的股票作为标的物，那么就创造出了新的股票类结构化产品。以第三方股票标的物的股票联结票据可以是下面（　　）类型。

　　A. 可交易债券　　　　　　　　　B. 上市债券
　　C. 上市股票　　　　　　　　　　D. 合成股权

7. 随着金融衍生工具市场的快速发展，利率类结构化产品的推陈出新，各类创新品种不断出现以满足投资者对于利率风险暴露的不同要求。我们根据不同产品的主要特征，可将利率类结构化产品分为（　　）。

　　A. 指数分期偿还债券

　　B. 以固定期限国债或互换协议利率为标的物的产品

　　C. 利率联结票据

　　D. 可赎回或回售债券

8. 利率联结票据是可以基于特定产品或指数，并根据投资者的风险/收益要求构建的创新性金融产品，分为两大类：结合远期的利率类结构化产品和结合期权的利率类结构化产品，以下属于结合远期的利率类结构化产品的有（　　）。

　　A. 封顶浮动利率票据　　　　　　B. 逆向/反向浮动利率票据

C. 区间浮动利率票据　　　　　　D. 超级浮动利率票据

9. 关于商品类联结票据的下列说法，正确的有（　　）。

A. 20世纪90年代起，一大批商品关联的结构化产品得到了迅速发展

B. 如果商品处于升水市场，则展期将带来负收益

C. 商品投资可以带来多元化的好处和效果，因为它的收益能力和其他传统资产组合的收益能力相关性很低

D. 商品类结构化产品的主要特征是产品的现金流支付与作为标的物的商品价格或者商品价格指数相联结，通常也被称为商品价格挂钩的结构化产品

10. 美国市场已将CMT（固定期限国债）利率作为金融市场的基准利率，其他许多国家则采用CMS（固定期限互换协议）利率作为基准利率。采用CMS主要出于以下（　　）原因。

A. CMS利率在许多市场上已被用作市场利率方向的主要指标

B. CMS市场的流动性高于其他固定收益产品市场的流动性

C. CMS利率具有较高的信誉度

D. CMS利率具有固定期限的独特性

11. 进入20世纪90年代以来，信用衍生工具在国际金融市场上获得了长足发展，并获得了投资者的普遍接受。以下（　　）属于信用衍生工具类型。

A. 信用联结票据　　　　　　　　B. 信用违约互换

C. 信用违约期权　　　　　　　　D. 信用价差远期

12. 担保债务凭证最早出现在20世纪80年代的美国金融市场。然而，一直到20世纪90年代中期，担保债务凭证才开始大量发行，进入高速发展阶段。经过多年的发展，该产品已成为信用类结构化产品中的重要成员之一。以下有关担保债务凭证结构的说法正确的有（　　）。

A. 特殊目的机构不仅是担保债务凭证的发行人，也是构建整个担保债务凭证的核心

B. 特殊目的机构是一个破产隔离实体，它将向担保债务凭证发起人购买各类资产，作为发行担保凭证的抵押资产

C. 特殊目的机构将从购买担保凭证的投资者处定期收到抵押资产对应的利息或其他收入，并支付给担保债务凭证发起方

D. 为了提高买入的抵押资产的信用评级，或是为了满足投资者特定的风险收益需要，特殊目的机构可以参与衍生工具交易，改变原有抵押资产的收益结构

13. 由于中国长期以来采取的是盯住美元的汇率管制制度（Pegging System），直到近年来才逐渐放松对汇率的管制，允许相当幅度的变化，由此也促生了在我国的汇率类结构化产品。以下（　　）属于我国金融市场中的汇率类结构化产品类型。

A. 区间触发型产品　　　　　　　　B. 区间累积型汇率挂钩产品
C. 收益分享型汇率挂钩产品　　　　D. 挂钩一篮子货币票据

14. 结构化产品与基础的资本市场、普通衍生工具市场之间具有重要的关系，以下对结构化产品市场、基础的资本市场、普通衍生工具市场三者之间关系的描述，正确的有（　　）。

   A. 结构化产品的设计是以投资者的需求为基础的。投资者基于其对宏观经济或者资本市场行情走势的判断，希望投资于特定的资本市场，如股票市场或者外汇市场，通过承担一定的投资风险来获得超过无风险利率的收益

   B. 投资者可能只希望资本市场行情走势在符合其判断时获得收益，而在不符合判断时所受的损失会降低或者没有损失

   C. 投资者需求就是结构化产品设计的核心，结构化产品是基础的资本市场的衍生工具

   D. 基础的资本市场和普通衍生工具市场的产品类型、规模、市场深度和流动性等特征，决定了建构在其之上的结构化产品市场的产品多样性，或者说限定了结构化产品市场的范围，这样的关系和限定也降低了结构化产品市场的重要性

15. 影响期权价格的多因素可以从维度和阶数两个视角看，前者以多资产期权为主，后者则包括复合期权和选择者期权等。以下（　　）属于多资产期权类型。

   A. 亚式期权　　　　　　　　　　B. 彩虹期权
   C. 资产交换期权　　　　　　　　D. 回望期权

16. 在传统的股权类结构化产品的基础上，根据投资者和发行者的不同要求，进而对股票联结票据的各个属性进行调整，选择适当的构件，就能得到新的合适的股票联结票据。其中，较为关键的属性包括固定收益证券、票面息率、转换溢价、强制转换条款、标的物股票、期权属性等。出现这么多结构变化的原因有（　　）。

   A. 基于成本和收益的考虑　　　　B. 基于风险的考虑
   C. 基于资产负债表的考虑　　　　D. 基于发行者和投资者利益和谐的考虑

17. 自从双货币票据诞生以来，其市场得到了很大的发展。一般认为，最早的一批双货币票据创立在1970年左右，当时允许主要来自欧洲的投资者能够在外汇市场上建立头寸。随着这一概念在市场上的推广，资本市场产生了一系列创新应用，以下（　　）属于双货币票据创新应用。

   A. 双货币票据可以被分解为零息债券和一系列的永息债券（以不同的货币形式），因此可以用来做一系列的税收方面的套利

   B. 即期利率的货币化

   C. 远期汇率的货币化

   D. 类似的双货币票据结构创立之后能够在有限的外汇风险中产生一些高收益

18. 股指联结票据是股权类结构化产品中的一种，票据的利息或（和）本金的回收都会受到股票市场行情走势的影响。设计股指联结票据的出发点是投资者的资产管理需求。不同的投资需求使得产品间的构造存在很大差别。以下（　　）属于股指联结票据多样化结构的主要目的。

　　A. 收益增强　　　　　　　　　　B. 本金保护
　　C. 对冲风险　　　　　　　　　　D. 分散投资

19. 黄金生产商为了生产经营需要一笔贷款，因为生产商本身在黄金上有一些头寸，所以其倾向于选择一种基于黄金的融资交易，比如借贷一定数量的黄金，到期日之后以等量的黄金再加上一定数量的额外黄金（作为利息）来偿还。根据上述描述，以下说法正确的有（　　）。

　　A. 本质上只是黄金生产商和黄金交易商借贷一笔现金，之所以这样展开流程设计，是因为需要更好地凸显这笔融资的目的是基于黄金实物而不是基于现金
　　B. 对于黄金生产商来说，在这笔融资交易的最后到期日，需要还贷的黄金数目是已知的，但所对应的现金价格却存在不确定因素
　　C. 对于黄金生产商来说，如果未来黄金价格相对于借贷日走高，就意味着生产商要偿还比原借贷额度更高的现金；相反，如果未来黄金价格走低，则其可以从中获利
　　D. 对于交易商而言，在这样的一个交易中，其承担了黄金期货的多头风险

20. 近年来，资本市场利率波动持续加大，利率风险管理显得尤为重要，以下有关利率风险管理的说法，正确的有（　　）。

　　A. 通过发行可赎回债券，发行人获得了以约定价格在约定时间买回债券的权利
　　B. 为了管理和对冲嵌入期权的风险，可赎回债券的发行人可以利用利率互换以及利率互换期权这两类利率衍生工具来实现
　　C. 为降低机会成本，投资者可以参与利率互换合约，约定支付固定利率并收取浮动利率
　　D. 利率互换协议在降低投资者机会成本的同时，也带来新的风险。为了有效管理这个新出现的风险，投资者还需要在建立利率互换协议的同时购买一个收取浮动利率、支付固定利率的互换期权

三、综合题

1. 结构化产品的一般特征是什么？
2. 一家银行向投资者提供一种存款工具 A，保证投资者在 1 年中获得的收益率为 14%，并且约定在一年到期后，如果沪深 300 指数收益率为负时，投资者必须以沪深 300 指数合约签订时的价位买入存款额数量的现货。一名投资者计划在该工具上投资

100元。假设年无风险利率为6%，指数年波动率为30%。

(1) 此存款工具可以分解成哪几个基本产品，嵌入的期权是什么期权？

(2) 计算嵌入期权的价值，相比无风险存款，这个存款工具对于投资者是否有利？

注：N(-0.35) = 0.36，N(-0.05) = 0.48

3. 假定发行人A发行了为期3年、票面息率为6.5%的可赎回债券，该债券每年付息1次，并可在1年后每个付息日以价格100被发行人赎回。利用利率二叉树为可赎回债券定价，目前市场利率为6%。假设二叉树的步长为1年，每次利率上升或下降概率相同幅度为10%。

(1) 列出利率变动的二叉树图。

(2) 利用二叉树求出可赎回债券价格。

(3) 如果债券没有可赎回特征，计算债券价格。

4. 简述结构化产品定价的特殊问题以及风险评估方法。

5. 某个逆向浮动利率票据的主要条款如下：

发行规模	5亿美元
票据期限	3年
票据息票率	8% - R，其中，R是6月期美元即期Libor
最低息票率	0%

根据以上信息，回答如下问题：

(1) 如何将这款浮动利率票据分解为普通的金融工具？

(2) 票据发行者面临什么样的风险？如何对冲风险？

参考答案及解析

一、单选题

1. A	2. C	3. D	4. A	5. D	6. B	7. D
8. C	9. B	10. D	11. B	12. D	13. A	14. C
15. D	16. C	17. D	18. C	19. D	20. C	21. A
22. C	23. D	24. B	25. A	26. C	27. B	28. D
29. D	30. C	31. C	32. D	33. C	34. C	35. C

36. C   37. D   38. B   39. B   40. D

二、多选题

1. ABC   2. BCD   3. ABD   4. BC   5. ABCD
6. ABCD   7. ABCD   8. BD   9. BCD   10. ABD
11. BCD   12. ABD   13. ABCD 14. ABC 15. BC
16. ABCD 17. ACD   18. ABD   19. ABC 20. ABC

三、综合题

1. **参考答案及解析：**

各种类型的结构化产品共有的特征体现在以下五个方面：

一是固定投资期限，结构化产品通常具有固定的投资期限，或者说具有固定的到期日，产品将在到期日被赎回。

二是本金保护。结构化产品通常能够给投资者提供全额的或者部分的本金保护。拥有本金保护特征的结构化产品具有了非对称的收益特征，这与期权类似。

三是基于特定公式计算收益。结构化产品的收益计算通常是基于特定的公式。该公式被精心设计和改造，以使其适合于某个特定的市场预期或者某个投资者的个性化需求。

四是衍生工具的角色。

五是种类繁多的标的物。

2. **参考答案及解析：**

（1）买入存款工具 A，相当于买入一个收益率为 14% 的固定收益产品和卖出沪深 300 指数的平值看跌期权。

（2）设指数点位为 S_0，则卖出指数看跌期权手数为 $\dfrac{100}{S_0}$。

由 BS 公式计算得出：

$P = Xe^{-YT}N(-d_2) - S_0 N(-d_1) = S_0 e^{-rT} N(-d_2) - S_0 N(-d_1)$

则 $\dfrac{100}{S_0}$ 手看跌期权的价值为：

$P\dfrac{100}{S_0} = 100 e^{-rT} N(-d_2) - 100 \cdot N(-d_1)$

计算得：$P\dfrac{100}{S_0} = 8.89$

存款工具 A 的实际收益为 $100 \times 0.14 - 8.89 = 5.11$

因为存款工具 A 的实际收益小于无风险利率下的收益 $100 \times 6\% = 6$，所以此产品对于投资者是不利的。

3. **参考答案及解析：**

我们首先根据二叉树定义测算出在不同情境下对应的市场利率情况。

我们已经知道，在第3年之后，该可赎回债券将会偿还本金100，支付利率6.5。因此我们可以测算出第2年在不同条件下的债券价格。但由于可赎回条款的存在，我们将计算出的债券价格与面值100进行比较，取两者之中的最小值，有此可得到不同情境下的债券价格。采用同样的方式可最终推算出该可赎回债券的价格，具体过程如下图所示（r=市场利率，P=债券价格，C=票面息率）。根据以上步骤，我们可以测算出该可赎回债券价格为100.26。

利率变动情况如下：

第1年利率为：

$r_1 = 6\%$

第2年利率为：

$r_{21} = r_1(1+10\%) = 6.6\%$

$r_{22} = r_1(1-10\%) = 5.4\%$

第3年利率为：

$r_{31} = r_{21}(1+10\%) = 7.26\%$

$r_{32} = r_{21}(1-10\%) = 5.94\%$

$r_{33} = r_{22}(1-10\%) = 4.86\%$

可赎回债券价格变化情况如下：

第3年年初：

$$p_{31} = \min\left(0.5 \times \frac{100+6.5}{1+7.26\%} + 0.5 \times \frac{100+6.5}{1+7.26\%},\ 100\right) = 99.29$$

$$p_{32} = \min\left(0.5 \times \frac{100+6.5}{1+5.94\%} + 0.5 \times \frac{100+6.5}{1+5.94\%},\ 100\right) = 100$$

$$p_{33} = \min\left(0.5 \times \frac{100+6.5}{1+4.86\%} + 0.5 \times \frac{100+6.5}{1+4.86\%},\ 100\right) = 100$$

第2年年初：

$$p_{21} = \min\left(0.5 \times \frac{99.29+6.5}{1+6.6\%} + 0.5 \times \frac{100+6.5}{1+6.6\%},\ 100\right) = 99.57$$

$$p_{22} = \min\left(0.5 \times \frac{100+6.5}{1+5.4\%} + 0.5 \times \frac{100+6.5}{1+5.4\%},\ 100\right) = 100$$

可赎回债券价格：

$$p_1 = 0.5 \times \frac{99.57+6.5}{1+6.0\%} + 0.5 \times \frac{100+6.5}{1+6.0\%} = 100.26$$

同样，可以计算不含有赎回权的债券价格为：

$p_{non} = 101.35$

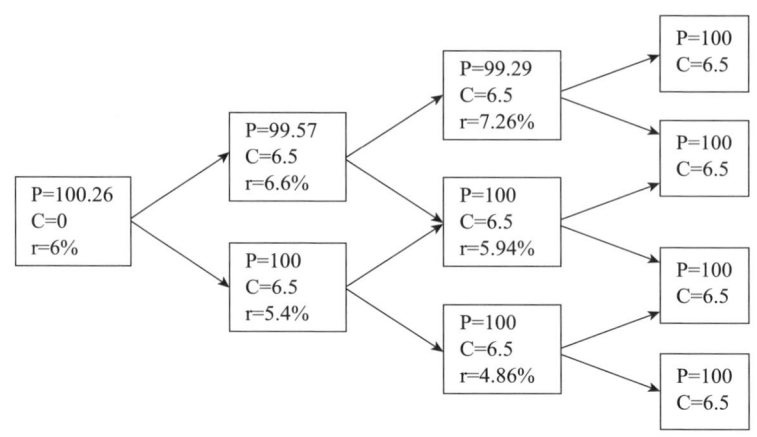

4. 参考答案及解析：

结构化产品的定价并非是将其嵌入的各个组成部分的价值加总那么简单，其中涉及的一些特殊问题会影响结构化产品的定价。这些特殊问题主要包括四个方面。

第一，结构化产品的定价要反映产品中嵌入的各个组成部分的价值之间所具有的相关性。结构化产品价格变动的风险因素至少有两个，当然可能更多。这些风险因素之间通常存在一定的相关关系。

第二，对结构化产品中的各个组成部分进行分别交易的能力是影响结构化产品定价的一种重要因素。

第三，发行人带来的信用增强效果提高了结构化产品的价格。发行者提供了信用增强，就要索取一定的回报。这个回报通常体现在结构化产品的价格上。

第四，结构化产品卖方为投资者提供了金融服务，从而要收取一定的费用。

评估结构化产品风险的技术类似于那些用在固定收益证券组合投资管理的技术，包括久期分析、市场价格敏感性分析以及情景分析（模拟分析）。其中，久期分析用于测度结构化产品的利率风险；市场价格敏感性分析用于衡量产品价格对主要的定价参数的敏感性；情景分析则分两种，一种是不考虑随机性，考察在特定的较为极端的情境下产品的价格表现，另一种是考虑随机性，即在分析各种情景的时候同时分析各种情景发生的概率。

5. 参考答案及解析：

（1）这款逆向浮动利率票据可以分解为以下三个较为基础的金融工具：

①一个固定利率债券（例如，债券的息票率可以是 4%）；

② 一份利率互换合约，使投资者可以获得固定利率并且支付浮动利率（例如，获得的固定利率是 4%，支付的浮动利率是 6 个月期美元即期 Libor，合约规模等于这款票据的发行规模）；

③一个利率封顶期权，投资者从票据的发行者手中买入并持有（例如，该封顶期

权的执行价格是8%，标的利率是6个月期美元即期Libor）。

（2）从发行者的角度来看，如果市场利率持续下跌，则这款逆向浮动利率票据对发行者而言没有多少吸引力，反而要承担较高的融资成本。为了规避融资成本提高的风险，如果发行者发行了这款票据，则通常会对其中的利率风险进行对冲。对冲的方法取决于发行者对融资成本的要求。如果发行者期望将融资成本锁定在Libor，则对冲方法如下图所示：

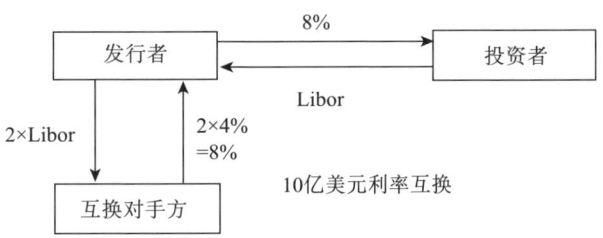

具体而言，发行者会在场内或场外的衍生产品市场与互换对手方建立互换合约，期限为3年，合约规模为逆向浮动利率票据发行规模的2倍，即10亿美元，并通过支付Libor而获得4%的固定利率。这样，发行者的融资成本就成为Libor。当然，如果发行者期望将融资成本锁定为固定利率，则对冲方式与上图也类似，只是稍有不同而已。

后　　记

新版《金融衍生品系列丛书》适合于对金融衍生品感兴趣的投资者阅读，同时也可作为期货业内及相关领域从业人员的专业参考书使用。

新版《金融衍生品系列丛书》是在第一版丛书的基础上修订而来的。本次修订承继了第一版丛书的特点与体例，仍采用问答形式，并通过"小贴士""延伸阅读"等内容增加信息量，提高阅读的趣味性、可读性、通俗性。另外，在内容上将《股指期货》纳入丛书体系。本次修订在第一版的基础上增加了新的金融衍生品品种的介绍，选取了新的金融衍生品实操案例，也更新了各种数据，以便更加符合金融衍生品市场发展现状。

与证券、债券等金融工具相比，期货作为风险管理工具，专业性更强，杠杆率更高，风险更大，这在客观上要求投资者具备更专业的投资知识、经济实力以及风险承受能力。

"期市有风险，入市需谨慎！"

作为《金融衍生品系列丛书》之一，本书由中国期货业协会组织编写，本丛书的所有编撰人员都参与了本书的具体编写任务，同时还要感谢本书第一版编写人员对本书的贡献。

因编写水平有限，书中难免存在错误与不足，敬请业内人士与广大投资者批评指正。

《金融衍生品系列丛书》编委会

2020 年 3 月